KB069588

웰다잉을 위한
호스피스 실천론

| 박선숙 · 한승협 · 이영조 · 장영화 공저 |

Hospice

학지사

머리말

행복하게 잘 사는 것만큼이나 중요한 것이 잘 죽는 것이다. 웰다잉은 최근 많은 사람들이 죽음을 현실의 문제로 받아들여 준비함으로써 주목받고 있다. 웰빙에서 이어지는 웰다잉은 '잘 살고 잘 마무리하는 인생의 전 과정'을 말하는 것으로 그 의미가 서로 통한다고 할 수 있다.

준비된 죽음은 죽음을 무조건 거부하는 것이 아니라 자연스러운 현상으로 받아들이는 것이다. 또한 인간의 생명에 대한 유한성을 인식하여 누구나 맞이하는 죽음이 나에게도 올 것이라는 점을 깨닫는 것이다. 그리고 죽음이 언제 오더라도 후회스럽고 비통한 것이 아닌 아름다운 죽음을 맞이하는 것을 말한다.

피할 수 없는 죽음이라면 좋은 죽음 또는 품위 있게 죽음을 맞이하고 싶다는 것이 사람들의 공통된 소망이다. 그러나 인간이 죽음에 이르는 과정에는 다양한 위기와 고통이 존재하기 때문에 이에 잘 대처하는 것도 매우 중요하다. 죽음을 잘 수용하고, 주위 사람들과의 좋은 관계 속에서 의미 있는 시간을 보내고 죽음을 맞이하는 것을 우리는 좋은 죽음이라고 생각한다.

현대의학의 눈부신 발전으로 인간의 죽음을 무기한 연장시킬 수 있는 과학기술까지 갖추게 되었다. 그러나 이러한 생명의 연장이 과연 인간의 존엄성을 위한 것인지에 대해서는 여전히 많은 의문을 가지고 있다. 죽음에 있어서도 인간의 존엄성과 품위 있게 죽을 수 있는 개인의 권리가 지켜져야 한다. 즉, 사랑하는 가족과 친구들에게 자신의 정신적 유산을 남기고 죽는 순간까지 인간의 존엄성을 지키며 삶의 마지막을 맞이할 권리가 있는 것이다.

말기 단계에서 인간은 신체적인 고통과 삶에 대한 자율성 상실에 대한 심리적 불안, 가족 및 타인과의 관계 변화로 인한 사회적 문제, 삶과 죽음의 의미에 대한 영적 문제 등 전인적인 어려움을 겪게 된다. 웰다잉을 맞이하고 준비하는 과정은 개인마다 다르지만, 품위 있는 또는 바람직한 죽어 감의 과정을 함께하고 돕는 것이 바로 호스피스·완화의료이다.

호스피스는 완치가 불가능하여 죽음이 예견되는 환자와 그 가족 간의 신체적·정서적·사회적·영적 증상들을 의료와 기타 여러 부문에 종사하는 전문가(의사·간호사·사회복지사)들과 자원봉사자들이 팀을 이루어 돌봄으로써 말기환자와 가족들의 삶의 질을 높이고 편안한 임종을 이루게 하는 총체적 돌봄이라고 할 수 있다. 즉, 호스피스는 인생의 마지막에 고통에 직면하더라도 고통을 줄이고, 대상자와 가족 모두가 성숙하게 마무리를 잘할 수 있도록 돕는 것이다.

우리나라는 2016년에 「호스피스·완화의료 및 임종과정에 있는 환자의 연명의료결정에 관한 법률(약칭 「연명의료결정법」)」이 제정되면서 호스피스가 제도화되었다. 연명의료결정제도는 2018년 「연명의료결정법」 시행에 따라 임종과정에 있는 환자의 의사를 존중하여 치료의 효과 없이 생명만 연장하는 의학적 시술(연명의료)을 유보(시행하지 않는 것)하거나, 중단(시행하는 것을 멈추는 것)할 수 있는 제도이다. 이에 따라 현재 입원형, 가정형, 자문형, 소아청소년 호스피스·완화의료 사업이 시행되고 있다.

현대사회에서 대부분의 사람은 죽음을 부정적인 것으로 인식하여 죽음에 대한 이야기를 꺼리고, 죽음의 의미에 대해 직면하지 않으려 한다. 이러한 죽음에 대한 편견은 이 세상에서 자신의 존재가 사라진다는 두려움에서 나오는 것으로, 죽음에 대해 부정하는 심리작용의 결과이다. 그럼에도 자신도 죽게 된다는 피할 수 없는 불편한 진실은 인간의 삶에 대한 갈망으로 이해될 수 있다. 우주 만물이 생로병사의 과정을 거치듯 죽음은 자연스러운 것이다. 개인이 지닌 문화적 차이를 넘어서 죽음을 당연한 것으로 받아들이는 의식의 전환이 필요한 시점이다.

이에 이 책을 통해 모든 인간의 죽음을 당연한 것으로 받아들이고 그들의 마지막 여정을 함께 도와주는 호스피스 · 완화의료에 대해 보다 많은 사람이 배우고 실천하기를 소망하는 마음을 전하고자 한다.

　제1부는 '호스피스 이해' 영역으로, 호스피스에 대한 기본적 이해, 죽음에 대한 이해, 임종과정에 대한 이해, 호스피스 전문가에 대한 이해, 생명윤리에 대한 이해, 웰다잉에 대한 내용을 담았다. 제2부는 '호스피스 실천' 영역으로, 호스피스 실천 방법, 호스피스 대상자별 실천 방법, 호스피스 돌봄, 호스피스 상담, 사별 가족 돌봄, 웰다잉 프로그램에 대한 내용을 담았다.

　그동안 '죽음'과 관련된 무거운 주제를 저서로 담기에 주저하는 경향이 많았지만 최근 웰다잉 문화가 확산되면서 좋은 죽음, 품위 있는 죽음에 대한 관심이 높아지고 있다. 이제는 죽음을 위한 준비교육이 널리 확산되어야 한다. 이에 이 책에서는 호스피스를 실천하는 의료 현장뿐만 아니라 복지시설, 평생교육과 노인교육, 학교 등의 죽음 준비교육 현장에서 사용할 수 있는 내용을 최대한 담기 위해 노력하였다. 여러분과 함께 잘 살고 잘 마무리하는 인생의 전 과정에 동참할 수 있길 염원한다.

2023년 3월
저자 일동

차례

제1부
호스피스 이해

웰다잉을 위한 호스피스 실천론

제1장
호스피스에 대한 기본적 이해

우리나라는 현재 급속한 고령화 사회로 향해 가면서 죽음이 우리 삶에서 흔히 일어나는 일이 아니라고 생각한다. 따라서 대부분의 사람은 죽음은 자신과는 관계가 먼 두려운 미지의 사건으로 간주한다. 또한 죽음은 이 세상에서 삶을 이어 가는 누구도 경험해 보지 못하는 불가사의한 일이기에 대부분의 사람에게 큰 공포로 다가온다.

최근 생명과학과 의료기술의 눈부신 발달에 힘입어 이전에는 상상치도 못했던 실험이나 새로운 연구결과들이 계속 발표되면서 인간 능력의 무한한 가능성을 여실히 보여 주고 있다. 그러나 이러한 의학과 과학 기술의 급격한 발달로 인한 비인간화 문제, 사회 문제로 인한 인간 소외, 임종자에 대한 관리 소홀, 가치관이나 윤리관의 변화에 따른 혼란 등 우리에게 가장 소중한 인간의 존엄성이 지켜지지 못하고 있는 것이 우리의 현실이다.

이러한 현실을 잘 알고 있는 현대인은 자신만은 그런 사람들의 범주에 들지 않으려고 온갖 수단을 동원하고, 자신에게 다가오는 질병과 죽음을 부정하며, 피할 수 없는 한계 상황으로부터 벗어나기 위해 노력을 기울인다. 모든 인간은 단 한 번 주어진 자신의 인생을 살고 필연적으로 죽음을 맞이해야 하며, 지금 이 시간에도 많은 사람이 죽음을 맞이하고 있다. 그리고 지금 살아 있는 우리도 언젠가는 죽는다. 그

렇게 죽음은 우리와 함께 있는 것이며, 남의 일이 아닌 바로 우리 각자에게 큰 사건
인 것이다.

죽음을 눈앞에 둔 말기환자는 육체적 고통뿐 아니라 자신에게 다가오는 죽음을
그대로 받아들여야 한다는 두려움과 허탈감으로 깊은 심적 고통을 겪는다. 또한 동
시에 생을 마감하는 순간까지 자신의 품위를 잃지 않고, 한 인간으로 존중받기를 원
한다. 그들은 사람들에게 공감과 사랑받기를 원하며, 마지막에는 사랑하는 가족에
게 둘러싸여 평안한 이별을 하고 싶어 한다. 한 생명의 마지막 순간인 죽음은 출생
못지않게 중요하다. 임종에 가까운 사람이 남은 시간 동안 인간으로서의 품위를 잃
지 않도록 도와주고, 인간으로서의 존엄성을 갖고 삶을 마감하도록 도와주는 것은
매우 가치 있는 일이다. 그러므로 인간을 최대한 존중해 주는 호스피스는 '인간의
존엄성 회복 운동'에서 출발한 것이다.

호스피스는 죽음을 맞이하는 사람에게 꼭 필요하다. 죽음은 인간 개개인이 모두 맞
이해야 할 인간 실존의 단면이면서 임종자에게 매우 중요하기 때문이다.

1. 호스피스의 개념

호스피스(hospice)는 말기질환을 가진 환자와 가족에 대한, 완치적 목적의 치료가
아닌, 삶의 질에 목적을 둔 총체적 치료와 돌봄을 의미하는 것이다. 1960년대 영국
에서 임종을 앞둔 환자의 고통을 줄이고 심리적·영적 안정을 지원하는 기부와 자
원봉사 성격의 사업으로 근대 호스피스 운동이 시작되었다.

호스피스의 어원은 라틴어의 호스피탈리스와 호스피티움에서 기원된 것으로 알
려져 있다. 원래 호스피탈리스(hospitalis)는 '주인'을 뜻하는 호스페스(hospes)와 '치
료하는 병원'을 의미하는 호스피탈(hospital)의 복합어로서, 주인과 손님 사이의 따
뜻한 마음과 그러한 마음을 표현하는 '장소'의 뜻을 지닌 '호스피티움(hospitium)'이
라는 어원에서 변천되어 왔으며, 중세기의 성지인 예루살렘으로 가는 성지순례자
나 여행자가 하룻밤 쉬어 가던 휴식처란 의미에서 유래된 말이다.

근대 호스피스 개념은 영국 여의사 시슬리 손더스(Cicely Saunders)가 1967년 시
작한 '성 크리스토퍼 호스피스(St. Christopher's Hospice)'로 시작되었는데, 그녀는

"살 가망성이 없는 질환과 투병하는 환자와 가족에게 여생의 삶의 질을 높여 주기 위해 관여하는 팀이나 공동체"라고 정의하였다.

오늘날 널리 사용되고 있는 현대적 의미의 호스피스의 개념을 살펴보면 다음과 같다.

세계보건총회(World Health Assembly: WHA, 1981)에서는 "호스피스는 의료인과 비의료인, 성직자, 환자의 이웃과 친지가 함께 말기환자와 그 가족을 돕는 사회의료적인 돌봄"으로 설명하고 있다.

노유자 등(1994)은 『호스피스와 죽음』에서 "호스피스는 죽음을 앞둔 말기환자와 그 가족을 사랑으로 돌보는 행위로서, 환자가 남은 여생동안 인간으로서의 존엄성과 높은 삶의 질을 유지하면서 삶의 마지막 순간을 평안하게 맞이하도록 신체적 · 정서적 · 사회적 · 영적으로 도우며, 사별 가족의 고통과 슬픔을 경감시키기 위한 총체적 돌봄(holistic care)"이라고 정의하였다.

스테드만 의학사전(Stedman's Medical Dictionary, 2006)에서는 "죽어 가는 사람과 가족에 대한 신체적 · 심리적 · 사회적 · 영적 돌봄의 형태로서 가정과 환자 수용이 가능한 환경 아래 전문직과 봉사자들로 구성된 다학제팀의 서비스가 제공되는 것이며, 완화적이고 지지적인 서비스의 제공에 중점을 둔 프로그램을 실시하는 시설"이라고 정의되어 있다.

가톨릭대학교 간호대학 호스피스연구소(2022)에서는 "호스피스는 죽음을 앞둔 말기환자와 그 가족을 사랑으로 돌보는 행위로서, 환자가 남은 생애 동안 인간으로서의 존엄성과 높은 삶의 질을 유지하면서 삶의 마지막 순간에 평안하게 임종을 맞이하도록 신체적 · 심리적 · 사회적 · 영적으로 도우며, 사별 가족의 고통과 슬픔을 경감시키기 위한 총체적 돌봄(holistic care)"이라고 정의하였다.

이와 같은 여러 학자의 견해를 종합해 보면, 호스피스는 완치가 불가능하여 죽음이 예견되는 환자와 그 가족들 간의 신체적 · 정서적 · 사회적 · 영적 증상들을 의료와 기타 여러 부문에 종사하는 전문가와 봉사자들이 팀을 이루어 돌봄으로써 말기환자와 가족의 삶의 질을 높이고 편안한 임종을 이루게 하는 총체적 돌봄이라고 할 수 있다.

그러나 최근에는 호스피스를 의료적인 관점에서 설명하면서 제도적인 접근으로 완화의료와 함께 사용하고 있다.

세계보건기구(World Health Organization: WHO, 2002)에서 완화의료(palliative care)는 "생명을 위협하는 질환과 관련된 문제에 직면한 환자와 그 가족의 삶의 질을 향상시키기 위한 접근으로, 통증 및 다른 신체적·사회적·심리적·영적 문제들에 대한 조기발견과 세밀한 평가, 치료를 통한 고통의 예방과 경감을 통해 이루어지는 것"이라고 정의하고 있다.

미국 호스피스·완화의료협회(National Hospice and Palliative Care Organization: NHPCO)에서는 완화의료와 호스피스를 동일하게 보면서도, 호스피스는 "말기 질환자와 가족을 중심으로 전문적인 의료팀이 편안한 죽음 및 사별 관리를 포함한 전인적인 돌봄"이라고 하였고, 완화의료는 "환자와 가족을 돌봄으로써 고통을 예측하고 예방하여 삶의 질을 최대화 시키는 것"이라고 하였다.

「호스피스·완화의료 및 임종과정에 있는 환자의 연명의료결정에 관한 법률」(이하 「연명의료결정법」) 제2조에서는 "호스피스·완화의료(이하 '호스피스')란 암, 후천성면역결핍증, 만성 폐쇄성 호흡기질환, 만성 간경화, 그 밖에 보건복지부령으로 정하는 질환으로 말기환자로 진단을 받은 환자 또는 임종과정에 있는 환자(이하 '호스피스대상환자')와 그 가족에게 통증과 증상의 완화 등을 포함한 신체적·심리사회적·영적 영역에 대한 종합적인 평가와 치료를 목적으로 하는 의료를 말한다."라고 정의하고 있다. 여기서는 호스피스와 완화의료를 같은 의미로 보고 있으며, 통틀어서 호스피스로 부르고 있다.

한국 호스피스·완화의료학회(Korean Society for Hospice and Palliative Care: KSHPC)에서는 "호스피스·완화의료는 치료가 어려운 말기환자와 가족을 대상으로 통증 및 신체적·심리적·사회적·영적 고통을 완화하여 삶의 질을 향상시키는 전문적인 의료 서비스"라고 하였다.

이와 같이 호스피스와 완화의료는 말기환자의 완치보다는 삶의 질에 초점을 두고 진행된 말기 돌봄에서 출발한 것으로 비슷하게 사용되고 있다. 그럼에도 불구하고 이 둘을 구분하자면, 진단과 치료 시기를 두고 구분이 가능하다. 완화의료는 진단 시기부터 시작할 수 있으며 치료와 동시에 병행하는 것이고, 호스피스는 질병치료를 위한 적극적인 치료가 중단되고 완치의 가능성이 없다는 말기 진단이 분명할 때 시작되며 생존이 6개월 미만으로 예측될 때 제공하는 것으로 볼 수 있다(노유자 외, 2018). 그러나 호스피스와 완화의료는 돌봄의 철학적인 측면과 완화적 돌봄, 말

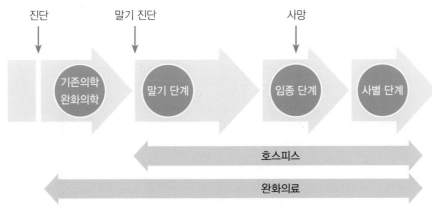

[그림 1-1] 호스피스와 완화의료

기의 통증 완화, 임종과 사별에 대한 돌봄에서는 유사하며, 질병이 진행되면서 말기 단계에 들어가면 완화의료와 호스피스는 연속선에 있다고 본다(WHO, 2002). 이를 그림으로 표현하면 [그림 1-1]과 같다.

이러한 단계 중에서 말기 시기가 가장 중요하고 핵심적인 시기이기 때문에 전인적인 돌봄으로 삶의 질을 높이는 것이 중요하다. 말기 시기부터 사별 단계까지 개입하는 돌봄 서비스가 호스피스 · 완화의료 서비스라고 할 수 있다. 호스피스 · 완화의료와 관련한 주요 개념을 정리하면 〈표 1-1〉과 같다.

〈표 1-1〉 호스피스 · 완화의료 주요 개념

용어	정의
호스피스 · 완화의료	암 등의 질환으로 말기환자로 진단을 받은 환자 또는 임종과정에 있는 환자와 그 가족에게 통증과 증상의 완화 등을 포함한 신체적 · 심리적 · 사회적 · 영적 영역에 대한 종합적인 평가와 치료를 목적으로 하는 의료
말기환자	적극적인 치료에도 불구하고 근원적인 회복의 가능성이 없고 점차 증상이 악화되어 보건복지부령으로 정하는 절차와 기준에 따라 담당의사와 해당 분야의 전문의 1명으로부터 수개월 이내에 사망할 것으로 예상되는 진단을 받은 환자
임종과정	회생의 가능성이 없고 치료에도 불구하고 회복되지 아니하며, 급속도로 증상이 악화되어 사망에 임박한 상태
임종과정에 있는 환자	담당의사와 해당 분야의 전문의 1명으로부터 임종과정에 있다는 의학적 판단을 받은 자

연명의료	임종과정에 있는 환자에게 하는 심폐소생술, 혈액투석, 항암제 투여, 인공호흡기 착용 및 그 밖에 대통령령으로 정하는 의학적 시술로서 치료효과 없이 임종과정의 기간만을 연장하는 것
연명의료중단 등 결정	임종과정에 있는 환자에 대한 연명의료를 시행하지 아니하거나 중단하기로 하는 결정
사전연명의료 의향서	19세 이상인 사람이 자신의 연명의료중단 등 결정 및 호스피스에 관한 의사를 직접 문서(전자문서 포함)로 작성한 것
사전연명의료의향서 등록기관	사전연명의료의향서의 작성 및 등록 등의 업무를 위하여 시설·인력 등 요건을 갖추어 보건복지부장관의 지정을 받은 기관
연명의료계획서	말기환자 등의 의사에 따라 담당의사가 환자에 대한 연명의료중단 등 결정 및 호스피스에 관한 사항을 계획하여 문서(전자문서 포함)로 작성한 것
의료기관윤리 위원회	연명의료중단 등 결정 및 그 이행에 관한 업무를 수행하려는 의료기관이 해당 의료기관에 설치하고 보건복지부장관에 등록하는 위원회(다른 의료기관의 윤리위원회 또는 공용윤리위원회와 업무의 수행을 위탁하기로 협약을 맺은 의료기관은 윤리위원회를 설치한 것으로 봄)
공용윤리위원회	심의·상담·교육 등 법에 따른 윤리위원회의 업무 중 위탁기관과 공용윤리위원회가 협약한 사항에 관한 업무를 수행함
담당의사	「의료법」에 따른 의사로서 말기환자 또는 임종과정에 있는 환자를 직접 진료하는 의사
국립연명의료 관리기관	보건복지부장관이 연명의료, 연명의료중단 등 결정 및 그 이행에 관한 사항을 적절하게 관리하기 위하여 두는 기관으로, 현재 '국가생명윤리정책원'이 지정되어 있음

출처: 「연명의료결정법」과 보건복지부, 국립연명의료관리기관(2021)을 참고하여 재구성함.

2. 호스피스의 역사

고대 전반기와 중세 전반기에 사용하던 'hospital' 'hostel' 'hotel'이라는 단어는 모두 같은 라틴어의 어원에서 기원하였으며, 현재 우리가 사용하고 있는 현대적 용어인 호스피스는 라틴어의 어원인 'hospes(손님)' 또는 'hospitum(손님접대, 손님을 맞이하는 장소)'이라는 말에서 유래되어 주인과 손님이 서로 돌보는 것을 상징한다.

고대 그리스에서는 신 제우스의 보호 아래 여행자에게 의식주를 제공하는 풍습이 있었고, 로마에서는 주인과 손님 사이의 특별한 관계가 주피터의 축복을 받는다고 믿었으며, 세노도키아에서는 성지순례자에게 거주지를 제공함으로써 인도주의적인 봉사활동을 하였다. 그러나 호스피스 유래의 큰 맥락은 중세기에 예루살렘 성지로 가는 성지순례자나 여행자가 쉬어 가던 휴식처라는 의미에서 유래되어 아픈 사람과 죽어 가는 사람을 위한 숙박소를 제공해 주고 필요한 돌봄을 베풀어 주면서 시작되었다.

중세의 호스피스는 십자가 운동 시기에 호스피시아(hospicia)에서 여행자의 휴식처로 음식과 옷들을 제공하였고(10세기에 성 베르나르도 소 호스피스, 11세기에 성 베르나르도 대 호스피스), 파리의 수도자들은 호텔 듀(Hotel-dieu)를 운영하여 임종 직전의 환자를 앞으로 전진하는 자로 대하며 천국의 문이 크게 열렸다는 신앙심으로 병자를 돌보았다.

호스피스 개념의 근원은 중세 십자군과 여행자에게 숙박을 제공한 것에서 유래되었다. 17세기 초 프랑스에서는 호스피스 자비의 수녀회(Sister of Charity)가 설립되어 아픈 사람, 길거리에서 헤매는 사람, 사회에서 버림받은 사람들을 위한 서비스를 제공했다. 1836년 독일에서는 기독교 정신에 입각한 호스피스 카이저스베르트(Kaizerworth)가 설립되어 아프고 죽어 가는 가난한 사람들을 위한 간호를 제공했다. 1840년 영국에서는 엘리자베스 여왕이 독일의 카이저스베르트를 방문한 후 다시 영국으로 돌아와 나이팅게일에게 영향을 주었고, 나이팅게일은 프랑스의 자비의 수녀회에서 동료 간호사들을 교육시킨 후 크리미아 전쟁에 참가했다.

현대 호스피스 운동의 선구자는 영국 여의사 시슬리 손더스로 1950년대 후반 말기환자와 관련된 통증을 조절하기 위한 기술을 개선했으며, 이상적인 호스피스 돌봄을 시도하기 위해서 1967년 성 크리스토퍼 호스피스를 설립하게 되었다. 이는 현대 호스피스 운동의 체계적인 모태가 되었고, 오늘날 미국과 캐나다에서 체계화되고 전문화된 호스피스 돌봄을 시도하는 모델이 되었다.

시슬리 손더스는 통증 조절을 위한 투약 프로토콜(Drug protocol)을 창안하는 과정에서 통증의 약리에 대한 연구를 하였다. 그녀는 연구에서 통증이란 단지 신체적인 것뿐만이 아니라 정서적 · 사회적 · 경제적 · 영적인 것과 관련이 있음을 주장하고, 전인적인 이해와 치료가 필요하다고 주장하였다. 또한 초기 호스피스에서 제공했던 간호의 영적 · 정서적 지지와 함께 말기질환과 관련된 증상과 통증 조절에 초점을 두었으며, 성 요셉 병원에서 호스피스에 대한 아이디어와 원칙을 다듬어서 현대 호스피스의 초석을 만들기 시작하였다.

1935년 성 누가 병원에서 진통제의 '규칙적인 제공'을 치료법으로 실시하여 현대 호스피스의 통증 조절 지침의 기초가 되었다. 그리고 1969년 퀴블러-로스(Kübler-Ross)의 『죽음과 죽어감에 대하여(Death and Dying)』에서 죽어 가는 환자들의 욕구가 충족되지 않고 있음을 밝히고, 이러한 욕구들을 충족시킬 수 있는 방법들을 제시하여 호스피스 돌봄을 받아들이는 데 많은 영향을 미쳤다. 1974년 미국에서는 처음으로 코네티컷 주에 있는 ㈜커넥션 호스피스(Connection Hospice Inc.)가 설립되어 초기에는 가정 돌봄 프로그램(Home Care Program)을 진행시켰으며, 1980년 약 40명의 환자를 위한 입원 시설을 갖추었다. 현재 미국에서는 2,800개 이상의 호스피스 프로그램이 있다. 테레사(Teresa) 수녀는 인도의 캘커타에서 오랜 기간 동안 호스피스 운동을 펼쳐 왔으며, 현재 세계 각국에서 약 6,000개의 호스피스 서비스 기관에서 호스피스가 제공되고 있다.

한편, 우리나라에서는 1960년대 이후 의학의 발전으로 질병의 완치에 집중하였기에 말기환자를 소홀히 하는 경향이 있었다. 그러다가 1965년 강원도 강릉의 마리아의 작은 자매회 수녀들에 의해 갈바리 의원에서 임종자들을 돌보기 시작한 것이 체계적으로 실시된 호스피스의 시작이었다고 할 수 있다. 처음에는 가정방문형 호스피스를 운영하다가 1978년부터 4병상의 호스피스 독립병동과 가정방문 호스피스를 함께 운영하였다.

1981년에는 가톨릭대학교 의과대학과 간호학과 학생들을 중심으로 호스피스 활동이 시작되어 그해 10월에는 가톨릭대학교 성모병원에서 내과병동 암환자를 중심으로 주 1회 간호집담회를 열었고, 1982년 6월부터 의사와 간호사 중심의 호스피스 활동 모임이 시작되었다.

1987년 3월에는 가톨릭대학교 성모병원과 강남성모병원에 '호스피스과'가 개설되었으며, 1988년에 강남성모병원에 호스피스 병동이 생겨났고, 연세의료원에서는 1988년부터 세브란스 암 센터에 가정 호스피스 프로그램이 시작되었으며, 1992년부터 이화여자대학교 간호대학에 가정 호스피스 프로그램이 시작되어 운영되었다. 이후 계명대학교 동산의료원, 여의도 성모병원, 성 바오로 병원, 전주예수병원, 고신의료원, 부산대학교 병원 등이 호스피스과를 두어 호스피스 환자를 관리하게 되었다.

의료기관은 아니지만 충북 음성의 꽃동네에서는 무의탁 부랑인 정신질환자, 장애인, 알코올중독자를 수용하는 시설과 함께 임종의 집을 마련하여 1976년부터 임종환자를 돌보고 있으며, 광주 대학생 선교회에서도 사랑의 호스피스를 개설하여 가정 호스피스를 실시하고 있다.

대부분의 호스피스 기관에서 자원봉사자를 위한 정규적인 교육을 실시하고 있으며 단체로는 한국 호스피스협회 창립(1991년), 한국 가톨릭 호스피스협회 창립(1992년), 한국 호스피스ㆍ환화의료학회가 창립(1998년)되어 활발하게 활동하고 있다.

현대적 의미의 호스피스는 1997년 보라매병원 사건으로 '의학적 권고에 반하는 환자의 퇴원에 대한 의료진 및 가족을 살인죄 및 살인방조죄로 인정'한 판례에 의해 시작되었다. 2009년에는 '평소 본인의 연명치료 거부 의사에 근거한 가족의 요청으로 연명치료 중단을 인정'한 김 할머니 사건이 있다. 이러한 사건을 계기로 하여 2013년에는 국가생명윤리 심의위원회에서 연명의료결정 제도화를 위한 권고안을 마련하였으며, 2015년에는 국가생명윤리 심의위원회의 업무 지원 기관을 지정하게 되었다. 2016년에 「호스피스ㆍ완화의료 및 임종과정에 있는 환자의 연명의료결정에 관한 법률」(이하 「연명의료결정법」)이 제정되면서 제도화되었고, 2018년 2월 4일부터 시행하기에 이르렀다.

2001년에 개원한 국립암센터는 호스피스 전담부서를 운영하고 있으며, 보건복지부 정책 지원 등을 통해 우리나라 호스피스ㆍ완화의료제도 발전에 기여하고 있다. 2016년 「연명의료결정법」 제정에 의해 중앙호스피스센터로 지정되어 우리나라 호스피스ㆍ완화의료제도의 시행 및 관리기관으로서 호스피스 환자와 그 가족의 삶의 질 향상을 위해 노력하고 있다.

연명의료결정제도는 2018년 「연명의료결정법」의 시행에 따라 임종과정에 있는 환자의 의사를 존중하여 치료의 효과 없이 생명만 연장하는 의학적 시술(연명의료)를 유보(시행하지 않는 것)하거나, 중단(시행하는 것을 멈추는 것)할 수 있는 제도이다(보건복지부, 국립연명의료관리기관, 2022).

우리나라에서 현대적 의미의 호스피스ㆍ완화의료가 정착하게 된 발전과정을 정리하면 [그림 1-2]와 같다.

1997
보라매 병원 사건
의학적 권고에 반하는 환자의 퇴원에 대한 의료진 및 가족을 살인죄 및 살인방조죄로 인정한 판례

2009
김 할머니 사건
평소 본인의 연명치료 거부 의사에 근거한 가족의 요청으로 연명치료 중단을 인정한 판례

2013~2015
국가생명윤리 심의위원회: 연명의료결정 제도화 권고안 마련(2013)
국가생명윤리심의위원회 업무지원 기관 지정(2015)

2016
「호스피스 · 완화의료 및 임종과정에 있는 환자의 연명의료결정에 관한 법률」
(약칭 「연명의료결정법」) 제정

2018
연명의료결정제도 시행(2018. 2. 4.)

2017
제1기 국가호스피스연명의료위원회 구성
제1기 호스피스 • 완화의료 전문위원회 구성

2018
보건복지부 지정 국립연명의료관리기관 출범:
연명의료정보처리시스템 오픈, 국립연명의료관리기관 홈페이지(정보포털) 오픈

2019
사전연명의료의향서 등록증 발급 시작
보건복지부 제1차 호스피스 · 완화의료 종합계획(2019~2023) 수립

2020
제2기 국가호스피스연명의료위원회 구성
제2기 호스피스 · 완회의료 전문위원회 구성

2021
연명의료중단 등 결정 정규수가 제도 신설
연명의료결정제도 등록기관 지정 유형에 '노인복지관' 추가

[그림 1-2] 호스피스 · 완화의료의 발전과정

3. 호스피스의 철학

호스피스에서 철학이 중요한 이유는 인간에 대한 가치관 및 세계관의 방향을 의식하고자 하는 것이다. 이를 통해 호스피스가 나아가야 할 방향을 모색할 수 있고, 호스피스 실천가가 자기성찰을 통해 대상자의 삶의 질 보장을 위한 패러다임을 제시할 수 있기 때문이다.

철학이라는 것은 '생각하는 것'과 '생각해 본다'는 뜻을 지니고 있다. 철학이라는 말은 지혜를 배우는 것, 슬기로움을 깨닫는 것, 명확하게 깨닫는 것을 의미한다. 철학은 삶의 진리를 추구하고 해석하는 데 근본적인 관심을 갖고 있기에 넓은 의미로 보면 인간학(人間學)이라 할 수 있다. 이러한 측면에서 삶을 마무리하는 호스피스 대상자에 대한 관점으로 철학이 필요한 것이다.

인간은 누구나 세상에 태어난 이상 죽음을 맞이하게 된다. 죽음의 시간, 장소, 이유는 다를지라도 결국 인간은 죽게 된다. 우리가 알고 있는 지식 가운데 가장 명확하고 자연적인 사실은 인간은 언젠가 죽게 된다는 것이다. 죽음을 마주할 때 우리는 두려움과 신비스러움을 경험한다. 우리는 죽음이라는 사실 앞에서 생명의 소중함을 더욱 깊게 깨달을 수 있다. 그러나 인간이 죽는다는 사실은 삶에 대한 부정, 체념, 회의를 가져다주기도 한다. 죽음은 이렇게 삶과 맞서면서 나타나는 것이다.

우리나라 사람들은 죽음을 제대로 준비하지 못하고 '현실'로서의 '죽음'을 끝까지 미루다 갑자기 자신이나 사랑하는 이의 죽음에 직면하게 된다. 평소 아무 준비 없이 죽음을 맞이하면 자신이나 가족이 불필요한 고통과 재정의 어려움을 겪을 수 있다. 특히 임종자는 인간으로서 존엄하게 생을 마칠 기회를 잃어버릴 수 있기에 더없이 안타까울 수밖에 없다.

과거 전통 사회에서 죽음은 집안과 마을 전체가 참여했기에 나름의 규범으로 삶을 잘 마무리할 과정이 있었다. 그러나 지금은 일상생활이 도시화됨에 따라 이러한 전통적인 풍속들이 사라지고 말았다. 특히 요즘은 삶의 마지막 순간을 대부분 집이 아닌 병원에서 맞이하고, 그 때문에 죽음을 삶의 한 과정으로 받아들이기보다 하나의 불행한 사건으로 생각하는 경우가 많다.

호스피스는 과학의 발달로 인한 인간존엄성에 대한 경시와 노인 소외, 임종자에 대한 소홀, 그리고 윤리관·가치관의 혼란에 대한 반응으로 생겨났다. 부분으로서의 인간이 아닌 신체적·사회적·영적 또는 그 이상의 합(sum)으로서의 인간을 이해하는 총체주의(holism)로 설명한다(노유자 외, 1994). 인간은 여러 부분의 합 이상이라는 사상과 철학을 기반으로 호스피스가 발전되어 왔기 때문이다. 즉, 인간은 신체적·사회심리적·영적인 면의 합이 아니라 그 이상으로 소중하고 존엄한 존재라는 점을 강조하는 것이다.

현대의 호스피스는 과거의 '치료' 중심에서 '돌봄'의 개념으로 그 사상을 강조하고 있다. 여기서 돌봄의 개념은 라틴어의 'kara'에서 기원하였고, 'to lament'의 의미를 담고 있다. 'to lament'는 '울다' '통곡하다' '슬퍼하다' '근심하다'라는 뜻으로 한 개인의 아픔과 고통에 참여하여 함께 아파하고 슬퍼한다는 공감의 의미가 담겨 있다.

이러한 의미에서 대상자에 대한 연민(compassion)으로 표현되는 사랑이 호스피스 돌봄에 깊이 내재되어 있다. 그러므로 호스피스는 따뜻함, 평온함, 쉼을 연상시키며 인생의 긴 여정에서 대상자가 마지막으로 참된 쉼을 찾도록 하는 것이고 의미와 사랑을 느끼도록 돕는 것이다. 즉, 호스피스는 인간의 권리 및 인간존엄성 회복을 위한 사랑의 행위라고 할 수 있다.

따라서 호스피스는 인간존중과 인간이해, 자기결정(self-determinism)과 창의성을 소중히 하는 인도주의(humanism)와 인간을 전체로 이해하는 총체주의(holism) 사상과 철학을 기반으로 발전되었다고 할 수 있다(가톨릭대학교 간호대학 호스피스연구소, 2022).

호스피스에 대한 철학을 노유자 등(1994)은 다음과 같이 밝히고 있다.

- 말기환자와 임종환자 그리고 그 가족을 돌보고 지지한다.
- 그들의 남은 생을 가능한 한 편안하게 하고 충만한 삶을 살도록 해 준다.
- 삶을 긍정적으로 받아들이며 죽음은 삶의 자연스러운 일부분으로 받아들인다.
- 호스피스는 삶을 연장시키거나 단축시키지 않는다.
- 환자와 그 가족의 요구에 부응하도록 가능한 한 모든 자원을 이용하여 신체적·사회심리적·영적 요구를 충족시키며 지지하여 죽음을 준비하도록 돕는다.

이후 「연명의료결정법」이 시행됨에 따라 노유자 등(2018)은 호스피스 철학을 다음과 같이 확대하여 설명하고 있다.

- 죽음의 과정을 삶의 정상적 과정으로 보며 여생의 삶의 질을 높이는 데 초점을 맞추면서 생명을 존중함으로써 생명을 연장하거나 단축하지 않는다.
- 호스피스·완화의료는 인간의 내적 성장과 말기환자와 가족이 가진 고유의 잠재성을 보존하고 증진시키기 위해 노력하며, 나이, 성별, 국적, 인종, 신념, 성적 지향, 장애, 의학적 진단, 주 돌봄 제공자의 유무, 치료비 지불능력 유무에 상관없이 환자와 가족을 돌본다.
- 호스피스·완화의료는 환자의 고통 경감과 안위를 도모하여 삶의 질을 높이고 존엄한 죽음을 맞이하도록 돕기 위해 환자와 가족, 전문가, 자원봉사자로 이루어진 다학제 호스피스·완화의료팀이 총체적 돌봄을 제공한다.

이와 같이 호스피스 철학은 인생의 마지막에 개인마다 특성이 고려된 다양한 경험을 할 수 있으며, 고통에 직면하더라도 대상자와 가족 모두가 성숙하게 마무리를 잘 할 수 있도록 돕는다는 목표를 가지고 있다. 호스피스는 그들의 삶의 질을 높이고 고귀한 죽음을 맞이할 수 있도록 도와야 한다. 따라서 호스피스에서 중요한 철학적 관점은 인간에 대한 존엄성, 본인의 선택과 결정, 자율성 등이다. 가톨릭대학교 간호대학 호스피스연구소(2022)에서는 호스피스의 철학을 다음과 같이 설명하고 있다.

- 호스피스 철학은 죽음을 앞두고 있는 대상자와 가족 모두에게 중요한 경험이라는 것을 강조한다.
- 호스피스 돌봄의 방향은 대상자와 가족의 가치에 따라 결정이 이루어져야 한다.
- 호스피스 철학은 완화의료를 강조한다. 호스피스가 지향하는 목표는 진행된 질병의 문제 해결이 아니라, 불편한 증상들을 완화시켜 삶을 잘 마무리하도록 돕는 것이다.
- 호스피스 철학은 대상자와 가족의 소망에 따라 마지막 시기를 보내고 임종할 수 있도록 그들의 자율성을 추구한다.
- 호스피스 철학은 진실 또는 사실만을 말하는 윤리 원칙을 뒷받침한다. 호스피스 철학에 근거한 자율성이란 자신의 삶과 죽음에 관해 필요한 정보를 듣고 결정을 내릴 수 있도록 해 주는 것이다.

4. 호스피스 주요 사업

호스피스 사업은 입원형 호스피스·완화의료(요양병원 호스피스·완화의료 시범사업), 가정형 호스피스·완화의료, 자문형 호스피스·완화의료(시범사업)으로 유형이 구분되어 제공되고 있다. 호스피스·완화의료 사업의 그동안 추진과정을 살펴보면 다음과 같다(보건복지부, 2022b).

- 제1, 2차 말기암환자 호스피스 시범사업 실시('03~'04)
- 호스피스 전문기관 지원사업 실시('05~)
- 호스피스 관련 고시 제정, 전문기관 지정제 도입('08. 9.)
- 호스피스 건강보험 수가 1, 2차 시범사업 실시('09. 12.~'15. 6.)
- 「암관리법」에 호스피스 법적 근거 마련('11)
- '호스피스·완화의료 활성화 대책' 발표('13)
- 입원형 호스피스·완화의료 건강보험 수가 적용('15. 7.)
- 「암관리법 시행규칙」 일부 개정, 가정형·자문형 법적 근거 마련('15. 12.)
- 「연명의료결정법」 제정('16. 2. 3.) 및 시행('17. 8. 4.)
- 가정형 호스피스 건강보험 수가 1, 2차 시범사업 실시('16. 3.~)
- 제3차 국가암관리종합계획 소아청소년 호스피스 제공체계 구축('16. 9.)
- 요양병원 호스피스 건강보험 수가 1, 2차 시범사업 실시('16. 9.~): 1차(14→11개소, '16. 9.~'18. 4.); 2차(16→12개소, '18. 4.~)
- 자문형 호스피스 건강보험 수가 시범사업 실시('17. 8. 4.~): 1차(20→19개소, '17. 8.~); 확대 실시– 25개소('18. 9.~), 27개소('19. 3.~), 33개소('20. 7.~)
- 소아청소년 완화의료 시범사업 실시('18. 7.~): 1차(2개소, '18. 7.~); 확대 실시– 4개소 ('19. 1.~), 5개소('20. 3.~), 7개소('20. 5.~), 9개소('21. 1.~)
- 제1차 '호스피스·연명의료 종합계획' 발표('19. 6.)
- 가정형 호스피스 전문기관 지정 및 건강보험 수가 적용('20. 9.~)
- 자문형 호스피스 전문기관 지정 및 건강보험 수가 적용('22. 1.~)

호스피스 사업은 다음의 법적 근거가 있다.

「연명의료결정법」 제21조(호스피스사업)

① 보건복지부장관은 호스피스를 위하여 다음 각 호의 사업을 실시하여야 한다.

1. 말기환자등의 적정한 통증관리 등 증상 조절을 위한 지침 개발 및 보급
2. 입원형, 자문형, 가정형 호스피스의 설치 및 운영, 그 밖에 다양한 호스피스 유형의 정책 개발 및 보급
3. 호스피스의 발전을 위한 연구·개발 사업
4. 제25조에 따른 호스피스 전문기관의 육성 및 호스피스 전문 인력의 양성
5. 말기환자등과 그 가족을 위한 호스피스 교육프로그램의 개발 및 보급
6. 호스피스 이용 환자의 경제적 부담능력 등을 고려한 의료비 지원사업
7. 말기환자, 호스피스의 현황과 관리실태에 관한 자료를 지속적이고 체계적으로 수집·분석하여 통계를 산출하기 위한 등록·관리·조사 사업(이하 "등록통계사업"이라 한다)
8. 호스피스에 관한 홍보
9. 그 밖에 보건복지부장관이 필요하다고 인정하는 사업

② 보건복지부장관은 제1항 각 호에 따른 사업을 대통령령으로 정하는 바에 따라 관계 전문기관 및 단체에 위탁할 수 있다.

출처: 법제처(http://moleg.go.kr).

호스피스에서 제공되는 주요 사업 내용(〈표 1-2〉 참조)은 보건복지부에서 발간하는 '권역별 호스피스센터 사업안내'를 참조하여 재구성한 것이다. 여기서는 권역별 호스피스센터의 사업 위주로 살펴보고, 호스피스 전문기관의 사업 및 서비스 내용은 제7장 호스피스 실천 방법에서 구체적으로 살펴보고자 한다.

〈표 1-2〉 호스피스 주요 사업 내용

주요 사업	사업 내용
호스피스 정책사업 계획 및 수립 지원	• 지자체는 지방보건의료계획 암관리계획 내 '지역사회 호스피스·완화의료 계획'을 수립 및 이행 • 권역별센터는 중앙센터로부터 제공받은 지역별 호스피스·완화의료 현황(기관 현황, 유형별 이용자 수, 이용률, 자체충족률 등)을 토대로 지자체, 지역암센터와 긴밀히 협력하여 지방보건의료계획 수립 −호스피스·완화의료 이용률 및 자체 충족률 향상 방안 −호스피스·완화의료 인식 개선을 위한 홍보, 교육 계획 등 −호스피스 정책 및 교육 등 위원회 자문 활동 −국내 호스피스 제공체계 모델 구축을 위한 정책, 교육, 평가위원회 참여

호스피스 교육사업	• 호스피스 전문인력 교육 · 훈련 및 교육과정 운영 • 호스피스 필수인력에 대한 법정 필수교육인 기본교육 운영 및 개정 • 서비스 유형의 다양화에 따른 가정형 · 자문형 호스피스 추가교육 운영 • 호스피스 필수인력에 대한 법정 필수교육인 보수교육 개발 및 운영 • 권역 내 호스피스 돌봄 제공자 양성과정 프로그램 운영 • 권역 내 호스피스 자원봉사자 교육프로그램 개발 및 운영 • 지역사회 중심 호스피스 교육 프로그램 개발
권역별 호스피스 전문 기관 지원	• 호스피스 전문기관 현장방문교육팀 운영 • 호스피스 전문인력의 소진을 예방하고 업무 효율성을 높이기 위한 소진예방 프로그램 개발 및 운영
호스피스 홍보사업	• 호스피스의 날(10월 둘째 주 토요일) 기념 행사 • 호스피스 통증캠페인 주관(매월 5월 중) • 일반인 대상 호스피스의 달 캠페인 주관 (10월)
호스피스 연구사업	• 중앙 및 권역별센터 공동 연구 시 참여 • 호스피스 제도 및 돌봄 개선을 위한 다기관 연구가 필요할 시 적극 참여

출처: 보건복지부(2022a)를 참고하여 재구성함.

5. 호스피스 유형과 대상자

1) 호스피스 유형

호스피스의 유형은 입원형 호스피스 · 완화의료(요양병원 호스피스 · 완화의료 시범사업), 가정형 호스피스 · 완화의료, 자문형 호스피스 · 완화의료(시범사업)로 나누어져 있으며, 소아청소년 완화의료(시범사업)가 별도로 제정되어 시행되고 있다. 여기서는 국립암센터 · 중앙호스피스센터(2021)에서 발간한 『호스피스 전문기관 서비스 제공 안내』(6판)을 참고하여 유형별 특징을 정리하였다.

(1) 입원형 호스피스 · 완화의료

입원형 호스피스 · 완화의료는 보건복지부로부터 지정받은 전문기관의 호스피스 병동에 입원한 말기암 환자 및 가족을 대상으로 호스피스 돌봄 및 전문완화 의료서비스를 제공한다. 이를 통해 환자와 가족의 신체적 · 사회심리적 · 영적 고통을 완화하여 삶의 질 향상에 기여하는 것을 목적으로 한다. 대상 질환은 암이 대표적이다.

입원형 호스피스 전문기관은 「연명의료결정법」 제25조에 따라 보건복지부령으로 정하는 시설·인력·장비 등의 기준을 충족하며 호스피스 대상 환자에게 호스피스·완화의료 서비스를 제공하는 의료기관을 말한다. 2023년 기준 요양병원은 시범사업 중에 있다. 입원형은 말기환자와 가족의 필요를 중심으로 질병 경과에 따라 입원형·가정형·자문형 서비스의 유기적 제공을 권고하고 있다.

(2) 가정형 호스피스·완화의료

가정형 호스피스·완화의료는 가정에서 지내기를 원하는 말기환자 및 가족을 대상으로 보건복지부로부터 지정받은 전문기관의 호스피스팀이 가정으로 방문하여 돌봄 및 전문완화 의료서비스를 제공한다. 이를 통해 환자와 가족의 신체적·사회심리적·영적 고통을 완화하여 삶의 질 향상에 기여하는 것을 목적으로 한다. 대상 질환으로는 암, 후천성면역결핍증, 만성 폐쇄성 호흡기질환, 만성 간경화 등이 있다.

가정형 호스피스 전문기관은 「연명의료결정법」 제25조에 따라 보건복지부령으로 정하는 시설·인력·장비 등의 기준을 충족하며, 호스피스 대상자에게 가정형 호스피스· 완화의료 서비스를 제공하는 의료기관을 말한다.

가정은 환자가 일상생활을 영위하는 거주지이기 때문에 가정에서 지내기를 원하는 호스피스·완화의료 대상자의 삶의 질 향상에 도움이 되며, 대상자의 선택권을 보장하고 말기환자와 가족의 불필요한 불편 및 경제적 손실을 경감시키는 데 필요한 서비스이다. 또한 서비스 공급자 입장에서도 호스피스·완화의료의 잠재적 대상자를 발굴하고 조기 개입하는 데 유리하며, 타 유형 호스피스·완화의료와의 연계를 통해 호스피스 인력·시설·장비의 효율적 활용에도 도움이 된다.

(3) 자문형 호스피스·완화의료

자문형 호스피스·완화의료는 일반병동과 외래에서 진료를 받는 말기환자 및 가족을 대상으로 호스피스팀이 담당의사와 함께 전문완화 의료서비스 및 호스피스 돌봄을 제공한다. 이를 통해 환자와 가족들의 신체적·사회심리적·영적 고통을 완화하여 삶의 질 향상에 기여하는 것을 목적으로 한다. 대상 질환은 암, 후천성면역결핍증, 만성 폐쇄성 호흡기질환, 만성 간경화 등이 있다.

자문형 호스피스 전문기관은 「연명의료결정법」 제25조에 따라 보건복지부령으로 정하는 시설·인력 등의 기준을 충족하며 호스피스 대상자에게 자문형 호스피스·완화의료 서비스를 제공하는 의료기관을 말한다.

자문형 호스피스·완화의료는 일반병동, 외래 및 응급실에서 담당 의료진 변경 없이 지내기 원하는 호스피스·완화의료 대상자의 선택권을 보장해 주고, 일반병동에서의 임종 돌봄의 질을 향상시키는 데 기여하고 있다. 또한 공급자 측면에서도 호스피스·완화의료의 잠재적 대상자 발굴 및 조기 개입이 가능하고, 별도의 특정 시설이나 장비 없이 효율적으로 호스피스·완화의료를 제공할 수 있으며, 타 유형 호스피스·완화의료와의 연계를 통해 호스피스 인력·시설·장비를 효율적으로 활용할 수 있다.

(4) 소아청소년 완화의료

소아청소년 완화의료는 생명을 위협하는 질환으로 치료받는 소아청소년 환자와 가족이 치료과정에서 겪는 여러 가지 증상, 불편, 스트레스 등 신체적·심리적·사회적 어려움을 완화시키고 삶의 질 향상에 기여하는 통합적 의료서비스이다.

대상 질환은 생명을 위협하는 질환에 걸린 소아청소년 환자와 그 가족 중에서 완화의료가 필요하다고 판단되는 경우이며, 성인 호스피스와 달리 진단 병명이나 질병 단계에 제한이 없다. 2023년 기준으로 만 24세 이하인 환자에 한해 시범 운영하고 있으며, 제공되는 서비스는 다음과 같다.

- 포괄적인 초기 평가 및 돌봄 계획 수립과 상담
- 심리적·영적 돌봄
- 사회적 돌봄
- 퇴원 지원
- 사별 가족 돌봄
- 신체적 돌봄

- 의사소통 지원
- 환자 및 가족, 돌봄 제공자 교육
- 임종 돌봄
- 자원봉사자 교육 및 프로그램 운영

2) 호스피스 대상자

호스피스 · 완화의료는 호스피스 대상자(말기환자로 진단을 받은 환자 또는 임종과정에 있는 환자)와 그 가족을 대상으로 서비스를 제공한다.

호스피스 대상자는 "적극적인 치료에도 불구하고 근원적인 회복의 가능성이 없고 점차 증상이 악화되어 보건복지부령으로 정하는 절차와 기준에 따라 담당의사와 해당 분야의 전문의 1명으로부터 수개월 이내에 사망할 것으로 예상되는 진단을 받은 환자"를 말한다. 해당되는 질환으로는 암, 후천성면역결핍증, 만성폐쇄성호흡기질환, 만성간경화, 그 밖에 보건복지부령으로 정하는 질환이다. 말기환자에 대한 진단은 다음의 기준을 종합적으로 고려한다(「연명의료결정법 시행규칙」 제2조).

- 임상적 증상
- 다른 질병 또는 질환의 존재 여부
- 약물 투여 또는 시술 등에 따른 개선 정도
- 종전의 진료 경과
- 다른 진료 방법의 가능 여부
- 그 밖에 말기환자의 진단을 위하여 보건복지부장관이 특히 필요하다고 인정하는 기준

2016년 11월 대한의학회에서 제시한 질환별 말기환자 진단 기준 권고안을 지금까지 사용 중이며, 보건복지부(2022b)에서도 권고하고 있는 내용은 〈표 1-3〉과 같다.

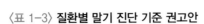

〈표 1-3〉 **질환별 말기 진단 기준 권고안**

암	다음 항목 중 1개 이상에 해당하는 경우 말기로 판단할 수 있다. 1. 적극적인 암 치료에도 불구하고 암으로 인하여 수개월 이내에 사망할 것으로 예상되는 상태 2. 암의 진행으로 인하여 일상수행 능력이 심각히 저하되고 신체 장기의 기능이 악화되어 회복을 기대하기 어려운 상태
후천성 면역결핍증	HIV 감염인이 다음 중 하나에 해당하면서, 기능수준이 전신수행능력(Kamofsky Performance Status: KPS) < 50%로 저하를 보인 경우 1. 다약제 내성으로 항레트로바이러스제 치료에 실패하여 3개월 이상 치료에도 CD4세포 < 25 cell/ml이거나 HIV RNA > 100,000 copies /ml인 경우 2. 임상적으로 중증인 뇌병변장애: 중추신경계림프종, 진행성 다발성 백질 뇌병증, HIV뇌병증, HIV 관련 치매, 치료에 불응하는 뇌톡소포자충증 등 3. 에이즈 정의 암 또는 기타 암성 질환 말기 4. 말기 심부전, 말기 호흡부전, 말기 간경화, 투석하지 않고 있는 말기 신부전 5. 기타 상기 합병질환이 아니더라도 감염전문의의 판단에 따라 말기 호스피스 케어가 필요하다고 판단되는 경우
만성 폐쇄성 호흡기질환	다음 항목 중 1개 이상에 해당하는 경우 말기로 판단할 수 있다. 1. 매우 심한 만성호흡기질환으로 인하여 숨이 차서 의자에 앉아 있는 것도 어려운 경우 2. 장기간의 산소 치료를 필요로 하는 경우로 담당의사의 판단으로 수개월 내 사망이 예상되는 경우 3. 호흡부전으로 장기간의 인공호흡기가 필요한 경우 혹은 폐 이식이 필요하지만 금기 기준에 해당하거나 이식을 할 수 없는 경우
만성 간경화	Child-Pugh C 등급 비대상성 간경변증 환자로 다음 항목 중 1가지 이상 해당하는 경우 말기로 판단할 수 있다. 단, 간이식이 가능한 경우는 제외한다. 1. 적극적인 치료에도 불구하고 호전을 보이지 않는 간신 증후군 2. 적극적인 치료에도 불구하고 호전을 보이지 않는 위중한 간성 뇌증 3. 적극적인 치료에도 불구하고 호전을 보이지 않는 정맥류 출혈 *Child-Pugh C 등급(10~15): 복수, 간성혼수, 혈청빌리루빈, 알부민, 프로트롬빈시간

출처: 보건복지부(2022b).

참고문헌

가톨릭대학교 간호대학 호스피스연구소(2022). 호스피스 완화돌봄. 현문사.

건강보험심사평가원(2020). 호스피스완화의료서비스 제도개선 방안 연구. 건강보험심사평가원.

국립암센터·중앙호스피스센터(2021a). 호스피스 전문기관 서비스 제공 안내(6판). 국립암센터, 중앙호스피스센터.

노유자, 김춘길, 안성희, 정복례, 최성은, 최윤선(2018). 호스피스·완화의료, 의미 있는 삶의 완성. 현문사.

노유자, 한성숙, 안성희, 김춘길(1994). 호스피스와 죽음. 현문사.

법제처(2022년 10월 기준). 「호스피스·완화의료 및 임종과정에 있는 환자의 연명의료결정에 관한 법률」. https://www.moleg.go.kr.

보건복지부(2022a). 권역별 호스피스센터 사업안내. 보건복지부.

보건복지부(2022b). 2022 호스피스·완화의료 사업안내. 보건복지부.

보건복지부, 국립연명의료관리기관(2021). 2021 연명의료결정제도 연보. 국립연명의료관리기관.

이기순(2022). 호스피스·완화의료서비스제도의 발전방안에 관한 연구. 사회복지경영연구, 9(1), 85-101.

한국 호스피스·완화의료학회 홈페이지(2022년 10월 기준). https://www.hospicecare.or.kr.

Stedman, T. L. (2006). *Medical dictionary lippincolt* (27th ed). Williams and Wilkins.

WHO(2002). Palliative care for older people better practices. World Health Organization.

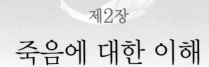

제2장
죽음에 대한 이해

　우리의 삶은 죽음을 향해 나아가는 길이라고 할 수 있다. 따라서 죽음은 우리의 삶 속에서 강력하게 영향을 미치고 있는 요인이다. 그러나 죽음을 생각하고 이에 대응하는 방식은 사람마다 각기 다르다. 죽음에 대해 어떻게 이해하고 대처하는가에 따라 그 사람의 삶은 달라질 수 있다.

　여러 종교인은 우리의 삶이 이 지상에서 끝나는 것이 아니라 천국, 영생, 부활, 환생 등과 같은 의미로 설명하고 있다. 이러한 믿음은 죽음을 전체 삶의 일부분 또는 삶의 한 과정으로 받아들이게 되어 죽음에 대한 두려움에서 어느 정도 해방될 수 있다고 본다.

　죽음은 우리 삶에서 흔히 일어나는 일이 아니기 때문에 대부분의 사람은 죽음을 자신과는 관계가 먼 두려운 미지의 사건으로 간주하기도 한다. 또한 죽음은 이 세상 삶을 살아가는 어느 누구도 경험해 보지 못하는 불가사의한 일이기에 대부분의 사람에게 큰 공포로 다가온다.

　과거 에피쿠로스학파는 "영혼은 죽는다. 죽음은 결국 무(無)이다. 태어나기 전의 암흑세계와 죽은 후의 암흑세계는 상호 대칭이다."라고 하면서, "죽음 자체는 무의식과 같은 것이고, 죽음은 의식의 상실일 뿐이다."라고 주장하였다. 이는 죽음을 체념적이고 명상적인 관점에서 설명한 것으로, 영혼은 죽어서 의식과 함께 사라지기 때문에 의식의 없음을 죽음이라고 정의한 것이다.

이들의 주장대로 만약 육체와 함께 영혼도 죽는다면, 죽은 후의 삶에 대해서 염려하지 않아도 될 것이며 과거의 삶에 대해서도 후회할 필요가 없는 것이다. 또한 신에 대해서도 두려워할 필요가 없는 것이다. 단지 잘 죽기 위해서는 후회하지 않으면서 살아갈 방법을 찾아야 하며, 미래를 향해 눈을 돌려야 하는 것이다.

1. 죽음의 개념

1) 죽음의 유형과 의미

죽음은 생명이 끝나는 것, 심장박동이나 호흡이 정지되는 것, 생명 활동이 영속적으로 정지되는 것을 의미한다. 즉, 의식과 뇌 기능이 영구적으로 상실되는 것을 뜻한다.

인간의 죽음은 다양한 의미를 지니고 있다. 임상적 또는 육체적 죽음(clinical or physical death), 뇌의 죽음(brain death), 생물학적 죽음(biological death), 심리적 죽음(psychological death), 사회적 죽음(social death), 법적 죽음(legal death), 종교적 죽음(religious death), 철학적 죽음(philosophical death) 등이 그 예이다. 이러한 분류는 죽음을 어떻게 받아들이고 이해하는가에 따라 다르게 해석하는 것이다. 이러한 죽음의 개념에 대해 여러 학자들이 설명하고 있는 유형과 의미를 표로 정리하면 〈표 2-1〉과 같다.

〈표 2-1〉 **죽음의 유형과 의미**

죽음의 종류	의 미
임상적 또는 육체적 죽음	• 육체를 구성하는 모든 세포의 기능 정지와 호흡, 뇌 활동 그리고 심장이 정지된 상태 • 의사의 판단에 의하여 생명을 유지하는 신체기능의 불가역적인 상태
뇌의 죽음	• 대뇌의 신 피질을 비롯하여 소뇌, 중뇌, 뇌간의 모든 활동이 불가역적으로 정지된 상태

	• 자신과 주위의 자극에 대하여 무의식, 무반응 상태에 있는 인간으로 불가역적인 심한 뇌 손상이 있기는 하지만 능동적인 뇌파 활동과 약간의 정상반사가 나타나기도 함 • 지속적인 식물인간 상태가 이에 해당
생물학적 죽음	• 임상적 죽음 후 필연적으로 나타나는 것으로 유기체의 와해라고 볼 수 있음 • 뇌·폐·심장 기관이 기능을 멈추는 과정
심리적 죽음	• 인간다운 삶에 필요한 필수적인 심리적 기능을 영구적으로 상실한 상태 • 의식과 자기정체감의 상실, 자존감과 존엄성의 상실 등
사회적 죽음	• 다른 사람들로부터 무가치한 존재 또는 죽은 것으로 여겨지는 것을 의미 • 사회적 역할, 사회적 연결, 사회적 정체감의 단절 등
법적 죽음	• 개인이 모든 법적 권리와 책임의 주체로서의 지위를 상실하는 것 • 의사의 사망진단서에 근거하여 모든 법적 지위가 상실됨
종교적 죽음	• 불교(윤회사상): 모든 욕심에서 벗어나 무아(無我)가 되는 것 • 유교(생사일여, 生死一如): 죽음을 단절이 아닌 삶의 일부로 보며, 선조의 기가 후손에게 남겨진다고 보고 제사를 지내도록 함 • 신학(인간 삶의 유일회성): 인간이 생명의 원천인 하나님께 귀의 • 무속신앙: 저승을 이승의 연장선상으로 해석, 영혼과 몸의 결합은 삶이고 분리는 죽음으로 봄
철학적 죽음	• 죽음에 대한 물음으로 시작하는 인간 삶의 완성에 대한 사색 • 철학에서 죽음의 문제는 삶의 문제이며 인간의 본질에 관한 문제 • 삶의 목적지, 삶의 끝, 삶의 완성, 삶을 죽음의 준비과정으로 표현

2) 죽음이 갖는 특성

인간에게 있어 죽음이 갖는 특성을 노유자 등(2018)은 보편성, 불가피함, 냉혹한 실재, 두려움, 인간으로 하여금 철학자가 되게 한다고 설명하고 있다. 이를 정리하여 제시하면 〈표 2-2〉와 같다.

〈표 2-2〉 죽음이 갖는 특성

죽음의 특성	내용
보편성	• 인간은 죽음을 떠나서는 그 자신의 삶을 알 수 없는 존재이며, 그래서 죽음은 인간 삶의 한복판에 자리하고 있는 현 존재의 구성요소 • 죽음으로부터 자유로운 사람은 아무도 없으며, 이 세상에 태어난 모든 존재는 다 사라진다는 의미에서 죽음은 보편성을 지님

불가피함	• 인간은 어떠한 노력을 다한다고 해도 죽음을 피할 수는 없음 • 우리가 아무리 죽지 않기 위해 노력한다고 해도 죽음은 언제나 곁에 있으며, 인간은 원치 않아도 죽음을 맞이할 수밖에 없음
냉혹한 실재	• 죽음은 어느 누구를 가리지 않음, 나이 든 노인에서부터 갓 태어난 아기까지 죽음은 그냥 지나쳐 가지 않음 • 죽음은 그 사람이 처한 처지를 동정하지 않음
두려움	• 죽음 앞에서 인간은 그 어떤 것도 할 수 없음 • 죽음은 태어난 모든 존재에게 실존적으로 실재하며 지금까지의 모든 것을 아무것도 아닌 것으로 만들어 버리기 때문에 공포의 대상
철학자	• 배움의 많고 적음에 상관없이 모든 인간은 죽음 앞에서 비로소 자신에게 철학적인 질문을 하게 됨 • 실존적 질문을 통해 죽음과 삶의 의미를 이해하고 실존하는 인간존재로서 삶의 성숙을 가져올 수 있음

출처: 노유자 등(2018)을 참고하여 재구성함.

3) 죽음을 표현하는 용어

죽음에 대한 표현은 죽은 사람의 사회적 · 종교적 특성에 따라 다양하다. '죽다'라는 표현도 '운명하다' '사망하다' '돌아가다' '숨을 거두다' '잠들다' '눈을 감다' '세상을 뜨다' 등과 같이 다양하게 표현하고 있다. 죽음을 설명하는 일반적인 표현과 종교적 표현, 죽음의 원인에 따른 표현을 정리하면 〈표 2-3〉과 같다.

〈표 2-3〉 죽음을 표현하는 용어

분류	명칭	의미
일반적 표현들	사망(死亡)	죽음을 뜻하는 말로 가장 흔하게 사용
	운명(殞命)	호흡이 끊어짐
	임종(臨終)	죽음에 다다름을 의미하는 높임말 동의어: 망종(亡終), 임사(臨死), 최후(最後) 등
	작고(作故)	죽은 사람을 높이어 그의 죽음을 이르는 말
	영면(永眠)	영원히 잠든다는 뜻 동의의: 영서(永逝), 잠매(潛寐), 장서(長逝) 등
	별세(別世)	세상을 하직한다는 뜻으로 '죽음'을 높여 이르는 말
	하직(下直)	먼 길을 떠나며 작별을 고한다는 의미로 사용

	타계(他界)	인간계 이외의 다른 세계로 갔다는 의미로 사용
	유명(幽明)	이승의 밝은 세상을 떠나 저승의 어두운 곳으로 갔다는 의미로 사용
	귀천(歸天)	하늘로 돌아간다는 의미로 사용
	승천(昇天), 등천(登天)	하늘에 오른다는 의미로 사용
	승하(昇遐)	임금이 세상을 떠남 동의어: 선어(仙馭), 등하(登遐), 붕어(崩御), 안가(晏駕) 등
	서거(逝去), 사거(死去)	죽어서 세상을 떠남의 높임말
	와석종신(臥席終身)	자리에 누워 신명을 마친다는 뜻으로, 제 명(命)을 다 살고 편안히 죽음
종교에 따른 표현	선종(善終)	가톨릭에서 신자의 죽음을 이르는 말 임종할 때 성사(聖事)를 받아 대죄(大罪)가 없는 상태에서 죽는 것
	입멸(入滅)	불교에서 수도승의 죽음을 이르는 말 동의어: 입적(入寂), 귀적(歸寂) 등
	열반(涅槃)	석가나 고승의 입적(入寂)을 이르는 말 동의어: 적멸(寂滅), 멸도(滅度) 등
	소천(召天)	하늘의 부르심을 받아 돌아간다는 뜻으로, 기독교·개신교에서 죽음을 이르는 말
	순교(殉敎)	(자기가 믿는) 종교를 위하여 목숨을 바침
죽음의 원인에 따른 표현	병사(病死)	병으로 죽음 동의어: 병몰(病沒), 병폐(病斃)
	안락사(安樂死)	살아날 가망이 없는 병자의 고통을 덜어 주기 위하여 인위적으로 죽음에 이르게 하는 일
	분사(焚死), 소사(燒死)	불에 타 죽음
	횡사(橫死), 변사(變死)	뜻밖의 재앙을 당해 죽음
	동사(同死)	같이 죽음, 죽음을 함께 함
	뇌사(腦死)	뇌의 기능이 정지된 죽음
	전사(戰死)	전쟁터에서 싸우다가 죽음
	객사(客死)	객지에서 죽음
	고사(枯死)	나무나 풀이 말라죽음
	기사(飢死), 아사(餓死)	굶어 죽음

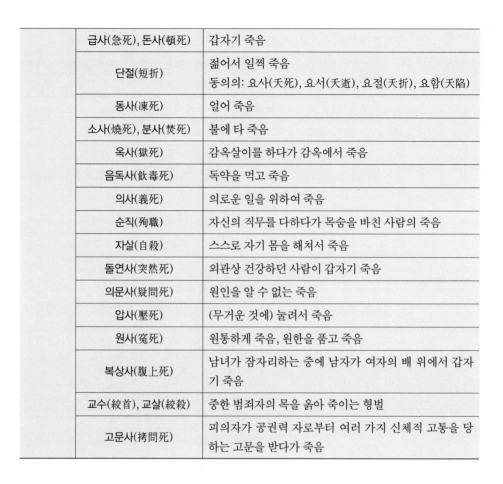

급사(急死), 돈사(頓死)	갑자기 죽음
단절(短折)	젊어서 일찍 죽음 동의어: 요사(夭死), 요서(夭逝), 요절(夭折), 요함(夭陷)
동사(凍死)	얼어 죽음
소사(燒死), 분사(焚死)	불에 타 죽음
옥사(獄死)	감옥살이를 하다가 감옥에서 죽음
음독사(飮毒死)	독약을 먹고 죽음
의사(義死)	의로운 일을 위하여 죽음
순직(殉職)	자신의 직무를 다하다가 목숨을 바친 사람의 죽음
자살(自殺)	스스로 자기 몸을 해쳐서 죽음
돌연사(突然死)	외관상 건강하던 사람이 갑자기 죽음
의문사(疑問死)	원인을 알 수 없는 죽음
압사(壓死)	(무거운 것에) 눌려서 죽음
원사(冤死)	원통하게 죽음, 원한을 품고 죽음
복상사(腹上死)	남녀가 잠자리하는 중에 남자가 여자의 배 위에서 갑자기 죽음
교수(絞首), 교살(絞殺)	중한 범죄자의 목을 옭아 죽이는 형벌
고문사(拷問死)	피의자가 공권력 자로부터 여러 가지 신체적 고통을 당하는 고문을 받다가 죽음

2. 죽음에 대한 태도

현대 의료기술의 발달로 인해 수명이 연장되면서 죽어 감의 과정도 장기화되고 있으며 다양해져 가고 있다. 임종기에는 신체적 죽음뿐만 아니라 심리적·사회적 죽음을 함께 겪을 수 있기 때문에 임종기에 이르는 과정은 개인에 따라 다양하게 나타난다.

따라서 죽음에 대한 태도와 반응도 삶에 대한 태도나 감정처럼 개인에 따라 다르며, 비록 비슷한 삶의 배경을 가진 자라 하더라도 서로 다를 수 있다. 삶에서 죽음으로 가는 과정을 잘 이해하고 대비하는 것이 바로 웰다잉(well dying)과 좋은 죽음(good death)의 핵심적 조건이다(권석만, 2019).

우리는 '죽음에 대한 태도'와 '죽음에 대한 두려움'을 같은 의미로 생각하기도 하지만 다른 의미로 받아들이기도 한다. 죽음을 두려워하지 않고 죽음을 수용한다고 해서 죽음에 대한 느낌을 개방적이라고는 할 수 없다. 죽음을 수용하는 태도가 죽음의 공포에 대한 또 다른 반응일 수 있기 때문이다.

죽음은 인간에게 있어 단 한 번 일어나는 미지의 것이고, 죽음 앞에서 인간은 놀람과 경외심, 극도의 불안을 경험하게 된다. 이러한 상황에서 인간은 자기를 방어하려는 태도가 강화될 수 있다. 인간이 죽음을 정면으로 대면하기를 기피하는 데에는 여러 이유가 있을 것이다. 죽어 가는 이가 무서운 분위기 속에서 최후를 맞거나, 아무도 없는 고독한 상황에서 비인간적인 기계에 둘러싸여 최후를 맞이하는 것은 죽음을 기피하는 이유가 될 수 있다.

현대 사회는 개인의 능력을 그의 실적에 따라 평가한다. 그리고 그의 능력이 모든 가능성 안에서 최대한도로 발휘되기를 요구한다. 각 개인은 순탄하고 마찰 없이 자신의 능력이 발휘될 때 그의 복지 생활이 가능해진다. 개인의 능력이 쇠퇴하고, 업적이 저조하고, 경쟁력이 상실된다면, 그는 공적 관계에서 기계 부품과 같이 교환되고 대치된다. 자연히 노쇠한 사람이나 병약한 사람은 가치를 상실하고 부담스러운 존재가 된다. 현대 사회는 경쟁 논리에 의하여 유리하다고 계산되는 것들과 관계를 갖는다. 그러므로 죽음에 직면해서까지도 죽음이 우리에게 주는 충격에 대하여 무관심과 방관자로 남게 되는 것이다.

능률, 경력, 성공에만 매달려 사는 현대인의 이상은 고통과 아픔에서의 해방에 있다. 사람들은 항상 즐거운 일을 마련하고 자신의 주변 사람으로부터 소외되지 않았음을 확인하고 과시하려 한다. 가능한 한 명랑하고 쾌활한 사람처럼 보이기를 원하고, 슬프고 힘든 것은 감추려 한다.

현대인은 고통을 피하고 부끄러워하는 것과 같이 죽음을 대면하기를 주저한다. 그래서 장애인이나 환자, 노인, 임종자들은 집보다는 요양원이나 병원에서 죽음을 맞기를 원한다. 죽음과 관련된 이야기들이 언론매체에 의하여 자주 전해지지만, 이러한 사실이 우리의 의식 안에 지속적으로 머물러 있지는 않는다. 전쟁과 재난, 기아와 질병, 사고로 인한 죽음은 항상 우리 곁에 있지만, 나에게 닥치지 않은 일이기에 다른 사람의 일로만 받아들인다. 현대는 소수의 사람만이 죽음에 대한 업무에 종사하고 있다. 핵가족 사회에 살고 있는 우리는 아주 가까운 친지의 죽음조차 매우 드물게 체험하고 있다. 가능한 한 장례 기간을 줄이고 죽은 자에 대한 기억을 떨쳐 버리려 한다.

오늘날 우리는 직접적이고 일반적인 고통과 죽음을 피하고, 보려 하지 않으며, 자신의 고통뿐 아니라 다른 사람의 고통에 대하여 무관심하게 살고 있기 때문에 막상 고통이나 죽음을 대면하게 되면 정서적인 당혹감에 휩싸이게 된다. 질병이나 노화, 임종은 인간에게 있어 단순한 사고가 아니라 인간 본래의 형상임에도 불구하고, 현대인은 그것을 피하려 하기에 삶에 대해 공허함과 지루함에 빠지게 되고, 인생의 깊은 맛을 상실하여 외로움과 소외를 더욱 크게 느끼게 되는 것이다.

죽음과 상실, 애통을 이해하고 받아들이기 위해서는 사회문화적인 측면의 요소를 고려하여야 한다. 문화와 사회는 개인의 규범과 관습에 영향을 주며 일정한 행위나 행동을 불러일으키고 개인의 의지에 따른 선택을 하는 데 결정적인 요인이 된다. 따라서 개인의 죽음과 상실, 죽음의 보편성에 대한 것을 다룰 때는 그 개인의 사회, 문화, 종교, 인종 등의 배경을 고려해야 할 것이다.

1) 사회문화적 태도

죽음에 대한 개인의 태도는 그가 속한 사회와 문화의 영향을 강력하게 받는다. 죽음에 대한 사회적 반응은 죽음이 어떻게 삶의 목적과 부합되느냐이므로, 어떤 사회든 세 가지 태도 중 하나의 양상을 보인다고 할 수 있다. 이 세 가지의 일반적인 태도는 죽음의 수용, 죽음에의 도전 그리고 죽음의 부정이다(노유자 외, 1994).

(1) 죽음의 수용
원시사회 즉, 반기술적 사회에서는 일반적으로 죽음을 수용한다. 이러한 사회의 사람은 죽음을 불가피한 일로, 삶의 자연스러운 순환으로 받아들인다. 그들의 매일의 삶의 형태와 생은 부수적인 행동과 연결되어 있으며, 이것은 죽음과 통합을 이룬다.

(2) 죽음의 도전
고대 이집트인은 죽음으로 인해서 그 어떤 것과도 분리되는 것은 없다고 믿었다. 그들은 죽은 후의 생을 위해 피라미드를 건축하여 그 안에 파라오의 아내와 돈, 그의 모든 소유물을 보존한다. 죽음 자체가 파라오를 빼앗아 가는 것이 아니라 죽음을 정복하는 것이다.

(3) 죽음의 부정

죽음을 부정하는 사회에서는 죽음과 대면하기를 거절하며 죽음을 극복하기 위해 연구하고 무엇인가를 고안한다. 죽음은 삶과는 정반대이며 또한 인간존재의 '자연스러운' 부분이 아니라는 태도이다.

2) 위기상황에서의 태도

죽음에 직면한 사람은 삶에 대한 한계를 받아들이는 동시에 삶을 포기하고 자신의 가치관, 목적, 믿음 등을 재인식하고 변화시켜야 한다. 인간은 언젠가는 죽어야 함을 안다. 그러나 불치의 병으로 죽음에 직면했을 때 개인은 극단적인 절망을 겪는다. 또한 죽어야 함을 알면서도 죽음에 대한 선고를 받았을 때는 이 사실을 부정하게 된다(Pattison, 1978).

죽음(dying)은 전혀 해결할 수 없고 승복하고 수용해야 하는 문제이기 때문에 압력과 충격이 가장 극심한 위기이다. 죽음은 전통적인 문제해결 방법을 초월하는 문제로서 심리적인 면에 영향을 주며 인생의 첫 경험이자 마지막 경험으로 두 번째 경험이란 있을 수가 없다. 또한 우리는 죽음의 한가운데 살고 있으면서도 죽음을 자신과 무관하게 생각하기 쉽다.

죽음은 개인의 삶의 목표에 위험과 위협을 주며, 삶에 커다란 방해를 가져온다. 죽음의 위기상황은 극도의 긴장을 가져오는 것을 특징으로 하며, 최고의 긴장 끝에 가서 결국은 죽게 된다. 죽음이 가까워짐에 따라 때로는 공포감이 감소되기도 하지만 대부분은 증가되고, 방어기제를 사용하게 되지만 결국은 공포 속에서 죽음을 맞이하게 된다(노유자 외, 1994).

위기의 상황은 풀 수 없는 주된 문제들, 장기적 혹은 단기적인 문제들을 일으킨다. 그러한 문제는 수동성, 의존성, 이기심, 정체성의 혼란 등이며, 또한 해결되지 않은 감정이나 느낌 등으로 불가피한 갈등을 겪는다.

3) 죽음에 대한 태도와 반응에 영향을 미치는 요인

수용, 위축과 이탈, 희망의 세 가지 문제가 죽음을 맞이하는 대상자의 태도에 영향을 미친다(노유자 외, 1994).

첫째, 수용의 문제이다. 임상 의학자와 연구자들은 대상자의 운명적 죽음의 수용을 돕기 위해 치료적인 목표를 중재해야 한다고 주장한다. 대상자가 평온한 마음과 자신의 철학으로 절박한 죽음을 수용하면 치료와 관련된 모든 것이 용이해진다. 죽음의 수용은 삶의 자연적인 부분이며 인간 실존의 순환으로 볼 수 있다. 대상자는 그가 사랑하는 것을 모두 잃어야 한다는 사실에 평화롭지 못하지만 일어나는 사실을 부정하지 않음으로써 오히려 평온할 수 있다.

둘째, 위축과 이탈의 문제이다. 죽음은 어느 시점이 오면 아무도 도울 수 없는 일이므로 혼자서 견디어야 한다는 것을 받아들여야 한다. 어떤 면에서 보면 삶의 마지막 순간에는 완전한 존재일 수 없다. 모든 사람이 거쳐야 하는 죽음과정의 한 자연스러운 부분이지만, 위축과 이탈은 수용하기 힘든 것이다. 보통 이탈은 삶의 가장 마지막 순간에 일어난다. 이러한 일이 일어나기 전까지는 대상자의 주변에 사랑하는 사람들이 함께 있어 주는 것이 중요하며, 버려진 느낌이 없도록 해야 한다.

셋째, 희망의 문제이다. 희망의 형태와 질은 환자가 투병 생활을 하는 동안 계속 변화한다. 첫 희망은 진단이 잘못되었기를 바라는 것이다. 진단이 확정됨에 따라 희망은 변화하며, 환자는 죽음에서 도피하여 기적이나 치유가 있기를 희망한다. 후에 이 희망은 사소한 형태로 변하여 통증의 감소나 삶의 형태가 변화되는 것에 한정된 바람을 가지며, 이러한 희망은 매일 매일의 삶과 연결되어 죽는 날까지 지속된다. 어떤 희망은 죽음의 여러 측면에서 지속되기도 하며 정서적 반응, 슬픔, 방어적 과정으로 지속된다. 환자는 모든 희망이 사라졌을 때 비로소 심리적 그리고 신체적인 포기를 한다(노유자 외, 1994).

운명적인 죽음에 대한 태도와 반응은 세 가지의 요인에 의해 영향을 받는다(노유자 외, 1994). 즉, 개인적 특성, 대인관계적 특성, 질병적 특성으로 나눌 수 있는데, 이를 살펴보면 〈표 2-4〉와 같다.

〈표 2-4〉 **죽음에 대한 태도와 반응 요인**

개인적 특성	대인관계적 특성	질병적 특성
• 성격, 나이, 극복의 형태, 종교, 사회문화적 배경, 성숙도, 지능, 정신건강, 상실과 죽음의 사전 경험, 삶의 실현 등	• 상호 관계의 질과 양 • 상호 관계가 제공하는 안정과 지지의 정도	• 통증 지속의 정도와 통증의 크기 • 정신과 육체의 약화 정도 • 약물의 영향과 투약 정도 • 치료 범위의 영향(방사선 치료, 수술 등) • 조절력 상실의 정도 • 죽음을 향한 진행 속도 등

출처: 노유자 외(1994).

3. 죽음에 대한 반응과 방어기제

1) 죽음에 대한 반응

(1) 슬픔

임종자에게 예측되는 슬픔(sadness)의 특징은 유가족의 상실의 슬픔과 거의 비슷하다. 미래에 대한 다양한 상실을 슬퍼하게 되는데, 여기에는 자기 자신을 잃는 것 이외에도 다음과 같은 극단적인 상실에 대한 슬픔을 경험하게 된다(노유자 외, 2018).

• 조절능력의 상실
• 자립의 상실
• 신체적·심리적 기능과 사고능력 상실
• 중요한 사람과 외적인 것, 익숙한 환경의 상실
• 자기 자신의 어떤 특성과 정체성 상실(자신의 유능함, 사랑스러운 면, 자신의 매력과 가치 상실)
• 의미의 상실, 세상과 그 안의 모든 사람과의 관계 상실

(2) 불안

불안(anxiety)이란 위협적인 상황에서 발생하는 위험에 대한 인지적 평가에 의해 일어나는 감정으로 절박한 위험을 경고함으로 도움이 될 수도 있다. 불안은 적절한 조치를 취하지 않으면, 자아가 전복될 때까지 위험이 증가하리라는 일종의 자아에 대한 신호이다. 만일 자아가 합리적 방법으로 불안과 대적하지 못할 때에는 비현실적인 것에 의존하게 된다. 죽음에 대한 불안은 보편적인 것이지만 모든 이들의 불안이 같은 것은 아니다. 불안은 그들의 인격, 성격, 과거 경험, 방어기제 등에 따라 반응을 달리 할 수 있다(노유자 외, 2018).

불안은 두려움(fear)과는 다르며, 본질적으로 방향이 없고 무슨 이유인지 모르는 것으로서 어느 정도 존재론적이며 실존적인 것으로 존재의 무, 비존재(annihilation anxiety)에 대한 두려움으로 임종자가 갖는 자연스러운 반응이다. 따라서 불안에 대해 정확하게 진단하는 것이 중요하다. 이것으로도 불안의 원인을 감소시킬 수 있기 때문이다. 따라서 특정한 두려움을 분류하여 대처하도록 하는 것은 막연한 불안을 일반적이고 전체적인 것으로 다루는 것보다 효과적이다(노유자 외, 1994).

(3) 두려움

패티슨(Pattison, 1978)은 임종자가 갖게 되는 두려움으로 미지에 대한 두려움과 외로움, 가족과 친구의 상실, 자기조절 능력 상실, 육체의 상실과 무력감, 고통과 괴로움, 정체성 상실, 퇴행에 대한 두려움 등을 설명하고 있다.

미지에 대한 두려움은 모르는 것에 대한 두려움으로 예측을 할 수 없는 미래에 대한 것이다. 죽음에 대한 무지(unknown of death)는 다음과 같은 두려움을 가져온다(Pattison, 1978).

- 삶의 과정에서 어떤 것을 할 수 없을까?
- 이 세상 삶 후에는 어떤 운명이 될 것인가?
- 죽은 후의 나의 육체는 어떻게 될 것인가?
- 남은 가족은 어떻게 될 것인가?
- 다른 이들이 어떤 반응을 보일 것인가?
- 생의 계획과 목표는 어떻게 되는가?

- 몸에는 어떠한 변화가 일어날 것인가?
- 감정의 반응은 어떻게 나타날 것인가?

외로움과 소외에 대한 두려움은 죽음을 선고받은 대상자에게는 가장 큰 두려움이다. 홀로 투쟁하고 아픔을 견디고 두려움을 견디어야 한다는 외로움, 고독, 통증은 현대인에게 가장 큰 어려움 중의 하나이기도 하다. 가족과 친구처럼 사랑하는 사람을 잃었을 때 슬프고 두렵지만 죽어 가는 자는 전부를 다 잃어버려야 하기 때문에 두려움이 더욱 크다고 할 수 있다.

죽음에 가까워짐에 따라 자신의 신체나 감정을 조절할 수 없는 점과 타인의 힘을 빌리고 의존해야 하는 신체적 부담, 정신적 부담 및 경제적 부담감을 가져야 하며, 자기 비하의 느낌과 과정을 경험해야 하는 두려움도 매우 힘들어한다. 육체는 자아상의 큰 부분을 차지하기 때문에 질병으로 인한 육체의 상실이나 불구, 기능 저하, 마비 등은 자기 자신의 상실을 의미한다. 이러한 자아상의 무너짐은 부끄러움과 부적절함, 죄의식, 사랑받지 못함, 원하지 않는 자기 자신이라는 느낌을 불러일으킨다. 고통과 괴로움은 완화되기 힘든 것이기에 더욱 두려움이 크다. 즐거운 미래를 기대할 수 없고 왜 이런 고통 속에서 삶을 지속해야 하는가라는 회의 속에서 살게 되기 때문이다.

인간적인 접촉, 가족과 친구를 비롯한 인간관계의 상실, 육체의 구조와 기능, 자기 제어, 자신의 정체성을 협박하는 모든 의식의 상실은 그것들이 자기 이미지를 구성하는 요소이기 때문에 두려움을 가져온다. 죽음에 직면하면서도 인간은 자아존중과 완성, 존엄성을 죽음의 과정에서도 잃지 않고 싶어 한다. 죽음이 가까워짐에 따라 환자는 퇴행에 대한 두려움이 더 현저해지는데, 조절 능력 상실에 대한 두려움은 거의 마지막 행동과 관련이 된다.

슬픔을 정리하고 수용할 수 있다면 자신으로부터 혹은 타인으로부터 자기 조절 능력의 상실이 수치스러운 경험이 아님을 인식할 수 있다. 또한 가능한 범위에서 자신을 제어할 수 있는 능력을 얻는다면 그는 그것을 감당할 수 있을 것이다. 삶의 완성 앞에서 인간의 존엄성과 자아존중감을 유지하면서 점차로 도달할 수 없는 자아의 실현에 대해 단념할 수 있게 된다. 만약에 이것이 성취되면 그는 수용할 수 있는 퇴행으로 가며, 점차 자신의 상태에서 변화하는 것을 받아들일 것이다(Pattison, 1978).

(4) 우울

우울(depression)은 슬픔의 한 부분으로서 즉각적인 상실을 인식하는 자연스러운 반응이다. 우울은 하나의 기전으로서 사랑하는 것을 모두 잃게 되는 것을 준비하는 데 도움이 된다. 그러나 심한 경우에는 치료가 필요하다. 일반적으로 슬픈 분위기에 있는 감정으로 동작이 느려짐, 식욕 감퇴, 수면 감소나 일찍 깸, 무관심, 죄책감, 무력감, 절망감, 자기 집착과 자아존중감의 저하 등으로 나타난다. 우울과 슬픔은 구별하는 데 어려움을 겪을 수 있지만, 불안정, 집중력과 기억력 부족, 밤에 자주 깨는 증상은 치료를 필요로 한다.

(5) 분노

다른 모든 이는 미래를 지속할 수 있는데 자신은 미래의 삶을 박탈당한 것에 대한 분노감(anger)을 느낄 수 있다. 분노와 적개심은 다른 이가 삶을 사는 동안 자신은 모든 것을 포기해야 하며 남은 시간 동안에도 아픔으로 괴로워해야 하는 것에서 나타나는 것이다. 분노의 감정은 이해가 되지만 원인을 제거할 수 없기에 이를 다른 이에게 전이하기도 한다. 이러한 감정들은 더 깊은 아픔과 슬픔, 공포를 은폐하기 위해 사용되기도 한다.

(6) 죄의식

죄의식(guilt)은 윤리에 반대되는 행위로 일어나며 자아상이 흐려질 때 일어난다. 그것은 자신을 비하시키는 것이며, 벌에 대한 공포와 관련된다. 자신의 질병이 과거의 잘못에 대한 응보의 형태로 믿는 것이다. 또한 다른 사람을 향한 질투와 시기, 분노의 감정이 죄의식을 느끼게 하는 이유가 될 수 있으며, 자신의 신체적 혹은 심리적인 결함 때문에 수치심을 일으킬 수도 있다.

2) 죽음에 대한 반응 단계

죽음은 누구에게나 두려운 것이며 회피하고 싶은 사건으로, 슬프고 부정적인 것으로 인식하는 경향이 많다.

퀴블러 로스(Kübler-Ross, 1926~2004)는 죽어 가는 사람들의 심리상태에 관심을 가지고 『죽음과 죽어감(On Death and Dying)』(1969)이라는 저서를 통해 죽음에 대한 태도와 반응을 5단계로 제시하였다. 그녀는 사람이 죽음을 선고받고 받아들이기까지의 과정을 부정(denial), 분노(anger), 타협(bargaining), 우울(depression), 수용(acceptance)의 5단계로 설명하고 있다(〈표 2-5〉 참조).

〈표 2-5〉 **죽음에 대한 태도와 반응 5단계**

단계	내용
부정	• 말기질병의 선고를 받은 사람들이 처음 나타내는 공통적 반응 • 충격에 대한 가장 강력한 반응 • 충격적인 현실을 인정하지 않고 사실이 아니라고 부인하는 것 • '아니야, 그럴 리가 없어.' • 진단에 오류나 실수가 있다고 생각하고 다른 의사나 병원을 찾아다님
분노	• 질병을 인정하고 나면 왜 죽어야 하는지 용납하지 못하고 분노하게 됨 • '도대체 내가 왜? 이건 부당해!' • 분노는 좌절감을 표현하는 저항 • 도움을 요청하는 절박한 마음의 표현 • 건강한 사람들에 대한 시기와 질투의 감정 존재
타협	• 고통스러운 현실을 받아들이기 어렵지만, 현실을 바꿀 수도 없다는 것을 인식 • 죽음을 최대한 늦추거나 기적을 통해 회복될 수 있다는 희망을 갈구 • 착한 행동이나 헌신으로 보상받고자 하는 심리
우울	• 현실을 인정학 삶의 희망을 포기해야 하는 좌절감과 절망감을 경험하는 시기 • 반응적 우울: 과거와 현재의 상실에 대한 슬픔 • 예비적 우울: 앞으로 일어날 상실에 대한 슬픔 • 무감각, 무표정, 슬픔, 눈물, 혼자 있고 싶어 함
수용	• 피할 수 없는 죽음을 받아들이는 단계 • 죽음을 회피하기 위한 부정, 분노, 타협의 과정에도 불구하고 죽음과 화해 • '이제 죽음을 맞이할 준비가 되었다.' • 행복한 단계가 아닌 마지막 휴식의 단계(무언의 대화와 침묵)

3) 죽음에 대한 방어기제

방어기제(defense mechanism)는 나쁘다거나 불건전한 것이 아니다. 많은 사람이 방어기제를 부적절한 것으로 생각하지만, 이를 적당히 사용하면 많은 압박과 긴장에 대처하고 극복하는 데 개인을 지지해 준다. 우리 사회에서는 '방어기제'란 용어를 개인이 기피하도록 허용하는 것, 거부, 방해 행동, 회피에 적용하여 사용한다. 그러나 방어기제가 적절히 사용되면 적응 기능을 도와준다. 그것은 긴박한 죽음의 위협에서 대상자가 살아남도록 허용하는 것이므로, 그것을 나약함으로 치부할 필요는 없다(노유자 외, 2018).

방어기제는 대상자로 하여금 위협에서 일단 물러서도록 하여 에너지를 축적·유지시키는 데 그 의미와 목적이 있다. 인간의 죽음에 대한 방어기제는 위협으로부터의 은신, 위협으로부터의 도피, 위협에 대한 적응 등이 있다(Verwoerdt, 1966). 위협으로부터 은신하기 위해 사용하는 방어기제로는 퇴행(regression), 의존성(dependence) 등이 있으며, 도피 목적으로 사용하는 방어기제는 억압(repression), 억제(suppression), 부정(denial), 합리화(rationalization), 비인간화(depersonalization), 주지화(intellectualization) 등이 있다. 위협에 대한 적응을 위한 방어기제로는 강박관념(obsessive-compulsion), 항 공포(counterphobia), 승화(sublimation) 등이 있다.

〈표 2-6〉 **죽음에 대한 방어기제 유형**

사용 목적	유형	내용
위협으로부터 은신	퇴행	• 현재와 같이 갈등이 없었던 시기인 이전의 초기 발달 단계로 되돌아가는 것 • 생애 초기에 성공적으로 작용했던 생각이나 감정, 행동에 의지함으로써 현 상황에서의 어려움을 이겨 내지 못할 것이라는 불안이나 위협을 해소시키는 과정 • 외부세계에 대한 흥미의 제한, 자기중심적, 즉 사회적인 것보다 지나친 자기 자신에 대한 관심, 욕구 충족을 위한 타인에의 의존, 시간관념의 변화, 신체적 욕구에 대한 몰두, 삶의 구조가 제한됨에 따라 개인적·사회적 환경에 대해 유아적으로 됨
	의존성	• 자기중심성, 이탈, 그리고 예전의 활동과 독립심으로부터 위축되는 현상에서 기인되는 퇴행적 성격 • 잦은 입원으로 희망이 없는 아동처럼 느끼게 되며, 불가피하게 의존적 위치에 놓이게 됨 • 자주 다른 이에 대한 의존심이 증가하는 것을 불편하게 느끼며, 이것에 대한 반응으로서 적개심과 회의, 분노 흔히는 수치심과 열등감으로 나타남

위협으로부터 도피	억압	• 모든 방어기제의 기초가 되는 가장 보편적이고 일차적인 자아의 방어 • 억압을 통해 자아는 위협적 충동, 소원, 환상, 기억 등이 의식되는 것을 막아 줌 • 감당할 수 없는 죽음의 생각과 그것의 의미를 의식적인 인식으로부터 제외시키려고 시도함 • 이러한 투쟁을 통해 정서적인 균형 상태를 유지하려고 함
	억제	• 억압(무의식)과는 반대로 억제는 공포를 불러일으키는 인식으로부터 피하도록 의식적인 시도를 하는 것 • 바람직하지 못한 생각과 충동에 대한 신중한 통제
	부정	• 부정의 방어기제 과정은 모든 말기환자가 공통적으로 갖는 것 • 의식화된다면 도저히 감당하지 못할 어떤 생각, 욕구, 현실적 존재를 무의식적으로 인정하지 않으려는 것 • 질병의 특정한 사실에 대한 부정, 질병의 암시와 확대에 대한 부정, 죽어야 할 운명 그 자체에 대한 부정
	합리화	• 그 행동 속에 숨어 있는 실제 원인 대신에 자아가 의식에서 용납할 수 있는 '그럴듯한' 이유, 즉 가장 경우에 맞고 지적으로 합당하고 의식에 부합되며 도덕 윤리에 어긋나지 않는 이유를 대는 방어기제
	비인간화	• 자신의 한계를 모호하게 하는 것으로써 매우 부적응적인 것 • 스트레스에 의해 자아의 한계를 외부적인 현실로부터 구별하지 못하게 됨 • 자아는 동일감을 잃고 불일치를 경험함으로써 비현실적인 감정을 가지게 됨 • 분열 증세 또는 몸이 자신의 부분이 아님을 경험함
	주지화	• 감정을 사고와 분리시켜서 느낌보다는 사고로 정서적 불편을 제거하려고 하는 것 • 체계적인 생각을 많이 하고 생각에 따른 감정을 제거함으로써 용납 못할 충동에서 오는 불안을 막는다는 것
위협에 대한 적응	강박관념	• 주지화에 의존하여 자신의 질병을 지배하려고 노력하며, 지성적 접근을 통해 죽음의 위협을 극복 • 강박증에 대한 습관과 관심으로 질병에 대한 지배와 조정을 시도
	항 공포	• 공포에 숙달되도록 시도하는 것 • 가슴 깊이 쌓여 있는 두려움이 의식되는 것을 피하기 위하여 두려움의 대상이 되는 행동에 열심히 몰두함 • 공포를 지능적으로 지배하려는 시도로서 이를 사용

승화		• 개인이 수용할 수 없는 생각과 감정을 사회적으로나 개인적으로 유용한 것으로 만드는 것 • 방어기제 중 가장 능률적이고 창조적인 것 • 암에 대한 분노를 에너지로 바꾸어 스포츠를 보는 것에 몰입하는 것

출처: 노유자 등(2018)을 참고하여 재구성함.

참고문헌

권석만(2019). 삶을 위한 죽음의 심리학: 죽음을 바라보는 인간의 마음. 학지사.

노유자, 김춘길, 안성희, 정복례, 최성은, 최윤선(2018). 호스피스·완화의료, 의미 있는 삶의 완성. 현문사.

노유자, 한성숙, 안성희, 김춘길(1994). 호스피스와 죽음. 현문사.

Pattison, E. M. (1978). *Psychosocial care of the dying patient*. McGraw-Hill.

Verwoerdt. A. (1966). Informing the patient with fatal illness. *Postgrad Med, 40*(6), 95-99.

제3장
임종과정에 대한 이해

1. 인간의 죽음과 임종에서의 문제

1) 품위 있는 죽음이란

행복하게 잘 사는 것만큼이나 중요한 것이 잘 죽는 것이다. 피할 수 없는 죽음이라면 좋은 죽음 또는 품위 있게 죽음을 맞이하고 싶다는 것이 사람들의 공통된 소망이다. 그러나 인간이 죽음에 이르는 과정에는 다양한 위기와 고통이 존재하기 때문에 이에 잘 대처하는 것도 매우 중요하다. 죽음을 잘 수용하고 주위 사람들과의 좋은 관계 속에서 의미 있는 시간을 보내고 죽음을 맞이하는 것을 우리는 좋은 죽음이라고 생각한다.

죽음의 과정은 죽음의 원인이나 상황에 따라 매우 다양한 경로를 거치게 된다. 삶에서 죽음으로 가는 단계를 잘 이해하고 적절하게 대비하는 것이 바로 웰다잉(well dying)이고 좋은 죽음(good death)일 것이다.

패티슨(Pattison, 1978)은 죽음의 공포와 관련된 다양한 물음을 제기하고 숙고하며 스스로 응답을 찾는 과정에서 죽음의 공포를 이겨 내고 자신의 죽음을 우아하게 수용하게 된다고 하였다. 이를 '품위 있게 죽어 감(intergrated dying)'이라고 표현하였다. 미국의 정신과 의사인 와이즈만(Weisman, 1984)은 죽어 감의 단계마다 적절한 대처와 지속적인 사기를 유지하면 '적절한 죽음(appropriate death)'에 이른다고 하며, 다음과 같은 네 가지 요소로 설명하였다.

첫째, 죽음과 관련된 심리내적 갈등이 감소한다. 죽음에 대한 불안과 공포, 삶에 대한 미련과 후회, 그리고 남아 있는 가족에 대한 걱정과 불안을 나름대로 잘 해결하면서 죽음을 수용하게 된다.

둘째, 죽어 가는 태도가 자신의 이상적 자아상과 일치한다. 죽어 감의 위기를 겪을 때마다 자신의 이상적 자아상과 일치하는 행동을 통해 대처함으로써 자존감과 존엄성을 유지할 수 있다.

셋째, 중요한 인간관계를 잘 유지하거나 회복한다. 가족이나 친구들과 편안하고 친밀한 관계를 유지할 뿐만 아니라 불화했던 사람들과의 관계를 회복하면서 주변 사람들과의 인간관계를 조화롭게 마무리한다.

넷째, 기본적 욕구, 소망, 성장을 위한 목표들이 나타나고 어느 정도의 성취감을 경험한다. 남은 시간에 하고 싶거나 해야 할 일들을 구체적으로 생각하고 실행하며 만족감과 성취감을 느끼면서 마지막 순간을 맞이한다.

어떤 사람에게는 적절한 죽음이 다른 사람에게는 그렇지 않을 수 있다. 죽어 가는 사람이 위기에 처할 때마다 나타내는 심리적 반응과 행동은 그의 삶을 반영한다. 흔히 죽어 가는 사람은 분노, 공포, 죄책감, 비굴함, 허영심, 의존성과 같은 다양한 반응을 나타낸다. 개인이 위기에 대응하는 방식은 그 사람이 죽어 감에 반응하는 방식을 예측할 수 있는 단서가 된다. 만약 죽어 감의 방식이 개인이 과거에 살아온 삶의 방식과 일치하고 그 사람이 소중하게 여기는 것들을 증진할 수 있다면, 그러한 죽음은 적절하다고 할 수 있다(권석만, 2019).

주디 맥도날드 존스톤(Judy Macdonald Johnston)은 죽음이 다가오는 것을 알게 되었을 때, 계획을 세우고 좋은 사람들과 함께 한다면 삶의 질을 높게 유지할 수 있다고 하였다. 그녀는 TED 강연(2013)을 통해 좋은 죽음을 준비하기 위한 다섯 가지 실천 방법을 다음과 같이 제시하였다.

• 스스로가 원하는 임종기에 관한 질문에 대답할 계획을 세운다. 어디에 머물고 싶은지, 어떤 의료적 도움을 받기를 원하는지에 대해서 계획을 세우는 것이다.

- 이 계획을 실천할 수 있도록 도와주는 보호자가 필요하다. 가족이 아니라 어떤 상황에서도 침착하게 일을 처리할 수 있는 보호자여야 한다.
- 급히 병원에 이송될 준비를 한다. 이를 위해 의료 병력, 복용 중인 약, 주치의 등에 관한 정보를 간단히 정리해 놓을 필요가 있다. 밝은 봉투에 보험 카드, 위임장, 소생술, 거부장 등을 넣어 보호자의 차와 집 냉장고 앞에 붙여 놓는다. 응급 시에 매우 유용할 것이다.
- 간호인이다. 성격과 경제 사정을 고려해서 집이든 요양원이든 진정한 동료가 될 수 있는 간호인을 만날 수 있어야 한다.
- 유언이다. 자신의 유언이 잘 진행될 것이라는 확신을 갖게 하여 편안히 죽음을 맞이하도록 돕는 것이다.

가톨릭대학교 간호대학 호스피스연구소(2022)에서는 여러 문헌에서 제시된 좋은 죽음에 대한 기준을 다음과 같이 정리하고 있다.

- 살아 있는 동안 잘 사는 것
- 준비된 죽음
- 무의미한 삶의 연장을 피하는 것
- 전인적 인간으로서 존중받는 것
- 임종 시 통증이 없고 신체적 증상에 의해 고통받지 않는 것

현대의학의 눈부신 발전으로 죽음을 무기한 연장시킬 수 있는 능력까지 갖추게 되었다. 그러나 이러한 과학기술적인 생명의 연장이 과연 인간의 존엄성을 위한 것인지에 대해서는 많은 사람이 의문을 가지고 있다. 죽음에 있어서도 인간의 존엄성과 품위 있게 죽을 수 있는 개인의 권리가 지켜져야 한다. 웰다잉을 맞이하고 준비하는 과정은 개인마다 다르지만, 품위 있는 또는 바람직한 죽어 감의 과정을 함께하고 돕는 것이 호스피스·완화의료이다.

윤영호(2021)는 『나는 품위 있게 죽고 싶다』를 통해 호스피스·완화의료는 인위적으로 수명을 단축하는 일이 아니라, 자연스럽게 죽음을 받아들이고 삶을 완성할 기회를 확보하는 일이라고 하였다.

호스피스 돌봄이 필요한 사람의 대부분은 병원에 입원하거나 외래 서비스를 통해 돌봄을 제공받으며, 이로 인한 생애 말기 의료비 문제는 더욱 심화되고 있다. 대

부분 사망 직전에 의료비가 집중적으로 지출되는 경향이 보고되고 있다. 이에 사망 관련 비용 측면을 고려하였을 때 병원보다는 가정 및 시설 등에서 제공되는 호스피스 돌봄과 관련한 정책의 필요성이 제기되고 있다.

미국의 호스피스·완화의료는 질환이 진행되어 기대수명이 6개월 이하인 환자를 대상으로 하고 있으며, 가정에서의 돌봄을 확대하기 위해 노력하고 있다. 이에 따라 미국의 공공의료보험인 메디케어를 이용하는 환자의 53.8%가 호스피스·완화의료 서비스를 이용하였으며, 가정 및 요양시설에서의 케어가 제공되는 케어의 98.2%를 차지하였다(김성현, 이태노, 2021). 이들의 연구에 따르면, 자녀와 함께 거주하는 노인의 경우 집보다 시설에서 임종을 맞이하는 비율이 매년 28%씩 증가하였으며, 반대로 독거 및 부부로 구성된 노인 가구의 경우 집보다 시설에서 임종을 맞이하는 비율이 매년 0.7%씩 감소하고 있다.

우리나라 노인은 전통적으로 집에서 임종을 맞이하는 것을 '좋은 죽음'으로 여겼다. 그러나 현대에 살아가는 노인은 자녀의 삶을 위해 간병 및 부양 등으로 인한 사회경제적 부담을 주기를 꺼리며 자녀에게 부담을 주지 않는 죽음을 '좋은 죽음'의 요소로 생각한다는 것을 알 수 있다(김성현, 이태노, 2021). 그 외에도 노인들이 생각하는 좋은 죽음은 다음과 같다(한나영, 2002). 첫째, 적절한 수명까지 살다가 죽는 것이다. 둘째, 아프지 않고 살다가 죽는 무병사이다. 셋째, 배우자보다 먼저 죽는 것이다. 넷째, 자손에게 폐를 끼치지 않고 죽는 것이다. 다섯째, 가족들이 다 있는 앞에서 죽는 것이다. 여섯째, 고통 없이 육체적으로 편안한 죽음이어야 한다. 일곱째, 후회와 집착이 없는 죽음이어야 한다. 이러한 측면에서 좋은 죽음을 위해서는 호스피스·완화의료의 대상자를 확대하고, 다양한 장소의 가정형 서비스 제공을 확대함으로써 호스피스 돌봄의 병원 집중 현상을 예방할 수 있을 것으로 예상된다.

또한 죽음의 장소 및 욕구별로 적절한 호스피스·완화의료 서비스가 제공될 수 있는 서비스 유형별 다양화가 절실히 필요하다. 환자의 다양한 상황, 욕구와 선호를 반영해 호스피스·완화의료 서비스 유형을 다양화해야 할 필요가 있다. 이를 위해 현재 병·의원에서 지역사회와의 연계 노력, 보건소와 같은 공공기관의 관심 및 민간 시설 영역의 적극적인 참여가 요구되고 있다.

의사인 버나드 라운(Bernard Lown)은 『잃어버린 치유의 본질에 대하여』라는 책에서 치유의 본질은 어떤 증상 뒤에 숨은 한 인간을 이해하는 것이라고 하였다. 현대의학이 증상의 본질적인 원인을 찾지 않고 환자에게 발견되는 모든 증상을 따로 검사하는 과잉진료를 벌여 불필요한 경제 이익을 추구하기 위해서, 인간에게 가장 중요한 '치유의 본질'을 잃었다고 지적하고 있다. 과학이 결여된 치유(healing)는 의학이 아니라 가장된 친절에 불과하며, 치유를 결여한 과학도 의술에서 치유의 요소를 빠뜨림으로써 의사라는 직업이 갖는 잠재력을 무시한다고 생각한다. 이 두 요소는 의술의 예술에는 필수적이다. 죽음을 앞둔 위독한 환자나 노인이 겪는 심리적 고통은 죽음 자체보다는 죽어 가는 과정과 관련된 것이다. 의사는 죽음을 더 인간적이게 하고 말기 환자가 죽어 가는 과정에서 잃어버리는 품위를 되찾아 줄 수 있어야 한다(Lown, 2018).

2) 임종에 관한 용어들

(1) 뇌사

뇌사는 뇌세포의 사멸이 아니라 뇌 기능의 비가역적인 정지를 뜻한다. 신체의 혈액순환이나 다른 장기의 기능은 유지되고 있으나 뇌 기능이 완전히 와해된 상태이다. 뇌사라는 말은 뇌가 완전히 파괴되어 타 장기의 모든 기능의 중지가 절박하고

〈표 3-1〉 뇌사자 판정 기준

선행 조건	판정 기준
• 원인 질환이 확실할 것 • 치료될 가능성이 없는 기질적인 뇌병변이 있을 것 • 깊은 혼수상태로서 자발호흡이 없고 인공호흡기로 호흡이 유지되고 있을 것 • 치료 가능한 약물중독(마취제, 수면제, 진정제, 근육이완제, 독극물 등으로 인한 중독)이나 대사성 장애의 가능성이 없을 것 • 치료 가능한 내분비성 장애(간성혼수, 요독성 혼수, 저혈당성뇌증 등)의 가능성이 없을 것 • 저체온 상태(직장 온도가 섭씨 32° 이하인 상태)나 쇼크 상태가 아닐 것	• 외부 자극에 전혀 반응이 없는 깊은 혼수상태일 것 • 자발호흡이 되살아날 수 없는 상태로 소실되었을 것 • 두 눈의 동공이 확대·고정되어 있을 것 • 뇌간반사가 완전히 소실되어 있을 것 • 자발운동·제뇌경직·제피질경직 및 경련 등이 나타나지 않을 것 • 무호흡검사 결과 자발호흡이 유발되지 않아 자발호흡이 되살아날 수 없다고 판정될 것

출처: 사랑의 장기기증 운동본부(www.donor.or.kr).

불가피한 상태를 말한다. 뇌사자로 판정하기 위한 조건에는 〈표 3-1〉과 같은 선행
조건과 판정 기준에 적합해야 한다.

(2) 장기기증

장기기증(organ donation)은 건강한 삶을 살다가 이 세상을 떠날 때 더 이상 필요
없는 장기를 기증하거나, 살아 있을 때에 사랑하는 가족이나 말기 장기부전 환자에
게 자신의 소중한 장기를 기증하는 생명 나눔이다.

식물인간은 무의식 상태로 대뇌의 기능이 손상된 상태이지만 뇌간의 기능은 유
지된다. 의식과 사고력은 소실되었으나 생명유지를 위한 자발호흡, 심장박동, 소화
기관 등의 기능이 남아 있는 상태이다. 뇌사는 회복이 불가능하지만, 식물인간은 희
박하지만 회복 가능성이 있다. 따라서 뇌사는 장기를 다른 사람에게 기증할 수 있으
나, 식물인간은 장기를 기증할 수 없다.

〈표 3-2〉 **뇌사와 식물인간의 차이점**

구분	뇌사	식물인간
손상 부위	뇌간을 포함한 뇌 전체	대뇌의 일부
정신상태	심한 혼수상태	무의식 상태
기능장애	심장박동 외 모든 기능 정지	기억사고 등 대뇌 장애
운동능력	움직임 없음	목적 없는 약간의 움직임 가능
호흡	자발적 호흡 불가능	자발적 호흡 가능
회복 가능성	필연적으로 심정지하여 사망	수개월이나 수년 후 회복 가능성 있음
장기기증 가능 여부	장기기증 가능	장기기증 불가능

출처: 사랑의 장기기증 운동본부(www.donor.or.kr).

장기기증은 타인의 망가진 장기의 회복을 위하여 대가 없이 자신의 장기의 일부
혹은 전부를 기증하는 이타적인 행동으로 다음의 네 가지 형태가 있다.

첫째, 사후 각막기증이다. 각막이 손상되어 앞을 보지 못하는 환자에게 희망의
빛을 선물하는 것은 오직 각막기증을 통해서만 가능하다. 사후 각막기증은 눈동자
앞에 있는 얇은 각막이 손상되어 앞을 보지 못하는 시각장애인에게 희망의 빛을 선
물하는 것이다. 기증된 각막만 있으면 수술을 통해서 수주 안에 시력을 회복할 수

있다.

둘째, 뇌사 시 장기기증이다. 생애 마지막 순간에 두 개의 각막, 양쪽 폐, 신장 2개, 심장, 간, 췌장 등으로 9명의 생명을 살릴 수 있는 뇌사 시 장기기증을 말한다.

셋째, 인체조직 기증이다. 인체조직 기증은 뇌사 또는 사망 후 인체조직 기증을 통해서 시각장애, 화상 등 각종 질병으로부터 고통받는 환자에게 새로운 삶을 선물하는 일이다. 현재 인체조직 기증자의 수가 부족하여 국내에서 필요한 이식재의 80%를 수입에 의존하고 있다. 인체조직 기증이 활성화되면 인체조직 이식이 필요한 환자에게 적시에 공급이 가능하며 경제적인 부담도 감소하게 된다. 인체조직은 14세부터 80세까지 누구나 가능하다. 단, 기증자의 건강상태와 의료인의 판단에 따라 기증가능 연령은 조정될 수 있다. 생전에 기증희망등록을 했더라도 기증적합성 검사 결과 부적합 판정 시에는 기증할 수 없으며, 이러한 제외 기준은 이식을 받는 사람의 안전을 위해서 중요하다. 제외 기준은 다음과 같다.

- 감염성 질환 감염 시(B형 · C형 간염, 매독, 에이즈, 말라리아, 샤가스병 등)
- 악성종양 및 암세포의 전이 우려가 있는 경우
- 유해성 물질에 노출된 경우
- 퇴행성 신경질환(알츠하이머, 치매, 근위축성경화 등)
- 감염의 위험이 있는 경우(과다한 수혈, 혈액투석, 사망 1개월 전 생균 백신 주사를 맞은 경우)

넷째, 생존 시 기증으로 신장기증이 대표적이다. 신장기증에는 비혈연, 비지정 기증인으로 순수한 사랑의 마음으로 아무런 대가 없이 이식받을 대상자가 누구인지 모르고 순수하게 기증하는 순수기증인(non-directed living donors)이 있으며, 가족 중 이식받을 대상자에게 직접 혈연 간 기증을 해 주고 싶으나 혈액형 또는 교차반응검사 결과 부적합하여 직접 기증해 줄 수 없는 경우, 가족이 동시에 이식받는 것을 조건으로 기증하는 가족교환 기증인(exchange donors)이 있다. 신장이식이란 건강한 신장을 체내에 이식하는 외과적인 수술로서 뇌사상태에 빠진 기증인에게 신장을 기증받는 뇌사자 신장이식과 살아 있는 기증인에게 신장을 기증받는 생존 시 신장이식이 있다.

(3) 안락사

'안락사'를 의미하는 'euthanasia'는 '좋다'를 의미하는 'eu'와 '죽음'을 의미하는 'thanatos'로 이루어져 있다. 즉, '좋은 죽음' 혹은 '안락한 죽음' '고통과 통증이 없는 편안한 죽음' 또는 원래 '선하고 공경할 만한 죽음'을 의미한다. 의학 용어로서 이 단어는 죽어 가는 이에게 고통을 덜어 주기 위해서 그리고 통증과 괴로움을 줄여 주기 위해서 행하는 친밀한 도움으로 표현되었다.

안락사는 일찍 생명을 서둘러 마감시키는 위험까지 안고 있어서 고통을 종식시키기 위한 '안락살해(安樂殺害)' 또는 여러 해 동안 계속되는 비참한 생명의 연장에서 구제하기 위한 안락살해를 뜻하는 특수한 의미로 사용되고 있다. 이 용어가 이러한 식으로 통용되고 있어 안락사에 관한 논쟁에 상당한 혼란을 초래하고 있다.

안락사를 합법화시키려는 모임에서는 안락사를 죽음의 공포에서 벗어나기 위해 임종의 과정에서 이루어지는 도움의 형태로, 극히 인간적 행위로 본다. 이들은 소극적 안락사는 모든 임종자의 권리로 보고 있으며, 적극적 안락사는 규제하고자 하고 있다. '임종 안에서의 도움'이란 바로 범죄 구성 요건이 되며 범죄 사실이기 때문이다. 도움이란 말이 사람을 해치는 것과 관계되어 사용된다면 이는 분명히 범죄 행위이다. 우리는 임종자가 "고통스럽지 않게 죽고 싶다."라고 말하는 것과 실제로 요청하는 원래의 뜻을 오해하지 말아야 한다.

(4) 자살

자살은 많은 의미를 가지고 있으며, 여러 가지 다양한 이유에서 일어난다. 자살을 하는 이의 행동은 삶의 무력감과 절망감으로부터 자유로워지려는, 신체 또는 정서적 통증으로부터 완화되기 위한, 죽은 다른 이와 재결합하기 위한, 신과 결합하기 위한, 돌봄의 부담으로부터 타인을 자유롭게 하기 위한, 관심을 크게 외치기 위한 것을 나타낸다. 또한 그것은 생존자를 벌주기 위한 욕망 또는 정신적인 고통에 대한 반응일 수도 있다.

자살은 대부분 진심으로 죽기를 바라기보다는 도움을 외치기 위한 것으로 여겨진다. 바라는 도움의 양상은 누군가의 반응으로부터 정신적인 요구로, 경제적인 도움이나 직업을 제공하는 것, 입원을 원하는 것으로 변화한다.

가끔 자살을 시도하는 사람은 실제로 죽기를 원하지 않는 경우가 많으나 자살 시도 자체가 변화를 가져올 수도 있다. 이들은 죽음이 실제로 발생할 수 있음을 인식하게 되고, 죽음이 순간의 어려움을 해결하고 의미 있는 상실을 가져온다고 믿는다.

이처럼 자살은 사회적 행동이며 다양한 방법으로 타인에게 영향을 미치는 의사소통의 한 형태로서 다음과 같은 것을 의미할 수 있다(노유자 외, 1994).

- 나는 화가 났고, 가능한 한 최악의 방법으로 당신을 벌주려 한다. 당신은 내가 죽은 후 오랫동안 죄의식을 느낄 것이다.
- 당신은 나에게 관심을 준 적이 없다(아무도 나에게 관심을 준 적이 없다). 그러나 내가 자살을 시도한다면 당신은 나에게 관심을 가질 것이다.
- 나는 도움이 필요하다. 그러나 도움을 청할 수 없다. 나는 어떻게 도움을 청해야 할지 모른다. 이것이 도움을 요청하는 방법이다.
- 내 인생의 고통은 너무 커서 나는 더 이상 견딜 수가 없다. 누군가 이 고통을 없애도록 나를 도와주거나, 내가 죽음으로써 스스로를 없애야 한다.
- 나는 당신을 통제하길 바라며, 자살을 시도함으로써 그것을 할 수 있다. 나는 희생자가 될 것이며, 당신은 구조자가 될 것이다.

2. 임종 전 징후

임종이 다가오면 다양한 신체적 · 심리적 증상들이 나타나는데, 임종하기 며칠 또는 몇 시간 전에 나타나는 특징적인 임종 징후들이 공통적으로 나타난다. 호스피스 대상자의 마지막 48시간 동안 나타나는 증상들을 보면, 통증, 호흡곤란, 가래 끓는 소리, 오심과 구토, 혼돈(confusion), 정서적 불안정, 근육 경련, 의식 상실, 요실금 또는 배뇨곤란, 발한, 신음 등이 있다. 이들의 대부분은 임종 전에 일어나는 여러 장기의 기능부전에 따른 대사장애로 인해 발생하는 것이다.

임종하는 사람들이 여러 가지 임종 징후들을 모두 나타내는 것은 아니지만 한두 가지 이상을 나타내는 것이 일반적이다. 그중에서도 임종이 임박했음을 보여 주는 가장 대표적인 징후는 가래 끓는 소리와 호흡곤란, 격렬한 발작 행동이다.

1) 통증

대부분의 대상자가 사망 당시에 마약성 진통제를 사용하게 된다. 마약성 진통제는 대뇌 피질의 감각을 저하시켜 통증을 감소시키는 중독성 약물로, 모르핀, 코데인, 메타돈, 펜타닐 등이 있다. 그런데 간혹 통증 조절을 위한 진통제 사용 시 그 부작용으로 인하여 환자의 임종이 더 빨리 오지 않을까 두려워 진통제 사용을 주저하는 경우가 생기게 된다. 이런 경우 통증 조절을 최우선의 목표로 하여 모든 결정을 내리는 것이 옳을 것으로 생각된다. 말기 대상자에게는 통증 조절이 곧 삶의 질과 연결되기 때문이다.

이 시기까지 경구용 진통제로 통증 조절이 잘 되었던 환자가 경구투약이 불가능한 상황이 되면 통증이 다시 유발되므로 신속히 다른 경로로 투약하는 것을 결정하여야 한다. 정맥을 통해서나 항문 내 투여로 비슷한 정도의 통증 조절이 가능하며, 최근에는 피부를 통해 약물이 흡수되는 패치형 마약성 진통제가 널리 사용되고 있다.

2) 호흡곤란

임종을 앞둔 사람은 호흡이 불규칙해지며 헐떡거리는 호흡곤란이 특징적으로 나타난다. 호흡곤란은 숨을 가늘게 쉬었다가 깊게 쉬기를 반복하거나 헐떡거림이 나타나고, 때로는 가슴이 크게 부풀어 오르는 모습을 보이기도 한다. 임종기에는 호흡 기능이 현저히 떨어져 혈액 속의 산소 농도가 매우 낮거나 이산화탄소 농도가 과도하게 높은 상태가 된다. 이러한 상태가 되면 뇌는 호흡량을 증가시키라는 명령을 내리게 되지만 실제로 폐를 통해 들이쉬고 내쉬는 호흡량과 일치하지 않기 때문에 숨을 헐떡이거나 불규칙해지는 호흡곤란이 나타나게 되는 것이다.

암환자의 말기에 가장 흔히 나타나는 증상 중에도 호흡곤란이 포함되어 있다. 그러나 사망 전 4시간 동안에 실제로 호흡부전이 오는 경우는 극히 드물다. 말기 호흡곤란은 여러 원인에 의해 발생하며, 이 시기에는 이미 필요한 치료를 다 시도해 보았을 수도 있다. 그러므로 이 시기의 호흡곤란은 불안에 의한 호흡 횟수의 증가가 원인일 수 있으며, 불안을 줄이기 위하여 조용한 환경을 유지하고 곁에서 계속 대상자를 안심시키고 이완시키도록 노력하는 것이 도움이 된다. 간혹 창문을 열거나 선풍기를 사용하여 시원하고 신선한 공기를 쏘이도록 하는 것도 도움이 된다.

3) 가래 끓는 소리

임종자는 가래가 기도 뒤쪽에 모여 가슴으로부터 콜록거리거나 그르릉거리는 소리가 커지지만 의식이 저하된 상태이므로 크게 고통을 느끼지는 못한다. 이는 목구멍 근육의 이완이나 분비물에 의해 기도를 통한 호흡이 원활하지 않기 때문이다. 이러한 소리는 숨을 거둘 때까지 계속되는데, 그 소리를 낼 때부터 숨을 거두기까지 걸리는 시간은 사람마다 다르지만, 평균적으로 16시간 정도로 알려져 있다.

가래 끓는 소리가 난다고 해서 임종자가 꼭 고통스러운 것은 아니지만, 병상을 지키는 가족이나 돌봄 제공자에게는 아주 견디기 힘든 소리이다. 진정제를 진통제와 함께 투여하고, 목 뒤쪽의 분비물을 제거해 주면 종종 가래 끓는 소리가 없어진다. 또한 이때 생기는 진정 작용이 대상자를 더욱 편하게 해 줄 수 있다.

4) 오심과 구토

오심과 구토는 토할 것 같은 불쾌감이 드는 느낌을 말한다. 이는 위장관 증상과 함께 발생하기도 하고, 단독으로 나타나기도 한다. 이 시기에는 대부분의 환자가 오심과 구토를 호소하지는 않으나, 약 10%의 환자들이 의식이 없어지거나 사망하기 전 24시간 이내에 오심과 구토를 느낀다. 이때 오심과 구토를 일으키는 원인은 실로 다양하여 항구토제를 병합하여 사용하는 것이 도움이 된다. 어떤 사람은 변비를 치료한 후 오심과 구토가 소실되는 경우도 있다.

5) 혼돈

말기 대상자에게 혼돈을 일으킬 수 있는 원인은 정말 다양하다. 환경의 변화, 익숙하지 않거나 과도한 자극을 잘못 인지하는 경우(너무 덥거나, 너무 춥거나, 축축하거나, 시트가 뭉친 덩어리 위에 누워 있는 등), 불안이나 우울, 통증이나 피로, 방광팽만이나 변비, 감염이나 탈수, 생화학적 변화나 장기 기능 부전, 약물 등이 모두 혼돈을

일으킬 수 있는 원인이 된다. 혼돈이 발생하면 우선 사용 중인 약제들을 조사해야
하며, 진정제가 증상을 악화시킬 수 있으므로 이의 사용량을 줄여 본다. 밤에 불을
켜 놓거나 모든 사항을 자세히 설명해 줌으로써 공포와 잘못된 상황인식을 갖지 않
도록 도우며, 억제대는 사용하지 말아야 한다. 대신 계속적인 관찰이 필요하다. 혼
돈이 심하거나 계속될 때 그리고 그로 인하여 환자가 불안해하거나, 가족이 받아들
이지 못할 때에는 약물치료가 필요하다.

6) 정서적 불안정

죽음이 임박한 사람은 안절부절못하는 등 불안한 행동을 반복해서 보이기도 한
다. 뇌에 산소 공급이 부족하거나 신진대사에 변화가 생길 때 보이는 자연스러운 증
상이다. 마지막 순간에 대상자가 안절부절못하는 것은 드물지 않게 볼 수 있는 것으
로, 통증이 가시지 않거나, 방광이나 직장이 팽만되었을 때, 고칼슘혈증, 저산소증,
호흡곤란, 전신쇠약으로 움직이기 어려울 때 나타나며, 정신적 · 사회적 요인도 간
과해서는 안 된다. 부신피질 호르몬제의 사용도 원인이 될 수 있다. 의식이 없는 경
우에도 가족이나 돌보는 이가 환자의 손을 잡고 부드럽게 이야기하는 것이 도움이
될 수 있다.

7) 근육 경련

임종을 앞둔 사람은 기력이 매우 약한 상태임에도 평소와 달리 격렬한 행동과 불
안한 모습을 나타낸다. 안절부절못하거나 초조한 모습을 보이면서 침대에서 일어
나는 등 몸을 움직이려 하거나 자세를 바꾸려 한다. 이러한 반응은 배설하지 못한
소변이 체내에 쌓이거나 호흡 기능이 저하돼 숨이 막히고 답답하거나 신진대사 이
상에서 오는 고통에 기인한 것이다. 이처럼 생화학적인 체내 변화가 원인일 수 있으
나, 때때로 약제에 의하여 유발될 수도 있다. 그러나 이런 증상은 오로지 말기에만
나타나며, 그 전에 많은 양의 약물을 사용해도 오지 않는 것으로 보아, 말기에 존재
하는 대사 이상이 주원인으로 생각된다.

8) 의식 상실

임종을 앞둔 대상자의 약 70%는 임종 전 48시간 내에 의식이 없어지며, 이때 호흡음이 거칠어지거나, 가래 끓는 소리가 나거나, 신음소리를 내는 경우가 있다. 대상자의 가족은 이런 경우 매우 걱정을 하게 되지만, 그런 것이 대상자가 고통스러워 내는 소리가 아니라는 것을 이해할 필요가 있다. 신음소리를 내는 경우의 대부분은 상기도 근육이 이완되어 호기 시에 소리가 나는 것이다. 가족이 불안을 느낄 때는 항상 이야기하도록 격려하고, 충분한 설명과 정신적 도움을 가족에게 주는 것이 필요하다.

이러한 증상 외에도 임종자는 혈액순환의 장애로 팔과 다리가 차가워지거나 뜨거워질 수 있고, 피부가 검거나 퍼렇게 변할 수 있다. 이것은 부족한 혈액이 몸의 중요한 기관을 보호하려고 그쪽으로 집중되기 때문에 생기는 자연스러운 현상이다. 이와 더불어 임종자는 식은땀을 흘릴 수도 있다. 그리고 심장박동과 맥박 역시 느려지거나 약하게 빨라지는 등 불규칙해질 수 있다.

죽음이 임박한 사람에게서 나타나는 특징적인 증후들은 어느 시점이 되면 서서히 사라진다. 서서히 호흡이 멈추고 몸의 움직임도 사라진다. 호흡이 멈춘 상태에서도 심장은 몇 분 정도 계속해서 뛰기도 하는데 곧이어 심장박동도 멈추게 된다. 턱이 아래로 처지면서 입이 벌어지고, 눈은 멍하게 무엇을 응시하는 듯이 동공과 함께 눈꺼풀이 반쯤 열려 있는 모습을 보인다. 소변이 흐르거나 항문에서 물질이 새어 나오기도 한다. 팔다리가 차가워지고 피부색이 변하거나 피부에 반점이 나타나기도 한다. 몸의 움직임이 전혀 나타나지 않는 상태가 지속된다. 호흡과 심장박동이 완전히 멈추게 되면, 의사의 사망선고를 통해서 한 사람의 삶이 영원한 종말을 맞게 된다(권석만, 2019).

3. 임종과정에서의 과제

1) 임종, 삶의 마지막 과제

죽음과 삶의 근본적인 문제는 생명에 있다. 죽음은 생명의 부분에 놓여 있지 않다. 임종은 죽음을 향하고 있지만 생명 구성요소의 한 부분이며 인간 생명의 행위이다. 여기에는 시간적인 이행이 있게 된다. 임종은 과정으로서 생명력의 파괴 안에 있으며, 삶의 마지막 단계이며, 죽음을 향한 길이다. 우리를 당황하게 하고 난처하게 하는 것은 죽음의 순간이 아니라 임종의 시기이다. 임종을 맞으면서 비로소 우리는 우리의 삶이 얼마나 죽음에 의하여 둘러싸여 있는가를 가장 밀도 있게 실감할 수 있다.

임종의 시기에 우리는 질문하게 된다. "각기 다른 개별 인간이 어떻게 자신의 임종을 삶의 일부로서 이해하고, 인간 품위에 맞도록 죽음을 맞이할 수 있는가?" "다른 사람의 임종 시기에 우리는 어떤 행동을 취할 수 있는가?" 이러한 질문은 분명 필수불가결한 것이다. 그러나 이런 질문보다 더 중요한 사실은 일상적인 삶에서처럼 임종에 있어서도 도움이 가능하다는 것이다. 임종자는 주변 사람들이 연민과 함께 사랑으로 있어 주기를 바란다. 임종자를 돕는 것은 생명을 돕는 것이다.

죽음은 인간을 가장 강도 높은 의문에 봉착하게 한다. "죽음으로 모든 것이 끝나는 것인가?" "매일 매일의 삶은 결국 죽음에 대한 연습인가?" 이러한 의문은 하나의 도전으로서 단호한 결정을 요구한다. 이러한 결정은 외적인 매력에 의한 반응으로나 자의적인 선택에서가 아니라 인격적 행위이다. 인간은 죽음에서 오는 무상성과 함께 죽음과 의식적으로 대결하여 인격적 태도를 표명하도록 도전받고 있다. 죽음은 단순히 수동적이고 소극적인 태도로 맞이하게 되는 것만이 아니라 동시에 자유로운 실현이기도 하기 때문이다. 인격적 태도의 결정은 자기 스스로를 인정하고, 미래를 향해 희망하고, 감사와 참회로 자신의 과거에 대한 태도를 표명하는 것이다.

모든 인간은 죽음에 직면하여 자신의 고유한 죽음과 대결해야 하고, 자신의 무력함과 죽음에의 종속성을 수용해야 한다. 죽음의 수용은 인간 실존에 대한 물음 안에서, 또한 의미에 대한 반성 안에서 결정된다. 임종자는 생명의 마지막 단계에서 자신의 고유한 죽음의 수용과 인격적인 결단에 앞서 도움을 청하고 있다. 이러한 도움의 요청은 해석하기 어려운 암호와 같은 신호로 전해진다. 우리는 임종자의 실존의 마지막 단계에 숨겨진 외로운 외침을 흘려들어서는 안 된다. 이러한 호소를 이해하기 위해서는 예민함을 필요로 한다. 임종자에 대한 도움은 자신의 전 생애에 걸쳐서 죽음과 관계되는 의미 체험과 의미 해석을 통해 가능하다.

코어(Corr, 1992)는 죽어 가는 사람이 대처해야 할 과제를 신체적·심리적·사회적·영적 영역으로 설명하고 있다.

첫째, 신체적 과제이다. 신체적 영역의 과제는 신체적 욕구를 충족하고 육체적 고통을 최소화하는 것을 의미한다. 영양과 수분 섭취, 목욕, 수면과 같은 신체적 욕구를 만족시키는 동시에 통증, 구토, 변비와 같은 신체적 불편과 고통에 대처하는 일이다.

둘째, 심리적 과제이다. 주요한 심리적 과제로는 안전감, 자율성, 풍요로움 등이 있다. 죽어 가는 과정에서 직면하는 가장 큰 심리적인 문제는 건강 상태의 악화와 질병의 재발에 대한 불안, 다가온 죽음에 대한 공포에 대처하는 일이다. 또 다른 심리적 문제로는 자유롭지 못한 신체와 원하는 일을 할 수 없음에 대한 무력감과 무능감이 있다. 투병과 요양 생활이 길어지면서 그들의 삶이 매우 단조롭고 무미건조해질 수 있다. 이러한 심리적 과제는 죽어 가는 과정에서 자율성을 지닌 가치 있는 인간으로 존재하고자 하는 개인적 존엄성을 지키기 위한 것이다.

셋째, 사회적 과제이다. 인간은 죽어 가는 과정에 있더라도 여전히 사회적인 존재로 살기 원한다. 가족을 비롯한 주변 사람들이나 사회적 집단과의 원만한 관계를 유지하는 것 등이 중요한 사회적 과제이다. 그 외에도 개인이 추구하던 미완성 과제를 수행하는 일이나 소원해졌거나 불편한 관계에 있던 사람들과 화해하는 일과 같은 다양한 사회적 과제들이 존재한다.

넷째, 영적 과제이다. 영적 과제는 의미(meaning), 연결(connection), 초월(transcendence)의 세 가지 주제를 통해서 죽음을 기꺼운 마음으로 수용하는 일을 의미한다. 즉, 자신의 삶에 대한 의미를 알게 되고, 자신보다 더 큰 것과의 연결에 대한 기대감, 자기에 대한 소아적 집착을 넘어서는 초월을 통해서 죽음의 불안과 공포를 극복하고 기꺼이 죽음을 받아들일 수 있는 상태에 이르는 것이다. 영적 과제를 수행하는 사람은 의미와 연결의 초월적 수준이나 근원을 추구한다. 초월은 일상적인 것을 넘어서는 것을 의미하며, 특히 궁극적이고 절대적인 것을 의미한다. 이러한 관심은 희망의 주제와 연결되어 있다. 종교적인 사람은 신이나 다른 초월적 존재와의 연결감을 추구한다. 비종교적인 사람은 초월적 희망, 즉 자신과 우주의 합일과 연결, 자신이 죽은 후에도 후속세대와 사회에 공헌하는 것에 초점을 맞출 수 있다. 이러한 영적 과제는 극히 개인적인 것으로서 세 가지 주제 모두에서 다양한 방식으로 수행될 수 있다(권석만, 2019).

2) 임종기의 선택과 의사결정

임종자를 위한 도움에서 만나게 되는 가장 큰 어려움은 임종자에게 그의 상태를 정확하게 설명하는 것이고, 또한 임종자가 자신의 고유한 죽음을 인간 품위에 맞게 받아들일 수 있도록 인도하는 것이다. 돌봄 제공자는 임종자가 자신의 절망적인 상황을 접하게 되면 삶이 위축되고 포기하지 않을까 하는 두려움을 갖고 있다. 그러나 건강한 사람이 생각하듯이 모든 말기 대상자가, 의료적으로 치유 불가능하더라도, 절대적으로 절망에 빠지지만은 않는다는 사실을 알아야 한다. 임종자 곁에서 임종자를 돌보는 사람이 먼저 자신의 무능함에 빠져 환자에 대해 포기하지만 않는다면 임종자가 결코 희망을 포기하지 않을 수 있다. 임종이라는 어려운 상황에서 임종자와 돌보는 이가 서로 고통과 슬픔을 받아들이고 공동의 위안을 찾는다면, 죽음이 우리에게 주는 의미를 발견하게 된다.

임종자를 위로하고 진정시키려는 마음에서 돌봄 제공자는 그들에게 우리가 알고 있는 사실보다 희망적이고 낙관적으로 보여 주려고 한다. 그리고 이러한 모습이 우선은 간단하고 만족스럽게 보여질 수 있지만, 이는 사태의 해결에 도움이 되지 않는다. 정직하게 진실을 전하여 임종자가 자신의 상태를 정확하게 이해하고 죽음에 대하여 스스로 준비하게 될 때, 임종에 따르는 필연적인 모습을 올바로 수용할 수 있는 것이다. 만약 임종자의 상태에 대하여 거짓과 기만으로 도피한다면 임종자는 자기 안에서, 그리고 주위에서 다가오는 불안감과 절망감에 대하여 누구와도 진솔한 대화를 할 수가 없다. 이로써 상호 신뢰가 깨어지고, 임종자는 더욱 증가하는 외로움 안에서 육체적인 죽음과 함께 사회적인 죽음까지 감수하여야 한다.

임종자와 돌봄 제공자의 감정이 진실을 전달하고 수용하는 관점에서 반드시 일치할 수는 없다. 여기에는 규칙이 필요하다. 진실이란 서로 어려움을 이겨 내게 해야 하고, 서로를 자유스럽게 해야 하는 것이다. 만일 임종자에게 '순수한 진실'을 알린다는 명목으로 사실만을 전달하고 죽음이 수용되기를 요구한다면, 이는 임종자에게 지나친 강요이며 영적으로도 위험한 일이다. 사실적 진실의 전달은 임종자가 암시적으로라도 어려움을 수용할 자세가 있음을 보여 줄 때, 인도자가 이러한 의지를 신중하게 깨닫고 진실의 표정을 드러내야 한다. 이러한 시점은 개인적인 통교와 인격적인 대화의 진행 안에서 이루어진다.

　진실을 전하고 나면 누가 임종자에게 가장 적절한 협력자이자 인도자가 될 수 있는가를 고민하게 된다. 임종 단계에서 누구나 다 좋은 인도자가 될 수는 없다. 그렇다고 좋은 인도자의 조건을 꼽을 때 전문적인 지식을 갖고, 정보의 우위에 있으며, 그들의 질문에 대하여 합리적인 대답을 할 수 있는 능력만을 필요로 하는 것은 아니다. 죽음을 맞이하고 이를 준비하는 상황에 대하여 어떠한 대답이 미리 주어져 있는 것도 아니며, 신학이나 철학이나 성서 안에도 개별적 인간의 죽음에 대하여 해답이 주어져 있지 않다. 그러므로 좋은 인도자란 임종자의 선택에 달려 있게 되는 것이다. 즉, 임종자가 가장 신뢰하는 사람, 그의 곁에서 가장 잘 이해해 주고 지지해 줄 수 있는 사람이 가장 적절한 임종 안내자인 것이다.

　임종 안내자는 임종자가 인격적으로 자신의 죽음을 수용할 수 있도록 도와주어야 한다. 누가 무엇을 포기한다는 사실은 고통이다. 더욱이 세상에서 무엇보다 소중한 생명에 대한 포기는 쉽게 용납되지 않는다. 이럴 때 임종자는 죽음 앞에서 자신의 무력감을 극단적으로 체험하게 된다. 그렇다고 임종자가 죽음에 대하여 소극적이고 수동적인 태도만 내비치게 되는 것이 아니라, 동시에 적극적이고 능동적인 태도를 보이게 된다. 임종자는 죽음의 수용과 함께 삶의 의미에 대한 반성과 물음을 통하여 믿음과 희망, 용서를 청하게 된다. 그리고 사고가 정확한 상태에서 자유롭게 두려움이나 희망을 표현할 수 있기를 원한다. 여기에는 정신적이고 육체적인 충분한 안정이 필요하다. 임종 안내자는 임종자가 인간 품위에 맞게 편안한 마음으로 임종을 맞이하도록 배려해 주어야 한다. 임종자는 위로받기를 원하고 있다. 위로는 죽음에서 생명을, 고통에서 기쁨을, 억압에서 해방을 가져오며, 온화하고 지속적인 도움이 되기 때문이다.

　인생의 마지막 단계에서는 중요한 선택들이 존재한다. 임종기의 지혜로운 의사결정은 좋은 죽음에 이르게 하는 매우 중요한 과정이다. 자신에게 적합한 방식으로 인생의 마지막 날들을 어디서 어떻게 보낼 것인지를 선택하고 계획하는 것이 필요하다. 즉, 다음과 같은 질문에 대한 선택과 결정이 필요하다.

- 임종의 시기를 어디에서 보낼 것인가?
- 임종의 과정을 누구와 함께 할 것인가?
- 자신의 죽음을 어떤 사람들에게 알릴 것인가?
- 자신의 삶을 어떻게 정리할 것인가?

참고문헌

권석만(2019). 삶을 위한 죽음의 심리학: 죽음을 바라보는 인간의 마음. 학지사.

김성현, 이태노(2021). 웰다잉을 위한 생애 말기 케어의 개선 방향에 관한 연구: 가구 형태에 따른 임종 장소 변화를 중심으로. 한국산학기술학회논문지, 22(7), 368-375.

노유자, 한성숙, 안성희, 김춘길(1994). 호스피스와 죽음. 현문사.

윤영호(2021). 나는 품위 있게 죽고 싶다. 안타레스.

한나영(2002). 좋은 죽음에 대한 노인들의 인식. 가정의학회지, 23(6), 769-777.

Corr, C. A. (2000). A task-based approch to coping with dying. *Omega, 24*, 81-94.

Lown, B. (2018). 잃어버린 치유의 본질에 대하여. (이희원 역). 책과 함께.

Pattison, E. M. (1978). *Psychosocial care of the dying patient*. McGraw-Hill..

TED (2013). https://www.ted.com/talks/judy_macdonald_johnston_prepare_for_a_good_end_of_life

Weisman, A. D. (1984). Appropriate death and the hospice program. *The Hopice Journal: Theory and Poactice, 4*(1), 65-77.

사랑의 장기기증 운동본부. www.donor.or.kr

제4장

호스피스 전문가에 대한 이해

1. 호스피스 전문가의 역할

　호스피스 · 완화의료는 의사 · 간호사 · 사회복지사 등으로 구성된 전문가가 호스피스팀으로 활동한다. 호스피스 전문가는 「의료법」 및 「연명의료결정법」을 준수하면서 '호스피스 · 완화의료 사업안내' 및 '호스피스 전문기관 서비스 제공 안내'에 의하여 사업을 수행하는 전문가이다. 환자와 가족, 의료진의 요구 및 기관의 여건 등에 따라 입원형 · 가정형 · 자문형 호스피스를 제공한다. 호스피스팀 필수 제공인력으로는 의사, 간호사, 사회복지사, 호스피스 코디네이터(필수인력 중 1인이 담당) 등이 있다.

　호스피스팀의 활동은 의무기록과 팀 회의록 등에 정직하고 정확하게 기록한다. 팀원 간의 정보교환은 개인정보 보안을 유지하며 원활하게 할 수 있도록 정보공유 정책을 수립한다. 서비스의 직간접적 수행을 위한 의료기관 내외 협력체계를 구축한다. 가정형 호스피스의 경우에도 관련해 발생하는 사고나 업무상 필요한 법적 조치 등 모든 권리나 책임은 소속 전문기관 내 타 직원과 동일하게 적용한다.

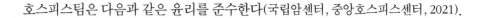

호스피스팀은 다음과 같은 윤리를 준수한다(국립암센터, 중앙호스피스센터, 2021).

- 인격과 신체에 대한 전적인 권리를 옹호한다.
- 의사결정에 대해 최우선으로 고려하고 존중한다
- 자율적 의사결정을 촉진하고 옹호한다.
- 의사결정에 필요한 충분한 정보를 제공한다.
- 의사결정에 필요한 전문가적 견해를 제공한다.
- 가족의 의사결정 참여를 위한 충분한 정보와 전문가적 견해를 제공한다.
- 대상자와 가족의 사생활 보호와 비밀을 유지한다.

호스피스 유형에 따른 호스피스·완화의료팀의 필수인력인 의사, 간호사, 사회복지사의 직종별 역할과 인력 기준을 살펴보면 〈표 4-1〉, 〈표 4-2〉 및 〈표 4-3〉과 같다(국립암센터, 중앙호스피스센터, 2021a).

〈표 4-1〉 **입원형 호스피스**

직종	역할	인력 기준
의사	• 초기 평가 및 돌봄 계획 수립, 진료 및 상담 • 최종적 환자 평가 및 임상적 의사결정 • 임종 돌봄 • 기관 내 임종 돌봄을 포함한 호스피스 서비스 교육 및 지원 • 호스피스 병동 진료 공백이 없어야 하므로 야간 및 휴일에 당직체계를 운영하고, 가정형을 겸임하는 의사의 가정방문 시 입원환자 진료체계를 마련	-의사 또는 한의사: 호스피스 병동의 병상 20개당 전문의 1명 이상. 다만, 병상 20개당 기준으로 계산한 후 남은 병상이 20개 미만인 경우에는 1명을 추가로 두어야 함 -당직의사 근무체계를 갖출 것
간호사	• 환자와 가족에 대한 전인적 평가 및 돌봄 계획 수립 • 돌봄 계획에 근거한 간호 제공 • 환자와 가족에게 심리적·사회적·영적 지지 및 상담 • 환자와 가족 교육 • 임종 돌봄 • 기관 내 임종 돌봄을 포함한 호스피스 서비스 교육 및 지원 • 호스피스 보조활동 인력 관리 • 사별 가족 관리	-호스피스 병동의 병상 10개당 간호사 1명 이상. 다만, 병상 10개당 병상 수를 계산한 후 남은 병상이 10개 미만인 경우에는 1명을 추가로 두어야 함 -간호사의 24시간 근무체계를 갖출 것 -호스피스 업무에만 전담할 것

사회복지사	• 말기환자와 가족 대상 심리사회적 평가 및 돌봄 계획 수립 • 돌봄 계획에 근거한 환자와 가족의 심리적 · 사회적 · 영적 지지 및 상담 • 지역사회 자원 발굴 및 연계 • 자원봉사자 관리 • 요법 및 돌봄행사 등 프로그램 관리와 운영 • 사별 가족 관리	−호스피스 병동당 1급 사회복지사 1명 이상 −호스피스 업무에만 전담할 것
입원형 호스피스 코디네이터 (필수인력 중 1인이 담당)	• 호스피스팀 내 업무분장과 환자 배정, 돌봄 계획 조정 • 호스피스 서비스 기획 · 운영 · 관리 · 조정 • 호스피스와 관련된 각종 서식 및 보고 업무 관리 • 호스피스 운영을 위한 각종 물품과 소모품 관리 • 호스피스 예산 편성 · 집행 등 관리 • 호스피스 질 관리 • 호스피스팀 구성원의 윤리적 의사결정 돕기 • 기타 호스피스팀 내 업무 총괄 관리 • 등록환자의 데이터베이스(DB) 관리 • 필수인력 신고 및 교육 관리	

〈표 4-2〉 **가정형 호스피스**

직종	역할	인력 기준
의사	• 초기 평가 및 돌봄 계획 수립, 진료 및 상담 • 최종적 환자 평가 및 임상적 의사결정 　−가급적 초기 1회 방문 　−이후 의학적 판단에 따른 필요 시 방문 및 전화상담 　−돌봄 계획 유지 또는 조정에 따른 수시 처방 발행, 의뢰, 입원 등 • 침습적 처치: 복수천자, 배농, 절개, 봉합, 봉합사 제거 등 • 가정 호스피스팀의 환자 관리 교육 · 지도 · 감독 및 기술 지원	−의사 또는 한의사: 전문의 1명 이상

가정형 호스피스 전담 간호사	• 환자와 가족에 대한 전인적 평가 및 돌봄 계획 수립 • 환자 및 가족의 상태 변화 모니터링 • 돌봄 계획에 근거한 간호 제공 • 환자와 가족에게 심리적 · 사회적 · 영적 지지 및 상담 • 환자와 가족 교육 • 정기 가정방문 및 필요시 응급 방문 • 주야간 전화 상담 • 의뢰 또는 입원 연계 • 약품 · 물품 · 소모품 관리 • 방문 차량 및 안전 관리 • 임종 및 사별 가족 관리	−호스피스전문간호사, 가정 전문간호사 또는 호스피스 전문기관에서 2년 이상 호스피스 업무에 종사한 경력이 있는 간호사 1명 이상 −호스피스 업무에만 전담할 것
사회복지사	• 심리사회적 평가 및 돌봄 계획 수립 　−초기 돌봄 계획 수립을 위한 1회 방문, 이후 필요시 방문 또는 전화 상담 　−동일 의료기관 입원 시 의뢰된 환자로, 퇴원 전 환자와 보호자를 상담한 경우에는 방문이 반드시 필요하지 않음 • 돌봄 계획에 근거한 환자와 가족의 심리적 · 사회적 · 영적 지지 및 상담 • 지역사회 자원 발굴 및 연계 • 자원봉사자 및 영적 돌봄 제공자 연계 • 요법 및 돌봄행사 등 프로그램 관리와 운영 • 사별 가족 관리	−1급 사회복지사 1명 이상 −호스피스 업무에만 전담할 것 −입원형 · 가정형 · 자문형 총 3개 유형의 호스피스 사업을 운영하는 기관에서는 1급 사회복지사 2인 이상이 근무
가정형 호스피스 코디네이터 (필수인력 중 1인이 담당)	• 호스피스팀 내 업무분장과 환자 배정, 돌봄 계획 조정 • 호스피스 서비스 기획 · 운영 · 관리 · 조정 • 호스피스와 관련된 각종 서식 및 보고 업무 관리 • 호스피스 운영을 위한 각종 물품과 소모품 관리 • 호스피스 예산 편성 · 집행 등 관리 • 호스피스 질 관리 • 호스피스팀 구성원의 윤리적 의사결정 돕기 • 기타 호스피스팀 내 업무 총괄 관리 • 등록환자의 데이터베이스(DB) 관리 • 필수인력 신고 및 교육 관리	

〈표 4-3〉 자문형 호스피스

직종	역할	인력 기준
의사	• 초기 평가 및 돌봄 계획 수립, 관련 진료 자문 회신 • 최종적 환자 평가 및 임상적 의사결정 • 담당 의사 대상 임종 돌봄을 포함한 호스피스 서비스 교육 및 지원	−의사 또는 한의사: 전문의 1명 이상
자문형 호스피스 전담 간호사	• 환자와 가족에 대한 전인적 평가 및 돌봄 계획 수립 • 돌봄 계획에 근거한 간호 제공 • 환자와 가족에게 심리적 · 사회적 · 영적 지지 및 상담 • 환자와 가족 교육 • 입원형 또는 가정형 호스피스 의뢰 및 연계 • 지역사회 호스피스 전문기관을 포함한 의료기관 의뢰 및 연계 • 담당 간호사 대상 임종 돌봄을 포함한 호스피스 서비스 교육 및 지원 • 임종 및 사별 가족 관리	−호스피스전문간호사, 종양 전문간호사 또는 호스피스 전문기관에서 2년 이상 호스피스 업무에 종사한 경력이 있는 간호사 1명 이상
사회복지사	• 말기환자와 가족 대상 심리사회적 평가 및 돌봄 계획 수립 • 돌봄 계획에 근거한 환자와 가족의 심리적 · 사회적 · 영적 지지 및 상담 • 지역사회 자원 발굴 및 연계 • 자원봉사자 및 영적 돌봄 제공자 연계 • 정보제공 및 교육을 위한 가족 상담 • 요법 및 돌봄행사 등 프로그램 관리와 운영 • 사별 가족 관리	−1급 사회복지사 1명 이상
자문형 호스피스 코디네이터 (필수인력 중 1인이 담당)	• 호스피스팀 내 업무분장과 환자 배정, 돌봄 계획 조정 • 호스피스 서비스 기획 · 운영 · 관리 · 조정 • 호스피스와 관련된 각종 서식 및 보고 업무 관리 • 호스피스 운영을 위한 각종 물품과 소모품 관리 • 호스피스 예산 편성 · 집행 등 관리 • 호스피스 질 관리 • 호스피스팀 구성원의 윤리적 의사결정 돕기 • 기타 호스피스팀 내 업무 총괄 관리 • 등록환자의 데이터베이스(DB) 관리 • 필수인력 신고 및 교육 관리	

이와 같은 모든 필수인력은 해당 지정기관이 직접 고용(별도법인, 용역업체 등 간접 고용시 인력 기준 미부합으로 간주)하여야 하며, 호스피스 전담조직으로 발령받아야 한다. 인력의 연속적 부재기간이 16일 이상인 경우 호스피스 법정 필수교육을 이수한 대체인력을 배정해야 한다.

호스피스 전문기관은 각 서비스 유형의 필수인력 관리(법정 필수교육 이수 등) 담당자 및 예산 집행을 총괄하는 담당자를 두도록 한다. 필수인력은 환자 정보 공유 및 계획 수립을 위해 팀회의에 참석해야 하며, 가정형 및 자문형을 함께 운영하는 전문기관에서는 원활한 서비스 연계를 위해 각 유형별 필수인력은 팀회의에 참석해야 한다.

2. 호스피스 전문가 교육

호스피스·완화의료 전문가가 되기 위해서는 전문가 교육을 받아야 한다. 이 교육과정은 「연명의료결정법 시행규칙」의 별표 1에 제시된 호스피스 전문기관에 종사할 전문인력 양성을 위해 보건복지부와 국립암센터가 공동으로 개발한 과정이다.

입원형 호스피스 전문기관 인력(호스피스전문간호사 제외)은 보건복지부장관이 인정하는 60시간 이상의 호스피스 교육을 이수하여야 한다. 가정형 및 자문형 호스피스 전문기관 인력(호스피스전문간호사 제외)은 보건복지부장관이 인정하는 76시간 이상의 호스피스 교육을 이수하고, 호스피스전문간호사는 보건복지부장관이 인정하는 16시간의 호스피스 교육을 이수해야 한다. 호스피스 전문기관의 필수인력은 매년 4시간의 보수교육을 이수해야 한다.

호스피스 전문기관으로 지정된 후 인력의 결원이 발생하여 새로운 인력을 채용하는 경우, 해당 채용인력이 교육 이수 기준을 충족하지 못하는 때에는 그 채용 후 3개월 이내에 교육 이수 기준을 충족하게 할 수 있다.

중앙호스피스센터에서 운영하는 법정 필수교육에는 직종별 호스피스·완화의료 표준 교육과정 I(이론교육), 직종별 표준 교육과정 II(실무교육), 추가 교육(가정, 자문, 소아), 보수교육 등이 있다. 교육과정별 교육에 대한 내용을 살펴보면 다음과 같다.

1) 직종별 표준 교육과정 I (이론교육)

이론교육은 호스피스 · 완화의료 전문인력(의사, 간호사, 사회복지사)를 대상으로 한다. 교육내용은 호스피스 · 완화의료의 이해, 통증 및 증상 관리, 환자와 가족의 심리적 돌봄, 의사소통 등 완화의료의 기본적 이론교육으로 직종별(의사, 간호사, 사회복지사)로 이러닝 40차시(40시간)를 교육받아야 한다. 온라인 이러닝 교육으로 중앙호스피스센터 홈페이지(https://hospice.go.kr)에서 신청 가능하며, 교육비는 20만 원이다(2022년 기준). 매월 1일 개강하며, 총 수강 기간은 개강일로부터 90일(실습 포함 3개월)까지이다. 수료 기준은 수강 100% 이수해야 하고, 시험 성적은 60점 이상이어야 한다.

2) 직종별 표준 교육과정 II (실무교육)

실무교육은 호스피스 · 완화의료 전문인력으로 의사, 간호사, 사회복지사 1급 20명 이내를 대상으로 하며, 표준 교육과정 I 이수자에 한하여 신청할 수 있다. 개정 전 표준 교육과정 또는 이러닝 과정 이수자도 신청 가능하며, 보수교육으로 인정된다. 필수인력을 우선적으로 선발한다. 교육내용은 호스피스 · 완화의료의 이해, 통증 및 증상 관리, 환자와 가족의 심리적 돌봄, 의사소통 등 완화의료의 실무교육으로 구성되어 있다. 교육 신청은 운영기관별로 상이하게 모집하므로 모집 요강에 따라 각 기관에 직접 신청하면 된다. 교육 방법은 성찰 및 경험적 학습을 위한 강의, 사례 토의, 역할극 등으로 진행된다.

수료 기준은 20시간 이상 수강 필수이며, 각종 설문 및 평가지 제출해야 한다. 교육비는 20만 원이다(2022년 기준).

3) 추가 교육

가정 · 자문형 추가교육은 「연명의료결정법 시행규칙」의 별표 1 호스피스 전문기관 지정기준에 따라 호스피스 전문기관에 종사할 전문인력(의사, 간호사, 사회복지사) 양성을 위한 추가교육(16시간) 프로그램이다. 소아청소년 완화의료 추가교육은 이러한 사항에 준해 소아청소년 완화의료 시범사업기관에 종사할 전문인력(의사, 간호사, 사회복지사) 양성을 위한 추가교육(16시간) 프로그램이다.

교육대상은 호스피스 · 완화의료 전문인력으로 의사, 간호사, 사회복지사를 대상으로 한다. 이 교육은 중앙호스피스센터 또는 권역별 호스피스센터(소아청소년 완화의료 추가교육은 중앙호스피스센터만 운영)에서 운영하며, 이론 8시간, 실습 8시간으로 총 16시간 운영한다. 교육내용은 각 유형별 호스피스 · 완화의료의 이해, 통증 및 증상 관리, 심리사회적 돌봄, 영적 돌봄, 전인적 평가, 사별 돌봄 등 호스피스 · 완화의료의 중요한 핵심 주제와 실습교육으로 진행된다.

4) 보수교육

호스피스 전문기관 및 시범사업기관에서 당해 연도에 6개월 이상 근무한 필수인력(의사, 간호사, 사회복지사)은 「연명의료결정법」 시행규칙 별표 1에 따라 연간 4시간의 보수교육을 이수해야 한다. 의사협회, 간호사협회, 사회복지사협회에서 보수교육으로 인정받은 교육만 해당한다.

교육내용은 말기환자에 대한 전인적 평가와 돌봄 계획 수립 방법, 환자와 가족에 대한 의사소통 및 상담 및 요법, 말기환자의 통증 및 증상 관리, 임종 돌봄, 영적 돌봄, 사별 가족 돌봄 등을 포함하면서 실무에 도움이 되는 호스피스 · 완화의료 관련 내용을 포함하여야 한다.

5) 호스피스 상담팀 교육

호스피스 상담팀 교육은 호스피스 상담팀을 운영하는 기관을 위한 호스피스 교육과정이다. 이 교육은 호스피스 전문기관 필수인력의 법정 필수교육으로는 인정되지 않으며, 암 적정성평가 중 호스피스 상담률에 명시된 교육에 해당된다. 호스피스 법정 필수교육(이러닝, 표준교육) 이수자는 추가 이수가 불필요하다.

교육대상은 호스피스 상담팀 인력으로 의사, 간호사, 사회복지사가 해당된다. 교육내용은 호스피스 · 완화의료의 이해, 통증 및 증상 관리, 환자와 가족의 심리적 돌봄, 의사소통 등 완화의료의 중요한 핵심 주제와 실습 교육으로 이루어져 있다.

100% 온라인 학습으로 의사는 43차시의 동영상 실습 강의, 간호사는 43차시의 동영상 실습 강의, 사회복지사는 36차시의 동영상 실습 강의를 들어야 한다. 교육비는 무료이며, 100% 출석 완료 시 시험 응시가 가능하며, 시험 성적은 60점 미만 시 재응시해야 한다.

3. 호스피스 전문가의 스트레스 관리

호스피스 활동에 있어서 스트레스는 자연스럽게 발생된다. 임종을 앞둔 호스피스 대상자를 돕는 남다른 스트레스를 경험하게 되며, 총체적인 고통 중에 있는 대상자들과 다른 호스피스 팀원과의 상호작용에서 어려움을 겪을 수도 있다.

우리가 살아가는 동안 적당한 자극과 자신이 조절할 수 있는 스트레스는 필요하다. 그러나 대부분의 스트레스는 각자가 만들어 내고 있으며, 스트레스를 어떻게 받아들이고 해석하고 판단하는가에 따라 다른 반응을 보이게 된다. 호스피스 전문가가 효과적으로 스트레스를 관리하지 못한다면 그 개인의 삶의 질은 물론이고, 호스피스 대상자에 대한 돌봄의 질도 저하될 수 있다. 그렇기 때문에 호스피스 대상자를 돌보는 데서 야기되는 내적·외적 요인을 파악하고 적절한 대처방안을 마련하는 것은 매우 중요하다(강영우 외, 2015).

1) 스트레스 요인

(1) 외적 요인

호스피스 대상자는 질병과 관련된 증상, 통증, 신체조절 능력의 상실, 사회적 고립으로부터 오는 소외감, 죽음에 대한 두려움 등 총체적 고통을 경험하기 때문에 삶의 질을 유지하기 어려운 경우가 많다. 이러한 대상자들에게 남은 여생 동안 인간으로서의 존엄성과 삶의 질을 유지하면서 평화로운 죽음에 이르게 하는 호스피스 활동은 고도의 전문지식과 더불어 인간에 대한 깊은 이해가 필요하다. 또한 끊임없는 타인의 죽음과의 직면, 의료의 이해 부족 등 많은 스트레스 요인이 작용하고 있다.

그 외에도 호스피스 전문가는 본인이 아무리 애를 쓴다 해도 환자와 가족의 총체적 고통을 조절하는 것이 언제나 가능한 것은 아니라는 사실에 직면하게 된다. 환자는 자신에게 모든 팀원이 집중하기를 원하며, 숙련되고 능숙한 일 처리 등을 요구하기도 한다.

(2) 내적 요인

호스피스 전문가는 호스피스 대상자를 돌보는 과정에서 불충분하거나 준비가 부족한 점을 느끼고 인식함으로써 스트레스를 증상을 나타낸다. 외적 요인은 변화시킬 수 없는 부분이 많지만, 내적 요인은 그 사람이 어떤 개인적인 특성을 갖고 있느냐에 따라 스트레스 요인이 달라진다.

첫째, 개인의 성격 특성에 따라 스트레스 양상이 다양해진다. 완벽한 성격, 이상적인 성격, 지나치게 자학적인 성격, 열등감이 심하고 자아존중감이 낮은 성격은 스트레스에 민감하다. 지나치게 높은 기대수준은 현실과의 괴리로 인한 실망감과 좌절을 불러일으킬 수 있고 지나치게 자학적이고 열등감으로 자아존중감이 낮은 성격은 환자의 죽음을 마치 자신의 개인적인 잘못이나 개인적인 실패인 것처럼 받아들이게 된다.

둘째, 사람 간의 갈등으로 대상자나 가족들은 그들이 해결하지 못하는 일들을 호스피스 전문가에게 현실적으로 가능하지 않은 일들에 대한 요구를 하기도 한다. 이때 호스피스 전문가는 이상과 현실의 차이에서 내적 갈등을 겪게 된다. 호스피스 전문가는 자신이 처한 상황을 살펴보고 가능한 것은 변화시키되 그렇지 못한 부분은 받아들여야 한다.

셋째, 기타 개인적인 요인으로 치료자의 건강문제, 전문 지식의 문제, 사생활의 고민, 돌봄 제공자의 건강, 경제적인 어려움 등이 있다.

2) 스트레스 증상

스트레스로 인한 증상은 다음과 같이 신체적 · 정서적 · 인지적 · 행동적 증상이 있다(김분한, 2013).

(1) 신체적 증상

수면이 부족하거나 식사를 제대로 하지 않는 것도 아닌데 극도의 신체적 피로감을 느낀다면 중요한 스트레스 증상이라고 볼 수 있다. 또한 두통, 규칙에 대한 불안감, 불면증, 체중 감소, 비만, 오심, 요통, 그 밖에 감기와 같은 일상적 증상을 이겨내기 힘든 것 또한 스트레스로 나타나는 신체적 증상이라 할 수 있다.

(2) 정서적 증상

불안, 분노 등의 인지적 행동과 자신에게 힘든 과정을 타인에게 돌리려고 하는 투사 등과 더불어 약물, 담배, 술 등을 남용할 수도 있다. 우울증, 감정 변화가 계속하여 스트레스 상황에 지속되면 해로운 결과로 연결된다.

(3) 인지적 증상

스트레스에 대한 평가는 두뇌에 의해 조정되는데, 이를 일련의 의식적·무의식적 과정의 결과로 본다. 인지와 반응은 서로 얽히고 동시에 발생하는 과정이므로 분리해 낼 수 없다.

(4) 행동적 증상

스트레스에 대한 언어적 표현이나 행동적 증상은 자극체가 주어질 때 가장 먼저 나타나는 양상이다. 울기, 말을 많이 하기, 웃음, 소리를 지름, 발로 차거나 집어던지기, 무엇인가를 애무하는 행위 등이 이에 속한다.

3) 스트레스 관리

스트레스를 관리하기 위해서는 개인적으로 관리하는 방법과 상호 간 관리하는 방법이 있다(한국호스피스협회, 2013).

(1) 개인적인 스트레스 관리

- 적절한 휴식 및 규칙적인 운동으로 자기관리를 하며 시간을 적절히 활용한다.
- 호스피스와 관련된 지식과 기술을 습득하는 교육과 훈련에 참여한다.

- 효율적인 스트레스 대처를 할 수 있게 스스로 자아존중감을 높이는 교육과 훈련에 참여하도록 한다.
- 자신이 하는 일을 이해하고 도움을 줄 수 있는 지지체계를 만들어 놓는다.

자아존중감을 높이기 위한 방법

- 내 인생의 주인은 바로 나임을 인식한다.
- 현실적으로 실현 가능한 이상을 갖는다.
- 진정한 의미에서의 타인의 평가를 왜곡하지 않는다.
- 긍정적인 사고를 갖는다.
- 열등감에서 벗어난다.
- 설득력 있는 대화술과 긍정적인 자아상을 개발하여 대인관계를 개선한다.

(2) 상호 간 스트레스 관리

- 지지체계를 강화하여 팀 회의나 지지 프로그램을 통해서 문제를 도출하고 공유하며 해결한다.
- 실질적인 교육 프로그램을 지속적으로 제공한다.
- 연수, 수련회, 야유회, 보조 프로그램 등을 통해 팀원 간의 친밀한 관계를 유지한다.
- 업무와 관련된 행정적인 지원을 받음으로써 일의 효율성을 높인다.
- 집단 내에 상담자나 종교지도자를 통해 호스피스 전문가는 서로의 감정 교류 및 상호지지를 받도록 한다.

4) 스트레스 관리 방법

스트레스를 관리하기 위해서는 명상요법, 심상법, 점진적 이완요법, 단전호흡, 음악요법, 인지요법 등을 활용할 수 있다(한국호스피스협회, 2013).

(1) 명상요법

다른 자극을 제한하고 하나의 자극에 주의를 집중시킴으로써 들어오는 자극을 제한시키는 정신적인 기법이다. 조용하고 편안한 환경에서 하루에 10~15분씩 실시한다.

명상요법의 종류로는 시각집중명상과 청각집중명상, 호흡집중명상 등이 있다. 시각집중명상은 시각적 대상(예: 촛불)을 정해 놓고 집중해서 보는 방법, 청각집중명상은 사물이나 단어, 이름을 반복적으로 읊조리는 방법, 호흡집중명상은 호흡에 집중하면서 마음속으로 가능한 숫자까지 세고 반복하는 방법이다. 명상요법의 효과는 이완 시 심장박동과 호흡 수, 산소소비량 감소, 혈중유산소 감소, 불면, 고혈압, 뇌졸중, 당뇨나 관절염 등의 치료와 예방 효과, 알코올이나 약물, 침, 흡연 감소 효과, 강박적인 사고나 우울, 불안 및 적개심 감소 등이 포함된다.

(2) 심상법

자신이 가장 편안한 장면(예: 아름다운 해변, 시원한 잔디밭, 따뜻한 욕조에 몸 담그기 등)을 상상한다. 심상법의 방법은 눈을 감고 36초간 상상을 하고, '나는 편안하다'를 마음속으로 읊는다. 그다음 몸에 힘을 빼고 입을 약간 벌린다. 다시 눈을 뜨고 24초간 생각 없이 심호흡을 5분간 반복한다.

(3) 점진적 이완요법

점진적 이완요법은 스트레스와 불안을 치료하고 예방하기 위해 신체근육을 점차적으로 이완시키는 방법이다. 장소는 조용한 곳이 좋으며, 편안한 의자에 앉아 불빛을 어둡게 하고, 눈을 감고 실행한다. 각 신체 근육의 수축 기간은 5초이며 이완 기간은 20초이다. '오른손 → 왼손 → 오른팔 → 왼팔 → 이마 → 얼굴 상부 → 눈' '얼굴 하부 → 이마 → 목 → 어깨 → 배 → 오른다리 → 왼다리 → 발'의 순으로 긴장과 이완을 교대로 진행한다.

(4) 단전호흡

복식호흡의 일종으로 에너지인 '기'를 최대한 우리 몸으로 끌어들이는 호흡이다. '단전'이라 하면 주로 하단전을 지칭하며, 배꼽 아래 3~4cm 위치를 추정한다. 단전호흡의 효과는 유연성 증가, 불안이나 초조감 감소, 기억력 및 집중력, 사고력 강화, 피로 감소, 소화 촉진, 혈압과 맥박의 정상화, 기분 증진, 면역력 증가 등이 포함된다.

(5) 음악요법

정신적인 고통을 음악으로 이기고, 완화는 치료법으로 음악에 의한 전신요법을 가리킨다. 음악의 효과는 분노와 증오의 감정 감소, 혈압과 기초대사 및 호흡 수 감소, 스트레스에 대한 생리적 반응 감소, 엔도르핀 생성 증가, 심박동수와 혈압 및 유리지방산 감소 등이 포함된다. 음악요법으로는 즉흥 연주, 노래 만들기, 음악 듣기, 음악으로 자서전 만들기 등의 방법이 있다.

(6) 인지요법

비합리적인 사고를 할 때, 다른 일을 하거나, 전화 통화하기, 노래 부르기 등 적극적인 자기표현 등을 통하여 합리적이고 긍정적인 사고로 전환하는 기법이다. 비합리적인 사고의 예로는, 완벽주의(예: '나는 항상 옳다, 뛰어나다.'), 흑백논리(이것 아니면 저것, 중간은 없다), 과장 · 축소(잘한 것은 축소, 못한 것은 확대), 독심술적 사고(객관적 근거 없이 그 사람 생각은 이거다), 과잉반응(일부경험을 전체 확대), 생각중단(원치 않은 생각이 떠오르면 생각중단) 등이 있다.

5) 생활양식의 관리

- 계획표를 작성하여 효율적으로 시간 관리를 하도록 한다.
- 주 3회 이상, 1회에 30분 운동을 한다.
- 영양 식이를 섭취한다.
- 업무와 휴식의 경계를 명확히 하고, 휴일이나 여가를 활용하도록 한다.
- 주말에는 가족과 함께 보내도록 한다.
- 좋아하는 취미생활을 하도록 한다.

6) 전문가의 상담

개별적으로 해결할 수 없는 스트레스가 있거나 스트레스에 대한 적절한 대처를 할 수 없을 때에는 정신건강의학과 의사나 종교지도자 혹은 심리상담사와 같은 전문가에게 상담을 하도록 한다.

7) 행정적인 정책 도입

개인적인 차원의 노력으로 해결되지 못하는 스트레스인 경우에는 호스피스 전문 기관 차원에서 행정적인 정책을 마련하여 호스피스 전문가가 소진되지 않고 맡은 일을 다 하도록 도울 필요가 있다.

참고문헌

강영우, 권영숙, 고수진 외(2015). 호스피스 총론. 한국호스피스협회 출판부.
국립암센터, 중앙호스피스센터(2021). 호스피스 전문기관 서비스 제공 안내(6판). 국립암센터, 중앙호스피스센터.
김분한(2013). 호스피스 총론. 포널스출판사.
한국호스피스협회(2013). 호스피스 총론. 호스피스협회 출판부.

제5장
생명윤리에 대한 이해

1. 생명윤리

1) 생명윤리의 정의

생명윤리는 과학의 발전과 윤리학·철학 등 인문학적 지식을 바탕으로 윤리적 문제들에 대해 가치판단을 내리는 복합적인 학문 분야이다. 생명윤리에 대한 문제는 과학의 과정이나 과학의 산물과 관련되어 있고, 현 사회에 도덕적인 질문들을 던진다. 또한 이러한 질문들은 사회적인 논쟁을 초래하고, 다양한 관점에서 고려해야 하는 이유로 간단히 결론을 내릴 수 없는 특징이 있다(Sadler & Zeidler, 2004).

오늘날에는 생명과학기술의 발전과 더불어 다양한 사회·윤리적 문제들이 등장하게 되었다. 이러한 결과는 생명윤리라는 새로운 분야의 시발점으로 작용하여 인간으로 하여금 기존의 윤리적 쟁점과는 다른, 생명과 관련된 윤리적 쟁점에 대해 올바른 가치관을 갖도록 하였다. 생명윤리(bioethics)의 어원은 생명(bios)과 윤리(ethics)에서 비롯되었다. 생명윤리는 단어 그대로 생명과 관련된 윤리를 아우르는 영역으로, 생명윤리라는 용어는 미국의 한 종양학자에 의해 '현재와 미래, 자연과 문화, 과학과 가치, 인간과 자연 사이를 이어 주는 다리'라고 처음으로 정의되었다

(Potter, 1971). 그러나 인간의 생명을 다루는 생명공학기술과 생명의료기술이 급격히 발전하게 되면서 이들에서 비롯된 사회·윤리적 문제는 생명윤리의 범위를 개인적이고 의학적인 내용을 중심으로 축소시켰다.

이에 따라 더 광범위한 시각에서의 생명윤리를 다뤄야 할 필요성이 제기되었고, 이후 생명윤리는 '현대적 생명윤리'라는 새로운 용어로 수정되었다. 현대적 생명윤리에서는 전 세계적인 생명윤리적 문제들을 해결하기 위해 학문적 노력이 필요하다는 것을 주장한다(Potter, 1988). 이는 오늘날의 생명윤리는 개인적인 영역에서만 다뤄지는 것이 아니고, 보다 더 넓은 범위에서 다루어져야 하며 특정 학문에 국한되어서는 안 된다는 것을 의미한다. 이처럼 생명윤리가 생명체를 둘러싼 전반적인 사회적 논쟁을 다루는 것에 입각하여, 생명윤리의 범위는 인간, 동물 그리고 환경까지 광범위하다. 생명윤리는 그 대상을 이해하는 범위에 따라 정의가 다양하다. 포터(Potter, 1971)가 그의 저서에 처음으로 언급한 생명윤리는 생명의료와 관련된 것들이었다. 실제로 고로비츠(Gorovitz, 1978)는 생명윤리를 동물의 건강과 관련된 의료 분야에서 나타나는 윤리적 문제들에 대한 의사결정을 내리는 것이라고 정의하였다. 이처럼 전통적 생명윤리는 의료와 관련된 영역에 제한하여 나타나는 생명윤리적 쟁점들에 대해 의사결정을 내리는 것을 의미한다.

21세기가 되면서 생명공학이 눈에 띄게 발전하면서 생명윤리에 대한 정의가 확장되었고, 메이서(Macer, 2006)는 생명과학 연구의 전 과정에서 발생되는 윤리적 문제에 관한 의사결정 과정을 생명윤리로 보았다. 이처럼 현대적 생명윤리는 자연계에 존재하는 모든 생물을 아울러 이에 관한 생명윤리적 쟁점에 대해 올바른 판단을 하는 영역이라 할 수 있다.

〈표 5-1〉 전통적 생명윤리와 현대적 생명윤리의 정의

구분	내용
전통적 생명윤리	의료 분야에서 나타나는 윤리적 문제들에 대한 의사결정을 내리는 영역
현대적 생명윤리	자연계에 존재하는 모든 생물을 대상으로 발생하는 윤리적 문제에 대한 의사결정을 내리는 영역

2) 생명윤리의 목표와 과제

생명윤리학이 나아가야 할 방향과 목표는 개인의 선(善)으로서 자율성과 사회의 선(善)으로서 공동선의 균형 잡힌 공존을 추구하고, 이러한 목표를 구체화하는 것이어야 한다.

생명윤리의 목표는 다음과 같다. 첫째, 다원주의 사회에서 이성적 불일치로 보이는 문제에 대해 사회적 합의를 모색하는 데 두어야 한다. 둘째, 개인 선으로서 자율성을 존중하면서도 사회의 선으로서 공동선과 균형을 추구해야 한다. 생명윤리의 문제들은 단지 개인적 차원의 가치판단에 대한 문제만이 아니라 사회적 차원의 가치판단과도 관련을 맺고 있다. 뿐만 아니라 어떤 행위의 허용은 타인의 권리나 이익을 침해하느냐는 문제를 넘어서서 한 사회가 유지해 온 가치관이나 관례, 나아가 사회질서나 체계에 영향을 미치기 때문이다. 그리고 이러한 개인 선과 공동선 간의 조화는 국가적 차원에서 생명윤리와 관련된 법적·정책적 결정을 통해 구체화될 필요가 있다.

이와 같은 생명윤리의 목표에 도달하기 위해서는 다음과 같은 과제들이 수행되어야 한다. 첫째, 사회적 차원의 가치체계 또는 사회적 규범에 대한 재평가가 필요하다. 즉, 생명윤리적 쟁점들에 있어 어떠한 부분에서 실질적인 윤리적·도덕적 이견이 발생하는지, 그리고 어떠한 부분에서는 사회의 공유된 이해를 드러내는지를 확인할 필요가 있다. 이를 알아보기 위해서는 생명윤리적 쟁점에 대한 시민의 인식 조사가 수행되어야 할 것이다. 둘째, 사회적으로는 기존 도덕규범에 대한 재해석이나 새로운 규범을 정립하기 위해 다양한 차원에서 공론의 장이 마련되어야 하고, 활성화되어야 한다. 이를 위해 일반인에게도 다양한 차원의 의사소통 통로가 마련되어야 한다.

3) 생명윤리의 영역

생명윤리의 범위는 생명을 정의하는 범위에 따른다. 생명의 정의가 확장되면 생명윤리의 영역도 확장될 수 있다. 전통적 생명윤리는 생명의료윤리를 중심으로 생명의 정의가 의료대상에 국한되었다. 따라서 생명윤리 영역도 생명의료윤리 내에서 존재하였고, 의료윤리와 관련된 사회·윤리적 문제들이 주된 내용이었다. 하지만 생명공학의 급속한 발전으로 인해 현대의 생명에 대한 정의는 발전하였다. 오늘날 생명은 지구상에 살아 있는 모든 생명체를 의미하며, 현대의 생명윤리는 이들 전부를 대상으로 윤리적 문제를 다룬다. 이처럼 생명의 범위가 넓어짐에 따라 생명윤리의 영역도 함께 확장되고 다양하게 분류되었다(박인옥 외, 2005). 박지영(2005)은 생명윤리를 생명존중원리, 생명의료윤리, 생명공학윤리로 분류하고 〈표 5-2〉와 같이 하위 영역들로 세분화하였다.

생명존중원리는 인간 생명을 존중하는 것과 다른 생명체의 생명을 존중하는 것, 그리고 환경과 관련된 생명을 존중하는 내용을 포함한다. 생명의료윤리는 출생, 죽음, 성 결정과 관련된 생명윤리와 질병의 치료와 관련된 윤리의식과 같은 영역들이 포함된다. 생명공학윤리는 첨단 생명공학 기술에 대한 인식과 생명공학 연구과정 중에 발생할 수 있는 문제들에 대한 인식을 포함한다(박지영, 2005).

〈표 5-2〉 **생명윤리의 세 가지 영역과 하위 영역**

영역	하위 영역
생명존중원리	인간의 생명존중
	다른 생물의 생명존중
	환경과 관련된 생명존중
생명의료윤리	출생, 죽음, 성 결정과 관련된 생명윤리
	질병의 치료와 관련된 윤리의식
생명공학윤리	첨단 생명공학 기술에 대한 인식
	생명공학 연구과정 중에 발생할 수 있는 문제들에 대한 인식

출처: 박지영(2005).

4) 생명윤리의 일반원리

생명윤리의 영역에는 의학과 생명과학의 대상이 되는 개인이 인간으로서 존엄성과 권리를 보장하기 위해 일반적이고 공통적으로 적용되는 원리가 존재하는데, 이를 '생명윤리의 일반원리'라 한다. 뷔첨(T. L. Beauchamp)과 칠드레스(J. F. Childress)가 『생명의료윤리의 원리들』에서 자율성 존중의 원리, 해악금지의 원리, 선행의 원리, 정의의 원리 등 네 가지 원리를 소개한 이후로 이것이 생명윤리의 일반원리로 널리 받아들여졌다(김시형, 2018).

(1) 자율성 존중의 원리

자율성 존중의 원리(principie of respect for autonomy)는 생명윤리에서 개인의 의사를 중요시한다는 뜻으로 스스로의 의사에 의해 자신의 일을 결정한다는 것을 의미한다. 개인의 자율성이 존중되는 이유는 각 개인은 그 자체로 존엄한 존재라는 것을 기본 가치로 전제하기 때문이다. 따라서 개인은 수단으로 취급될 수 없으며, 개인의 자유는 보호받아야 한다. 칸트의 "인간존중이란 개인이 자율성을 갖춘 존재로 대우받아야 하며, 그들을 어떤 목적을 위한 수단으로 사용해서는 안 된다."는 명제가 자율성 존중의 원리를 정확히 표현하고 있다. 자율성 존중의 원리는 생명윤리 영역에서 개인의 충분한 정보에 의한 동의의 제공에 의해 구현되고, 충분한 정보에 의한 동의는 정보, 이해력, 자발성을 그 내용으로 한다.

충분한 정보에 의한 동의를 통한 자율성 존중의 원리는 다음에 해당한다. 첫째, 연명장치의 제거나 유지의 결정을 내려야 할 당사자가 식물인간 상태로 되어 스스로 결정을 내릴 수 있는 의사능력을 상실한 경우, 둘째, 배아줄기세포연구를 위해 배아를 기증하는 기증자의 경우, 셋째, 유전자치료연구에 연구대상자로 참여할 것인지 여부의 결정을 위한 경우, 넷째, 인간 대상 연구에 연구대상자로 참여할 것인지 여부의 결정을 위한 경우와 같은 생명윤리 영역에 있어서 당사자의 자발적 의사 여부를 어떻게 확인하고 존중할 것인지의 문제이다.

(2) 해악금지의 원리

해악금지의 원리(principle of non-maleficence)는 타인에게 해를 입히지 말아야 할 의사 및 연구자의 의무를 말한다. "우리는 악 또는 해를 가하지 말아야 한다. 살인하지 마라, 통증이나 고통을 유발하지 마라, 연명치료를 중단할 것인지, 안락사를 시행할 것인지, 의사조력자살을 시행할 것인지" 등을 결정할 때 대상자의 고통을 줄여 인간으로서의 존엄성 존중이라는 이득과 타인의 생명을 박탈하는 것의 위험을 평가해서 대상자 및 그 가족에게 이득이 있는 경우에만 행해져야 하는 것을 말한다.

「생명윤리와 인권에 관한 보편선언」 제4조에서는 "과학 지식과 의료 관련 기술들을 적용하고 발전시킬 때 대상자, 연구자, 기타 그 영향을 받는 개인들에 대한 직간접적인 이익은 최대화하여야 하고, 그들에 대한 어떤 가능한 해악이라고 최소화하여야 한다."고 규정하여, 위험과 이득의 평가를 통해 이득은 최대화하고 해악은 최소화하도록 할 것을 윤리기준으로 삼는다. 우리나라의 「생명윤리 및 안전에 관한 법률」 제3조 제4항은 "연구대상자 등의 안전은 충분히 고려되어야 하며, 위험은 최소화되어야 한다."고 규정하여 위험의 최소화를 통해 해악금지의 의무를 연구자에게 부과하고 있다.

(3) 선행의 원리

선행의 원리(principle of beneficence)는 행위자가 해로운 행위를 하지 않는 것을 넘어서서 타인을 돕기 위한 적극적 조치를 취하는 것으로, 해악 금지의 원칙보다 잠재적으로 더 많은 것을 요구한다. "타인의 권리를 보호하고 옹호하라. 타인에게 해가 발생하지 않도록 하라. 타인에게 해를 유발할 조건들을 제거하라. 장애를 가진 사람들을 도와라. 위험에 처한 사람들을 구하라." 등이 여기에 해당한다. 생명윤리 영역에서 선행의 원리는 자율성 행사가 곤란한 대상자(예: 알츠하이머, 우울증, 약물중독 등)에 대해 진단 결과를 알려 주지 않음으로써 대상자의 질병 대응 기제에 부정적 영향을 미치는 추가적인 우울, 쇠약, 초조, 망상증 발현 등을 예방할 수 있는 데 적용될 수 있다.

선행의 원리는 보건의료 및 생명윤리 영역에서 부정적으로 나타나는 온정적 간섭주의(paternalism)의 견제 근거가 되기도 한다. 호스피스 전문가는 우월한 훈련을 받고 더 나은 지식과 통찰력을 갖고 있기 때문에 대상자에게 최선의 이익이 되는 것을 결정할 수 있는 권위적인 위치에 있다. 이런 측면에서 보면, 호스피스 전문가는 "의존적이고 잘 알지 못하는 아이를 사랑하는 부모와 같다."고 설명할 수 있다. 그럼에도 호스피스 전문가의 온정적 간섭주의는 강압과 강제뿐만 아니라 속임수, 거짓말, 정보 조작이나 은폐와 같은 형태의 수단으로 사용되어 대상자의 건강에 부정적인 영향력으로 작용된다.

(4) 정의의 원리

정의의 원리(principle of justice)는 사회에 존재하는 자원을 어떻게 배분하는 것이 타당한가라는 배분적 정의를 의미하며, 경제학적 의미의 효율성과는 다르다. 생명윤리 영역에서 정의의 원리는, 첫째, 장기이식의 경우에 이식할 장기를 어떻게 분배할 것인가라는 문제처럼 한정된 자원의 할당과 관련되고, 둘째, 임상시험이나 기타연구에 참여하는 연구대상자를 선정할 때의 기준이 되며, 연구대상자 모두에게 이득과 부담이 공평하게 이루어지도록 하고, 셋째, 경제적으로 취약한 사람의 권리 보호에도 적용된다. 예를 들어, 경제적으로 취약한 여성의 대리모로 선정하거나, 경제적으로 어려움에 처한 사람을 임상시험의 대상자로 참여시켜 약을 개발하고 그 약을 경제적 이득의 수단으로 활용하는 상술 등은 정의의 원리를 벗어나는 행위이다.

「생명윤리와 인권에 관한 보편선언」 제15조는 "과학 연구와 그 적용으로부터 발생한 이익은 사회 전체와 공유해야 하며, 국제 공동체 안에서 특히 개발도상국과 공유해야 한다."고 이익의 공유를 규정하여 정의의 원리를 구현하고 있다. 「생명윤리 및 안전에 관한 법률」 제3조 제5호는 "취약한 환경에 있는 개인이나 집단은 특별히 보호되어야 한다."고 규정하여 이득과 부담이 모든 사람에게 동등하게 부과되도록하고 있다.

이러한 정의의 원리가 생명윤리 영역에서 제대로 구현되기 위해서는 어떤 실질적 기준을 상정하는 것도 중요하지만, 롤스(Rawls, 2003)는 기관생명윤리위원회 (Institutional Review Board: IRB) 등과 같은 기구를 통해 정의로운 결과를 도출할 수 있는 형식적인 절차와 체계를 마련하는 것이 더 필요하다는 절차적 정의론을 주장하였다.

2. 안락사 논의

1) 안락사에 관한 논쟁

모든 생명체는 살고자 하는 본능을 가지고 있다. 단 하나뿐인 생명은 그 무엇보다도 소중하다. 그러기에 대부분의 사람은 죽음의 문턱에서도 죽기보다 살기를 원한다. 그러나 늙고 병들어 죽음에 이르게 되면 삶이 고통스럽고 힘겹게 느껴질 수 있다. 고통스러운 삶의 이어짐에 차라리 죽음을 원하는 사람의 욕구를 외면할 수 있는 명분도 궁색하고, 아무런 희망도 지닐 수 없는 삶 앞에서 연명이 삶의 연장이라고 의미를 부여하기도 쉽지 않다.

인간은 죽을 권리를 요구할 수 있는가? 죽음보다 힘든 고통 속에서 임종의 순간까지 기다려야 하는 건 환자와 가족 모두가 가혹하다고 주장한다. 자신의 생명이기에 스스로 죽음을 결정할 수 있어야 하는 것은 아닌가? 이러한 주장에도 인간의 생명에는 존엄성이 부여되어 법적 · 윤리적으로 보호되고 지켜져야 한다. 누구도 생명존중의 대원칙을 깨뜨릴 수 없다. 그럼에도 현대사회에서는 죽을 권리와 안락사에 관한 뜨거운 윤리적 · 법적 논쟁이 이어지고 있다.

2) 안락사와 죽을 권리 운동

안락사(安樂死)는 개인의 통증과 고통을 감소시키기 위해서 의도적으로 생명을 중단시키는 행위를 의미한다. 즉, 불치병에 걸린 경우와 같이 회복할 수 없는 상태에서 심한 고통을 겪고 있거나 생명의 유지가 무의미하다고 판단되는 생명체에 대해서 직간접적인 방법으로 고통 없이 죽음에 이르게 만드는 행위를 안락사로 정의한다.

안락사의 원어 'euthanasia'는 '좋은' '쉬운'이라는 뜻을 가진 'eu'와 죽음의 뜻을 가진 'thanatos'의 합성어로서, 좋은 죽음, 편안한 죽음이라는 의미를 가진다. 안락사 용어는 17세기 프랜시스 베이컨(Francis Bacon)에 의해 의료행위와 관련하여 최초로 사용되었다. 그는 안락사를 고통 없는 행복한 죽음으로 여겼으며, 육체적 고통을 완화하기 위한 의사의 책임으로 여겼다. 그러나 안락사에 대한 기독교적 입장에서는 인위적으로 목숨을 끊는 행위로 정의해 반대 입장을 분명히 하였고, 이를 의식한 베이컨은 안락사를 영적 측면의 개입이 아니라, 통증 제거를 위한 육체적 측면의 개입이라는 점을 강조했다.

한편, 환자의 통증을 줄여 주는 방편으로 1980년대에 강력한 진통제인 모르핀과 클로로포름이 개발되었다. 그러나 이처럼 강력한 진통제는 죽음을 초래할 수 있다는 이유로 사용이 금지되었다. 통증 감소 목적의 진통제도 환자를 죽음에 이를 수 있다는 이유로 금지할 정도로 생명을 인위적으로 단축하는 행위는 사회적으로 허락되지 않았다. 한편, 1870년 영국 교사인 새뮤얼 윌리엄스(Samul Willlams)가 말기

환자의 죽음을 앞당기기 위해 진통제 사용이 허용되어야 한다고 주장했고, 1913년 미국의 사회윤리학자 펠릭스 아들러(Felix Adler)는 극심한 통증을 겪고 있는 만성질병 환자에게는 자살할 권리가 주어져야 하며 의사가 그러한 환자를 돕는 것이 허용되어야 한다고 주장했다. 이러한 주장에 힘입어 미국에서 1935년 '자발적 안락사의 입법화를 위한 단체'가 결성되었다. 1949년 안락사 지지단체가 개신교 목사와 의사들의 서명을 받아서 뉴욕주에 안락사를 합법화해 달라는 청원을 제기했다. 그러나 가톨릭교회는 이러한 청원이 자살과 살인을 합법화하는 것이며 '살인하지 말라'는 십계명을 어기는 것이라고 반대했다(권석만, 2019).

　안락사를 지지하는 개인과 단체들은 인간에게 살 권리(right to live)가 있듯이 죽을 권리(right to die)도 있다는 것을 강조하고, 말기질환으로 고통 속에서 살아가는 환자에게는 본인이 희망할 경우 죽을 권리를 존중하여 안락사를 허용해야 한다고 주장했다. 이러한 안락사의 합법화를 주장하는 움직임을 '죽을 권리 운동(right-to-die movement)'이라고 부른다. 그러나 가톨릭 단체의 안락사 오남용 우려의 반대로 인해 안락사의 합법화를 위한 법안 상정에도 성과를 얻지 못했다.

　1975년 미국에서 발생한 카렌 앤 퀸란 사건(퀸란의 부모가 딸의 식물인간 연명의료를 중단 요청) 소송에서 부모가 승소하여 환자의 자기결정권이 인정되고, 소극적 안락사, 즉 존엄사가 법적으로 허용되는 계기가 되었고, 1990년 적극적 안락사 권리를 주장하는 의사 잭 케보키언(Jack Kevorkian)이 타나트론(Thanatron)이라는 자살기계를 제작하여 말기환자를 대상으로 적극적 안락사를 시행하였다. 케보키언은 회복될 가능성이 없고 고통받는 환자가 고통 없이 죽을 수 있도록 돕는 것은 윤리적인 행위라고 주장했고, 그를 지지하는 사람들은 각 사례마다 환자 자신이 목숨을 끊는 마지막 행동을 취했다고 주장했으며, 환자의 고통을 덜어주기 위해서 자살을 도운 것은 범죄가 아니라고 변론하였다. 케보키언은 1994~1997년에 미시간주에서 자살 조력에 관한 사건으로 4번 기소되었으나 3번은 무죄선고를 받고 마지막에는 무효심리를 선고받았다. 이는 인간의 생명이 존귀하다는 모두가 인정하면서도 회복 가능성이 없는 말기환자의 경우에는 안락사로 생을 마감하도록 돕는 것이 숭고한 인권의 회복이라는 견해로 받아들여진다.

3) 안락사의 유형

안락사와 관련된 윤리적 문제와 논쟁을 구체적으로 살펴보기 위해서는 안락사 유형에 대한 이해가 필요하다. 안락사는 죽음에 이르게 하는 방법과 환자의 동의 여부에 따라서 다양한 유형으로 구분된다. 안락사의 방법에 따라 적극적 안락사와 소극적 안락사로 구분되며, 환자의 동의 여부에 따라 자발적 안락사와 비자발적 안락사로 구분된다.

(1) 적극적 안락사와 소극적 안락사

안락사는 생명체를 죽음에 이르게 하는 방법에 따라 적극적 안락사와 소극적 안락사로 구분된다. 적극적 안락사(active euthanasia)는 고통 없이 죽음에 이르게 하는 약물을 직접적으로 투여하거나 주사하는 등의 적극적인 행위를 함으로써 생명체를 죽음에 이르게 하는 것을 말한다. 예를 들면, 불치병을 지니거나 극심한 고통에 시달리는 환자 또는 의식이 없이 식물인간 상태에서 무의미한 삶을 영위하는 환자의 경우 안락사를 시행하는 사람이 죽음에 이르는 구체적인 행위를 능동적으로 행하는 경우를 말한다. 적극적 안락사는 환자의 고통을 단축하기 위한 '선의(善意)의 살인 행위'라고 할 수 있다. 네덜란드와 스위스를 비롯한 일부 국가에서는 적극적 안락사(특히 의사조력자살)가 허용되고 있으나, 우리나라를 비롯한 대부분의 국가에서 적극적 안락사를 법으로 금지하고 있다.

소극적 안락사(passive euthanasia)는 생명을 연장하는 치료를 중단하는 소극적인 방식으로 환자를 죽음에 이르게 하는 것을 의미한다. 말기질환과 같이 회복이 불가능한 질병상태에서 극심한 고통에 시달리거나 식물인간 상태에서 무의미한 삶을 영위하는 환자의 경우, 생명을 연장할 수 있는 방법이 있음에도 불구하고, 그러한 생명연장수단을 사용하지 않거나 제거함으로써 환자를 죽음에 이르도록 하는 것이다. 그런 의미에서 소극적 안락사는 환자의 고통을 단축하기 위한 '선의의 죽음 방치 행위'라고 할 수 있다. 대부분의 생명연장방법인 인공호흡기, 심폐소생술, 신장투석, 강력한 항암제는 환자에게 심한 고통을 주며, 자유로운 행동을 구속하기 때문에 그러한 장치를 제거하여 덜 고통스러운 상태로 존엄성을 유지하는 삶을 영위하다가 죽음에 이르게 한다는 의미에서 소극적 안락사를 존엄사(death with dignity)라고 부르기도 한다. 현재 소극적 안락사는 서구의 여러 나라에서 허용되고 있으며, 우리나라의 경우에도 2017년에 제정된 「연명의료결정법」에 의해서 특별한 경우에 한하여 허용되고 있다.

(2) 자발적 안락사와 비자발적 안락사

안락사는 개인의 동의 여부에 따라 자발적 안락사와 비자발적 안락사로 구분된다. 자발적 안락사(voluntary eutanasia)는 환자의 자유로운 동의(free consent)가 있을 경우에 시행되는 안락사를 의미한다. 여기서 자유로운 동의란 타인으로부터 어떠한 강요도 받지 않은 상태에서 자신의 자유로운 의사에 의한 동의를 말한다. 환자가 명료한 의식 상태로 어떠한 외부적 압력이 없는 상황에서 안락사에 대한 의사를 직접적으로 표명하거나, 평소에 그와 같은 상황을 예상하여 안락사를 원한다는 사전연명의향서나 유언을 남긴 경우이다. 개인이 자신의 죽음을 선택할 수 있는 자기결정권을 지지하는 사람들은 자발적 안락사가 허용되어야 한다고 주장한다. 그러나 생명은 개인이 선택할 수 있는 것이 아니며, 안락사를 강요하는 사회적 분위기를 유도할 수 있기 때문에 자발적 안락사를 허용해서는 안 된다는 주장도 있다.

비자발적 안락사(nonvoluntary ethanasia)는 대상자의 직접적인 동의가 없음에도 불구하고 가족의 요구에 의해 대상자를 죽음에 이르게 하는 행위를 말한다. 의식이 없는 대상자의 경우처럼 개인이 삶과 죽음을 선택할 수 있는 능력이 없는 경우, 대

〈표 5-3〉 **안락사의 유형**

유형	적극적 안락사	소극적 안락사
자발적 안락사	대상자의 동의나 요청에 의해 의사가 독극물을 주사하는 경우(또는 대상자 스스로 독극물을 주입할 수 있도록 의사가 돕는 경우)	대상자의 동의나 요청에 의해 의사가 생명연장장치를 제거하거나 사용하지 않는 경우
비자발적 안락사	대상자의 의식이 없는 상태에서 가족의 동의나 요청에 의해 의사가 독극물을 주사하는 경우	대상자의 의식이 없는 상태에서 가족의 동의나 요청에 의해 의사가 생명연장장치를 제기하거나 사용하지 않은 경우
반자발적 안락사	대상자의 의사에 반하여 타인이 강제로 독극물을 주사하는 경우	대상자의 의사에 반하여 의사가 생명연장장치를 제거하거나 사용하지 않는 경우

출처: 권석만(2016).

상자의 후견인인 가족의 동의를 얻어 시행하는 안락사를 말한다. 비자발적 안락사는 대상자의 자발적 동의 없이 시행된다는 점에서 윤리적 논란이 제기되고 있다. 물론 대상자의 자발적 동의를 위한 장치로 생전유언(living will) 또는 연명의료의향서(acdvnced directves)의 방법이 있다. 생전유언이나 사전연명의료의향서는 대상자 자신이 혼수상태의 질병이나 사고 또는 죽음이 임박했을 경우를 예상하고, 미리 안락사나 연명의료 거부에 대한 자신의 의사를 분명하게 표현하는 방법이다. 의식이 없는 식물인간 상태에 있는 대상자에게 가족의 동의만으로 생명연장장치를 제거하는 것은 비자발적 소극적 안락사에 해당한다.

이 외에도 대상자가 원하지 않음에도 불구하고 대상자의 의사(意思)에 반하여 안락사가 시행되는 경우를 반(反)자발적 안락사(involuntary euthanasia)라고 지칭하며, 안락사의 여러 유형은 〈표 5-3〉과 같다.

(3) 의사조력자살

자발적 안락사는 자살과 의사의 조력자살로 구분되어야 한다. 자살(suicide)은 개인이 자발적 의사에 따라 독극물 복용이나 높은 곳에서의 투신 등을 통해서 스스로 죽음을 유도하는 행위를 말한다. 이와 달리, 자발적 안락사는 죽기를 원하는 사람이 타인(의사)에게 고통 없이 죽을 수 있도록 도와 달라는 요청에 의해서 시행되는 안락사의 경우이다. 의사조력자살(Physican-Assisted Suicide: PAS)은 대상자의 요청에 의해서 의사가 자살하는 데 필요한 수단이나 정보를 제공하여 대상자 스스로 죽음에 이르도록 돕는 행위를 의미한다. 한편, 의사조력자살은 환자의 생명을 인위적으로 단축시키는 결과를 적극적으로 야기한다는 점에서 적극적 안락사에 해당되며, 현재 윤리적 논란의 중심에 있다.

4) 안락사에 대한 찬반 논쟁

안락사는 여전히 세계적으로 뜨거운 논쟁거리가 되고 있다. 안락사에 대한 찬성과 반대는 개인의 입장뿐만 아니라 국가적·문화적·종교적·정치적 입장에 따라 다를 수 있다. 현재 미국을 비롯한 다수의 국가들이 소극적 안락사를 법적으로 허용하고 있으며, 우리나라도 2018년에 소극적 안락사를 허용하는 「연명의료결정법」이

제정되었다. 그러나 적극적 안락사와 비자발적 안락사에 대해서는 여전히 많은 논란이 이루어지고 있다. 네덜란드와 스위스를 비롯한 일부 국가들은 적극적 안락사 또는 의사조력자살을 허용하고 있으나, 우리나라를 비롯한 대부분의 국가들은 이를 법적으로 금지하고 있다.

(1) 안락사에 대한 찬성 의견

안락사를 찬성하는 주된 근거는 자신의 운명을 스스로 결정할 수 있는 개인의 자기결정권이 가장 우선적으로 존중되어야 한다는 것이다. 자기결정권(right of self-determination)은 대부분의 국가에서 헌법에 의해 보장된 기본적 권리로서, 개인이 국가기관을 비롯한 어떠한 외부 세력에 의해서 간섭받지 않고, 자신의 사적인 사항(생명, 신체의 처분, 생활방식 등)에 대해서 스스로 결정할 수 있는 권리를 의미한다. 우리나라의 경우도 「헌법」 제10조에서 보장하는 개인의 인격권과 행복추구권은 개인의 자기결정권에 근거하고 있다. 안락사를 찬성하는 주장은 생명과 행복을 추구하는 개인의 기본적 권리가 존중되어야 하듯이, 삶을 포기하고 죽음을 선택할 수 있는 권리도 존중되어야 한다는 것이다.

안락사를 찬성하는 다른 주장은 현대의학으로 회복될 수 없는 불치병으로 인해 극심한 고통 속에서 비참한 삶을 영위하고 있는 대상자가 차라리 죽음을 통해 고통에서 벗어나기를 희망할 경우에 안락사가 허용되어야 한다는 것이다. 이러한 경우에 적극적 안락사는 대상자를 고통과 비참함으로부터 구원하는 윤리적이고, 자비로운 행위가 될 수 있다는 견해이다.

안락사 찬성론자들은 안락사 문제가 대상자의 삶의 질의 측면에서 고려되어야 한다고 주장한다. 아무런 의미도 부여할 수 없는 고통스러운 삶을 단지 연장하는 치료는 자연스럽지 못할 뿐만 아니라 비윤리적일 수 있다. 대상자의 삶의 질을 고려한다면, 대상자 자신과 가족이 안락사를 원할 경우에 한하여 고통을 감소시키는 안락사를 허용하는 것이 오히려 더 인간적이고 윤리적이다. 또한 식물인간 상태에 있는 대상자의 삶의 질은 더 이상 가치가 없으며, 그러한 대상자가 죽음에 이르도록 돕는 것이 오히려 자비로운 행위일 수 있다.

미국의 철학자 제임스 레이첼스(James Rachels, 2001)는 소극적 안락사가 죽어 감의 과정을 연장시켜 고통스럽게 천천히 죽게 함으로써, 대상자에게 불필요한 고통을 준다는 점에서 적극적 안락사보다 더 비인간적인 행위라고 주장했다. 그의 주장에 따르면, 대상자를 불필요한 고통에서 벗어나게 하는 것이 바람직하다는 점에서 적극적 안락사가 더 도덕적인 것이다. 삶의 질의 관점에서 보면, 고통을 경감시키는 것이 선(善)이기 때문에 소극적으로 죽게 방치하는 것보다 적극적으로 삶을 종식시키는 것이 바람직하다고 주장한다.

안락사를 반대하는 사람들은 안락사를 법적으로 허용하게 되면 다양한 방식으로 오용되고 남용될 것이라고 주장한다. 이에 대해서 안락사 찬성론자들은 그러한 오 · 남용을 방지할 수 있는 구체적인 법적 · 제도적 장치를 잘 갖춘 상태에서 안락사를 시행하는 것은 문제가 없다고 주장한다. 이들은 이미 안락사를 합법화한 네덜란드나 벨기에 그리고 미국의 오리건주에서 안락사가 커다란 문제없이 잘 운영되고 있다는 점을 지적하고 있다. 네덜란드의 안락사 상황을 조사한 연구(Onwuteaka-Philipsen et al., 2003)에 의하면, 초기에는 안락사 수요가 급증하고, 의사들도 환자의 충분한 동의를 확인하지 않은 채 안락사를 시행하는 경향이 있었지만, 최근에는 안락사 수요가 안정되었으며, 안락사의 오 · 남용을 지지할 만한 실증적 증거가 없다고 결론지었다.

(2) 안락사에 대한 반대 의견

안락사를 반대하는 사람들의 가장 주된 근거는 인간의 생명이 신성한 것이므로, 어떠한 경우에도 인위적으로 침해되어서는 안 된다는 것이다. 이들의 주장에 따르면, 인간의 생명은 어떤 상태에 있든지 그 자체로 무한한 가치가 있기 때문에 존엄한 인간의 생명을 침해하는 어떠한 행위도 정당화될 수 없다. 인간은 자신의 생명을 끝까지 소중하게 보존해야 하는 의무와 책임을 지닌다. 생명은 개인이 자신의 것이라고 해서 스스로 포기할 수 있는 것이 아니다. 안락사를 허용하게 되면 생명을 경시하는 사회적 풍조가 생겨날 것이다. 안락사의 반대 의견은 종교적 신념과 밀접하게 관련되어 있다. 특히 가톨릭교회를 비롯한 종교단체들은 생명은 하나님이 주신 고귀한 선물이므로, 누구도 자신의 의지로 신성한 생명을 포기해서는 안 된다고 주장한다. 또한 안락사는 '살인하지 말라'는 십계명을 어기는 죄악이며, 하나님의 뜻에 반하는 것이기 때문에 허용할 수 없다는 것이다.

안락사를 반대하는 또 다른 이유는, 안락사를 허용하면 생명을 경시하는 사회적 풍조가 생겨날 뿐만 아니라, 안락사를 오용하거나 남용하는 일들이 벌어질 것이라는 우려 때문이다. 가장 우려하는 상황은 존엄사, 즉 연명치료의 중단이 허용될 경우에 경제적 부담이나 간병의 어려움과 같은 요인에 의해서 대상자가 죽음으로 내몰리는 사회적 분위기가 형성되는 것이다. 가족의 증언이나 판단 그리고 의료진의 동의만으로 연명치료를 중단하는 것은 대상자 본인의 의사와 다를 수 있다. 즉, 대상자는 살고자 하는 의지가 있지만 가족이나 의료진에 의해 연명치료가 중단될 수 있으며, 대상자의 의사를 무시한 채 제3자의 이익을 위하여 안락사가 이루어질 수 있고, 안락사를 위장한 다양한 살인 범죄가 발생할 수도 있다. 이러한 악용의 가능성을 예방할 수 있는 법적·제도적 장치가 충분히 마련되지 않은 상태에서 안락사를 허용하게 되면, 경제적 이해관계 등에 의해서 악용될 가능성이 있다.

안락사 반대론자들은 안락사를 허용하게 될 경우에 미끄러운 경사면 현상이 나타날 수 있다는 점을 우려한다. 미끄러운 경사면(slippery slope) 현상은 어떤 원칙이 무너지면 관련된 다른 원칙들이 순차적으로 무너지는 현상을 의미한다. 이러한 현상의 대표적인 예는 독일의 나치 정권하에서 이루어진 안락사의 악용 사례이다(이종원, 2007). 처음에는 인도적인 의도로 안락사와 의료적 실험이 이루어졌으나, 점차적으로 안락사 찬성론자들에 의해서 치명적인 질병을 지닌 환자에게 자발적인 안락사를 허용하게 되었고, 나중에는 기형아, 정신병자, 불구자를 더 이상 가치가 없는 삶이라고 여기며, 본인의 의사에 반하는 반(反)자발적인 안락사가 시행되었다. 결국에는 유대인과 공산주의자들을 국가의 적으로 규정하면서 대량학살로 이어지게 되었다.

이처럼 안락사가 처음에는 대상자의 자발적 의사에 의해서 이루어지지만, 나중에는 대상자의 의사를 무시하거나 타의에 의해서 생명을 포기해야 하는 상황이 발생할 수 있다. 네덜란드의 경우, 최근에는 안락사 수요가 안정되었지만, 안락사가 처음 허용된 1990년부터 1995년 사이에 안락사를 원하는 삶들이 37%나 증가했으며, 의사조력자살의 10%가 대상자의 동의를 충분히 구하는 절차 없이 의사의 판단에 의해 시행되기도 한다(Onwureaka-Philipsen et al., 2003).

이 밖에도 안락사 반대론자들은 다양한 이유로 안락사의 허용을 반대하고 있다. 반대론자의 주장에 따르면, 고통을 완화시킬 수 있는 다양한 방법이 존재하므로, 고통 감소를 위해서라면 안락사 외에도 다른 대안을 선택해야 한다. 회복 불가능한 불치병이나 식물인간 상태에 대한 현대의학의 진단이 완벽하지 않을 수 있기 때문에 안락사를 통해서 죽음으로 내모는 것은 옳지 않다. 대상자의 자기결정권이 중요하지만 일시적인 감정 동요로 판단 능력이 결여된 상태에서 내린 결정일 수 있기 때문에, 의사가 판단하기에 환자의 이익이 되지 않는 경우에는 안락사를 시행하지 않는 것이 바람직하다(이종원, 2007). 또한 안락사를 허용하게 되면 늙은 부모를 돌봐야 하는 자녀의 책임의식이 약화될 수 있다. 자녀가 무력한 고령의 부모를 돌보지 않은 채 방지하거나 부모에게 안락사를 종용하는 사태가 발생할 수도 있다. 미국의 일부 주와 프랑스, 독일, 대만과 같은 국가에서는 무능력한 부모를 돌보아야 하는 자녀의 의무(filial reponsibility)를 법적으로 규정하고 있다. 고령사회에 접어든 우리나라의 경우에도, 앞으로 안락사에 대한 찬반 논쟁이 더 뜨거워질 것으로 예상된다.

5) 안락사에 대한 우리나라의 현황

현재 대다수의 나라들은 존엄사, 즉 소극적 안락사를 허용하고 있다. 또한 의사 조력에 의한 적극적 안락사는, 네덜란드, 스위스, 벨기에와 같은 일부 국가에서 제한적인 경우에 한하여 허용하고 있다. 대부분의 국가에서는 적극적 안락사를 허용하고 있지 않지만, 그에 대한 논의는 계속적으로 이루어지고 있다. 특히 네덜란드는 안락사를 전면적으로 합법화하는 방안을 추진하고 있다.

우리나라는 보라매병원 사건과 김 할머니 사건을 계기로 안락사에 대한 논쟁이 제기되었다. 2018년부터 「연명의료결정법」이 시행되면서 존엄사, 즉 소극적 안락사가 제한적으로 허용되었다.

(1) 보라매병원 사건

우리나라에서 안락사가 사회적 문제로 처음 대두된 것은 1997년에 발생한 보라매병원 사건이다. 보라매병원 사건은 1997년 12월 4일 술에 취해 화장실에 가다가 넘어져 머리를 다쳐서 뇌수술을 받고 생명연장장치로 연명하던 남편을 부인이 퇴원시킨 사건이다. 해당 환자는 보라매병원에서 뇌수술을 받고 혈종을 제거했으나, 뇌부종으로 자발적 호흡이 돌아오지 않아 인공호흡기를 부착하게 되었다. 그러나 환자의 보호자는 치료비를 감당할 수 없다는 이유로 환자의 퇴원을 요구했다. 담당

의사는 보호자의 요구를 거부했으나, 퇴원시켜 달라는 보호자의 강력한 요청을 수용하는 조건으로 "환자의 죽음에 대해 병원은 책임지지 않는다."는 보호자의 각서를 받은 후 환자를 퇴원시켰다. 의료진은 인공호흡기를 제거한 후 수동으로 인공호흡을 한 상태에서 환자를 구급차로 이송하여 환자의 자택에서 부인에게 인계했으며, 인공호흡을 중단한 지 5분 후에 환자는 사망했다.

환자가 사망한 후에 부인은 장례비의 보조를 받기 위해 관할 파출소에 사망신고를 했으나, 병원의 동의 없이 퇴원했기 때문에 사망진단서를 발급받지 못해서 '병사'가 아닌 '변사 사건'으로 처리되었다. 이 사실을 알게 된 환자의 형제가 부인을 신고하여 경찰의 조사를 받게 되었으며, 경찰은 부인과 의료진을 살인죄로 고발하였다. 법원은 부인에게 살인죄로 징역 3년에 집행유예 4년을 선고했으며, 의료진에게는 살인죄의 방조범으로 징역 1년 6개월에 집행유예 2년을 선고하였다. 부인과 의료진은 상고했으나 대법원은 상고를 기각했다. 이러한 보라매병원 사건의 판례 이후부터 병원과 의료진은 소생 가능성이 없는 환자의 퇴원 요구를 거절하게 되었다.

(2) 김 할머니 사건

우리나라에서 최초로 존엄사를 인정하게 된 계기는 김 할머니 사건이다. 김 할머니는 2008년 2월 세브란스병원에서 폐암 조직검사를 받다가 과다출혈로 인한 뇌손상으로 식물인간 상태에 빠졌다. 가족은 무의미한 연명치료를 중단하고 품위 있게 죽을 수 있도록 해 달라고 요청했으나, 병원 측이 이를 거부하여 소송을 제기하게 되었다.

1심과 2심을 거쳐 2009년 5월 21일에 대법원은 "식물인간 상태인 고령의 환자를 인공호흡기를 연명하는 것에 대하여 질병의 호전을 포기한 상태에서 현 상태만을 유지하기 위하여 이루어지는 연명치료는 무의미한 신체 침해 행위로서, 오히려 인간으로서의 존엄과 가치 및 행복추구권에 기초하여 자기결정권을 행사하는 것으로 인정되는 경우에는 연명치료 중단을 허용할 수 있다."고 판결하였다.

이 판례는 연명치료가 무의미하고 환자의 의사를 추정할 수 있는 경우에 한하여 중단을 인정한 것이지만, 사실상 존엄사를 인정한 첫 판례라는 점에서 중요하다. 생과 사의 갈림길에서 환자와 가족이 품위 있는 죽음을 선택할 권리를 법원이 공식적으로 인정한 것이다. 이 판결에 따라 김 할머니는 2009년 6월 23일에 인공호흡기

가 제거되었으나, 스스로 호흡하며 생존하다가 201일 만인 2010년 1월 10일 사망
했다.

(3) 연명의료결정법

우리나라에서도 보라매병원 사건과 김 할머니 사건을 계기로 안락사에 대한 논
의가 활발하게 이루어졌다. 그 논의의 결과로 회생 가능성이 없는 환자가 자신의 결
정이나 가족의 동의에 의해서 더 이상 연명치료를 받지 않을 수 있도록 하는 법이
국회에 상정되어 2016년 1월 8일에 국회 본회의를 통과했다. 이 법률의 정식 명칭
은「호스피스・완화의료 및 임종과정에 있는 환자의 연명의료결정에 관한 법률」
(이하「연명의료결정법」)이며, 그 기본 원칙은 다음과 같다.

첫째, 호스피스・완화의료나 연명의료에 관해 결정하는 모든 행위는 환자의 존
엄과 가치를 침해해서는 안 된다. 둘째, 모든 환자는 최선의 치료를 받으며, 자신이
앓고 있는 질병의 상태와 예후, 그리고 향후에 본인에게 시행될 의료행위에 대해서
분명히 알고 스스로 결정할 권리가 있다. 셋째, 의료인은 환자에게 최선의 치료를
제공하고, 호스피스・완화의료나 연명의료에 관한 결정에 대해 정확하고 자세하게
설명하며, 그에 따른 환자의 결정을 존중해야 한다.

이 법률은 호스피스・완화의료와 연명의료 결정이라는 두 가지 주제를 포함하는
법률이며, 호스피스・완화의료에 관한 조항은 2017년 8월 4일부터 시행되었고, 연
명의료에 관한 조항은 2018년 2월 4일부터 시행에 들어갔다. 「연명의료결정법」의
골자는 회생 가능성이 없는 환자의 경우, 본인과 가족이 동의하면 생명연장 장치를
제거할 수 있도록 소극적 안락사를 법적으로 허용하는 것이다.

「연명의료결정법」은 소극적 안락사가 정당행위로 허용될 수 있는 구체적인 조건
을 명시하고 있다. 소극적 안락사는 다음과 같은 몇 가지 요건을 충족하는 경우에
한하여 정당행위로 인정된다. 즉, 소극적 안락사는, ① 대상자가 불치의 질병으로
죽음에 임박했고, ② 고통이 극심하며, ③ 대상자가 의식이 명료한 상태에서 진지하
게 요구한 경우, ④ 오로지 환자의 고통 제거 또는 완화를 위해, ⑤ 윤리적 타당성이
인정되는 방법으로 시술된 경우에만 허용될 수 있다. 예컨대, 뇌사자나 식물인간의
경우에 대상자가 생존 시에 안락사에 대한 의사를 표명했거나, 그러한 의사를 추정
할 만한 충분한 근거가 있어야 하며, 식물인간 상태가 불가역적 의식상실의 상태로

판단되는 경우에만 소극적 안락사가 법적으로 허용된다.

연명의료 중단의 대상은 임종과정에 있는 대상자로서 회생 가능성이 없고, 치료에도 불구하고 회복되지 않으며, 급속도로 증상이 악화되어 사망에 임박한 상태여야 한다. 대상자가 임종과정에 있는지의 여부는 담당의사와 해당 분야의 전문의 1명이 의학적으로 판단한다. 연명의료의 유형은 심폐소생술, 혈액투석, 항암제 투여, 인공호흡기 착용으로 한정하며, 치료효과 없이 임종과정의 기간만을 연장한다는 치료의 무용성이 전제되어야 한다. 연명의료는 중단하더라도 통증 완화를 위한 의료행위나 영양분 공급, 물 공급, 산소의 단순 공급은 중단할 수 없다.

「연명의료결정법」은 우리 사회에서 소극적 안락사가 오용되거나 남용되지 않도록 그 적용 조건을 매우 구체적으로 까다롭게 규정하고 있다. 이 법은 임종과정에 있는 환자가 자신의 의사에 따라 존엄한 죽음을 맞이할 수 있도록 생명연장의료와 중단을 허용하는 것으로서 존엄사법이라고 불리기도 하였다.

3. 호스피스와 윤리적 의사결정

호스피스 환자를 돌봄에 있어 자주 발생하는 윤리적인 문제는 호스피스에서 임종 직전의 환자를 주로 다루게 되므로 더욱 심각한 딜레마 상황을 겪게 되는 것이다. 예를 들면, 치료의 중단과 안락사, 뇌사 및 장기이식, 자살 등의 문제를 비롯하여 '심폐소생술 금지(Do Not Resuscitate: DNR)'에 대한 결정이 심각한 문제가 될 수 있다. 이러한 경우에 윤리적 딜레마에 빠지게 되며 자율성, 사전 동의, 프라이버시, 인격존중, 죽음에 대한 정의, 품위 있는 죽음을 죽을 권리에 대한 문제 등이 상황을 더욱 복잡하게 한다. 또한 죽음을 앞둔 대상자를 돌보는 데 있어서 진실을 알릴 것인가(truth telling)의 문제, 제한된 의료 자원의 배분에 대한 것이 윤리적 쟁점이 될 수 있다.

따라서 호스피스 돌봄과 생의윤리(生醫倫理) 문제, 윤리적 의사결정, 안락사, 진통제의 사용, 뇌사 및 장기이식, 자살 등의 문제에 대하여 논의하여 호스피스 대상자를 돌보는 이에게 도움이 되고자 한다.

1) 호스피스와 생의윤리

최근 생명과학과 의료기술의 발전으로 인간생명의 인위적인 연장이 가능하게 됨에 따라 생명과 죽음의 문제에 따른 생의학적 윤리(biomedical ethics)에 대한 관심과 주의가 집중되어 왔고, 도덕적 가치관과 사회적 환경의 변화에 따른 정치적·법적 상황 등이 윤리적인 논쟁을 일으키는 원인이 되었다. 또한 호스피스 돌봄 현장에서 돌봄 제공자가 자신의 윤리적 가치관에 따라 의사결정을 하고 환자의 옹호자로서 노력은 많이 하지만, 지지체제가 없어 의기소침과 소진의 원인이 되는 문제를 직면하게 된다. 따라서 호스피스 대상자 돌봄에 있어서 윤리적인 문제를 고찰해 보는 것은 매우 중요하다고 할 수 있다.

이것은 돌봄 제공자, 법률가와 전문인들 사이에서 뿐만 아니라 일반인 사이에서도 마찬가지이다. 호스피스 돌봄에서는 '진실을 말하기'가 임종하는 사람을 다루는 데 상대적으로 자주 유발된다.

윤리학이나 도덕철학의 분야에서는 '무엇이 행해져야 하는가?'라는 문제에 답하려고 노력하는 방법을 연구하는 것을 다룬다. 윤리학에 접근하는 방법은 다양하다. 일반적 규범윤리학은 윤리이론을 다루고, 응용 규범윤리학은 특별한 도덕적 문제에 대한 일반적인 윤리이론들의 적용을 내포한다. 기술윤리학(descriptive ethics)은 도덕적 행동과 신념의 관찰과 사회로부터 가끔 변화하는 방법을 내포한다. 메타윤리학은 '옳음'과 '덕'과 같은 용어들의 뜻을 분석하고 도덕적 근거의 논리를 조사한다.

수년 동안 많은 윤리이론이 발전되어 왔지만, 대부분의 분야에서 이것들은 옳고 그름이 행동의 결과와 독립되어 있다는 관념에 기초를 두고 있다.

(1) 생의윤리 원칙

생의윤리에서 의사결정과 관계가 있고 돌봄윤리에서도 윤리적인 문제 상황에서 의사결정 시 기본 가치나 근거로 흔히 적용하는 기본적인 도덕 원리들은 다음과 같다.

① 자율성

개인이 스스로 선택한 계획에 따라 행동과정을 결정하는 행동자유의 한 형태로서 개인의 독립성, 자립성, 결정에서의 자주성 등을 의미한다. 자율성(autonomy)에는 두 가지가 있다. 첫째, 자신이 원하는 행동은 무엇이든지 관계없이 다 할 수 있는 자율이며, 스스로 결정하여 선택하는 행동은 방해받거나 장애가 없이 독자적이어야 한다. 둘째, 자신이 선택해서 행한 행동이 존중되어야 함을 의미한다. 권리는 이 원칙에서부터 나오는데, 긍정적인 권리는 각자가 무엇인가 해야 할 의무를 가졌다는 것이고, 부정적인 권리는 각자가 무엇을 하는 데 있어서는 참고 억제하는 의무를 말한다. 그러나 자율성은 선의의 간섭주의와 함께 적용되는 경우가 많다는 것을 염두에 두어야 한다.

② 정직

정직(veracity)은 진실을 말해야 하는 의무이다. 정직의 원리가 포함해야 하는 것은 다른 사람을 존중하고 선을 위해서 진실을 말해야 한다. 또한 약속을 지키는 것이 이 의무에 속하며, 언어로 의사소통을 할 때 진실된 것만 말하고 거짓말이나 속임을 하지 말아야 한다.

③ 악행금지

악행금지(nonmaleficence)의 기능은 고의적으로 해를 가하는 것을 피하거나 해가 될 위험을 피하는 것이다. 해가 될 위험성과 고의적인 유해성과의 차이는 분명치 않다. 그러나 의도적인 가해를 주는 것과 상해의 위기가 가해지는 것을 구별하는 것은 중요하다. 상해의 위험이 있는 경우 법과 윤리에 따라 의무적인 보호의 기준이 정해진다.

④ 선행

선행(beneficence)은 타인을 돕기 위해 적극적이고 긍정적인 단계를 요구하기 때문에 무해성보다는 이타적이고 포용적인 것으로 보통 생각한다. 선행은 선(善)을 행하는 하나의 의무요 긍정적인 윤리로 친절과는 구별되어야 한다. 만약 임종에 가까운 환자가 계속 치료받기를 보류할 때 그 요구를 들어주는 것이 선행인지 환자의 자율성을 존중하는 것인지, 아니면 무해성의 의무에 반하는 행위인지 고려할 필요가 있다. 선행의 원칙은 선을 행할 것을 원하거나 실제로 그러한 행위를 하도록 우리에게 요구한다는 사실이다. 선행을 한다는 것은 칭찬받을 만하고 유덕한 일이긴 하나 도덕적인 의무의 요구를 넘어서는 것이다.

⑤ 비밀유지

나이팅게일 서약문에도 "간호하면서 알게 된 개인이나 가족의 사정은 비밀로 한다."는 내용이 있다. 즉, 환자의 개인차와 독자적인 인격을 존중하며 성실히 돌보는 것이다. 환자의 사생활을 유지시켜야 할 의무와 환자의 비밀을 지킬 의무(confidentiality)는 오랫동안 간호윤리와 의학윤리의 한 부분이 되어 왔다. 「의료법」 제19조 '정보누설금지'에서도 "의료인이나 의료기관 종사자는 ~업무를 하면서 알게 된 다른 사람의 정보를 누설하거나 발표하지 못한다."로 명시되어 있다. 그러나 이 원칙도 자주 갈등의 상황을 빚어 낸다.

⑥ 정의

정의(justice)의 원칙은 분배적 원칙으로 인간의 권리가 그 발달 정도에 따라 각기 달리 분배될 수 있다는 것이다. 또한 인간은 자신이 해야 할 의무와 할 것에 대해 곧바로 실천하는 것이다. 이를 합법적 의무와 권리라고 말할 수 있다. 예를 들어, 노인환자나 청년환자에게 똑같이 기쁜 마음으로 공평한 간호를 하는 것은 정의로운 윤리감에서 나온 행동이라 할 수 있다. 부족한 의료자원의 할당 문제는 모든 사람을 구조할 수 없을 때 누구를 구조하기로 결정할 것인가의 문제이다.

⑦ 성실

성실(fidelity)은 자율성의 원리와 독자성으로부터 기인되는 도덕률이며, 성실을 규율보다 강한 것이라고 규정하기도 한다. 학자들은 "성실을 많은 윤리적 체계 중 또 다른 원칙으로 표현했으며, 자율성과 진실을 말하기와 같은 윤리적 행위의 특성을 올바로 만드는 것이다."라고 했고, 성실을 기본적인 윤리원칙으로 주장했다. 또한 성실을 윤리원칙보다 더 중요한 것으로 이해했으며, 그것은 존재의 한 방법이라고 했다. 특히 계약적 관계에서는 더욱 기본적인 윤리원칙이며 이것을 약속이행과 동일하게 사용한다.

⑧ 사전동의

대상자로부터 치료에 대한 동의를 받기 위해서 모든 관련된 정보를 제공해 주어 시행될 치료와 처치에 자발적으로 동의하고 협조하는 법적·윤리적 요구조건을 말한다. 사전동의(informed consent)에 대하여 윤리적으로 말할 수 있는 일반적 기준 세 가지는, 첫째, 알려 주어야 할 내용은 전문직에서 시행되는 모든 내용이며, 둘째, 보통 사람이 알고 싶어 하는 모든 것이며, 셋째, 환자가 알고 싶어 하는 것이 된다. 뉘른베르크 강령(Nuremberg code: 인간을 대상으로 하는 연구에 관한 윤리규약)의 "사전동의가 이루어지기 위해서는 동의할 사람이 동의할 수 있는 능력이 있어야 하고, 선택권을 자유로이 행사할 수 있도록 외부의 강요나 간섭은 없어야 하고, 결정하는 데 필요한 지식을 충분히 전해 듣고 이해할 수 있어야 한다."고 한 정의는 그 의미를 잘 표현하고 있다.

⑨ 선의의 간섭주의

선의의 간섭주의(interventionism)는 환자를 보호한다는 선의와 선행의 기본원칙을 가지고 보호받는 개인의 바람과 희망을 고려하지 않고 보호자의 주관으로 이롭다고 생각되고 해로움을 예방한다고 생각되는 행동을 우선으로 선택하는 것이다. 그러나 온정적으로 대상자를 대하는 부성애적 행동은 간섭행위로, 사람의 자율성을 무시하고 방해하게 된다고 하지만, 아동의 경우나 판단을 제대로 할 수 없는 경우에는 선의의 간섭을 함으로써 대상자에게 좋은 결과를 가져오는 긍정적인 경우도 있음을 고려해야 한다.

(2) 용어의 정의

다음의 한 쌍으로 된 용어는 치료 방법 선택의 토론에서 흔히 나타난다.

① 자의적/타의적

자의성(voluntary)은 자발적인 요구나 행동에 의한 대상자의 의지를 말한다. 타의성(involuntary)은 대상자의 의지와 관계없이 어떤 행위가 강제로 가해질 때를 가리

킨다. 이 용어들은 흔히 안락사와 관련되어 사용된다.

② 적극적/소극적

적극적(active)이란 용어는 적극적인 어떤 시도를 나타낸다. 즉, 행위자가 대상자의 죽음을 단축시킬 것을 처음부터 목적하여 행위가 이루어지는 것이다. 이에 비해 소극적(passive)인 행동이 없음을 나타낸다. 즉, 죽음의 진행을 일시적으로 제지하거나 지연시킬 수 있는데도 불구하고 시행자가 이를 방치하는 것이다. 예를 들면, 중증의 기형신생아를 수술하지 않고 방치하여 사망케 하는 경우이다. 이러한 용어는 흔히 안락사에 적용되고, 자의적/타의적 용어와 한 쌍이 된다.

③ 일상적/예외적

이 용어도 매우 흔히 사용되는 용어이며, 이의 사용은 정의(justice)에 대한 동의의 부족 때문에 심각한 문제에 직면하기도 한다. '일상적인(ordinary) 치료'와 '예외적인(extraordinary) 치료'는 '의무적(obligatory)'이나 '선택적(optional)' 치료와 같은 용어로 대치할 수 있다고 생각하였다. '일상적인 치료수단'과 '예외적인 치료수단'이란 어휘는 특히 가톨릭에서 오랜 역사를 가지지만, 의료실무나 판례에서도 나타난다. 여기서 '예외성'이란 많은 비용이 들거나, 통증이나 불편감이 따르거나, 혹은 환자나 타인에게 부담이 큰 데 비하여 치료가 성공할 것이라는 합리적인 희망이 없는 경우를 말한다. 그러나 일상적인 치료수단과 예외적인 치료수단 간의 구분은 애매모호하다. 즉, 살고자 하는 환자의 관심에 따라 판단한다면 예외적인 치료일지라도 중단하는 것을 정당화하기 어렵다. 예를 들면, 예외적/일상적 분류에 의하면 인공호흡기의 사용은 예외적인 치료에 속하지만, 적극적/증상완화적 치료의 분류에 따르면 그 목적에 따라 적극적인 치료에 속할 수 있으나 증상 완화 방법에 속할 수 있다.

④ 직접적/간접적

직접적인(direct) 결과라는 것은 어떤 게재된 사건이 없다는 것이고, 이에 비해 간접적인(indirect) 결과는 원인과의 관계가 덜 밀접하다는 것이다. 이 용어는 보통 동기나 의도와 관계된 행동의 영향을 서술하는 데 사용된다. 특히 안락사와 관련하여 직접적 안락사는 직접적으로 어떤 의료적인 개입이 있으나 간접적 안락사는 이미

개입된 의료적 행위를 중단할 경우를 말한다. 윤리학자들은 이들 각각의 차이의 유용성에 대해 의견을 달리한다.

임상에서 의사결정을 하는 사람들과 도덕과 관련된 사람들은 이러한 용어들, 이것의 일반적 의미와 이들 사용에 대한 조건들을 알아야만 한다.

2) 윤리적 의사결정에서의 고려사항

말기환자를 돌보는 시설이나 호스피스에서 행하는 가장 어려운 결정 가운데 하나는 소생의 가능성이 없는 환자의 생명을 단축시키는 치료 방안을 선택하는 경우이다. 음식이나 유동식 혹은 정맥주사의 공급을 중단하거나, 연결된 급식 튜브를 제거하는 방법 등을 사용하는 경우이다. 미네소타주 소재 미니애폴리스 노스 메모리얼 의학센터 호스피스는 윤리적 의사결정 시에 고려할 사항을 개발했다.

(1) 비밀의 보장
비밀이 지켜질 수 있는 공간이 확보되어야 한다. 토의에 많은 사람이 참여하게 될 것이므로, 장시간 동안 방해받지 않고 회의를 할 수 있는 공간이 있어야 한다.

(2) 시간
토의할 시간이다. 여러 선택사항과 그에 따라 생길 수 있는 결과를 검토할 시간이 있어야 한다. 토의에 참석한 모든 사람이 사실을 규합하여, 최초의 생각과 반응, 느낌을 발표하고 그 후 다시 새로운 정보를 받아들이거나 새로운 사실을 깨달음으로써 자신의 마음이나 태도를 바꿀 수 있을 만한 충분한 시간이 주어져야 한다.

(3) 대화
대화는 돌봄과정의 핵심이며, 이것을 좀 더 명확히 하면 대화를 계속하는 것이다. 이 대화에는 간호사와 사회복지사, 때로는 자원봉사자, 종교지도자, 의사, 법조계 고문 등의 관계 직원 모두와 직계 가족, 근친 등을 포함한 확대 가족, 그리고 환자와 가족을 알고 있는 여타 기관의 지역사회 종사자들도 참여해야 한다. 이들은 환자의 가정 밖에서 환자를 접했던 경험이 있기 때문에 환자가 진정으로 원하는 것을 파악하는 데 도움을 제공할 수 있다.

(4) 가족의 반응

가족 중 한 사람쯤은 환자가 수일간 계속 깨어나지 못하고 깊은 무의식 상태에 빠져 고통받고 있다면 차라리 죽는 것이 더 낫다고 생각할 수도 있다. 한편, 가족의 다른 사람은 살아 있는 사람이 무의식 상태에 빠져 있다고 해서 그 생명을 인간의 고유한 가치가 없는 것으로 생각할 권리는 아무에게도 없다고 주장할 수 있다. 또 어떤 사람은 고통 그 자체에 의미가 있는 것으로 생각할 수도 있으며, 환자가 지금 자기 의견을 말할 수 있다면 틀림없이 지지요법을 제거하는 데 동의할 것으로 확신하는 가족도 있을 것이다. 그리고 기적을 바라고 기다리는 가족도 있을지 모른다. 이런 다양한 의견은 장시간 논의되어야 한다.

(5) 직원의 반응

관계 직원들의 의견도 가족처럼 다양하게 나올 것이다. 우선, 진짜 문제가 무엇인지 합의를 보는 것조차 난항을 겪을 수도 있다. 일부 직원은 지지요법 중단을 살인행위라고 볼 수 있는 반면, 분명한 말기환자에게 처음부터 그러한 치료 요법을 실시하는 것은 적합지 않은 돌봄이라고 보는 사람도 있을 것이다. 자신들의 가치체계, 그리고 환자나 환자의 가족들과 어떻게 결부되어 있느냐에 따라 환자를 돌보는 사람들의 의견도 각각 다를 것이다.

(6) 관계 직원과 가족의 역할

의사는 가능한 많은 의학정보를 제공하고 현 상황을 설명하며 의학의 범위 내에서 대안을 제시해야 하고, 간호사는 참석한 모든 사람이 그들의 생각을 잘 표현할 수 있는 분위기를 조성해야 한다. 가족은 명확한 사고를 방해할 수 있는 자신들의 분노와 죄의식, 슬픔 등을 발산시키고 부정적인 감정에서 벗어나기 위해 도움이 필요할 것이다. 토론이 진행되는 동안 수일간 중단했다가 다시 시작할 수도 있다. 누군가의 의견을 내놓고 참여한 모든 사람이 점차적으로 합의에 이르게 해야 될 것이다.

(7) 지침서

토의를 시작하고 진행하는 지침서에 다음과 같은 질문을 포함시킬 수 있다. "비슷한 상황에 처해 있다면 당신은 어떻게 하고 싶겠는가?" "일어날 수 있는 일 가운데 가장 좋은 결과는 무엇이겠는가?" 이러한 질문에 대해 흔히 나오는 대답은 환자가 일어나 옷을 입고 가족들과 함께 집으로 돌아가 식사하는 것이다. 다음 질문은 "최악의 사태는 어떤 경우이겠는가?"이다. 이 두 질문 사이에서 벌어지는 토론은 고통스럽겠지만, 반면 토론이 자유롭게 시작될 수 있다. 또 하나 아주 중요한 질문은 "결정이 어떤 식으로 내려져야 한다고 보는가?"이다. 어떤 가족은 의사가 결정해야 한다며 의사가 전적인 책임을 떠맡을 사람이라고 생각한다. 그들은 자신들이 결정을 내리면 죄의식에서 벗어나지 못할 것이라고 생각한다. 그들은 결국 책임은 자신들에게 있다는 것을 깨닫고 종종 당황해한다.

3) 윤리적 의사결정과 호스피스팀

임상 및 입원 문제를 정기적으로 결정하는 호스피스팀 회의가 진행되는 동안 끊임없이 윤리 문제가 제기된다. 단독으로는 해답을 얻기 어려우므로, 윤리적인 결정은 단체 내에서 내려진다. 시간이 흐르면서 구성원들은 이런 종류의 분석을 위해 이론과 기술을 개발시키고, 자신들과 관련 있는 윤리 문제를 생각하게 된다. 그리고 상호 간 효과적인 팀 유지에 도움이 된다면 가능한 모든 방법이 필요하므로, 당연히 그러한 문제는 고려되어야 한다.

(1) 팀 작업을 위한 금언

호스피스팀을 조화롭게 유지하기 위한 윤리적 금언에는, 의견이 다른 사람도 공정하게 대우하는 상호 간 권리 존중과 신뢰감을 돈독히 하기 위해 정직할 것, 의사결정을 공개적으로 진행할 것, 결정을 내리는 데 누구의 책임이 크며 누가 가장 큰 영향을 받았는가, 누구에게 발언권이 있는가를 결정하는 것 등이 있다. 의사결정은 팀 구성원들 중 어떤 구성원은 반드시 참여한 가운데 내려져야 하는데, 때로 그들이 없는 가운데 결정이 내려져야 하는 경우도 있음을 이해하고, 결정이 내려질 때까지 서로 간에 대화를 지속적으로 나눌 의무가 있다. 서로 간에 정보를 계속 알려 준다면 이와 같은 상황이 발생하더라도 팀 작업을 유지할 수 있을 것이다. 결정은 강제적으로 내리지 말아야 하고 협박 같은 것이 있어서도 안 되며, 환자와 가족의 필요성에 따라 피할 수 없는 경우에만 사용되어야 한다.

호스피스팀의 어느 누구도 다른 사람을 위해 거짓말을 해서는 안 되며, 팀 구성원이나 프로그램을 옹호해서도 안 된다. 모든 관계 직원은 보고와 책임의 임무를 분명히 숙지하고 있어야 한다.

(2) 팀의 책임

호스피스팀의 유지, 즉 상호 책임, 책임 분담, 윤리적 공동 책임감에 대한 필수요건 가운데서 '팀'의 구성원은 동료가 하거나 하지 못하는 일에 대한 책임감을 통감해야 한다. 윤리적 의사결정 체제를 팀 운영에 적용시킬 때, 환자와 가족뿐 아니라 개개인의 가치를 스스로 존중하고 존중받을 수 있을 것이다.

때때로 팀원과 다른 관계 직원에게 "내가 여기에 무엇 때문에 있는가?" "내가 누구를 위해 이 일을 하고 있는가?"라는 질문을 던질 수 있다. 모든 의료인과 자원봉사자라면 1인자가 될 수 있는 이 새로운 미개척 분야인 호스피스 운동에서 과도한 야망과 개인적 영광, 출세를 추구하거나, 심지어는 숭배의 대상이 되고 싶은 유혹에 쉽게 빠질 수 있다. 대상자와 가족이 어찌해 볼 도리가 없어 치료와 인간관계에서 기적을 바랄 때 이 점을 쉽게 이용할 수도 있다.

따라서 호스피스팀은 스스로 대상자와 팀원들을 위해 정직한 자기 성찰을 정기적으로 실시해야 한다.

4) 호스피스 윤리위원회

윤리위원회의 목적은 호스피스팀 구성원들이 그간 토의해 온 어려운 문제를 결정 내리는 데 도움을 제공하는 것이다. 행동 기준 연구를 통해, 결정을 내리는 어떤 과정에서 갈등이 발생하면 윤리위원회가 그 갈등을 완화시키는 데 도움이 될 수 있다. 윤리위원회는 융통성이 있으며, 비용이 적게 들고 교육적이기도 하다. 윤리위원회의 구성이나 윤리위원회의 추천 사항이 의무적이어야 하는가에 대해서는 확립된 견해가 없지만, 일반적으로 윤리위원회가 다양한 의견을 발표하고, 결정을 내리는 데 영향을 미칠 수 있고, 갖가지 문제를 터놓고 논의하는 데 도움이 될 것이다.

1984년에 미국 호스피스협회 윤리위원회가 173개 호스피스를 대상으로 실시한 조사에 따르면, 윤리 문제를 다루는 정책을 정식으로 확립한 호스피스는 19개로 드러났다. 이는 1983년 미국 내 모든 병원의 1퍼센트도 안 되는 병원에만 윤리위원회가 있었음을 상기할 때 많은 숫자는 아니다.

아주 적은 수의 윤리위원회에서 호스피스 정책을 확립할 것을 주장했다. 몇 개의 윤리위원회만이 병원에서처럼 개개의 사례를 검토했으며, 대부분의 경우 의무 사항이 아니라 권고 사항으로 그쳤다. 일부 윤리위원회는 필요하면 종교지도자나 전문교육을 받은 윤리학자를 참여시키고 있었다.

호스피스협회 윤리위원회는 어려운 결정을 내리는 데 도움이 될 수 있도록 다양한 의학 분야의 위원회 확립을 추천하고 있다. 위원회는 특별한 문제가 발생했을 때는 자문과 조언을 제공하기 위해 임시회의 형태로 열리고, 일반적인 윤리 문제를 토의하기 위해서는 정기 모임을 연다. 호스피스협회 윤리위원회는 또한 회원 구성이 광범위해야 하며, 다양한 의학 분야를 포괄하고 비전문가도 포함시켜야 한다고 제안하고 있다. 위원회는 토론 항목 및 각 사례의 추천사항에 관한 근거와 회의 내용을 기록으로 남길 것도 추천하고 있다. 이러한 기록은 의사결정 과정의 모델이 될 뿐 아니라 유사한 사례에 대한 선례가 될 수 있다. 이런 방식으로, 의사결정에 참여한 여러 건강 전문가와 다른 참가 회원들은 윤리원칙을 그들이 계속해야 할 일과 연관시키는 데 차츰 익숙해질 것이다. 사례를 정기적으로 발표하면 관련 요인들의 타당성이 부각될 것이다.

호스피스의 목적은 대상자와 가족에게 권리를 보장해 줌으로써 호스피스 돌봄 활동 내에서 인간과 모든 사람의 법적 권리를 보호하고 지지해 주고자 하는 것이다.

참고문헌

권석만(2019). 죽음의 심리학. 학지사.

김시형(2018). 사별을 경험한 성인의 지각된 사회적 지지와 지속비애 증상의 관계. 한국심리학회지, 30(1), 147-172.

박인옥, 박지영, 조은희, 소경희, 김희백(2005). 생명윤리와 생명윤리교육에 대한 초등학교
　　　교사의 인식 조사. 초등과학교육. 24(5).
박지영(2005). 고대 일본인의 죽음에 관한 연구. 노인복지연구. 25.
이종원(2007). 안락사의 윤리적 문제. 철학탐구. 21.

Macer, D. (2006). 시민을 위한 생명 윤리학. 이화여자대학교 생명윤리법정책연구소.
Rachels, J. (2001) 사회윤리의 제문제. (황경식 역). 서광사.
Potter, V. R. (1971). *Bioethics: Bridge to the future.* Prentice-hall.
Potter, V. R. (1988). The morality of socioscientific issues. *Science Education.* 88, 4-27.
Rawls, J. B. (2013). A theory of justice. Harvard University Press, Belknap Press.
Sadler, T. D., & Zeidler, D. L. (2004). The morality of socioscientific issues. *Science
　　　Education, 88,* 4-27.

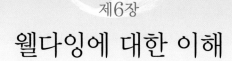

제6장

웰다잉에 대한 이해

　2016년 2월 「연명의료결정법」이 제정되어 죽음의 자기결정권을 존중하는 법적 근거가 마련되었고, 이런 과정을 통해 웰다잉에 관한 관심도 증가하게 되었다. 우리 사회에서 웰다잉에 대한 논의는 2009년에 국내 최초로 대법원이 연명의료 중단을 인정한 세브란스 김 할머니 사건, 고 김수환 추기경과 법정스님 등 사회적으로 영향력 있던 인사들의 연명의료 거부를 필두로 하여 본격화되었고, 죽음에 대한 불안에서 벗어나 자연스러운 죽음을 받아들이는 계기가 되었다.

　웰빙(well-bing)에서 이어지는 웰다잉(well-dying)은 '잘 살고 잘 마무리하는 인생의 전 과정'을 말하는 것으로 그 의미가 서로 통한다고 할 수 있다. 인생의 마지막이자 가장 중요한 단계인 죽음을 스스로 준비하는 웰다잉은 존중받고 편안한 죽음을 맞이하여 아름다운 마무리를 해야 된다는 점을 공감하고 많은 사람이 죽음을 현실의 문제로 받아들여 준비하는 것으로 주목받고 있다.

1. 웰다잉의 개념

의학의 발달과 물질의 풍요는 삶의 질의 향상을 가져왔고, 길어진 수명을 격조 높은 삶으로 이어 가려는 인간의 요구는 자연스럽게 웰빙을 추구하게 되었으며, 사람들은 물질과 문명, 문화적 수혜를 누리며 육체적·정신적으로 윤택한 삶을 영위하기 위한 웰빙의 연장선으로 삶의 종착지인 죽음도 웰다잉으로 승화시키려 하고 있다. 진정한 웰빙은 웰다잉이 되었을 때 완성된다. 웰빙과 웰다잉은 어느 하나가 중요도에서 앞서지 않으며 동등한 지위를 갖는다.

인간이 삶을 마치는 날까지 신체적·정신적·사회적으로 안정된 상태를 유지하고자 하는 웰빙의 궁극적인 목적은 삶의 질을 향상시키기 위한 것이다(Seligman, 2011). 현대는 기존의 신체적·정신적·사회적 웰빙 개념에 영적인 부분을 포함하는 것으로 개념이 확장되고 있다. 이는 과거의 생물적·심리적·사회적 건강 모델이 인본주의에 영적인 차원을 포함한 생물·심리·사회·영적 모델이 등장한 것과 같은 맥락이라 이해할 수 있을 것이다(Saad, Medeiros, & Mosini, 2017). 진정한 웰빙은 삶의 마지막인 죽음과 죽음의 질까지 높은 수준으로 이어지는 웰다잉으로 완성되어야 한다.

웰다잉이란 준비된 죽음, 아름다운 죽음을 의미한다. 준비된 죽음이란 죽음을 무조건 거부하는 것이 아니고, 죽음을 자연스러운 현상으로 받아들이는 것이다. 또한 인간의 생명에 대한 유한성을 정신이 맑을 때 인식하여, 누구나 맞이하는 죽음이 나에게도 올 것이라는 점을 깨닫는 것이다. 그리고 죽음이 언제 오더라도 후회스럽고 비통한 죽음이 아닌 아름다운 죽음을 맞이하는 것을 말한다.

각 나라의 문화적 속성에 영향을 받은 웰다잉은 사회문화적 규범의 세속화 정도와 개인주의의 정도, 전형적인 죽음에 걸리는 시간에 따라 달라진다.

첫째, 우리나라에서 나타난 웰다잉의 속성은 고통 없이 육체적으로 편안한 죽음, 내 집(방) 혹은 좋아하는 장소에서 죽는 죽음, 가족들 가운데서 죽는 죽음, 후회와 집착이 없는 죽음으로 나타났다(김명숙, 2010). 이는 웰다잉의 속성 중 심리적·사회적 차원이 반영된 것이라 할 수 있다. 그리고 자녀가 임종을 지켜 주는 죽음, 자식에게 부담을 주지 않는 죽음, 부모를 앞선 자녀가 없는 죽음, 부모 노릇을 다하고 맞는 죽음, 고통 없는 죽음, 천수를 다한 죽음, 준비된 죽음이라 인식하였다(유권종, 2008). 이는 웰다잉의 속성 중 신체적·사회적 차원들이 반영된 것이라 할 수 있다. 또한 길태영(2019)은 죽음의 경험적 해석, 배려와 소망이 담긴 죽음, 죽음을 준비하며 삶의 의미 유지하기, 죽음을 받아들임을 웰다잉으로 인식하였다. 이는 웰다잉의 속성 중 심리적 · 영적 차원이 반영된 것이다.

둘째, 미국에서 나타난 웰다잉 속성은 신체적 · 심리적 · 개별적 · 사회적 · 영적의 다차원을 추구하는 것으로 그들은 고통과 증상에 대한 관리가 잘 되는 것, 질병의 명확한 치료에 관해 의사와 함께 결정하는 것, 죽음이 가까워짐에 따라서 일어날 신체적 · 심리적 변화에 대해 알고 죽음을 준비하는 것, 죽음은 삶을 완성하는 것, 삶의 끝에서 영성과 의미 있는 것에 대한 것을 완성하는 것이라고 인식하였다. 이는 웰다잉의 속성 중 신체적 · 심리적 · 개별적 · 사회적 · 영적 차원들이 반영된 것이라 할 수 있다(Steinhauser, 2000).

셋째, 영국에서 나타난 웰다잉은 죽음이 닥치는 것을 알고 무엇이 일어날지 이해하는 것, 자신에게 발생할 일에 대한 통제력을 유지하는 것, 자신에게 존엄성과 프라이버시가 제공되는 것, 통증 완화 및 기타 증상을 제어할 수 있는 것과 사망이 발생하는 곳에 대한 선택권을 가지는 것, 사전지시서를 작성할 수 있는 것, 작별 인사를 할 수 있는 시간을 가지는 것, 갈 시간이 되면 떠나고 무의미한 생명을 연장하지 않는 것, 존엄과 존경을 유지하는 것, 고통이나 통증이 없는 것, 익숙한 환경에서 사망하는 것, 가까운 가족 및 친구들과 함께 죽어 가는 것이라고 하였다(Henwood & Neuberger, 1999). 이는 웰다잉의 속성 중 신체적 · 심리적 · 개별적 · 사회적 차원들이 반영된 것이라 할 수 있다.

넷째, 일본에서 나타난 웰다잉은 사회문화적 규범, 개인적 경험 및 지속적인 과정, 개인의 죽음 경험, 사회적 맥락, 환자의 죽음과정에 대한 자율성 및 통제력, 임종 의료서비스의 질을 포함한다고 하였다(Hattori et al., 2006). 이는 '사회적 · 개별적' 차원들이 반영된 것이라 할 수 있다. Hirai 등(2006)은 마음에 드는 장소와 환경에서 죽는 것, 의료인과 좋은 관계를 가지는 것, 다른 사람들에게 부담을 주지 않는 것, 존엄성을 유지하는 것, 스스로 통제 가능하며 완벽한 삶을 사는 것, 암과 싸우는 것, 희망을 유지하는 것, 인생을 연장하지 않는 것, 다른 사람을 위해 기여하는 것, 미래를 통제하는 것, 죽음을 인식하지 못하는 것, 다른 이들에게 감사하는 것, 자존감을 유지하는 것과 믿음을 가지는 것이며, 이는 웰다잉의 속성 중 신체적 · 심리적 · 개별적 · 사회적 · 영적 차원들이 반영된 것이라 할 수 있다.

웰다잉에 대한 각 국가의 공통적인 속성은 신체적으로는 고통받지 않고 심리적으로는 죽음을 수용하고 두려움이 없으며 사회적으로는 주위 사람들과 관계를 마무리하고 영적으로 자신의 존재를 완성하는 것으로 확인되었다.

〈표 6-1〉 **문헌에 나타난 국가별 웰다잉 속성**

대상	연구자	대상자	웰다잉 속성	차원
한국	김명숙 (2010)	중장년	고통 없이 육체적으로 편안한 죽음, 내 집 (방) 혹은 좋아하는 장소에서 죽는 죽음, 가족들 가운데서 죽는 죽음, 후회와 집착이 없는 죽음	심리적 사회적
	유권종 (2008)	노인	자녀가 임종을 지켜 주는 죽음, 자식에게 부담 주지 않는 죽음, 부모를 앞선 자녀가 없는 죽음, 부모 노릇을 다하고 맞는 죽음, 고통 없는 죽음, 천수를 다한 죽음, 준비된 죽음	신체적 사회적
	길태영 (2019)	노인	죽음의 경험적 해석, 배려와 소망이 담긴 죽음, 죽음을 준비하며 삶의 의미 유지하기, 죽음을 받아들임	심리적 영적
미국	Steinhauser et al. (2000)	환자 가족 돌봄 제공자	고통과 증상에 대한 관리가 잘되는 것, 명확한 치료에 관해 의사와 함께 결정하는 것, 죽음에 가까워짐에 따라서 일어날 신체적·심리적 변화에 대해 알고 죽음을 준비하는 것, 죽음은 삶을 완성하는 것, 다른 사람에게 기여하는 것, 삶의 끝에서 영성과 의미 있는 것들에 대한 것을 완성하는 것	신체적 심리적 개별적 사회적 영적
	Reinke et al. (2013)	환자	건강 돌봄을 할 수 있는 경제적 의료비를 가지는 것, 사랑하는 사람에게 부담을 주지 않는 것, 죽음에 대해 두려워하지 않는 것, 의사와 치료 선호도에 대해 논의하는 것	사회적 심리적 개별적
	Ko et al. (2013)	노인	길어지는 기간과 통증으로부터 고통을 받지 않는 것, 강한 믿음과 영성을 가지는 것, 가족과 마무리하는 것, 집에서 죽는 것, 마무리할 시간을 가지는 것, 자연적으로 죽는 것	신체적 사회적 영적
영국	Dee et al. (2008)	일반인	존엄과 존경을 유지하는 것, 고통이나 통증이 없는 것, 익숙한 환경에서 사망하는 것, 가까운 가족과 친구들과 함께 죽어 가는 것	신체적 사회적 개별적

일본	Henwood & Neuberger (1999)	노인	죽음이 닥치는 것을 알고 무엇이 일어날지 이해하는 것, 자신에게 발생할 일에 대한 통제력을 유지하는 것, 자신에게 존엄성과 프라이버시가 제공되는 것, 통증 완화 및 기타 증상을 제어할 수 있는 것, 사망이 발생하는 곳에 대한 선택권을 가지는 것, 사전지시서를 작성할 수 있는 것, 작별 인사를 할 수 있는 시간을 가지는 것, 갈 시간이 되면 떠나고 무의미한 생명을 연장하지 않는 것
			신체적 심리적 개별적 사회적

	Hattor et al. (2006)	노인	사회문화적 규범, 개인적 경험 및 지속적인 과정, 개인의 죽음 경험, 사회적 맥락, 환자의 죽음과정에 대한 자율성 및 통제력, 임종 의료서비스의 질
			사회적 개별적
	Hirai et al. (2006)	환자 가족 의사 간호사	마음에 드는 장소와 환경에서 죽는 것, 의료인과 좋은 관계를 가지는 것, 다른 사람에게 부담을 주지 않는 것, 존엄성을 유지하는 것, 스스로 통제 가능하며 완벽한 삶을 사는 것, 암과 싸우는 것, 희망을 유지하는 것, 인생을 연장하지 않는것, 다른 사람을 위해 기여하는 것, 미래를 통제하는 것, 죽음을 인식하지 못하는 것, 다른 이들에게 감사하는 것, 자존감을 유지하는 것, 믿음을 가지는 것
			신체적 심리적 개별적 사회적 영적

출처: 정유진(2022).

　웰다잉의 추구는 삶의 질을 중요시하는 만큼 죽음의 질도 높은 수준을 요구하는 열망 때문이다. 죽음의 질이란 죽음을 맞이하는 당사자의 의사결정에 대한 존중이 우선되어야 하며, 죽음을 결정하는 사전의료의향서 작성이 가족이 아닌 본인의 의사에 의한 것이어야 함을 의미한다. 그 결과에 따른 사회적으로 뒷받침되는 의료 및 심리적 지원 정도가 죽음의 질을 결정한다. 우리나라는 죽음의 질을 높이기 위해서 2003년에 「암 관리법」을 제정하였고, 제11조에 말기암환자 관리사업을 명시하면서 본격적인 호스피스 완화의료의 제도적 지원이 시작되었다. 또한 개인의 죽음에 대한 인식과 죽음의 질을 높이기 위하여 2017년 '웰다잉법'이라고 불리는 「호스피스·완화의료 및 임종과정에 있는 환자의 연명의료결정에 관한 법률」(약칭 「연명의료결정법」)을 제정하고 시행에 들어갔다.

웰다잉은 신체적 차원의 질병 증상에 대한 관리와 심리적 차원의 죽음에 대한 심리적 변화에 따른 준비, 사회적 차원의 타인과의 관계에 대한 마무리, 영적 차원의 삶의 끝에서 영성의 준비와 삶의 완성, 개별적 차원의 개인의 의사결정을 포함한다. 신체적 웰다잉이란 신체적 고통이 없고, 편안하며 임종과정이 길지 않는 것을 말하며(유용식, 2017), 심리적 웰다잉이란 죽음을 수용하고 두려움 없이 심리적으로 편안한 것을 말한다(김상희, 김수홍, 2017). 사회적 웰다잉이란 사회구성원으로서 책임을 다하며, 주변인과 마무리하고, 사회적 유산을 남기며, 마지막 장례를 준비하는 것을 말하며, 영적 웰다잉이란 종교적 지지를 받고, 영적 확신을 가지고 죽는 것을 말한다(Hirai et al., 2006). 그리고 개별적 웰다잉이란 독립적으로 생활을 유지하며 죽음과 관련된 자율적인 선택권이 있는 것을 말한다.

일부에서는 안락사와 의사조력자살도 웰다잉이라 주장하기도 한다(이문호, 2019). 안락사는 불치의 중병에 걸림 등의 이유로 치료 및 생명 유지가 무의미하다고 판단되는 생물에 대하여 직간접적 방법으로 생물을 고통 없이 죽음에 이르게 만드는 행위이다(노영상, 2004). 웰다잉과 좋은 죽음은 같은 개념이지만, 안락사는 환자의 죽음을 편안하게 하는 반면 죽음을 결정하는 범위에 대한 꾸준한 윤리적 문제가 제기되므로 안락사를 웰다잉으로 볼 것인지에 대해서는 사회적 논의가 필요하다.

1) 철학적 관점의 웰다잉

죽음은 일반적으로 영혼이 육신으로부터 분리되는 것으로 이해되어 왔다. 이것이 과학적으로는 살아 있는 유기체에 있어서 생명과정이 중지되는 현상으로 정의되고, 특히 분자생물학에서는 생명 현상에 필수적인 분자구조의 해체로 규정된다. 이에 비해 종교에서는 영혼의 행방에 더 많은 관심을 가진다. 생명과정이 갑자기 중지되므로 그 과정의 주체인 영혼이 계속 살아남아서 구원을 받거나 해탈한다는 등 종교에 따라서 설명이 다양하다.

철학에서는 죽음이라는 현상을 규정하고 영혼의 행방에 대해서도 관심을 갖지만 오히려 그 의미를 음미하는 데 더 많이 관여한다. 러셀(Russell)이 지적하였듯이, 철학은 과학과 신학 사이에 위치한다고 말할 수 있다. 그러므로 과학 쪽에 관심을 갖는 철학자는 죽음이라는 현상의 의미에 더 천착하는 편이지만, 종교 쪽에 관심이 많은 철학자는 구원이나 해탈의 의미를 철학적으로 조명한다고 말할 수 있다. 그러나 철학은 과학이 아닌 것처럼 신학의 한 분야가 아니다. 그러므로 그 어떠한 경우든 철학자라면 죽음을 반드시 삶과의 연관 속에서 규명하고자 노력한다. 삶과 죽음을 한 동전의 양면으로 이해하고 그 한계 안에서 다루는 것이다.

(1) 동서양의 죽음에 대한 이해

동서양의 세계관 차이는 인간, 그리고 삶과 죽음에 대한 생각에도 반영된다. 서양의 경우, 고대로부터 인간을 영혼(정신)과 육체의 이원적 존재로 파악하였다. 피타고라스(Phythagoras)는 육체의 소멸 후에도 영혼의 존재를 인정하는 '영혼불멸사상'을 이야기했고, 플라톤(Plato)은 죽음에 대해서 육체의 감옥으로부터 해방이라고 했다. 이러한 사상적 전통이 중세의 그리스도교 전통으로 이어지면서 사후세계에 대한 관심과 영혼의 영생과 구원 개념이 강화되었다. 이러한 맥락에서 서양에서의 죽음은 단순히 부정되기보다는 인간이 본질적인 이데아 세계로 진입하는 기회로 상정되기도 한다. 이러한 사고 안에서 삶과 죽음은 영혼과 육체의 관계와 같이 이원적으로 이해된다. 즉, 동양과 서양의 사생관은 서양 전통에서 삶과 죽음을 분리하여 이원적으로 생각하는 생사분리(生死分離)의 사고가 강한 것에 비해, 동양 전통에서는 삶과 죽음을 동일한 자연의 순환관계로 파악하는 생사일여(生死一如)의 입장으로 정리할 수 있다.

(2) 근대 이전과 이후의 죽음관의 변화

현대로 갈수록 죽음에 대한 생각은 형이상학적 이해에서 물리적 이해로 변화되고 있다. 스토아 학파의 세네카(Seneca)는 죽음을 다음과 같이 이야기했다. "사는 방법은 일생을 통해서 배워야만 한다. 그리고 아마도 그 이상으로 불가사의하게 여겨지겠지만 평생을 통해서 배워야 할 것은 죽는 일이다." 서양에서는 죽음에 대한 사색은 철학자에게 중요한 주제였다. 서양철학에서 죽음을 바라보는 시각은 계몽주의 이전과 이후로 나누어 이야기할 수 있다. 계몽주의 이전 시기에는 형이상학적 세계관에 기초한 죽음관이 강하게 나타나 육체가 아니라 영혼의 영생을 통하여 인각 개체의 불멸을 이룰 수 있다고 생각했으며, 계몽주의 시기 이후에는 물리적 죽음관이 강하게 나타나고 있다.

근대의 기계론과 그에 따른 분자물리학, 분자생물학 등이 발전되기 전까지는 거의 인간의 죽음을 영혼과 육체가 분리되는 것으로 보았다. 따라서 근대 이전에는 인간의 죽음을 영혼과 육체의 분리로 파악하려고 했고, 근대 이후에는 점차 육체적 관점에서 죽음을 이해하고자 하는 경향이 나타나게 되었다.

콩트(Comte)는 실증주의적 철학의 영향으로 보이지 않는 형이상학적 대상을 추구하는 경향에서 벗어나 점차 눈으로 확인할 수 있고 이성적 논리로 합리성을 확보할 수 있는 실증적 가치를 추구하기 시작하였으며, 이러한 경향은 죽음에 대한 인간의 접근 태도에도 그대로 반영되었다. 한 손에는 원리를, 다른 손에는 실험을 들고 대상에 면밀히 접근하는 근대 계몽주의 사조 이후에는 보이지 않는 존재의 세계에 대해서 관조하는 철학자나 그 세계를 믿는 신학자보다는 보이는 것을 자기 것으로 만들고 제작하는 기술자가 중시되었다. 따라서 죽음도 보이지 않는 형이상학적 세계에 근거하여 이해하기보다는 보이는 세계의 현실에 근거해서 평가하려는 경향이 강하게 나타났다.

특히 현대의학, 생물학, 유전공학의 발달은 물리적 죽음관을 더욱 강화시키고 있다. 인간의 죽음을 신체로부터 영혼이 이탈하는 것으로 볼 것인가, 아니면 신체의 소멸만을 죽음으로 볼 것인가에 대한 문제는 오늘날 철학의 한 분과인 심리철학과 관련하여 대단히 중요한 문제로 부각되었다. 임신중절, 안락사, 뇌사 등과 관련하여 인간의 죽음의 기준을 어떻게 설정할 것인가에 대한 문제는 우리가 피해 갈 수 없는 중심 문제로 다가와 있다.

2) 종교적 관점의 웰다잉

죽음이 멀지 않다고 생각하는 노년기의 발달과업은 죽음을 수용하는 것이다. 자신의 과거를 회상해 볼 때 긍정적인 삶을 살았다고 생각하는 노인일수록 아직 가 보지 못한 죽음의 세계를 보다 긍정적으로 받아들인다. 그러므로 현재의 삶을 긍정적으로 받아들이는 사람이 장차 열리게 될 영적인 세계 역시 긍정적인 삶이 될 것으로 기대한다. 이처럼 죽음의 세계를 평화스럽게 수용하기 위해서는 자기의 삶 전체를 용서하고 영원한 영적 세계에 대한 종교적인 희망을 가질 필요가 있다.

어떻게 사는 것이 삶을 삶답게, 어떻게 죽는 것이 죽음을 죽음답게 하는 것인가

를 생각해야 한다. 우리는 어떤 죽음이 옳은 것인지 그른 것인지를 판단하는 일보다
자신이 얼마나 진지한 죽음을 생각하는지에 따라 삶을 고뇌하고 자신의 유한한 삶
을 완성하려는 노력을 해야 한다. 자신의 죽음관을 통해 삶의 관점이 완성되는 것이
다. 죽음을 모르고서는 진정한 삶의 완성을 가질 수 없는 것이다.

(1) 불교에서의 죽음

불교에서는 생명에 관여하는 기관은 수명이며, 수명은 체온과 의식을 보존하고
유지한다. 반면, 죽음은 체온과 의식이 육체로부터 사라지면서 수명이 파괴되는 것
이다. 결국 인간의 삶과 죽음은 수명의 지속과 파괴에 의해 이루어진다. 그런데 수
명은 업의 영향을 받는 것으로서, 그 업력의 변화에 따라 삶과 죽음의 변화의 과정
안에 머무르게 된다. 죽음 이후 업과 과보의 결과로 육도윤회를 한다고 믿는다.

불교에서의 죽음은 생로병사의 인간이 고통에 있어, 사성제의 정점에 해당하는
물음이라고 할 수 있다. 인간의 고통 중에 죽음에 대한 고통이 제일 크다고 보기 때
문이다. 그러나 불교의 입장에서 죽음을 보는 입장은 윤회설로 대표될 수 있다. 불
교는 죽음을 삶을 온전하게 하는 윤리적 계기로 이해한다. 죽은 후 다른 존재로 되
살아난다는 전제하에 지금 여기에서의 삶을 더 진실하게 살고 선업을 쌓으며 살아
가도록 하는 것이다.

(2) 유교에서의 죽음

유교의 죽음관은 제사의례에서 가장 쉽게 찾아 볼 수 있다. 제사는 산 자와 죽은
자가 만나는 의례이다. 죽은 자는 제사를 통해 삶의 현실 속으로 들어오고, 살아 있
는 자는 제사를 통해 망자와 삶을 공유한다. 유교적인 제사의례를 통하여 보면 죽
음은 영원한 이별을 말하는 것이 아니라 삶 자체를 망자와 산 자가 공유하고 있다고
볼 수 있다.

유교에서는 죽음에 대한 직접적인 논의가 없이, 제사를 통해 산 자와 죽은 자가
만난다고 믿는다. 죽음이 이승과의 영원한 단절이 아니라고 생각하고 후손을 통해
서 이어진다고 보았다. 유교에서는 영혼불멸이 아니라 시간이 지나면 육신은 흙이
되고 영혼은 소멸된다고 생각하여 제사도 4대 봉사를 하는 것으로 알려졌으며, 영
혼은 사라져도 자손을 통하여 생명의 본질은 영속되는 것을 믿는다.

(3) 도교에서의 죽음

도교는 자연의 모든 현상을 음과 양의 두 기운이 역동적으로 상호작용하는 것으로 설명한다. 삶이란 기가 모인 것이고, 죽음은 기가 흩어진 것이다. 그러므로 삶과 죽음은 자연의 순환 작용과 변화의 과정에 불과한 것이다. 도교에서는 죽음의 극복이 정신적 초월과 수련을 통한 장생불사(長生不死)의 추구를 통해서 가능하다고 본다. 장생불사란 건강을 증진하기 위한 다양한 방법의 양생법을 통해 기의 수련으로 수명을 보존할 수 있다는 초기 신선사상과 통한다. 신선이란 이상세계에 사는 초월자이며, 사람이 신선이 되기 위해서는 불사약을 받아야 한다고 생각한다. 이러한 양생법의 발달은 인간이 노력하면 신선에 이를 수 있다는 믿음을 불어 넣었다.

(4) 그리스도교에서의 죽음

그리스도교의 죽음은 부활을 위한 것이다. 부활은 영원한 생명을 갖는다는 믿음이며, 죽음은 종말이 아니라 새 생명의 시작이다. 예수님이 3일 만에 부활한 것과 같이 일반인도 믿음으로 구원을 얻으면 사후 천국에서 영생을 누린다고 믿는다. 그리스도교는 사랑을 통한 부활과 내세의 희망이 핵심 사상이다. 그리스도교에서는 죽음을 부정적인 것으로 간주한다. 죽음은 신에게 복종하지 않은 죄의 결과로 얻은 형벌이다. 인간은 영원히 살 수 있는 존재임에도 신에게의 불복종으로 인한 죄 때문에 신의 저주를 받아 죽게 된 것이다. 이러한 관점에서 보면 그리스도교의 죽음관은 두렵고 고통스러운 일이다. 그러나 예수 그리스도를 믿어 영적 구원에 이른다. 그러므로 죽음은 형벌이 아니라 새로운 존재로 다시 살아날 수 있는 축복의 계기라고 설명한다.

(5) 힌두교에서의 죽음

힌두교는 업에 의한 윤회설을 주장한다. 힌두교의 특징 중 하나는 죽음의 순간을 중요시한다는 것이다. 이는 임종 시에 지니는 염원과 자세가 죽은 사람의 내세를 결정한다고 믿었기 때문이다. 인도의 3신을 브라흐마, 비슈누, 쉬바라고 하며, 힌두교는 불교와는 약간 다른 사생관을 가지고 있다. 힌두교의 3대 경전 중의 하나인 『바가바드기타』에는 "죽음의 순간에 나만을 염하는 이들은 나에게 오리니, 마지막 순간 마음속에 기리는 것, 그것이 죽은 자의 운명을 결정하리니."라고 기술하고 있다.

힌두교에서는 죽음을 어떻게 이해하는가? 인간에게 죽음은 필연적이다. 죽음은 인간이 가진 모든 것을 박탈하여 아무도 죽음의 문턱을 넘어서 가져갈 수 없다. "죽음은 바로 종교의 존재 근거이며, 죽음이 없으면 종교는 그 타당성을 상실할 것이다."라고 라즈니쉬는 말한다. 다른 어떤 종교에서보다도 죽음의 관습은 힌두교에서 매우 중요하다.

2. 웰다잉 교육

모든 인간은 태어나면서 죽음을 향해 가고 모두가 죽는다. 하지만 자신에게 있어서 죽음은 너무 멀리 있다는 생각과 죽음을 생각하는 자체가 불편하고 거북하기에 일반적으로 사람은 죽음에 대해서 생각하지 않고 살아간다. 그러한 이유로 죽음을 어떻게 맞이할 것인가에 대한 고찰은 사람들의 인식에서 동떨어져 있다. 하지만 비가 온다는 일기예보를 접하면 우산을 챙기는 등 필요한 준비를 하는 것이 상식이듯, 죽음을 맞이할 준비를 하는 것이 타당하다는 현대인의 인식이 확산되고 있으며, 이것이 웰다잉의 실천이다. 웰다잉은 신체적·정신적·사회적·경제적 측면에서 통합이 이루어질 때 가능하며 진정한 좋은 죽음에 다다를 수 있다.

웰다잉을 위해서는 죽음에 대한 올바른 인식이 선행되어야 한다. 여러 학자는 죽음은 공포나 두려움의 대상이 아니라고 전제한다. 죽음은 삶의 끝을 의미하며, 다른 시각에서 보면 삶의 완성이다. 인간이 태어나서 죽음에 이르는 과정은 아침에 일어나서 저녁 잠자리에 드는 것과 같다. 이처럼 삶과 죽음을 바라보는 시각에 따라서 인간은 죽음으로부터 자유로워질 수 있다. 그러나 아직 할 일이 많이 남았다는 생각과 이루지 못한 것들에 대한 아쉬움이 죽음을 쉽게 받아들이지 못하게 한다. 모든 것을 충족하는 삶은 없다. 삶을 대하는 자세에 따라 후회 없는 삶을 만들 수 있다. 죽음을 가치 있게 만드는 웰다잉의 완성은 적절한 노력에 의해 가능하다. 내적으로는 죽음을 수용하려는 자세를 갖추고 외적으로는 죽음에 대한 준비 교육이 의식을 전환할 수 있다.

1) 웰다잉 교육의 개요

죽음준비교육은 20세기 이후 두 차례의 세계대전을 겪으면서 인간 생명의 본질적 가치와 죽음에 관한 문제를 다루기 시작하였다. 죽음준비교육은 점차 형식적인 것에서 질적·양적인 면으로 성장을 거듭하면서 대중화되었다. 미국의 경우, 해마다 제공되고 있는 죽음준비교육 프로그램은 1,000여개에 이르렀고, 적어도 938개의 대학에서 죽음준비교육 강좌를 제공하고 있다. 대부분의 죽음준비교육은 학교의 수업이나 전문직 훈련 프로그램으로 실시되고 있으며, 병원이나 호스피스 조직 등 지역사회의 기관이 죽음준비교육 프로그램의 스폰서가 되거나 혹은 직접 교육을 실시하고 있다(Durlak, 1994).

죽음의 인식은 나라마다 차이가 있다. 미국은 공동묘지가 삶의 공간으로 들어와 있고 이를 공원 형태로 조성해 이곳을 가족과 함께 산책하고 운동도 한다. 이러한 현상은 죽음과 장례시설을 혐오하는 우리나라의 인식과 차이가 있다. 그들은 생활속에서 죽음을 접하고 자연스럽게 죽음을 이야기하며 죽음을 삶의 과정으로 인식한다. 하지만 우리나라는 죽음에 대해서 가급적 언급을 회피한다. 문화적 이유로 죽음을 이 세상과의 단절로 여기고 현재의 세상에서 자신만 분리되는 상황을 고통스럽게 여기기 때문이다. 그렇기에 죽음은 두려움 자체이며, 자신은 물론 부모나 가족의

〈표 6-2〉 **주요 국가 죽음의 질 지수 비교**   (지수: 100점 기준)

순위	국가	지수	1인당 GDP(달러)	비고
1	영국	93.9	46,200	
2	호주	91.6	62,618	
3	뉴질랜드	87.6	47,600	
4	아일랜드	85.8	102,390	
5	벨기에	84.5	50,412	
6	대만	83.1	49,485	아시아 1순위
12	싱가포르	77.6	66,263	아시아 2순위
14	일본	76.3	40,704	아시아 3순위
18	한국	73.7	35,195	아시아 4순위

출처: 2015 영국 EIU.

죽음 역시도 수용하지 못한다. 우리나라의 죽음준비교육은 대부분 잘 모르거나 활발하게 이루어지지 않는다. 죽음의 질 지수는 주요 국가 중 18위에 머물고 있다.

　죽음은 자연스러운 것이다. 우주 만물이 생로병사의 과정을 거친다. 문화적 차이를 넘어서 죽음을 당연한 것으로 받아들이는 의식의 전환이 필요하다. 그럼에도 죽음을 두려워하고 회피하는 것은 죽음에 대한 이해가 부족하고 죽음 문화가 성숙되지 않았다는 반증이다. 누구나 죽음을 맞게 된다는 사실에는 동의하면서도 죽음을 떠올리기 싫어하고 멀리하려는 부정관의 사회적 인식 변화는 죽음준비교육의 필요성을 대변한다. 죽음준비교육은 죽음교육과 죽음상담의 두 영역을 포괄하는 개념으로 정의된다(최은주, 2015).

　죽음교육은 죽음과 관련한 다양한 지식을 유용하게 하며 죽음에 대한 가치와 태도가 인간행동에 어떻게 영향을 미치는지에 대해 생각할 기회를 제공하는 사회적 활동이며, 죽음상담은 자신의 죽음이자 유의미한 타인의 임종 시에 겪게 되는 심각한 상실감의 위기에서 개인이나 집단이 회복하도록 도와주는 일련의 상호 인격적 과정이다(Kulychek, 1977).

　죽음준비교육은 죽음의 참된 의미를 가르치고 죽음에 대한 본질을 알게 함으로써 단순히 죽음을 인식하는 수준에 그치지 않고 죽음에 대한 불안을 낮추고 삶의 연장선에서 죽음을 받아들이게 한다. 죽음준비교육은 철학, 사회학, 종교학, 심리학, 의학, 간호학, 사회복지학 등 여러 학문 분야의 협력이 요구되는 다학제적 특성을 지니고 있으며, 죽음학(thanatology)이라는 학문으로 정립되어 있다(Deeken, 2003).

〈표 6-3〉 **국가 간 '좋은 죽음'의 인식 비교**

순위	한국	미국	영국	일본
1	가족에게 부담을 주지 않는 죽음	통증에서 해방	익숙한 환경	신체적 · 심리적 편안한 상태의 죽음
2	가족이나 친지, 친구 곁에서 맞는 죽음	영적 안녕	존엄과 존경 유지	희망이 있는 곳에서 임종 맞기
3	주변 정리가 잘 마무리된 죽음	가족이나 친지, 친구 곁에서 맞는 죽음	가족 · 친구와 함께	의료진과 좋은 관계의 죽음
4	통증에서 해방	정신적 각성	고통 없는 죽음	희망과 기쁨 유지

출처: 서울대학교 의과대학(2018).

2) 웰다잉 교육의 필요성

현대사회에서 대부분의 사람은 죽음을 부정적인 것으로 인식하여 죽음에 대한 이야기를 꺼리고 죽음의 의미에 대해 직면하지 않으려 한다. 이러한 죽음에 대한 편견은 이 세상에서 자신의 존재가 사라진다는 두려움에서 나오는 죽음에 대해 부정하는 심리작용의 결과이다. 그럼에도 자신도 죽게 된다는 피할 수 없는 불편한 진실은 인간의 삶에 대한 갈망으로 이해될 수 있다. 웰다잉은 죽음도 삶의 일부분이라는 사실을 받아들이고 좋은 죽음, 아름다운 죽음을 맞이하자는 결론에 이르렀다. 피할 수 없는 죽음을 막연히 두려워하면서 마지못해 받아들이는 죽음보다 삶의 마지막을 존엄한 죽음으로 마무리하려는 인식 변화, 그리고 인구의 고령화, 의료기술 발달에 의한 인간의 무의미한 연명치료에 대한 반성과 뇌사와 심·폐사 논란으로 인한 애매한 죽음 시점의 정의, 장기간 치료를 요하는 질병 구조의 변화 등 현대사회의 구조 변화로 죽음준비교육의 필요성이 제기된다.

그럼에도 죽음을 준비하는 일은 쉽지 않다. 자신의 죽음을 기정사실화해 받아들이는 자체의 어려움이 죽음준비를 어렵게 만든다. 준비된 죽음과 준비되지 않은 죽음은 확연히 다르다. 준비된 죽음을 맞이하는 것은 삶의 질을 높이는 웰빙의 실천이다. 준비된 죽음을 위해 교육이 필요하다는 인식은 중요한 변화라 할 수 있다. 죽음에 관해 가르치는 것은 곧 산다는 것을 가르치는 것이며, 죽음의 막연한 공포를 제거함으로써 삶에 대한 경외심과 환희를 고양시키는 것이라고 본다면, 죽음의 문제를 더 이상 교육의 영역에서 소외시 할 수 없는 중요한 교육이라 할 수 있다(김옥라, 1994). 웰다잉 교육은 죽음을 준비하는 과정과 죽음의 의미를 되짚어 보고, 삶의 중요성과 그 의미를 새로 발견하고, 가치관을 재평가하는 계기가 된다.

디켄(Deeken, 2003)은 죽음준비교육이 다음의 3단계로 이루어진다고 보았다. 첫째, 지식전달 단계로 죽음과 관련된 정보를 전달한다. 둘째, 가치관 단계로 삶과 죽음에 대한 가치를 확인하고 탐색한다. 셋째, 죽음준비교육과 관련하여 교육방법을 가르치는 교수법 단계에 이른다. 죽음은 노년층이나 말기환자에게 국한되는 것이 아니며, 언젠가 누구나 맞이할 수 있다.

죽음준비교육은 청소년이나 젊은 사람들에게 죽음에 대한 긍정적 가치와 태도를 갖추게 함으로써 생명에 대한 소중함과 의미를 되새기는 기회를 가질 수 있고, 노인에게는 죽음을 편안하게 맞이하도록 이끌어 주며, 우울이나 죽음, 불안과 같은 부정적 감정을 감소시켜 삶의 만족도를 향상시키고, 현재의 삶을 더욱 건강하고 가치 있게 영위하도록 도와준다. 그러나 우리나라의 죽음준비교육은 노인에 국한되어 실시되고 있으며, 웰다잉에 관한 대부분의 프로그램도 노년층에 맞추어져 있다.

죽음준비교육 대상으로는 초등학생부터 전 연령층과 죽음에 임박한 사람들을 포함하고 있으며 대학생 및 성인의 교육 필요성이 60세 이상 노인보다 높게 나타났다(최은주, 2015). 따라서 생애사별 죽음교육의 내용으로 초등학생부터 대학생과 성인은 죽음교양교육, 중장년과 노년층은 죽음준비교육으로 프로그램을 분화하는 것이 적당하다.

3) 웰다잉 교육의 목표

죽음은 삶의 마지막 과정이다. 즉, 삶의 완성을 이루는 순간이 죽음이며 웰다잉 교육은 죽음에 대해 바르게 이해하도록 돕는다. 죽음을 수용하는 것은 삶을 알게 되는 것이다.

죽음준비교육은 생명의 소중함과 삶에 대한 고찰로 연결되고 보람 있는 삶, 의미 있는 삶을 추구하여 개인적으로는 삶의 마지막 단계인 임종을 수용하고 편안한 영면에 들어갈 수 있도록 돕고, 사회적으로는 생명에 대한 인식을 개선하여 전쟁이나 살인, 자살 등 생명을 경시하는 행위를 억제하는 순기능을 한다. 구체적으로 죽음의 논의에 대한 거부감 없애기, 죽음을 앞둔 사람과의 의미 있는 교류하기, 어린아이의 죽음에 대한 걱정과 두려움을 없애 주기, 유가족의 슬픔을 이해하고 위로해 주기, 자살 충동을 이해하고 예방하기, 사회가 생사관을 어떻게 형성하는지 배우기, 다른 문화의 생사관 이해하기 등으로 죽음에 대한 이해와 두려움을 줄이고 자살 예방과 올바른 죽음관을 정립시킨다(Leviton, 1977).

죽음준비교육은 인간의 죽음에 대한 본질적 의미를 인지하여 질적으로 향상된 삶을 살 수 있게 한다. 이러한 목적을 이루기 위해 죽음준비교육은 다음의 목표를 포함한다(유권종, 2008).

- 임종과정에 대한 이해
- 죽음에 대해 더 많이 생각하기
- 상실과 슬픔에 대한 교육
- 죽음에 대한 두려움 줄이기
- 죽음에 대한 금기 없애기
- 자살 예방하기
- 암 환자에게 사실 그대로 말해 주기
- 죽어 가는 과정에서 야기되는 윤리 문제 다루기
- 법의학적인 문제 파악하기
- 장례 방식 미리 생각하기
- 삶의 시간의 소중함 발견하기
- 죽음을 긍정적으로 바라보기
- 죽음에 대한 자기 철학 형성하기
- 죽음에 대해 종교적으로 해석하기
- 사후세계의 가능성 생각하기

3. 웰다잉 프로그램

웰다잉 프로그램은 커다란 틀에서는 비슷하지만 죽음에 대한 문화적 가치와 전통이 나라마다 차이가 있으므로 죽음준비교육을 시행하는 데 있어 우리의 전통과 시대적 가치에 부합하는 모형을 개발할 필요가 있다(장옥화, 2005).

웰다잉 교육은 삶과 죽음에 대한 바른 이해와 영적인 죽음의 이해를 통해서 삶을 재조명하고 건강한 삶, 후회 없는 삶을 살아온 사람은 좋은 죽음으로 삶을 마감할 수 있다는 목적으로 웰다잉 프로그램을 실현한다.

- **삶을 바르게 이해하기**
  - 인생 곡선을 통해 자신의 삶을 돌아보기
  - 문장완성 기법을 통해 자신의 바람이나 아쉬움을 알아보기
  - 말하기를 통해 현재와 과거, 미래를 통찰해 보기

　　－심리적 인간관계를 측정해 봄으로써 자신의 인간관계를 돌아보기

　• **죽음을 바르게 이해하기**

　　－죽음에 대한 경험을 나눔으로써 긍정적·부정적 영향 알아보기

　　－자신이 알고 있는 죽음 이후의 세계에 대해 알아보기

　　－죽음에 대한 다양한 지식을 통해 인식 전환을 가져보기

　• **영적 죽음 준비하기**

　　－자신에게 위로와 격려의 편지로 자신과 화해 작업을 취하기

　　－사랑하는 사람에게 편지 쓰기를 통해 관계를 회복하고 용서 구하기

　　－절대자 앞에서의 자기소개서 작성하기를 통해 자신의 영적 준비 점검해 보기

〈표 6-4〉 **웰다잉 프로그램 Ⅰ**

회기	주제	내용
1	아름다운 삶, 아름다운 이별	웰다잉에 대한 전반적인 이해
2	존엄한 죽음을 위하여	무의미한 연명치료, 용서와 화해의 시간
3	아름다운 죽음을 위하여	인생그래프 작성, 상실 경험 나누기
4	실제적인 죽음을 위하여	'나의 장례식, 유언장' 작성, '유언장' 발표(녹음)

출처: 구립김영삼도서관(2022).

〈표 6-5〉 **웰다잉 프로그램 Ⅱ**

회기	주제	내용
1	왜 웰다잉을 공부해야 할까요?	웰다잉 교육의 필요성과 이해
2	죽음이란 무엇일까요?	죽음에 대한 종교적·시대적·현상적 정의
3	죽음 너머엔 뭐가 있을까요?	죽음 이후의 삶, 영혼, 사후세계에 대한 논의
4	인간답게 죽을 수 없을까요?	인간다운 죽음을 위한 준비, 사전의료의향서
5	품위 있는 죽음의 완성, 호스피스	호스피스의 필요성과 이해
6	나는 누구인가요?	미술활동을 통한 나 살펴보기
7	나의 고향은 어디인가요?	미술활동을 통한 나의 정체성 되돌아보기
8	아름다운 나의 손	미술활동을 통한 나의 삶 되돌아보기
9	내 인생 꽃피우기	미술활동을 통한 나의 자존감 향상
10	함께 식사를 해요	미술활동을 통한 감사의 인사 전하기

11	보석함을 남겨요	미술활동을 통한 유산과 나눔
12	마음으로 용서하기	마음의 이해, 나 그리고 상대방을 용서하기
13	유언장, 어떻게 작성해야 할까요?	유언장 작성방법 안내
14	나의 장례식은 어떻게 꾸밀까요?	내가 꿈꾸는 장례식, 사전장례의향서

출처: 행복한 죽음 웰다잉 연구소(2022).

📚 참고문헌

김명숙(2010). 한국인의 죽음에 대한 인식과 태도에 관한 철학적 고찰. 유학연구, 22.

김상희, 김수홍(2017). 베트남전 참전 고엽제 후유(의)증 대상자의 좋은 죽음에 대한 태도. 주관성연구, 38.

김옥라(1994). 호스피스. 수문사.

길태영(2019). 한국노인의 좋은 죽음에 대한 인식: 질적 해석적 메타통합의 적용. 노인복지연구, 74(2).

노영상(2004). 생명윤리학 방법론에 대한 연구: 연역적(deductive) 모델과 귀납적(inductive) 모델의 통합. 장신논단, 18.

유권종(2008). 동양 고전에서 사용되는 '心病'의 용례와 의미. 철학탐구, 24.

유용식(2017). 사별한 노인이 인식하는 좋은 죽음에 관한 현상학적 연구. 한국지역사회복지학, 62.

이문호(2019). 적극적 안락사 및 의사조력자살 허용 입법의 필요성-실존적 사실 및 통계적 근거를 중심으로. 인권과 정의, 482.

이종원(2007). 안락사의 윤리적 문제. 철학탐구, 21.

장옥화(2005). 노인죽음에 관한 연구: 죽음에 대한 교육을 중심으로. 한국지역사회복지학, 48.

정유진(2022). 웰다잉(Well-dying) 인식 도구 개발: 중년을 대상으로. 고신대학교 대학원 박사학위논문.

최은주(2015). 웰다잉을 위한 죽음준비교육이 여가태도와 삶의 질에 미치는 영향. 사회과학연구, 7.

서울대학교 의과대학(2018). 국가 간 좋은 죽음의 인식 비교.

구립김영도서관(2022). 아름다운 삶, 아름다운 이별.

행복한 죽음 웰다잉 연구소(2022). 어르신들과 함께 나누는 죽음에 관한 이야기.

Alfons, D. (2003). trans. J. T. Oh, How will you meetdeath. KungRee Press.

Durlak, C. M., Rose, E., & Bursuck, W. D. (1994). Preparing high school students with learning disabilities for the transition to postsecondary education teaching the skills.

Hattori, D. R. J. (2006). *A cross-cultural introduction to bioethics.* Christchurch, New Zealand Eubios Ethics Institute.

Henwood, B., & Neuberger, J. (1999). Bioethics and social responsibility. In T. L,. Beauchamp, & L,. Walters (Eds.), *Contemporary issues in bioethics.* Wadworth Publishing Company, Inc.

Kulychek, M. C. (1997). Factors affecting decision-making by young adults with intellectual disabilities. *American Journal on Mental Retardation, 104*(4), 320-329.

Leviton, D. (1977). Succeeding in postsecondary ed through self advocacy. *Teaching Exceptional Children, 34*(2), 66-71

Potter, V. R. (1971). *Bioethics: Bridge to the future.* Prentice-hall.

Saad, M., Medeiros, R., & Mosini, A. D. (2017). The role of social support and the neighborhood environment on physical activity in low-income, Mexican-American women in South Texas. *Journal of Preventive Medicine & Public Health, 51*(5), 234-41.

Seligman, M. (2011). Bullying involvement and autism spectrum disorders: Prevalence and correlates of bullying involvement among adolescents with an autism spectrum disorder. *Archives of Pediatrics and Adolescent Medicine, 166*(11), 1058-1064.

Steinhauser, K. E., Clipp, E. C., McNeilly, M., Christakis, N. A., McIntyre, L. ,& Tulsky, J. A.(2000). In search of a good death: Observations ofpatient, families, and providers. *Ann Intern Med, 16, 132*(10), 825-32.

제2부
호스피스 실천

웰다잉을 위한 호스피스 실천론

제7장
호스피스 실천 방법

1. 호스피스 서비스

  호스피스·완화의료는 말기대상자와 그 가족에게 통증과 증상의 완화 등을 포함한 신체적·심리사회적·영적 영역에 대한 종합적인 평가와 치료를 목적으로 하는 의료와 돌봄 서비스를 제공하는 것이다. 호스피스·완화의료에서 제공하는 주요 서비스를 제시하면 다음과 같다(국립암센터, 중앙호스피스센터, 2021b).

- **초기 평가 및 돌봄 계획 수립과 상담**
  전인적이고 포괄적인 초기 평가를 통하여 대상자와 가족의 돌봄 목표를 확인하여 계획을 수립하고, 정기적인 돌봄 팀 회의를 통하여 대상자 가족에 맞는 상담을 제공한다.
- **통증 및 신체증상 완화**
  대상자의 상황에 적합한 치료를 안전하고 충분하게 제공한다.
- **음악·미술 등 요법 프로그램**
  다양한 요법 프로그램을 운영하여 환자와 가족의 정서적 안정과 삶의 의미를 생각하게 하는 기회를 제공한다.

- **대상자 및 가족의 심리적 · 사회적 · 영적 문제 상담**

  대상자와 가족의 심리적 · 사회적 요구를 지속적으로 확인하고, 영적 요구 또한 충족될 수 있도록 상담을 제공한다.

- **주야간 전화상담 및 응급 입원 서비스**

  호스피스 · 완화의료 돌봄은 언제나 적절한 장소에서 지속적으로 제공되어야 하며, 돌봄에 대한 정보를 얻을 수 있도록 주 · 야간 전화 상담과 응급 입원이 가능한 체계로 운영된다.

- **자원 연계 및 돌봄 행사 프로그램 운영**

  대상자와 가족에게 필요한 사회적 자원 및 요구를 파악하여 연계 가능한 자원을 찾아 제공하고, 환자와 가족을 위한 생일파티, 소원 들어주기, 음악회 등의 행사를 기획하여 운영한다.

- **호스피스 · 완화의료 자원봉사자의 돌봄 봉사**

  호스피스 교육을 받은 자원봉사자가 환자와 가족의 지친 신체적 · 심리적 어려움을 함께 도와주며, 다양한 프로그램을 제공한다.

- **대상자와 가족 대상 교육**

  대상자와 가족의 요구에 알맞은 정보를 제공하며, 통증 등 신체적 증상 조절을 비롯한 효과적인 돌봄에 대해 필요한 교육을 제공한다.

- **원내 의료진 대상 호스피스 교육**

  호스피스 운영기관 의료진을 대상으로 호스피스 · 완화의료 이해를 돕기 위한 교육 프로그램을 운영한다.

- **지역사회 의료기관 연계**

  대상자의 상태 및 의료진 판단에 따라 지역사회 의료기관과 연계하여 환자 의뢰 및 프로그램을 공유한다.

- **임종 관리**

  임종이 임박하기 이전 적절한 시점부터 대상자와 가족이 임종에 대해 준비할 수 있도록 상담 및 교육을 통하여 지지하며, 임종과정에 있는 대상자의 돌봄에 있어 대상자와 가족의 요구에 맞도록 돌봄을 제공한다. 임종 준비 교육 및 장례 등에 대한 상담을 실시하고 임종 임박 여부를 사전에 고지하며 임종 증상을 관리하고 돌봄을 제공한다. 사후처치에 대한 안내와 자문을 실시한다.

- **사별 가족 돌봄 서비스**

  유가족을 대상으로 하여 비애, 상실로 인한 우울 등 어려움을 극복할 수 있도록 가족의 선호에 맞춰 다양한 형태의 서비스를 제공한다. 사별 가족의 위험도를 평가하여 돌봄 계획을 수립하고 사별 가족 돌봄을 제공한다. 전화상담 및 우편물을 발송하고 사별 가족이 상담이나 모임에 참여할 수 있도록 격려한다.

2. 호스피스의 유형별 서비스 내용

호스피스·완화의료는 의사·간호사·사회복지사 등으로 구성된 전문팀이 말기 대상자의 통증 및 증상을 적극적으로 조절하고, 대상자와 가족의 심리적·사회적· 영적 고통을 경감시켜 삶의 질을 향상시키는 것을 목표로 하는 전인적인 돌봄이다. 실천 유형에는 호스피스 병동에 입원해서 제공받는 입원형 호스피스, 가정에서 제공 받는 가정형 호스피스, 일반 병동 또는 외래에서 제공받는 자문형 호스피스의 세 유 형이 있다. 2022년 12월 기준으로 입원형 88개, 가정형 38개, 자문형 37개의 기관이 개소되어 운영 중이다. 유형에 따른 서비스 내용을 살펴보면 〈표 7-1〉과 〈표 7-2〉 와 같다.

〈표 7-1〉 호스피스 유형에 따른 서비스 내용

유형	개소 수*	대상질환	서비스 내용
입원형 호스피스	88개소	암	• 통증, 호흡곤란 등 신체 증상 완화 • 환자와 가족의 심리적·사회적·영적 돌봄 • 환자와 가족 교육(돌봄 방법, 증상조절 등) • 자원 연계 및 돌봄 행사 운영 • 음악·미술 요법 및 자원봉사자 돌봄 • 임종 및 사별 가족 돌봄
가정형 호스피스	38개소	암, 후천성면역결핍증, 만성 호흡부전, 만성 간경화	• 호스피스팀의 포괄적인 초기 평가 및 돌봄 계획 수립 • 간호사의 주기적 방문 및 간호 제공 • 환자 및 돌봄제공자 교육 • 환자와 가족의 심리적·사회적·영적 돌봄 • 장비 대여 및 연계 • 주야간 전화상담 • 임종 준비 교육 및 돌봄 지원
자문형 호스피스	37개소	암, 후천성면역결핍증, 만성 호흡부전, 만성 간경화	• 통증 및 증상 관리 자문 • 환자와 가족의 심리적·사회적·영적 돌봄 • 사전 돌봄 계획 상담 지원 • 자원 연계 및 의뢰 • 임종 준비 교육 및 돌봄 지원 • 호스피스 입원(말기암인 경우) 또는 재가 서비스 연계

* 2022년 12월 기준임.
출처: 보건복지부(2022b)를 참고하여 재구성함.

〈표 7-2〉 **자문형 호스피스의 서비스**

	서비스 종류	서비스 내용
주요 서비스	신체증상관리 자문	• 말기 진단에 따른 대상자의 신체증상 관리에 대한 전인적 평가 및 돌봄 계획 수립에 따른 증상관리 협력진료 • 대상자와 가족에게 증상관리 교육
	심리적 · 사회적 · 영적 지지	• 대상자와 가족의 심리적 · 사회적 · 영적 문제에 대한 지지
	생애말기 돌봄 계획 상담 지원	• 말기진단 대상자에게 생애말기 돌봄 계획을 수립하기 위한 상담 지원
	자원 연계, 경제적 지원	• 말기대상자와 가족의 생활지원, 간병지원, 장기요양보험제도 및 「장애인복지법」에 의한 재가지원제도 연계 등을 위한 지역사회 자원 연계
	의료진 교육, 원내지침 개발	• 임종 돌봄 프로토콜 개발 및 담당 의료진 교육
	임종준비교육 및 돌봄 지원	• 급성기 병동에서 임종 시 대상자 및 가족에게 임종준비 교육 및 상담 시행 • 담당 의료진의 임종 돌봄을 자문하고 교육
	호스피스 입원 연계	• (말기암환자의 경우) 호스피스 기관/병동으로의 진료 연계
	재가서비스 연계	• 필요시 가정 호스피스 또는 가정간호, 장기요양보험제도와의 연계 지원
권장 서비스	사별 가족 프로그램	• 임종대상자의 가족 대상 사별 가족 프로그램 운영
	자원봉사자 활동 지원	• 의료기관 내 자문형 호스피스 대상자를 위한 자원봉사자 운영 및 서비스 제공
	요법 프로그램 운영	• 대상자와 가족 대상 요법프로그램 운영 지원
	돌봄 행사 프로그램	• 대상자와 가족 대상 돌봄행사 프로그램 운영 지원

출처: 국립암센터, 중앙호스피스센터(2021a).

생애 말기 대상자가 죽음을 맞이하는 과정에서 대상자와 가족의 신체적 · 심리적 고통 및 경제적 부담을 완화하고 대상자와 가족의 삶의 질 향상을 위해 도입된 호스피스 서비스는 말기대상자와 가족의 필요를 중심으로 질병 경과에 따라 입원형 · 가정형 · 자문형 서비스의 유기적 제공을 권고하고 있다.

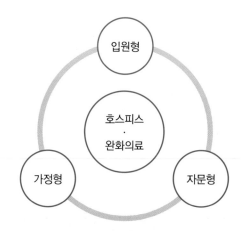

[그림 7-1] 호스피스 · 완화의료 유형의 유기적 연계

3. 호스피스의 실천과정

　호스피스 서비스의 전반적인 실천과정은 호스피스 서비스 등록, 대상자 평가 및 계획, 돌봄 제공, 퇴원 및 연계, 임종 관리, 사별 관리 순서로 진행된다. 전반적인 호스피스 서비스 이용 절차를 그림으로 나타내면 [그림 7-2]와 같다. 호스피스의 실천과정은 국립암센터와 중앙호스피스센터(2021a)에서 발간한 『호스피스 전문기관 서비스 제공 안내(6판)』을 바탕으로 설명하고자 한다.

1) 호스피스 서비스 등록

　호스피스 서비스를 제공받기 위해서는, ① 담당의사와 상담을 통해, ② 환자의 상태, 거주지 등을 고려하여 적절한 호스피스 전문기관을 선택하고, ③ 의사소견서, 진료기록 사본 등 서류를 준비한 후 호스피스 전문기관을 방문하여 호스피스 이용 동의서를 작성한다.

　호스피스 전문기관은 호스피스 · 완화의료 대상자에 대한 의뢰를 활성화하기 위하여 안내문과 홈페이지 등의 다양한 방법으로 안내한다. 호스피스 전문기관은 의뢰 및 서비스 제공에 대한 안내 시 서비스의 대상자 및 내용, 의뢰를 위한 연락처, 의뢰 절차 등 의뢰에 필요한 사항들을 이해하기 쉽도록 명시한다.

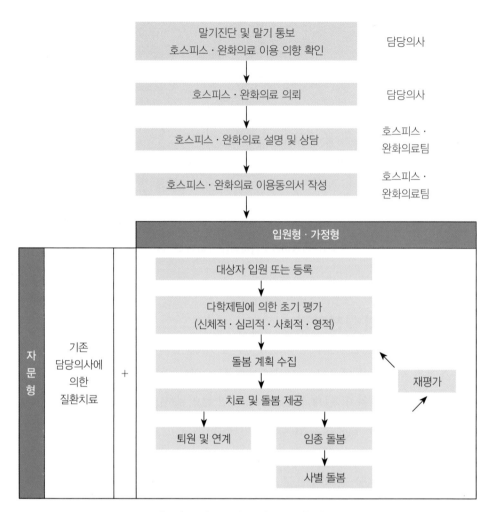

[그림 7-2] 호스피스 서비스 이용 절차

출처: 국립암센터, 중앙호스피스센터(2021a).

　호스피스 전문기관의 의료인은 말기 대상자나 가족에게 호스피스의 선택과 이용 절차에 관하여 설명하여야 한다. 호스피스 전문기관의 의사는 호스피스를 시행하기 전에 치료 방침을 말기 대상자나 가족에게 설명하여야 하며, 말기 대상자나 가족이 질병의 상태에 대해 알고자 할 때는 이를 설명하여야 한다.

　호스피스 · 완화의료 이용동의서는 법정 서식이므로 임의로 수정하여 사용할 수 없으며, 상담실에 비치해야 한다. 이용동의서는 설명을 듣고 대상자가 직접 작성하는 것이 원칙이며, 대상자의 성명, 주민등록번호, 주소, 전화번호를 모두 정확히 기재해야 한다. 호스피스 전문기관의 의료인은 호스피스 · 완화의료 선택과 이용 절차 및 치료 방침을 대상자나 가족에게 설명 후 동의서를 받아야 한다. 유형(입원형 · 가정형 · 자문형)과 무관하게 기관당 최초 1회만 작성하면 되고, 타 호스피스 기관 이용 시 새로 작성해야 한다.

　호스피스 · 완화의료 신청 시 말기 대상자임을 나타내는 의사소견서를 제출해야 하는데, 동일 기관의 타 병동(또는 타 과)에서 의뢰되어 호스피스에 등록할 경우에는 말기 진단이 언급되어 있는 질환 담당의사의 협진(자문)의뢰서로 대체 가능하다.

　대상자가 의사결정 능력이 없을 때는 미리 지정한 대리인이 신청할 수 있고, 지정 대리인이 없을 경우 배우자, 직계비속(19세 이상인 사람만 해당), 형제자매 순으로 대리 신청할 수 있다. 가족의 희망에 따라 호스피스 · 완화의료 대상이 되는 경우에는 가족 간에 의견의 불일치가 있을 수 있음을 고려하여야 한다. 이때 호스피스 팀은 충분한 정보 제공을 통하여 합리적인 의견 조정을 돕는다.

　호스피스 대상자는 언제든지 직접 또는 대리인을 통하여 신청을 철회할 수 있으며, 서면 또는 구두로 할 수 있다. 연명의료중단 등 결정은 호스피스 · 완화의료 이용 동의서와는 개념적으로 구분되나, 실질적으로 밀접히 연관되어 있으므로 호스피스 전문기관 이용에 대한 설명 및 동의서 작성 시 함께 논의될 수 있다.

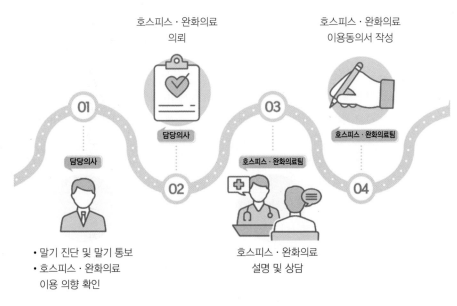

[그림 7-3] 호스피스 · 완화의료 서비스 등록과정

출처: 보건복지부, 중앙호스피스센터(2022).

2) 대상자 평가 및 계획

호스피스팀은 호스피스 이용에 동의한 대상자와 가족의 상태와 필요에 맞는 개별적인 돌봄이 제공될 수 있도록 전인적이고 포괄적인 평가를 수행한다. 모든 호스피스 대상자는 기관의 정책에 따라 정해진 시간 이내에 일차적 평가(24시간 이내) 또

〈표 7-3〉 **전인적 초기평가 항목**

항목	세부 항목
일반 정보	성별, 연령, 거주지, 입원일
질병 상태	진단명 전이부위 치료력(수술, 항암치료, 방사선 치료 등) 동반 질환 투약 내역
신체적 평가	신체 증상: 통증, 피로, 식욕부진, 호흡곤란. 구역/구토, 변비 등 기능적 상태: 수형 지수 (여: ECOG, PPS. KPS) 의식 상태: 명료, 기면, 혼미, 혼수 식사 형태: 경구, 경관, 정맥 영양 등 배뇨/배변 형태 욕창 등 피부 상태 보조 기구. 예) L tube. PCN, PTBD, chemoport 등
심리적 평가	인지 능력, 기분, 질병에 대한 정서적 반응, 의사소통 능력, 해결되지 않은 문제, 정신신경계 증상(우울, 불안, 불면, 섬망 등)
사회적 평가	결혼 상태, 의료보험 종류, 경제적 상황, 직업, 의사결정
영적 평가	종교, 삶의 의미와 목적, 해결되지 않은 문제, 희망과 평화, 사랑과 유대감, 죽음의 수용, 절대자와의 관계 등
가족 평가	가계도, 가족력, 주 돌봄 제공자, 의사결정자, 가족의 신체적 · 심리적 상태, 주요 걱정과 갈등, 위기에 대한 대응 능력, 과거 상실경험, 임종준비 등
병식	대상자 및 가족의 암진단 및 말기 인식 유무
사전 돌봄 계획	사전연명의료의향서 또는 연명의료계획서 작성 여부 대상자/가족의 연명의료 등 전반적 의료에 대한 선호
돌봄의 목표	대상자 및 가족이 희망하는 돌봄의 목표
돌봄 계획	증상 조절 계획, 간호중재 계획, 심리사회적 중재 계획 등
기타	작성자, 작성일

출처: 국립암센터, 중앙호스피스센터(2021a).

는 전인적 평가(입원 후 3일 이내)를 시행한다. 전인적 평가는 환자의 일반 정보, 질병 상태, 신체적·심리적·사회적·영적 평가, 가족 평가, 별식, 사전 돌봄 계획, 돌봄의 목표, 돌봄 계획 등의 항목을 중심으로 평가한다. 세부 항목은 다음과 같다.

각 영역에 대한 세부적 평가는 그 전문성에 따라 신체적 평가(의사 및 간호사), 심리사회적 평가(사회복지사 및 간호사), 영적 평가(종교지도자 및 전 직종), 의사소통(전 직종)으로 분담하여 수행할 수 있다.

전인적 평가를 포함한 전인적 돌봄 상담은 입원 또는 자문형 호스피스 등록 3일 이내에 완료하며, 의사, 간호사, 사회복지사 모두 60분 이상 수행한다. 초기 평가 결과는 기관의 특성에 따라 직종별로 기록하여 호스피스 팀원 간에 적절히 공유하고 돌봄 계획의 수립을 위하여 활용한다.

3) 돌봄 제공

호스피스·완화의료의 돌봄은 대상자와 가족의 요구와 소망에 따라 제공하며, 환자와 가족의 종교적·문화적 특성을 수용하고 존중한다. 호스피스팀은 환자와 가족과 의사소통을 할 때, 특히 진실 말하기와 말기 통보, 의사결정을 존중한다.

호스피스·완화의료의 돌봄은 언제나, 적절한 장소에서, 돌봄 계획에 따라 상호 조정하여 제공하며, 하루 24시간 주 7일 동안 지속적으로 제공한다. 돌봄의 환경은 안전하고 편안하게 유지하며, 사생활과 친교를 위한 충분한 기회를 제공한다. 환자와 가족의 요구와 소망은 현행 법 및 윤리기준, 현재의 의학적 표준의 범위 내에서 존중한다. 호스피스팀은 필요한 경우 돌봄과정에서 일어나거나 예견되는 법적·윤리적 문제는 의료기관윤리위원회나 공용윤리위원회에 심의를 요청한다. 제공되는 주요 돌봄으로는 신체적·심리적·사회적·영적 돌봄, 대상자와 가족에 대한 교육이 있다.

(1) 신체적 돌봄

통증 등 신체적 증상에 대한 치료는 안전하고 시기적절하며 충분하게 제공한다. 통증 등 신체적 증상의 치료는 다학제 팀에 의해 포괄적으로 접근하여 제공하며, 대상자와 가족에게 교육을 실시한다. 일반적인 약물치료로 통증이나 증상이 호전되

지 않을 때는 임상적 적응에 따라 증상의 적절한 경감을 위하여 타 전문의료서비스
로 의뢰 또는 연계한다. 호스피스 전문기관은 환자에게 필요한 적정 수준의 의료서
비스를 제공한다.

(2) 심리적 돌봄

정신적 증상이나 심리적 안녕 및 요구 등을 지속적으로 평가하여, 확인된 증상과
요구에 대해 신속하고 근거에 기반하여 돌봄 목표에 따라 다학제적인 돌봄을 제공
한다. 호스피스팀은 대상자 및 가족의 선호에 따라 개인적인 내적 성장 및 인생의
마무리를 도와야 한다. 대상자 및 가족의 슬픔, 외로움, 죄책감, 두려움, 분노 등의
감정 표현을 장려하고, 대상자 및 가족의 선호에 따라 대상자가 이러한 문제들을 해
결할 수 있도록 돕는다. 일반적인 약물치료 및 상담으로 고통스러운 심리적 반응과
정신적 증상이 호전되지 않는 경우, 임상적 적응에 따라 증상의 경감을 위하여 전문
가에게 의뢰한다.

(3) 사회적 돌봄

호스피스팀은 평가과정에서 확인된 대상자와 가족의 사회적 요구를 충족시키고
돌봄 목표와 일치하는 계획을 수립하도록 돕는다. 대상자와 가족에게 연결 가능한
사회적 자원에 대해서 정보를 제공하고, 새로운 자원을 발굴한다. 또한 대상자와 가
족의 삶의 질 향상을 위해 미술요법, 음악요법, 원예요법 등의 프로그램을 운영하
고, 생일파티, 마지막 소원 성취 등 돌봄 행사를 기획 · 조정 · 관리한다. 호스피스팀
은 호스피스 홍보와 지역사회 인적 자원을 활용하기 위해 일반인을 위한 호스피스
교육 등 자원봉사자 교육과 모집, 운영 및 관리를 체계적으로 한다.

(4) 영적 돌봄

호스피스 전문기관은 대상자와 가족의 영적 요구에 대한 돌봄을 대상자와 가족
의 종교적 · 문화적 가치에 부합하여 제공한다. 영적 돌봄으로 삶을 회상하고 인생
의 의미와 삶의 가치를 찾도록 돕는다. 호스피스는 인생의 마지막 단계를 의미 있게
살도록 돕는 돌봄의 개념이므로 대상자가 자신의 삶을 적극적으로 관리하며 내적
성장을 하도록 돕는다. 대상자와 가족의 소속 종교지도자의 영적 도움을 받을 수 있

도록 돕는다. 또한 종교적 · 영적 요구의 충족에 필요한 충분한 지식과 경험을 가진 종교지도자와 협력체계를 갖추고 연계해 줄 수도 있다.

(5) 대상자와 가족에 대한 교육

호스피스 전문기관은 대상자 및 가족에게 필요한 교육을 지속적으로 제공한다. 대상자의 요구, 소망과 상태에 따라서 스스로의 돌봄에 필요한 교육을 제공한다. 또한 대상자의 가족에게 그들의 요구와 소망에 따라 정보, 지지, 자신의 역할에 대한 안내를 제공한다. 호스피스 전문기관은 대상자의 가족이 그들 스스로의 건강과 안녕을 유지하고, 지속적으로 일어나는 변화에 적응할 수 있도록 가족을 교육하고 지지한다.

4) 퇴원 및 연계

호스피스 · 완화의료 돌봄의 연속성을 위해 호스피스 전문기관에 입원하는 시점부터 가능한 경우 퇴원에 대해 계획한다. 대상자의 증상이 안정되면 대상자와 가족의 필요 및 소망에 따라 가정으로 퇴원 또는 전원을 계획한다. 대상자가 가정으로 퇴원하는 경우, 가정에서의 필요와 요구를 평가하여 돌봄이 잘 이루어질 수 있도록 교육하고, 돌봄의 연속성이 유지되도록 가정형 호스피스 또는 가정간호 등을 제공하며, 어려운 경우 타 기관 가정방문 시스템에 의뢰 및 연계한다.

대상자가 타 의료기관으로 의뢰될 경우 호스피스 전문기관은 대상자가 의뢰되는 기관이 대상자의 돌봄에 필요한 정보를 받을 수 있는지 확인하고, 의사소견서, 퇴원 계획을 기록한 문서, 최근의 의사 처방, 영상자료 및 의무기록 등의 서류를 제공한다.

대상자의 퇴원을 계획하기 위하여 대상자의 현재 상태, 대상자의 돌봄의 필요, 가정이나 사회에서 가능한 자원 등을 평가한다. 호스피스팀의 코디네이터는 평가에 기초하여 포괄적인 퇴원 계획을 세우고 기록한다.

5) 임종 관리

호스피스팀은 임종이 임박하기 이전 적절한 시점부터 대상자와 가족이 임종에 대해 준비할 수 있도록 돕는다. 대상자와 가족이 현재 임종에 대해 어느 정도 수용하고 대처하고 있는지 확인하기 위하여 임종 및 장례 준비 여부를 확인한다. 임종 및 장례 준비는 원하는 임종 장소, 장례식장 사용, 장례 예식, 매장 방법 및 장지 결정, 영정사진, 수의 등의 준비 사항을 평가한다.

호스피스팀은 가족이 임종을 자연스럽게 맞이하고 준비할 수 있도록 상담 및 교육을 실시한다. 임종 시의 의식, 장례 절차, 장지 등 실질적으로 필요한 제반 사항에 대하여 미리 준비할 수 있도록 상담한다. 대상자와 가족이 안구 및 시신 기증을 원하는 경우 임종 단계에 들어가기 이전에 적절하게 과정을 안내한다.

임종 임박의 징후 및 증상들이 인지되면 호스피스팀은 가족에게 이를 알리고, 대상자와 가족에게 임종 시기에 적절한 돌봄을 제공한다. 임종이 임박하면 의료적 처치 및 시술, 돌봄 계획에 대한 재평가, 가족 및 친지에게 임종 임박 여부 알리기, 대상자와 가족의 담당 종교지도자에게 알리기, 조용한 환경 만들기, 임종실로 옮기기 등의 절차를 수행한다.

임종과정에 있는 대상자의 돌봄에 있어서 대상자의 요구를 충족시키고 최대한 환자가 편안하도록 유지하며 대상자의 존엄성을 보존한다. 임종 돌봄 중 다시 상태가 호전되고 환자가 안정화되면 새롭게 돌봄 계획을 수립한다. 임종 후의 돌봄은 정해진 절차에 따라 법적·제도적 측면 및 대상자와 가족의 문화적·종교적 선호를 고려하여 수행한다.

6) 사별 관리

호스피스 전문기관은 가족이 임종과 관련된 비애와 상실의 문제에 적응하도록 돕기 위해 사별 관리를 제공한다. 사별 관리 서비스는 대상자를 돌보기 시작한 시점부터 사망 후 최소 1년 이상 제공한다. 복합적인 사별 문제를 지닌 가족을 위해 내부 인력과 외부 의뢰체계를 구축하여 제공한다. 사별 가족에 대한 사별 관리의 제공은 유가족의 요구, 사회적·종교적·문화적 배경, 위험요인, 병적인 애도의 발생 가능성 등을 고려하여 이루어져야 한다. 사별 관리 제공의 대상은 원칙적으로 모든 대상자의 가족이다.

　자원의 효율적 사용을 위하여 사별 가족의 위험도 등을 고려하여 1차적 예방 중재(사별을 경험하는 모든 사람), 2차적 예방 중재(선별된 고위험군), 3차적 예방 중재(복합적인 슬픔을 겪는 가족) 등 단계적으로 제공한다. 가정형 호스피스의 경우 사별 후 가정방문을 통해 약품 및 대여 장비를 수거하며, 사별 가족의 슬픔 반응을 평가하고 지지한다. 사별 관리는 관련 교육과 훈련을 받은 호스피스 팀원 및 자원봉사자에 의하여 조정하고 제공한다.

4. 호스피스 전문기관 및 시범사업기관

　호스피스 · 연명의료의 법적 체계는 「연명의료결정법」에 따라 2018년 2월 4일부터 '연명의료결정제도'가 시행되면서 체계를 갖추었다. 이 법은 호스피스 완화의료와 임종과정에 있는 대상자의 연명의료와 연명의료중단 등 결정 및 그 이행에 필요한 사항을 규정함으로써 대상자의 최선의 이익을 보장하고 자기결정을 존중하여 인간으로서의 존엄과 가치를 보호하는 것을 목적으로 한다.

　연명의료결정제도는 「연명의료결정법」 시행에 따라 임종과정에 있는 대상자의 의사를 존중하여 치료의 효과 없이 생명만 연장하는 의학적 시술(연명의료)을 유보(시행하지 않는 것)하거나, 중단(시행하는 것을 멈추는 것)할 수 있는 제도이다. 1997년 '의학적 권고에 반하는 환자의 퇴원'에 대한 의료진 및 가족을 살인죄 및 살인방조죄로 인정한 판례인 보라매 병원 사건과 2009년 '평소 본인의 연명치료 거부의사'에 근거한 가족의 요청으로 연명치료 중단을 인정한 판례인 김 할머니 사건을 계기로 2013년 국가생명윤리심의위원회에서 연명의료결정 제도화 권고안을 마련하면서 출발하게 된 것이다. 2018년부터 시작된 호스피스 · 연명의료 결정제도의 관리체계는 [그림 7-4]와 같다. 호스피스 전문기관과 연명의료관리기관을 두 축으로 하여 국가호스피스연명의료위원회와 의료기관윤리위원회가 호스피스 · 연명의료 결정에 관여하고 있다.

　[그림 7-4]에서 보여 주듯이, 보건복지부 장관이 연명의료, 연명의료중단 등 결

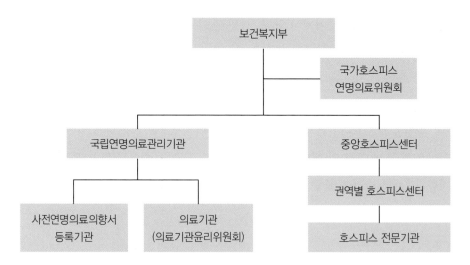

[그림 7-4] 호스피스 · 연명의료 결정제도 관리체계

출처: 보건복지부, 국립연명의료관리기관(2021).

정 및 그 이행에 관한 사항을 적정하게 관리하기 위하여 '국립연명의료관리기관'을 두고 있다. '사전연명의료의향서 등록기관'은 19세 이상 누구나 사전연명의료의향서를 작성할 수 있도록 상담과 정보제공 등의 업무를 수행할 수 있는 등록기관을 지정하고 있다. 지역보건의료기관, 의료기관, 비영리법인 또는 비영리단체, 공공기관, 노인복지관 등에 설치할 수 있다. '의료기관윤리위원회'는 연명의료중단 등 결

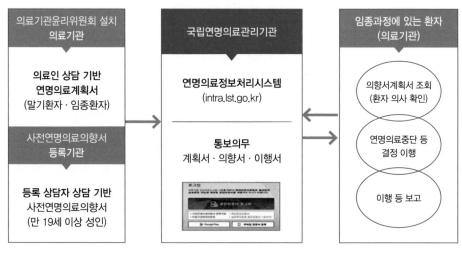

[그림 7-5] 연명의료결정제도 개요

출처: 보건복지부, 국립연명의료관리기관(2021).

정 및 그 이행에 관한 업무를 수행하려는 의료기관이 해당 의료기관에 설치한 위원회이다. 연명의료결정제도의 전반적인 개요는 [그림 7-5]와 같다.

「연명의료결정법」의 요건을 충족하는 사람은 사전연명의료의향서와 연명의료계획서를 통해 연명의료에 관한 자신의 의사를 남겨놓을 수 있다. 사전연명의료의향서와 연명의료계획서는 본인이 원하는 경우 언제든지 그 의사를 변경하거나 철회할 수 있다. 「연명의료결정법」에서 정한 임종과정에 있는 환자에게 중단 및 유보 가능한 연명의료 시술은 심폐소생술, 혈액투석, 항암제 투여, 인공호흡기 착용, 체외생명유지술, 수혈, 혈압상승제 투여 등이 있다.

사전연명의료의향서와 연명의료계획서의 연간 등록 건수는 [그림 7-6]과 같다. 사전연명의료의향서는 2018년 93,395건이었던 것이 2021년 370,317건으로 증가하였으며, 여성(804,717건)이 남성(357,077) 대비 2배 이상 높은 등록 건수를 보이고 있다. 그중에서도 70대의 사전연명의료의향서 등록 건수가 가장 높고, 다음으로 60대, 80대 등의 순으로 나타나고 있다. 연명의료계획서는 2018년 15,207건에서 2021년 22,868건으로 증가한 것을 알 수 있으며, 남성(50,596건)이 여성(30,533건) 대비 1.7배 정도 높게 등록하였다. 60대와 70대 남성에게서 연명의료계획서 등록 건수가 상대적으로 높게 나타났다.

연간 연명의료중단 등 결정 이행서와 자기결정권 존중 현황을 살펴보면 [그림 7-7]과 같다. 연명의료중단 등 결정 이행서는 2018년 33,390건에서 2021년 57,626건으로 증가하였으며, 남성(115,183건)이 여성(78,998건) 대비 1.5배 가량 높게 등록하였다. 남성은 70대, 여성은 80대에서 연명의료중단 등 결정 이행서 등록이 가장 높게 나타났다. 자기결정권 존중은 2018년 32.4%에 비해 2021년 40.9%로 10명 중 4명이 스스로 결정하는 것을 알 수 있으며, 꾸준히 증가하고 있다. 특히 2021년 사전연명의료의향서를 통한 등록은 2020년 대비 1.5배 가량 증가한 것을 알 수 있다(보건복지부, 국립연명의료관리기관, 2021).

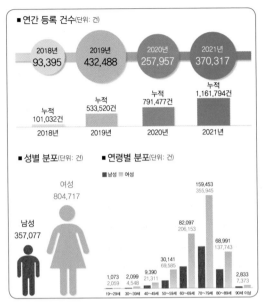

사전연명의료의향서

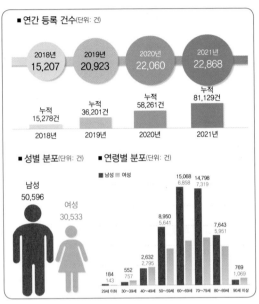

연명의료계획서

[그림 7-6] 사전연명의료의향서와 연명의료계획서의 연간 등록 건수

출처: 보건복지부, 국립연명의료관리기관(2021).

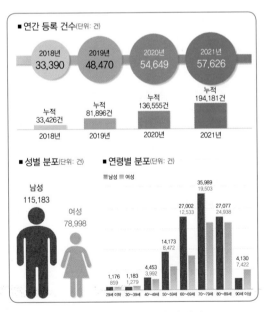

연명의료중단 등 결정 이행서

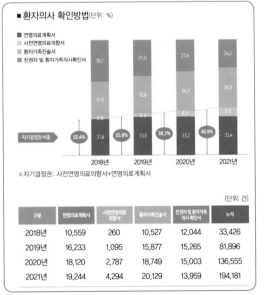

자기결정권 존중

[그림 7-7] 연명의료중단 등 결정 이행서 등록 건수와 자기결정권 존중 현황

출처: 보건복지부, 국립연명의료관리기관(2021).

1) 호스피스 전문기관이란

호스피스 전문기관은「연명의료결정법」제25조에 근거하여 호스피스 대상 환자에게 호스피스 · 완화의료 서비스를 제공하는 기관을 의미한다.

제25조(호스피스 전문기관의 지정 등)
① 보건복지부장관은 호스피스대상환자를 대상으로 호스피스 전문기관을 설치 · 운영하려는 의료기관 중 보건복지부령으로 정하는 시설 · 인력 · 장비 등의 기준을 충족하는 의료기관을 입원형, 자문형, 가정형으로 구분하여 호스피스 전문기관으로 지정할 수 있다.
② 제1항에 따라 지정을 받으려는 의료기관은 보건복지부령으로 정하는 바에 따라 보건복지부장관에게 신청하여야 한다.
③ 보건복지부장관은 제1항에 따라 지정받은 호스피스 전문기관(이하 "호스피스 전문기관"이라 한다)에 대하여 제29조에 따른 평가결과를 반영하여 호스피스사업에 드는 비용의 전부 또는 일부를 차등 지원할 수 있다.
④ 제1항 및 제2항에서 규정한 사항 외에 호스피스 전문기관의 지정에 필요한 사항은 보건복지부령으로 정한다.

2) 호스피스 전문기관의 지정 기준

호스피스 전문기관의 지정 기준은「연명의료결정법 시행규칙」제20조(호스피스 전문기관의 지정)에 따른 것으로 다음과 같다. 인력 기준, 교육이수 기준, 시설 기준별로 살펴보고자 한다.

(1) 인력 기준
호스피스 전문기관의 인력 기준은 다음과 같다.

가. 입원형 호스피스 전문기관
  1) 의사 또는 한의사: 호스피스 병동의 병상 20개당 전문의 1명 이상. 다만, 병상 20개당 기준으로 계산한 후 남은 병상이 20개 미만인 경우에는 1명을 추가로 두어야 한다.

2) 간호사: 호스피스 병동의 병상 10개당 간호사 1명 이상. 다만, 병상 10개당 병상 수를 계산한 후 남은 병상이 10개 미만인 경우에는 1명을 추가로 두어야 한다.

3) 사회복지사: 호스피스 병동당 1급 사회복지사(「사회복지사업법」 제11조에 따른 사회복지사를 말한다. 이하 같다) 1명 이상

나. 가정형 호스피스 전문기관

1) 의사 또는 한의사: 전문의 1명 이상

2) 간호사: 호스피스전문간호사, 가정전문간호사 또는 호스피스 전문기관에서 2년 이상 호스피스 업무에 종사한 경력이 있는 간호사를 1명 이상 둘 것

3) 사회복지사: 1급 사회복지사 1명 이상

다. 자문형 호스피스 전문기관

1) 의사 또는 한의사: 전문의 1명 이상

2) 간호사: 호스피스전문간호사, 종양전문간호사 또는 호스피스 전문기관에서 2년 이상 호스피스 업무에 종사한 경력이 있는 간호사를 1명 이상 둘 것

3) 사회복지사: 1급 사회복지사 1명 이상

출처: 국립암센터, 중앙호스피스센터(2021a).

- 입원형 및 가정형을 함께 운영하는 호스피스 전문기관이나 입원형 및 자문형을 함께 운영하는 호스피스 전문기관의 경우에는 사회복지사 인력 기준에도 불구하고 입원형 호스피스 전문기관에 소속된 사회복지사를 겸임 배치할 수 있다.

- 입원형 · 가정형 및 자문형을 모두 운영하는 호스피스 전문기관의 경우에는 위 표 제1호다목3)에 따른 사회복지사 인력 기준에도 불구하고 입원형 또는 가정형 호스피스 전문기관에 소속된 사회복지사를 자문형 호스피스 전문기관에 겸임 배치할 수 있다.

- 자문형 호스피스 전문기관의 경우 해당 호스피스 전문기관으로 지정된 의료기관에 소속된 다른 사회복지사가 있는 때에는 해당 사회복지사를 겸임 배치할 수 있다.

- 모든 필수인력은 해당 호스피스 전문기관에만 전속되어야 하며, 호스피스 전담조직으로 발령받아야 한다.

- 인력의 연속적 부재 기간이 16일 이상인 경우 호스피스 법정 필수교육을 이수

한 대체 인력을 배정해야 한다.

- 호스피스 전문기관은 각 서비스 유형의 필수인력 관리(법정 필수교육 이수 등) 담당자 및 예산집행을 종합 총괄하는 담당자를 두도록 한다.
- 필수인력은 환자 정보 공유 및 계획 수립을 위해 팀회의에 참석해야 하며, 가정형 및 자문형을 함께 운영하는 전문기관에서는 원활한 서비스 연계를 위해 각 유형별 필수인력은 팀회의에 참석해야 한다.

(2) 교육이수 기준

입원형 호스피스 전문기관 인력(호스피스전문간호사 제외)은 보건복지부장관이 인정하는 60시간 이상의 호스피스 교육을 이수해야 한다. 가정형 및 자문형 호스피스 전문기관 인력(호스피스전문간호사 제외)은 보건복지부장관이 인정하는 76시간 이상의 호스피스 교육을 이수하고, 호스피스전문간호사는 보건복지부장관이 인정하는 16시간의 호스피스 교육을 이수해야 한다. 호스피스 전문기관의 필수인력은 매년 4시간의 보수교육을 이수해야 한다.

호스피스 전문기관으로 지정된 후 인력의 결원이 발생하여 새로운 인력을 채용하는 경우에 해당 채용인력이 교육이수 기준을 충족하지 못하는 때에는 그 채용 후 3개월 이내에 교육이수 기준을 충족하게 할 수 있다.

(3) 시설 기준

호스피스 전문기관 유형별 시설 기준은 다음과 같다.

가. 입원형 호스피스 전문기관

구분	수량	설치 기준
병동	1개 이상	병동 당 병상 수는 29병상 이하로 할 것
입원실	3개 이상	-입원실당 병상 수는 4병상 이하로 할 것 -1인용 입원실은 1개 이상 둘 것 -입원실 면적은 1병상 당 6.3제곱미터 이상으로 할 것 - 흡인기(吸引器) 및 산소발생기, 욕창방지용품, 휠체어, 이동형 침대, 손씻기 시설 및 보건복지부장관이 정하는 환기 시설을 설치할 것 -남성용 또는 여성용 입원실을 구분하여 설치할 것

간호사실	1개 이상	병동의 각 층마다 1개 이상 설치할 것
처치실	1개 이상	다른 시설과 구분되는 독립된 공간에 설치할 것
임종실	1개 이상	다른 시설과 구분되는 독립된 공간에 설치할 것
상담실	1개 이상	다른 시설과 구분되는 독립된 공간에 설치할 것
가족실	1개 이상	다른 시설과 구분되는 독립된 공간에 설치할 것
목욕실	1개 이상	목욕실 바닥은 문턱이 없고 미끄럼을 방지할 수 있도록 할 것
화장실	2개 이상	남성용 또는 여성용 화장실을 구분하여 설치할 것
이동시설	1개 이상	2층 이상인 병동에는 환자의 이동이 가능한 엘리베이터(휠체어 리프트 포함)를 설치할 것
안전시설	–	1) 입원실, 목욕실 및 화장실에는 간호사실로 연락 가능한 통신장치를 각각 설치할 것 2) 병동의 복도·계단·화장실 및 목욕실에는 보건복지부장관이 정하는 안전손잡이를 각각 설치할 것

나. 가정형 호스피스 전문기관

구분	수량	설치 기준
상담실	1개 이상	다른 시설과 구분되는 독립된 공간에 설치할 것
사무실	1개 이상	다른 시설과 구분되는 독립된 공간에 설치할 것
이동차량	1대 이상	가정 방문용 차량을 구비할 것

다. 자문형 호스피스 전문기관

구분	수량	설치 기준
임종실	1개 이상	다른 시설과 구분되는 독립된 공간에 설치할 것
상담실	1개 이상	다른 시설과 구분되는 독립된 공간에 설치할 것

출처: 국립암센터, 중앙호스피스센터(2021a).

입원형 및 가정형을 함께 운영하는 호스피스 전문기관, 입원형 및 자문형을 함께 운영하는 호스피스 전문기관 또는 입원형·가정형 및 자문형을 모두 함께 운영하는 호스피스 전문기관의 경우에는 임종실 및 상담실의 설치 기준에도 불구하고 입원형 호스피스 전문기관에 설치된 임종실 및 상담실을 대체하여 사용할 수 있다.

가정형 및 자문형을 함께 운영하는 호스피스 전문기관의 경우에는 상담실의 설치 기준에도 불구하고 상담실을 1개만 설치할 수 있다.

　자문형 호스피스 전문기관의 경우 임종실 설치 기준에도 불구하고 해당 호스피스 전문기관으로 지정된 의료기관의 1인용 입원실을 임종실로 대체하여 사용할 수 있다.

(4) 운영 기준

　호스피스 전문기관의 인력 중 간호사 및 사회복지사는 호스피스 업무에만 전담하여야 한다. 다만, 자문형 호스피스 전문기관에 배치되는 사회복지사는 그러하지 아니한다. 입원형 호스피스 전문기관의 경우에는 당직의사 근무체계와 간호사의 24시간 근무체계를 갖추어 운영하여야 한다.

　호스피스·완화의료 이용동의서를 상담실에 비치해야 하며, 모든 인력은 보건복지부장관이 인정하는 연간 4시간 이상의 호스피스 보수교육을 받아야 한다.

2) 호스피스 전문기관의 운영 현황

〈표 7-4〉 **호스피스 전문기관 지정 현황(2022.12. 31. 기준)**

구분	2008	2009	2010	2011	2012	2013	2014	2015	2016	2017	2018	2019	2020	2021	2022
입원형 호스피스 기관 수(개소)	19	40	42	46	56	54	57	66	77	81	84	88	86	88	89
입원형 호스피스 병상 수	282	633	675	755	893	867	950	1,100	1,293	1,337	1,358	1,416	1,405	1,470	1,503
요양병원 호스피스 기관 수(개소)*	–	–	–	–	–	–	–	–	12	11	14	12	11	11	7
요양병원 호스피스 병상 수*	–	–	–	–	–	–	–	–	132	124	184	161	141	140	84
가정형 호스피스 기관 수(개소)	–	–	–	–	–	–	–	–	21	25	33	39	38	39	38
자문형 호스피스 기관 수(개소)	–	–	–	–	–	–	–	–	–	20	25	27	33	33	37
소아청소년 완화의료 기관 수(개소)*	–	–	–	–	–	–	–	–	–	–	2	4	7	9	11
총 기관 수(개소) (중복 제거)	19	40	42	46	56	54	57	66	110 (89)	138 (98)	157 (105)	168 (109)	168 (107)	171 (109)	180 (107)

* 시범사업시행 중
출처: 국립암센터, 중앙호스피스센터(www.hospice.go.kr/).

　　호스피스 · 완화의료 중앙센터에서는 말기 대상자 및 호스피스 제공기관의 현황
및 관리 실태에 관한 자료를 수집 · 분석 · 통계 산출하기 위해 호스피스 · 완화의료
시스템(https://hospicemng.cancer.go.kr)을 운영하고 있다. 매년 호스피스 · 완화의료
시스템을 통해 수집된 자료를 근거로 '호스피스 · 완화의료 현황'을 발간하고 있다.

〈표 7-5〉 **연도별 호스피스 서비스 이용률**　　　　　　　　　　　　　　　(단위: 명, %)

해당연도	연 신규 이용 전체 환자 수 (1)	연 신규 이용 암 환자 수[1]	국내 암 사망자 수[2]	암사망자 대비 호스피스 서비스 이용률[3]	호스피스사업 대상질환 사망자 수[2]	호스피스사업 대상질환 사망자 대비 호스피스 이용률[4]
2008	5,046	5,046	68,912	7.3	68,912	7.3
2009	6,365	6,365	69,780	9.1	69,780	9.1
2010	7,654	7,654	72,046	10.6	72,046	10.6
2011	8,494	8,494	71,579	11.9	71,579	11.9
2012	8,742	8,742	73,759	11.9	73,759	11.9
2013	9,573	9,573	75,334	12.7	75,334	12.7
2014	10,559	10,559	76,611	13.8	76,611	13.8
2015	11,504	11,504	76,855	15.0	76,855	15.0
2016	13,662	13,662	78,194	17.5	78,194	17.5
2017	17,333	17,317	78,863	22.0	86,593	20.0
2018	18,120	18,091	79,153	22.9	86,791	20.9
2019	19,795	19,772	81,203	24.3	88,348	22.4
2020	18,925	18,893	82,204	23.0	88,975	21.3
2021	19,228	19,185	82,688	23.2	89,460	21.5

1) 2009~2015년 사업신청서 내 호스피스 진료 현황(기관 보고); 2016~2021년 호스피스 · 완화의료 시스템 내 입
　력자료
2) 2008~2020년 사망원인통계(통계청), 암사망원인(C00-C97, D00-D09, D32-D33, D37-D48), 2017년 8월 4일
　부터 만성 폐쇄성 질환, 만성 간경화, 후천성면역결핍증도 포함
3) 암사망자 대비 호스피스 이용률(%) = 연 신규이용 암환자 수 / 국내 암사망자 수 × 100
4) 호스피스사업 대상질환 사망자 대비 이용률(%) = 연 신규이용 환자 수 / 완화의료 대상질환 사망자 수 × 100
출처: 국립암센터, 중앙호스피스센터(www.hospice.go.kr/).

〈표 7-6〉 **연도별 호스피스 서비스 이용 환자 분포 및 기간**　　　　　(단위: 명, %)

호스피스 서비스 유형	신규 환자 분포		평균 등록기간		평균 이용기간	
	신규 환자 수	백분율	환자 수	평균 (일)	환자 수	평균 (일)
입원형(단일)	11,841	62.6	10,737	28.3	10,737	24.1
가정형(단일)	662	3.5	340	31.6	340	29.1
자문형(단일)	2,792	14.8	1,791	9.9	1,791	8.6
입원형 + 가정형	974	5.1	983	80.7	983	66.5
입원형 + 자문형	2,128	11.2	2,036	45.8	2,036	33.2
가정형 + 자문형	217	1.1	150	55.1	150	47.5
입원형 + 가정형 + 자문형	311	1.6	327	105.5	327	87.3
전체	18,925	100.0	16,364	33.5		

주: 1. 2020년 호스피스 서비스 이용 유형에 따른 신규 환자 분포(n=18,925).
　　2. 등록기간 = 호스피스 이용 동의서 작성일부터 사망일까지의 시간
출처: 국립암센터, 중앙호스피스센터(2021b).

　　2022년 기준 전국에 있는 호스피스 전문기관 및 시범사업기관을 시·도별로 살펴보면 다음과 같다(보건복지부, 중앙호스피스센터, 2022).

서울특별시

지역	기관명	전화번호	입원	가정	자문	요양병원	보조활동
강남구	삼성서울병원	02-3410-3550			●		
강동구	인성기념의원	02-2135-3577	●	●			●
강동구	중앙보훈병원	02-2225-1529, 1781, 1530	●	●	●		●
구로구	고려대학교 구로병원	02-2626-2807, 2805, 1577-9966	●		●		
금천구	전·진·상의원	02-802-9313, 9311	●	●			
노원구	한국원자력의학원 원자력병원	02-970-2798, 2629, 2781	●		●		
동대문구	경희대학교병원	02-958-9900			●		
동대문구	서울특별시 동부병원	02-920-9375	●				●
서대문구	연세대학교 세브란스병원	02-2228-4301			●		
서초구	가톨릭대학교 서울성모병원	1588-1511, 02-2258-1901, 1904	●	●	●		
성북구	고려대학교 안암병원	02-920-6341			●		
송파구	서울아산병원	02-3010-2657, 1187			●		
양천구	서울특별시 서남병원	1566-6688, 02-6300-9088	●				
양천구	이화여자대학교 의과대학부속 목동병원	02-2650-2922			●		
영등포구	가톨릭대학교 여의도성모병원	02-3779-2549, 2558, 1805	●	●	●		
은평구	가톨릭대학교 은평성모병원	02-2030-4296, 4297	●				
은평구	서울특별시 서북병원	02-3156-3025, 3125	●				●
종로구	대한적십자사 서울적십자병원	02-2002-8982, 8970	●				
종로구	서울대학교병원	02-2072-3066			●		
중구	국립중앙의료원	02-2276-2250, 2240	●				
중랑구	서울특별시 북부병원	02-2036-0419, 0429	●	●			●
중랑구	서울특별시 서울의료원	02-2276-8127, 8122	●				

부산광역시

지역	기관명	전화번호	입원	가정	자문	요양병원	보조활동
남구	부산성모병원	051-933-7133, 7969	✓	✓			✓
동구	인창요양병원	051-461-3570, 3700				✓	✓
동래구	동래성모병원	051-559-8830	✓				✓
사상구	부산보훈병원	051-601-6113, 6892	✓	✓			✓
서구	고신대학교 복음병원	051-990-5225, 3750	✓		✓		
서구	부산대학교병원	051-240-7866, 8394	✓		✓		
중구	메리놀병원	051-461-2471	✓				✓
진구	온종합병원	051-607-0114	✓				✓

대구광역시

지역	기관명	전화번호	입원	가정	자문	요양병원	보조활동
남구	대구가톨릭대학교병원	053-650-2642, 3431	✓		✓		✓
남구	영남대학교병원	053-620-4673			✓		
달서구	대구보훈병원	053-630-7310, 7343	✓	✓			✓
달서구	계명대학교 동산병원	053-258-6369			✓		
동구	대구파티마병원	053-940-7515	✓				
북구	칠곡경북대학교병원	053-200-2539, 2570, 2595	✓	✓	✓		
서구	대구의료원	053-560-9300, 9309, 9311	✓	✓			✓
수성구	사랑나무의원	053-217-9500	✓				
중구	계명대학교 대구동산병원	053-250-8588, 8585	✓	✓			✓

인천광역시

지역	기관명	전화번호	입원	가정	자문	요양병원	보조활동
남동구	가천대 길병원	032-460-3591, 8464	✓		✓		✓
남동구	봄날요양병원	032-464-9101				✓	✓
동구	인천광역시 의료원	032-580-6359	✓				✓
부평구	가톨릭대학교 인천성모병원	032-280-6205	✓	✓	✓		✓
서구	가톨릭관동대학교 국제성모병원	032-290-3633, 3618, 3619	✓	✓	✓		✓
중구	인하대학교의과대학부속병원	032-890-3744	✓		✓		✓

광주광역시

지역	기관명	전화번호	입원	가정	자문	요양병원	보조활동
광산구	광주보훈병원	062-602-6228, 6319	✓	✓			✓
남구	광주기독병원	062-650-5620	✓				
북구	천주의성요한의원	062-510-3152, 3071, 3073	✓				

대전광역시

지역	기관명	전화번호	입원	가정	자문	요양병원	보조활동
대덕구	대전보훈병원	042-939-0303, 0326	■	🏠			✚
중구	충남대학교병원	042-280-7629, 8542, 8546	■	🏠	👥		
중구	가톨릭대학교 대전성모병원	042-220-9004, 9754, 9419	■	🏠	👥		✚

울산광역시

지역	기관명	전화번호	입원	가정	자문	요양병원	보조활동
동구	울산대학교병원	052-230-1093, 1919, 1920	■	🏠	👥		
울주군	이손요양병원	055-780-3010				🏠	
울주군	정토마을자재요양병원	052-255-8406				🏠	

경기도

지역	기관명	전화번호	입원	가정	자문	요양병원	보조활동
고양시	국립암센터	1588-8110	■	🏠	👥		
고양시	국민건강보험 일산병원	031-900-3535, 3537, 3539	■	🏠	👥		✚
고양시	인제대학교 일산백병원	031-910-7805	■				✚
고양시	연세메디람내과의원	031-921-0111	■				
고양시	동국대학교 일산불교병원	031-961-8220, 1577-7000	■				✚
군포시	지샘병원	031-389-3892	■		👥		✚
군포시	남천병원	031-390-2073	■				✚
부천시	가은병원	032-667-0114				🏠	
부천시	가톨릭대학교 부천성모병원	032-340-2435, 2434	■	🏠			
성남시	분당서울대학교병원	031-787-2474			👥		
수원시	가톨릭대학교 성빈센트병원	031-249-7759, 7612, 7758	■	🏠	👥		✚
수원시	수원기독의원	031-254-6571	■	🏠			✚
수원시	아주대학교병원	031-219-7126, 6181, 6180	■	🏠	👥		✚
시흥시	새오름가정의원	031-313-9809, 031-314-9809	■	🏠			✚
안성시	경기도의료원 안성병원	031-8046-5335~6	■				
안양시	메트로병원	031-467-9880, 9825, 9977	■	🏠			✚
안양시	안양샘병원	031-467-9259, 9257, 9193	■	🏠	👥		✚
용인시	동백성루카병원	031-548-0010	■	🏠			✚
용인시	샘물호스피스병원	031-329-2970	■				✚
의정부시	경기도의료원 의정부병원	031-828-5461	■				✚
의정부시	가톨릭대학교 의정부성모병원	031-820-7001~3, 3355	■				
파주시	경기도의료원 파주병원	031-940-9338, 9218	■	🏠			✚

강원도

지역	기관명	전화번호	입원	가정	자문	요양병원	보조활동
강릉시	갈바리의원	033-644-4992	■	♠			
춘천시	강원대학교병원	033-258-9060, 9395	■	♠			

충청도

지역	기관명	전화번호	입원	가정	자문	요양병원	보조활동
천안시	단국대학교의과대학 부속병원	041-550-6892			🏥		
	천안의료원	041-570-7391, 7340	■	♠			
청주시	청주원광효도요양병원	070-7039-4982				👵	
	청주의료원	043-279-2716	■				
	충북대학교병원	043-269-7277, 7547	■	♠			
홍성군	홍성의료원	041-630-6330, 6350	■				

전라도

지역	기관명	전화번호	입원	가정	자문	요양병원	보조활동
군산시	전라북도 군산의료원	063-472-5850, 5851, 5871	■				
남원시	남원의료원	063-620-1233	■				
순천시	순천성가롤로병원	061-720-6070, 6056	■				✚
	순천의료원	061-759-9650	■				
익산시	익산성모병원	063-841-0718				👵	
	재단법인 원불교 원병원	063-843-3582	■				
전주시	전북대학교병원	063-250-2489, 2478	■	♠			
	엠마오사랑병원	063-230-5394, 5326	■	♠			✚
	예수병원	063-230-8173	■				
화순군	화순전남대학교병원	061-379-8714, 8768	■		🏥		
	전남제일요양병원	061-900-1161				👵	

	경상도						
지역	기관명	전화번호	입원	가정	자문	요양병원	보조활동
경주시	계명대학교 경주동산병원	054-770-9576, 9575	■				✚
김천시	경상북도 김천의료원	054-429-8457	■				
안동시	경상북도 안동의료원	054-850-6550	■				
양산시	양산부산대학교병원	055-360-4570, 4576	■	🏠			
진주시	경상국립대학교병원	055-750-9352, 9312	■	🏠			
진주시	진주성심메디컬의원	055-746-5538	■				✚
창원시	창원파티마병원	055-270-1650, 1649	■	🏠			
창원시	마산의료원	055-249-1542	■				
포항시	포항의료원	054-245-0271, 0275	■				✚
포항시	포항성모병원	054-260-8420	■				

	제주도						
지역	기관명	전화번호	입원	가정	자문	요양병원	보조활동
제주시	제주대학교병원	064-717-2365, 1507	■	🏠			

📚 참고문헌

국립암센터, 중앙호스피스센터(2021a). 호스피스 전문기관 서비스 제공 안내(6판). 국립암센터, 중앙호스피스센터.

국립암센터, 중앙호스피스센터(2021b). 한권으로 읽는 호스피스 · 완화의료 2019-2020. 중앙호스피스센터 연례보고서.

보건복지부(2022a). 권역별 호스피스센터 사업안내. 보건복지부.

보건복지부(2022b). 2022 호스피스 · 완화의료 사업안내. 보건복지부.

보건복지부, 국립연명의료관리기관(2021). 2021 연명의료결정제도 연보. 국립연명의료관리기관.

보건복지부, 중앙호스피스센터(2022). 호스피스 · 완화의료 안내 리플렛.

국립암센터, 중앙호스피스센터. www.hospice.go.kr/

제8장
호스피스 대상자별 실천 방법

   WHO(2016)의 통계에 따르면 전 세계적으로 400만 정도의 암환자들이 통증으로 고생하고 있으며, 해결될 것이라는 희망이 없는 극심한 통증은 개인의 일상생활과 다른 사람들과 관계를 가지면서 지낼 수 있는 능력을 발휘하지 못하게 함으로써 환자의 삶을 크게 손상시킨다. 호스피스 대상자가 경험하는 신체적 증상과 통증의 정도는 대부분 중등도 이상의 통증을 갖고 있으며, 신체적 쇠약, 정서적 파괴, 기능적 제한 등의 사회적 불능을 가져오며, 말기환자의 간호 요구 중 1위를 차지하는 부분이다.

   호스피스 대상자에게 나타나는 심리 문제는 매우 다양하지만, 그중에서 가장 큰 비중을 차지하는 것은 상실감, 두려움, 절망감이다. 첫째, 상실감(loss)은 인간이 의미 있고, 가치 있는 어떤 것을 박탈당하는 것으로 호스피스 대상자는 신체적·정서적·사회적 상실감을 체험하게 된다. 신체적 상실과 절망, 고립감, 자아존중감, 존엄성에 대한 위협에서 오는 정서적 상실, 사회적 접촉과 관계 감소, 역할 변화에서 오는 사회적 상실 등이다. 둘째, 죽음의 과정에 따른 두려움(fear)은 죽음이 미지의 것이라고 여기는 것, 고독, 가족과 친지상실, 자아 지배능력 상실, 통증, 주체성 상실, 퇴행 등이다(Pattison, 1974). 셋째, 절망감(despair)은 무력감, 무능감, 실망, 포기가 순환적으로 작용하는 연속적인 상태를 말한다.

이와 같이 호스피스 대상자의 욕구는 어떤 외적인 도움이나 활동을 필요로 하는 조건, 결핍, 고통을 의미하는 것으로 사회심리적인 특성은 다음과 같다(김분한 외, 2013).

- 미완성의 일을 완성시키고자 한다.
- 인간의 존엄성을 유지하면서 가능한 한 익숙한 장소에서 임종을 맞고 싶어 한다.
- 통증을 느끼지 않거나 가능한 한 통증을 덜 느끼고자 한다.
- 자신의 즐거웠던 과거를 회상할 기회를 가지려 한다.
- 좋은 인간관계를 유지하고자 한다.
- 유가족에게 닥칠 변화에 대한 대처를 계획하려 한다.
- 자신의 이야기를 조용히 들어주고 대화할 상대자를 필요로 한다.
- 사회적 고립을 두려워하고 피하려 한다.
- 주위 사람들의 진실성 있는 태도를 원한다.
- 성적 · 애정적 돌봄을 원한다.

호스피스 대상자의 선정 기준은 대부분 말기 대상자로 프로그램마다 조금씩 다르지만 거의 비슷한 기준을 가진다.

- 불치병으로 진단받은 자로 호스피스 돌봄이 필요한 자
- 의사로부터 6개월 정도 살 수 있다는 진단을 받은 자
- 의사의 동의가 있거나 의뢰된 자
- 대상자나 가족이 의사의 진단을 받아들이고 예후를 논의하여 통증 및 증상 완화를 위한 완화의료를 받기로 결정된 자
- 가족이나 친지가 없어 호스피스의 도움이 필요하다고 인정된 자
- 의식이 분명하고 의사소통이 가능한 자

1. 말기 대상자의 특성

호스피스 대상자들이 흔히 호소하는 증상들을 적절히 조절하면 85%가 편안하면서 의식이 명료하고, 10%가 적절하게 편안하면서 의식이 명료할 수 있으며, 4~5%에서만 어려움을 호소한다는 보고 내용을 보면, 말기 대상자의 증상을 조절하는 일이 얼마나 중요한지 알 수 있다. 그 외에도 호스피스 대상자는 고통과 미래에 대한 불확실성, 사랑하는 사람을 떠나야 한다는 사실 등으로 두려움을 겪게 되고, 사회적 고립, 가족과의 격리 등으로 외로움을 경험하며, 질병의 경과와 치료 과정 중에 나타나는 여러 가지 문제로 인해 조절력이 상실되는 것이 그들을 괴롭게 만드는 문제로 대두되고 있다. 따라서 그들의 존엄성을 유지하고, 환자와 관련된 결정에 참여하도록 배려하는 것이 필수적인 일이다(한국호스피스협회, 2013).

말기 대상자에서 주로 발견되는 증상들은 호흡곤란, 구강 내 출혈과 구강건조증, 변비, 오심, 구토, 수면장애, 욕창, 설사, 배뇨곤란, 발열, 림프부종, 탈수, 오한 등이다.

1) 말기 대상자의 증상

(1) 호흡곤란

호흡곤란은 숨이 가쁘거나 호흡하기 힘들어하는 증상으로 심하면 가슴에 통증을 호소하기도 한다. 이는 다양한 원인에 의해 나타나며, 통증이 호흡곤란을 약화시킬 수도 있다. 맥박이 빨라지고 피부가 차고 축축하게 느껴지는 현상을 보이게 되며, 심한 경우에는 귓불, 입술, 손톱에 청색증이 나타나게 된다.

호흡곤란은 대상자나 가족에게 모두 심각하고 고통스러운 것으로, 암과 연관된 경우(흉막삼출액, 기관지가 눌린 경우, 무기폐, 기흉, 뇌전이), 치료의 부작용(수술, 방사선치료, 항암제), 암과 별개의 동반되는 질환(폐색전, 빈혈, 감염, 울혈성 심부전, 만성폐쇄성 폐질환), 정신사회적 요인(불안, 공황장애) 등이 원인이 된다.

임종이 가까웠을 때는 심장에서 장기로 가는 순환이 감소하여 호흡이 불규칙하게 되므로, 빠르거나 느린 호흡을 하게 된다.

호흡곤란 시 주의사항

- 상체를 지지하여 앉은 자세를 유지하도록 한다.
- 호흡곤란이 멈추지 않으면 베개로 지지하고, 팔을 탁상에 편안히 놓아 엎드린 자세로 머리를 약 간 숙인다.
- 코로 산소를 공급하거나 젖은 물수건을 이용해 습한 공기를 제공한다.
- 창문을 열어 찬 공기를 쐬거나 촉촉한 천으로 얼굴을 닦아 준다.
- 음악을 듣거나 그림을 그려 기분을 전환하게 하여 호흡곤란 증세를 감소시키도록 한다.
- 입을 오므려 숨을 내쉬고 천천히 규칙적으로 깊게 숨을 쉬게 하여, 호흡곤란을 줄이는 숨쉬기를 하게 한다.

출처: 국립암정보센터(2022).

호흡곤란 시 도움을 줄 수 있는 보조요법

- 호흡요법: 대상자를 안심시킨 상황에서 호흡을 깊고 길게, 가능하면 복식호흡을 함으로써 폐활 량을 최대한으로 늘릴 수 있다.
- 이완요법: 불안에 의한 과호흡증이 발생할 수 있으므로 항불안제와 이완요법을 같이 하면 효과 적이다.
- 산소요법: 처방된 용량의 산소를 삽입한다. 가정에서는 산소발생기를 구입하거나 대여하여 이용 한다.

출처: 국립암정보센터(2022).

(2) 구강건조증

구강건조증은 말기암환자의 30% 정도 발생하는 증상이다. 구강의 침 분비가 감소하거나 구강점막의 상처, 탈수, 불안, 우울 등의 신체적 요인과 항불안제, 항히스타민제, 항콜린제, 수면제, 이뇨제 등 약물에 의한 요인으로 발생할 수 있다. 구강건조증이 나타나게 되면, 음식을 씹고 삼키는 데 더욱 힘들어지게 되므로 음식을 먹는 방법을 바꿔야 한다.

구강건조증 예방 수칙

- 침의 생성을 증가시키기 위해 무설탕의 단단한 껌, 사탕 등을 먹도록 한다.
- 매일 양치질을 해 주고 환자 스스로 양치질이 어려운 경우 거즈 등으로 매일 두세 차례 구강을 닦

아 준다.

- 물을 조금씩 수시로 섭취한다.
- 얼음을 잘게 쪼개거나 신 과일을 얼려 입에 물고 있도록 한다.
- 입술을 항상 촉촉하도록 입술 보습제를 사용한다.
- 입안에 통증이 있거나 삼키지 못할 경우 자극적인 양념은 피하고 부드럽게 조리한다.
- 먹기 좋은 음식: 밀크셰이크, 스프, 으깬 감자, 바나나, 흑임자죽, 치즈, 복숭아, 반숙계란, 배, 수박, 푸딩 등
- 피해야 할 음식: 오렌지, 자몽, 귤, 생야채, 마른 빵, 토스트 등

출처: 국립암정보센터(2022).

(3) 변비

변비는 말기 대상자들이 자주 경험하게 되는 증상이다. 이들은 개인적으로 혼자 움직일 수 없는 상황이기 때문에 배변을 뒤로 미룬다. 또한 이로 인해 대부분의 대상자가 침대에서 생활하는 경우가 많다보니 활동량이 적어지게 된다. 이에 변비가 생길 뿐만 아니라, 수분과 섬유질 섭취가 부족한 경우나 배변 시 항문통증 혹은 장폐색, 자율신경계의 기능장애와 같은 의학적 원인으로 발생할 수 있으며, 마약성 진통제와 같은 약물 사용 등과 관련된 변비도 나타난다.

대부분의 대상자는 일주일에 두 번 정도 배변상태를 확인하여, 세 번 정도의 배설을 하도록 하여야 한다. 식사는 섬유질이 많은 음식이 좋고, 채소와 싱싱한 과일을 섭취하는 것도 좋다. 이를 예방하기 위해서는 완화제를 적당히 사용하는 것이 좋다. 장기간 마약제를 사용하는 환자의 경우라면 만성 복통, 오심과 구토, 복부 팽만, 변비, 가성 장폐색증, 식욕부진을 일으키는 마약성 장 증후군(narcotic bowel syndrome)이 생길 수 있으므로 마약성 진통제를 사용할 때는 반드시 완화제를 함께 사용하여야 한다.

변비 예방 수칙

- 대상자가 배변을 잘하는지 주의 깊게 관찰한다.
- 가능하다면 육체적 활동과 식사량을 늘리도록 한다.
- 섬유질이 많은 음식(예: 곡식류, 생채소, 과일 등) 섭취를 권장한다.

- 걷기 운동을 권장하며, 누워 있는 경우 배를 시계방향으로 문질러 주면 장운동에 도움이 된다.
- 규칙적인 배변 습관을 갖도록 한다.

출처: 국립암정보센터(2022).

(4) 오심, 구토

말기 대상자에게 있어서 오심과 구토는 흔한 증상이다. 구토는 때때로 나타나는데 일반적으로 구토보다 오심이 환자에게서 더 큰 괴로움을 준다. 이러한 증상들은 초기부터 치료가 필요하며, 비교적 쉽게 조절된다.

구토는 매스꺼움과 함께 나타나며 치료, 음식 냄새, 위장의 가스, 운동, 병원과 같은 환경으로 인해 유발된다. 매스꺼움이 조절되면 구토 또한 예방할 수 있고, 이완운동이나 약물치료를 통하여 매스꺼움을 경감시킬 수도 있다.

음식 섭취 시 주의 사항

- 천천히 적은 양을 자주 먹도록 한다.
- 음료나 음식은 차게 먹도록 한다.
- 심호흡을 하거나 입에 얼음 조각을 넣고 있으면 진정된다.
- 환자에게 언제, 무엇을 먹고 싶은지 선택하도록 하고, 강요하지 않는다.
- 식후에는 잠시 쉬도록 하며, 식사 후 한 시간 정도 똑바로 앉아서 휴식을 취하도록 한다.
- 식사 장소는 음식 냄새가 나지 않고 환기가 잘 되는 장소여야 한다.
- 아침에 매스꺼움을 느낀다면 일어나기 전 토스트나 크래커를 먹도록 한다.
- 언제 매스꺼움을 느끼는지, 어떤 원인인지 알아두도록 한다.
- 구토가 일어나면 멈출 때까지 음료나 음식을 먹지 않도록 한다.
- 지속적으로 구토를 하는 경우는 수분 공급과 전해질을 균형을 유지하기 위해 정맥주사나 피하주사를 맞도록 한다.

출처: 국립암정보센터(2022).

(5) 수면장애

수면장애는 신체적 증상과 심리사회적 · 영적 증상이 있다. 신체적 증상으로는 통증, 호흡곤란, 기침, 오심, 구토, 가려움증, 빈뇨, 야간성 근경련 등이 있으며, 심리사회적 · 영적 증상에는 불안, 우울, 근심, 갈등, 죽음에 대한 공포, 영적 고통 등이 있다. 이러한 증상이 나타나는 대상자에게는 그 원인을 파악하여 제거해 주는 것이 바람직하며, 호스피스팀의 전인적인 접근을 통해 증상들을 관리하여 편안하게 수면을 취할 수 있도록 해야 한다.

(6) 욕창

욕창은 앉아 있거나 누워 있을 때 몸무게가 바닥, 침대 또는 다른 표면과 접촉하여 피부와 조직에 압력을 주게 되어 나타나는 증상이다. 임종이 가까워질수록 환자는 거동이 불편하게 되고 누워서 지내는 시간이 많아짐에 따라 움직임이 자유롭지 못하다. 대상자 스스로 자세를 바꾸기 어렵고, 장기간 침대생활을 하기 때문에 상황을 스스로 조절할 수 없게 되므로 욕창이 발생하게 되는 것이다. 압박받은 부위의 피부가 붉게 변하고 갈라지거나 물집이 생기기도 한다. 물집으로 인해 벗겨진 상처에 통증을 호소하게 된다.

욕창 관리 수칙

- 통증으로 인해 움직임에 어려움이 있으므로 통증을 조절해야 한다.
- 식욕부진과 악액질증후군이 있는 경우 욕창이 발생하기 쉬우므로 생선, 치즈, 참치, 우유, 계란 등 고단백 음식을 섭취하여 영양부족에 주의한다.
- 소변이나 대변으로 더러워진 옷은 즉시 갈아입히고 그 부위를 건조하게 한다.
- 휠체어를 탔을 때는 20분마다, 침상에서는 2시간마다 자세를 바꿔 준다.
- 피부를 부드럽고 유연하게 하기 위해 피부 보습제를 발라 준다.
- 피부는 문지르지 말고 가볍게 두드린다.
- 과도한 수분 손실은 피부에 손상을 주며 세균감염의 위험을 높이게 되므로 충분한 수분 섭취를 하도록 한다.
- 침대 시트는 주름이 없도록 팽팽하게 잡아당겨 깔고 자주 갈아 준다.
- 베개로는 항상 상처와 그 주위를 보호하게 하고, 팔꿈치와 발꿈치에 패드를 대 준다.
- 공기펌프 매트리스나 물 매트리스를 활용하여 압력을 최소화하도록 한다.

출처: 국립암정보센터(2022).

(7) 설사

설사란 묽은 변을 하루 3번 이상 보는 경우를 말하지만 환자에 따라 차이가 있다.

말기암환자의 5% 정도에서 생기며, 호스피스 병동에 입원한 환자에서는 7~10% 정도 발생한다. 심한 경우가 아니면 대상자들은 변비로 고통받을 때의 기억이 있어서 불편함을 잘 느끼지 못한다. 설사는 원인 치료가 중요한데, 일반적으로 가장 많은 원인은 하제 사용이다. 보통 하제를 중단한 후 24~48시간이 지나면 자연적으로 없어진다. 분변 매복(fecai impaction)과 장 폐쇄가 생길 수 있는데, 설사를 하는 환자의 경우에는 과거력과 신체적 검사를 통해 원인이 무엇인지를 사정하고, 수지 관장을 통해 분변 매복을 제거해야 한다.

설사 시 주의사항

- 소화기관을 자극할 수 있는 생과일, 채소, 튀긴 음식, 카페인, 알코올이 들어 있는 음식은 피하도록 한다.
- 금기가 아닌 경우 하루 1~2리터의 수분을 섭취하도록 한다.
- 배변 후 순한 비누로 회음부 주위를 깨끗이 닦은 후 맑은 물로 헹구어 내고 가볍게 두드려서 말리도록 한다.
- 항문 주위의 피부 손상 시 피부 보호용 연고 등과 같은 보습 크림을 바르고, 필요 시 처방된 국소마취 연고를 바른다.
- 충분히 휴식하도록 하며, 불편감 완화를 위해 좌욕을 시행한다.

출처: 국립암정보센터(2022).

(8) 배뇨곤란

배뇨곤란의 증상으로는 주로 요실금과 요로폐쇄가 있다. 이 증상이 일어나는 원인에 따라 치료하는 것이 좋지만, 임종에 가까워질수록 소변줄을 사용하는 것이 가장 좋은 방법이다. 요로폐쇄로 인한 증상으로는 빈뇨, 긴박뇨, 야뇨, 가늘어진 배뇨가 있으며, 배뇨곤란, 방광감각 손실, 배뇨 간격의 증가 및 감소된 긴박감은 방광근육 혹은 신경의 이상에 의한 것들이 있다. 요실금은 본인의 의지와는 상관없이 느끼게 되고, 자존심에 상처를 입게 된다. 자주 옷이나 침상이 젖고 냄새가 나기 때문에 무기력감을 느끼게 되고, 자존심에 상처를 입게 된다. 그러므로 원인에 따른 처방과 피부 관리 및 돌봄 제공자의 세심한 배려가 필요하다.

요로폐쇄는 주로 남자에게서 나타나는 증상이다. 이는 폐쇄적 요로병증이 발생하며, 심할 경우는 방광 손상과 신부전증이 발생할 수도 있다. 전립선 비대증에 의한 경우에는 도뇨관 삽입, 도뇨관 사용과 약물요법이 효과적이나, 1~2주 치료에도 효과가 없으면 장기적 도뇨관 삽입, 간헐적 도뇨관 삽입, 수술 치료 등을 고려해 볼 수 있다.

배뇨곤란 시 주의사항

- 소변의 양, 농도, 복통 등 동반 증상이 없는지 확인한다.
- 잠재적인 분변 막힘 등으로 인하여 요로 정체가 올 수 있으므로 분변 매복(딱딱한 대변이 직장 내 꽉 차는 현상) 상태를 확인한다.
- 발열, 소변의 악취나 탁함, 소변 색깔의 변화 혈뇨 등이 나타날 경우 혹은 12시간 이상 소변을 보지 못한 경우에는 의사와 상의한다.

출처: 국립암정보센터(2022).

(9) 발열

말기 대상자에게서 나타나는 열은 감염, 종양, 환경, 약물 등 여러 가지 이유에 의해서 발생할 수 있다. 다른 원인 없이 종양 자체에 의해서 발생하는 경우는 5~7% 정도를 차지한다. 림프종 환자에게서 주로 열이 발생하지만, 그 외 백혈병, 간암, 점액종, 골원성 육종 등에서도 발생할 수 있다. 필요 시 해열제를 사용한다.

발열 예방 수칙

- 38℃ 이상의 체온이 하루 이상 지속되는 경우 의료인과 상의하고, 처방받은 해열제나 항생제를 복용한다.
- 이마에 찬찜질을 해 준다.
- 4시간마다 체온을 측정한 후 의료인의 요청이 있는 경우 알려 준다.
- 열을 내리기 위해 얼음 목욕이나 알코올 목욕을 해서는 안 된다.

출처: 국립암정보센터(2022).

(10) 림프부종

림프부종은 림프관의 이상에 의해 단백질이 비정상적으로 축적된 경우로 부종과 만성염증으로 조직의 팽창을 유발하는 것이다. 그 원인에는 선천적 이상, 감염 수술, 방사선 치료 등에 의한 림프액 이동의 이상이 있다. 림프부종은 초기에는 피부가 팽창하고 부으면서 불편함, 무거움, 긴장되고 화끈거리는 느낌 등을 호소하게 되기도 한다. 심한 정도에 따라 상피증(elephantiasis), 측부혈관 확장 등이 관찰되기도 하며, 심한 통증이 동반된 경우에는 부종 이외에 다른 뼈로 전이, 신경 눌림, 심부정맥 폐쇄, 심부정맥 혈전 등의 이른 이유가 있는지도 생각해 보아야 한다.

림프부종 예방 수칙

• 감염이나 손상을 피하고 조직에 압력을 피한다.
• 너무 꼭 끼는 옷은 입지 않는다.
• 과다한 활동을 피한다.
• 전기면도기를 이용한다.
• 열을 피하고, 피부 통합성을 잘 유지한다.
• 적정 체중을 유지하고 규칙적으로 운동한다.
• 보조기는 가벼운 것을 이용한다.
• 여행을 할 때는 미리 계획을 수립한다.
• 먹는 습관을 바꾼다.

출처: 국립암정보센터(2022).

(11) 탈수

탈수는 어떤 원인으로 체내 수분이 상실되어 혈관내액, 간질액, 세포내액 등의 감소가 일어난 상태로 수분섭취 부족과 발열·설사·구토 등에 의한 체액 상실이 주요 원인이다. 수분과 전해질의 상실 비율로 저장성 탈수, 등장성 탈수, 고장성 탈수로 크게 나뉘는데, 저장성은 수분과 나트륨의 상실, 고장성은 수분의 상실이 주가 되고, 등장성은 수분과 전해질이 세포외액과 같은 비율로 상실된 상태가 된다.

평소 갈증을 느끼는 고장성 탈수 상태가 되는 경우가 많은데, 이뇨제의 투여, 식사섭취 부족, 설사나 구토 등으로 인해 잠재적으로 저장성 탈수가 생기는 경우도 있다. 특히 스스로 음수행동을 할 수 없는 유아, 배설에 신경을 쓰거나 곁에 있는 사람에게 미안함을 느껴 절식·절수하는 고령자는 만성적으로 수분 결핍 상태가 되기 쉽기 때문에 매일 수분 균형을 파악하면서 잠재적 위험성을 예상해 대처해야 한다.

(12) 오한

오한이란 고열을 동반하여 일어나는 인체의 불수의적인 근육수축을 말한다. 오한은 단순한 추운 느낌과 반드시 구분해야 한다. 오한은 여러 원인에 의해 일어나는 생리적 반사 반응의 하나이며, 때때로 중요하고 심각한 인체의 감염을 뜻하므로 가볍게 넘겨서는 안 된다. 오한은 주로 소아에서 관찰되며, 노인에서는 덜 나타나는 경향이 있다.

오한은 보통 세균 감염과 연관되어 있으며, 바이러스성 인플루엔자를 제외하고는 일반적인 바이러스나 클라미디아, 곰팡이 감염과는 연관성이 적다. 오한을 일으키는 질환으로는 균혈증, 뇌수막염, 담관염, 농양, 바이러스성 인플루엔자 감염, 급성 신우신염, 세균성 폐렴, 말라리아 감염, 티푸스가 있다. 특히 폐렴구균 폐렴, 렙토스피라병, 혈전정맥염, 브루셀라 중에 오한이 동반되는 경우가 많다. 비감염성 질환이면서 오한과 열을 동반하는 질환에는 신장암, 임파종, 과도한 해열제 사용 등이 있다.

(13) 임종이 임박한 경우의 증상

대상자에 따라서 임박한 증상 중에 한두 가지 혹은 여러 가지 증상이 복합적으로 나타날 수 있으며, 아무런 증상이 나타나지 않는 경우도 있다. 그러므로 대상자와 가족에게 신체적 · 정서적 · 영적 증상 관리를 위한 돌봄을 끊임없이 제공해야 한다.

- 신경 반사의 소실로 움직일 수 없게 된다.
- 식욕이 감소하고 삼키지 못한다.
- 호흡은 점차 빨라지며, 무호흡과 과소 환기의 특성을 지닌 체인 스톡스호흡이 나타나고, 심한 질식 상태도 나타날 수 있다.
- 피부는 차고 축축해지며 창백하다.
- 맥박은 약해지고 빨라지며 불규칙하고 혈압은 떨어진다.
- 동공이 확대된 상태로 고정된다.
- 체온이 떨어진다.
- 소변의 양은 감소하고 대소변의 실금이 나타난다.
- 통증이 있었던 경우에는 대개 통증이 경감된다.

생명이 유지되는 동안은 고귀한 인격체로서 생을 마감하는 단계인 임종 단계에 이르렀을 때조차도 인간의 권리는 존중되어야 한다. 치료를 받을 권리나 치료를 거부할 권리도 임종자에게 있다. 임종자도 한 인간으로서 존중받는 가운데 삶을 마감할 수 있도록 모든 권리를 임종 당사자에게 부여해야 한다. 임종자의 권리는 인간의 존중을 담고 있다. 국립암정보센터(2022)에서 제공하는 임종자의 권리와 말기 대상자를 돌보는 방법은 다음과 같다.

임종자의 권리(The Dying Person's Bill of Right)

- 나는 내가 죽는 날까지 살아 있는 인간으로서 대우받을 권리가 있다.
- 나는 상황이 어떻게 변하더라도 희망을 유지할 권리가 있다.
- 나는 상황이 어떻게 변하더라도 희망을 가진 자에 의해 간호받을 권리가 있다.
- 나는 죽음이 다가옴에 따라 내 방식대로 나의 감정과 느낌을 표현할 권리가 있다.
- 나는 나의 돌봄에 관한 의사결정에 참여할 권리가 있다.
- 나는 '치료(cure)' 목적이 '안위(comfort)'의 목적으로 변화할지라도 계속적인 의료와 돌봄의 관심을 기대할 권리가 있다.
- 나는 홀로 죽지 않을 권리가 있다.
- 나는 통증으로부터 해방될 권리가 있다.
- 나는 나의 질문에 대한 정직한 대답을 들을 권리가 있다.
- 나는 기만당하지 않을 권리가 있다.
- 나는 나의 죽음을 수용하는 데 있어 나의 가족을 위해서, 가족으로부터 도움을 받을 권리가 있다.
- 나는 평화와 존엄성을 가지고 죽을 권리가 있다.
- 나는 다른 이들의 신념에 반대되는 결정에 대해 판단받지 않고 나의 개별성을 유지할 권리가 있다.
- 나는 다른 이들에게 이것이 무엇을 의미하든 나의 신앙과 영적 경험을 충족시키고 토의할 권리가 있다.
- 나는 인간 육체의 성스러움이 죽은 후에도 존중될 것을 기대할 권리가 있다.
- 나는 내가 죽음에 직면하도록 돕는 데 만족을 느끼며 나의 요구를 이해하는 민감하고 지각 있는 사람에 의해 돌봄을 받을 권리가 있다.

출처: 국립암정보센터(2022).

> **말기 대상자를 돌보는 10가지 길**
>
> - 대상자와 함께 있어 주기
> - 대상자의 자율성을 존중하기
> - 대상자가 적극적으로 살며 스스로 성장할 수 있도록 격려하기
> - 대상자가 죽음이라는 드라마에서 주인공이 되고 적극적 역할을 하도록 돕기
> - 대상자가 존엄하게 죽을 수 있도록 돕기
> - 대상자가 자신의 삶을 검토하여 갈등을 해결하고 존엄성을 유지하도록 돕기
> - 대상자의 통증이 조절되도록 돕기
> - 대상자가 유머감각을 키우고 웃을 수 있도록 돕기
> - 사후세계의 가능성애 대해 생각할 수 있도록 돕기

출처: 국립암정보센터(2022).

2. 노인 대상 호스피스

1) 노인 대상 호스피스의 정의

인간은 누구나 회복될 수 없는 만성질환이나 죽음에서 자유로울 수 없으며, 막상 이러한 죽음을 어떻게 맞이할 것인가에 대하여는 두려워하고 불안해한다. 그리고 죽음 후의 내세에 대한 공포 등으로 질병 자체보다 더 많은 정신적인 스트레스를 받게 되는데, 특히 죽음에 직면하는 당사자뿐만 아니라 가까운 사람과 이별해야 하는 가족이나 주변 사람의 괴로움과 고통 또한 만만찮은 것으로 보고 있다. 실제로 죽음에 대한 태도는 개인이 가지고 있는 가치관, 종교관, 신념 등에 따라 달리 정의되고 있으며, 대부분 인간은 죽음에 대하여 개인적인 차이는 있지만 두려움과 불안, 공포는 공통된 것으로 밝혀지고 있다. 이러한 죽음에 대한 두려움, 불안, 공포를 최대한 줄이며 죽음을 삶의 과정으로 인식하고 편안한 죽음을 맞이할 수 있도록 돕는 것이 호스피스이다. 특히 노인은 질환(각종 질병과 암 등)으로 죽음을 맞는 경우도 있지만 나이가 들어 자연스럽게 생명을 다하는 정상적인 과정도 흔히 발견할 수 있다. 이런 의미에서 노인에게 준비된 죽음을 맞이하도록 하는 노인 대상 호스피스는 반드시 필요하다.

2) 노인 대상 호스피스의 유형

구분	병원호스피스	가정호스피스	시설호스피스
대상자	지역사회노인	재가노인	시설, 재가노인
질병형태	급성	급성, 만성	만성
가족상황	관계없음	가족이 중요	부양자의 부재
경제상황	지역사회노인	저소득층노인, 일반노인	기초수급권노인, 저소득층노인

출처: 가톨릭대학교 호스피스교육연구소(2006).

3) 말기 노인 대상자에 대한 이해

연령이 증가함에 따라 신체 각 기관의 조정능력이 쇠퇴하게 되어 신체적 · 생리적인 변화가 있게 된다. 여러 신체적인 변화로 감각 및 지각 기능, 정신 기능에도 변화가 오게 되며, 이로 인하여 노인 특유의 심리적 특성을 지니게 된다. 노인의 사회적 지위와 역할의 변화로 개인에 따라 다소 차이는 있지만, 신체적 · 심리적 · 사회적 측면에서 다음과 같은 공통적인 특성이 있다(김분한, 2013).

(1) 신체적 특성

노인의 신체 기능은 연령의 증가와 함께 서서히 저하되어 간다. 말기 노인의 대부분은 전체적으로 원기가 없고, 표정의 활기가 상실되어 있으며, 움직임 역시 적어진다. 또한 목소리는 작아지고, 식욕이 저하되고, 암 등의 질환을 제외하고 심한 통증이 있는 사람은 적고, 오히려 불안과 적막감 때문에 아픔을 호소하는 경우가 많다. 또한 말기 노인에게서는 호흡곤란, 메스꺼움, 구토, 설사, 변비 등의 증상을 보이는 경우도 많다.

① 세포의 노화현상

뼈와 근육이 위축되어 등이 굽고, 키가 줄어 들며, 피하지방이 감소하여 전신이 마르고 주름이 많아진다.

② 면역능력의 저하

잠재하고 있던 질병이 나타나거나, 질병이 발생할 경우 급격하게 상황이 악화되어 죽음을 맞기도 한다.

③ 잔존능력의 저하

신체 조직의 잔존능력이 저하되고, 적응력이 떨어져 일상생활에서 어려운 상황이 발생할 수 있다.

④ 회복능력의 저하

만성질환이 있는 노인은 다른 합병증이 쉽게 올 수 있어 사소한 원인으로도 중증에 이를 수 있다.

⑤ 비가역적 진행

노화는 점진적으로 일어나는 진행성 과정이며, 인간의 노력으로 노화의 진행을 막을 수 없다.

(2) 심리적 특성

사회심리적으로 고립과 소외를 경험하게 되고, 이러한 변화들에 대한 적응능력 역시 저하되어 욕구불만이 쌓이고 이에 반응하는 노인 특유의 성향이 생성된다. 노인은 일반적으로 우울해지는 경향, 의존성, 조심성, 내향성, 경직성의 증가, 생에 대한 회고의 경향, 친근한 사물에 대한 애착심 증가, 유산을 남기려는 경향 등 성격 변화의 특성을 가지고 있다.

① 우울증 경향의 증가

우울증에 빠진 노인은 불면증, 식욕부진, 체중 감소 등과 같은 신체적인 증상을 호소하고, 기억력이 저하되고, 흥미와 의욕을 상실하는 등의 심리적 증상을 겪게 된다.

② 의존성의 증가

신체적 기능이 저하되면서 신체적으로 의존하게 되며, 임금 노동자로서의 역할을 상실함에 따라 경제적으로 의존하게 된다. 중추신경조직이 퇴화됨으로 인해 정신적으로도 의존하게 된다. 중요한 사람을 상실하게 되면서 사회적 · 심리적 · 정서적으로 다른 사람에게 더 의존하게 된다.

③ 조심성의 증가

나이가 들수록 조심성이 증가한다. 일의 결과를 중시하기 때문에 조심스럽게 행동한다는 의견이 있으며, 시청각 · 지각 능력이 감퇴하고 자신감이 감퇴하기 때문에 조심성이 증가한다는 의견이 있다. 나이가 들수록 질문이나 문제에 대해 대답을 할지 망설이거나 하지 못하며, 때에 따라서는 중립을 지키며, 결단이나 행동이 느려지고 매사에 신중해진다.

④ 생에 대한 회고의 경향

자신이 지나온 일생의 여러 요인들, 즉 가족 구성, 신체적 조건, 결혼, 취업, 직장생활, 부부생활, 성생활, 성역할 등을 떠올려 보게 되면서 지난 생에 대한 회상은 응어리졌던 감정을 해소하고, 실패와 조절에 담담해져 자아통합을 가능하게 하고, 다가오는 죽음을 평온한 마음으로 맞을 수 있게 한다.

⑤ 친근한 사물에 대한 애착심

오랫동안 자신이 사용해 오던 친근한 사물에 대해 애착이 강한데, 애착은 지나온 과거를 회상하거나 마음의 안락을 찾는 데도 도움을 준다. 친근한 사물에 애착을 보이는 이유는 자기 자신과 주변이 변하지 않고 유지되고 있다는 안도감 · 정서적 안정감을 느끼고, 세월의 흐름 속에서 자기정체감을 유지하려는 것이다.

⑥ 유산을 남기려는 경향

노인은 죽음의 필연성을 인식하고 생명이 유한하다는 것을 자각하면서 자신이 이 세상에 다녀갔다는 흔적을 후세에 남기고자 하면서 자신이 가치 있는 삶을 살았다는 것을 인정받고자 한다. 이러한 생각으로 노인은 혈육, 물질적 재산, 창조적 업적, 전통과 가치 등을 남기고자 한다.

(3) 사회적 특성

노인의 사회적 특성으로는 지위와 역할의 변화로, 즉 역할의 상실 및 지위의 저하를 들 수 있다. 경쟁시장에서 노동력의 노후화로 인해 평소 수행해 오던 역할을 상실하게 된다. 또한 은퇴 후 소득 감소로 경제적 빈곤을 겪게 되며, 상대적 무력감으로 가족과 사회와의 관계에서 소외와 고립감을 느끼게 된다(김분한, 2013).

① 역할 상실

노인에게 사회적 역할 변화가 생기는 대표적인 사건은 은퇴이다. 은퇴로 인해 사회적 역할을 상실할 뿐 아니라 가정 내에서도 가장으로서의 역할이나 어머니로서 가족을 돌보는 역할을 잃게 되어 심리적으로 위축된다.

② 경제적 빈곤

노인은 대부분 자신이 일하던 직장에서 퇴직하여 여가생활이나 새로운 일을 수행하게 된다. 노후소득을 위한 연금이나 노후자금이 없는 경우에는 경제적 빈곤에 놓이게 된다.

③ 유대감의 상실

노인은 직장에서 퇴직하면서 사회적 관계도 줄어들게 된다. 친척이나 친구 관계도 소원해지고, 그들과의 유대감도 줄어들거나 없어지게 된다. 단순화된 관계 속에서 노인은 고독감과 우울감이 증가하게 되어 자살을 하기도 한다.

④ 사회적 관계 위축

노인은 신체적 노화를 경험하면서 복합적이고 만성적인 질환을 갖게 된다. 고혈압, 당뇨 등의 만성질환은 다른 질환과 복합되어 나타나면서 신체적 기능을 쇠퇴시키고, 사회적 관계에서도 부정적으로 작용하기도 한다.

4) 노인의 임종 돌봄

노인의 임종 돌봄에서는 다음과 같은 몇 가지 건강요구를 고려해야 한다. 첫째, 생명유지에 필수적인 기능의 안정과 통합적인 기능을 촉진한다. 둘째, 기능이 악화되는 것을 조기에 정확히 파악하고, 이를 적절히 관리한다. 셋째, 고통을 주는 징후들을 완화시킨다. 넷째, 가족과 노인이 서로 적절한 관계를 유지하도록 돕는다. 다섯째, 죽음의 현실에 직면한 노인과 가족을 지지한다.

노인의 임종 돌봄 사정 시 요구 사항

- 연령, 성별, 교육 및 경제 수준
- 인종, 종교, 주거지
- 현재 주거 장소(병원, 집, 시설 등)
- 일상생활 양식, 대처 양식과 수준
- 생의 목표 충족 정도, 완수한 과업
- 미완성된 과업
- 과거 건강력: 질병, 통증 경험, 상실 경험, 친족이나 친구의 죽음 경험
- 현재 건강력
- 의존이나 독립에 대한 의지와 노력 정도
- 느낌과 생각을 표현하는 능력
- 표현에 대한 편안함 정도
- 죽음 선고 후 가족, 친지, 친구와의 관계 변화
- 영적 요구와 갈등 반응: 허무, 우울, 자아위험, 존재의미에 대한 의혹, 내세에 대한 기대 등

출처: 김분한(2013).

임종 노인을 위한 일반적인 돌봄 원칙

- 노인의 요구와 종교적 신념을 충분히 파악하고 비평하지 않는다.
- 희망을 불어넣고, 미래를 계획하도록 돕는다.
- 질문에 정직하게 답변하고 현재 상태에 대한 정보를 제공한다.
- 노인이 자신을 방어하고 에너지를 보존하는 데 필요한 만큼 부정할 시간을 허용한다.
- 정서 변화를 주의하여 관찰한다.
- 분노와 협상 단계를 잘 파악하고, 분노와 협상이 어떻게 표현되는지를 관찰한다.

- 의료인을 향한 분노를 개인적인 감정으로 받아들이지 않고, 감정이 투사될 수 있음을 인식한다.
- 안위를 도모하고 자주 접촉한다.
- 신체적 요구 충족에 유의한다.
- 통증, 불안, 우울 증상을 보이면 적절한 약물을 투여한다.
- 새롭게 발생하는 신체적 증상이나 심리적 문제에 주의를 기울인다.
- 노인과 가족이 임종과정에서 필연적으로 동반되는 우울에 대비하도록 돕는다.
- 아직 해결하지 못한 일들이나 갈등을 해소하도록 격려한다.
- 노인의 외로움을 이해한다.
- 장래를 준비하는 가족에게 적절한 정보를 준다.
- 가족이 감정을 환기시킬 수 있도록 허용하고, 노인의 사후에도 계속 가족을 지지한다.
- 유족에게 상담자나 지지 자원에 대한 정보를 제공한다.

출처: 김분한(2013).

3. 아동 · 청소년 대상 호스피스

1) 아동 · 청소년 호스피스의 정의

아동 · 청소년 호스피스는 생명을 위협하는 질환을 가진 만 18세 이하의 아동과 청소년 및 그 가족을 대상으로 아동 · 청소년의 마지막 삶의 여정을 동반하고, 아동 · 청소년의 죽음 이후 부모와 형제자매의 사별 슬픔의 과정을 돕는 것이다. 아동 · 청소년 호스피스는 대상자와 그 가족의 총체적 고통을 경감시켜 줌으로써 삶과 죽음을 잘 통합하도록 돕고, 아동 · 청소년의 죽음 이후 가족 구성원들이 사별 슬픔을 잘 치를 수 있도록 돕는 것을 목표로 한다(김분한, 2013).

2) 아동 · 청소년 호스피스의 대상

아동 · 청소년 호스피스의 대상은 말기 진단을 받은 아동 · 청소년과 그 가족이며 구체적인 내용은 다음과 같다.

- **연령**: 만 0∼18세
- **질환**: 생명을 위협하는 질환(암, 선천성 기형, 근신경계질환, 심맥관계질환, 대사성질환, 유전질환, AIDS)
- **예후**: 평균 약 1년 반 정도이나 그 이상인 경우도 많다.

3) 아동 · 청소년 호스피스에 대한 이해

아동 · 청소년 호스피스에서 돌봄은 다학제 간 접근을 통해 신체적 · 심리적 · 사회적 · 영적인 고통을 경감시키는 것을 초점으로 한다(문영임 외, 2004).

(1) 신체적 측면

신체적으로 통증이나 기타 불편감을 유발하는 다양한 신체 증상이 가능한 한 최소화되도록 돕는다.

(2) 심리적 측면

호스피스 대상 아동 · 청소년은 사회에서 격리된 채 병원이나 가정에서 오랜 기간 동안 투병하게 되면서 신체적으로 상태가 악화됨을 느끼게 되면, 분노, 절망감, 우울, 죄책감, 불안과 두려움 등 다양한 부정적 정서를 느끼게 된다. 또한 다가올 죽음과 연관하여 복합적인 심리 반응을 나타나게 된다. 이와 같은 정서를 발달단계에 맞게 적절히 표출할 수 있는 다양한 방법을 제공하여 감정을 표현하도록 돕는 것이 중요하다.

만 2세 이전의 연령에서는 자신의 자아나 상황에 대한 인식이 낮기 때문에 부모의 감정을 자신의 것으로 내재화하여 경험하는 경향이 높다. 만 2세 이후의 유아는 발단단계에 따른 다양한 혼란을 경험하게 되고, 특히 만 3∼6세에는 마술사고의 영향으로 인해 질병의 고통을 경험하는 것이 자신이 잘못된 일의 결과라는 생각을 가진다. 대처능력이 어느 정도 수립되는 만 10세 이상의 아동은 주위상황에 대한 이해도가 높고 질병의 고통과 죽음에 대해 보다 복잡한 정서를 지니고 있는 경우가 많으며, 이는 청소년기 연령에서 더욱 심화된다.

(3) 사회적 측면

투병 중에도 건강이 허락하는 한 학교생활이 가능하도록 돕는 것이 필요하며, 부득이한 경우에는 가정에서 학업이 지속될 수 있도록 학습지원을 하는 것이 중요하다. 또한 친구관계나 교사와의 관계가 지속될 수 있도록 미리 교사와 상담을 하거나 학급에서 교육을 통해 다른 학우들을 준비시켜 줄 수도 있다. 머리카락이 없는 것으로 인해 신체상이 저하되는 것을 예방하기 위해 가발을 지원하는 것도 필요하다. 경제적으로 도움이 필요한 경우에는 정부기관이나 여러 복지단체를 활용하여 경제적 부담을 경감시켜 주는 것이 필요하다.

(4) 영적 측면

만 7세 이상의 아동은 왜 자신이 이러한 질병에 걸리게 되어 고통을 받고 또 죽어야 하는지에 대해서 고통을 느끼며, 신이 과연 존재하는지, 혹은 있다면 왜 자신은 살려 주지 않는지, 왜 사랑해 주지 않고 버리는지에 대해 의문을 갖는다. 때로는 이러한 신에 대해 분노하고, 혹시 신이 존재하지 않는 것은 아닐까라는 생각도 갖게 된다. 특히 청소년기에는 신이 이러한 질병과 죽음을 자신에게 준 것의 의미를 발견하려고 하며, 나름의 의미가 느껴지는 경우에는 죽음에 대해 의연하게 받아들이려는 모습을 보이기도 한다. 아동은 성인에 비해서 영성이 맑고 순수하며, 이 세상에서 산 삶이 짧기 때문에 상대적으로 애착이 적을 수 있어서 천국에 대한 확신이 강한 경우에는 천국에 대한 소망 안에서 비교적 평안하게 죽음을 맞이하기도 한다.

4) 아동 · 청소년 호스피스의 특성

성인과 다르게 아동 · 청소년 대상 호스피스는 다음과 같은 특성을 가진다(한국호스피스협회, 2013).

(1) 아동 · 청소년 측면

• 아직 발달단계에 있기 때문에 삶, 죽음, 질병, 건강, 신 등에 대한 이해가 부족하다.
• 아직 삶을 충분히 살아 보지 못했다.

- 말을 통해 자신의 욕구나 감정 등을 충분히 표현할 수 없다.
- 부모나 자신에게 소중한 사람들을 보호하려는 성향이 있다.
- 자주 침습적인 시술을 받게 된다.

(2) 가족 측면

- 아동 · 청소년의 질병에 대한 정보를 아동 · 청소년에게 잘 알려 주지 않으려 한다.
- 가족을 살리기 위해 할 수 있는 모든 방법을 다 해 보려고 한다.
- 아동 · 청소년 이외의 다른 형제자매를 어떻게 돌보아야 하는지 혼란스러워한다.
- 집에서 돌보는 것보다 병원에서 돌보는 것이 낫다고 생각한다.
- 치료가 장기화하는 경향이 있기 때문에 경제적 어려움이 있다.
- 아동 · 청소년을 돌보는 부담을 덜고 싶어 한다.

(3) 전문인 측면

- 아동 · 청소년, 부모, 형제자매를 보호하려 한다.
- 아동 · 청소년의 생명을 구할 수 없는 것에 실패감을 느낀다.
- 아동 · 청소년의 인지 수준을 이해하는 능력이 부족하다.
- 질환의 전 과정에 대한 지식이 부족하다.
- 특히 어린 영아의 경우 통증관리 전반에 관한 지식이 부족하다.
- 아동 · 청소년의 죽음 후 자녀나 형제자매 사별 상담을 하는 것이 어렵다.

(4) 기관 측면

- 아동 · 청소년을 돌보는 데 전문인력이 많이 투입되어야 한다.
- 아동 · 청소년을 장기간 돌보아야 하는 경향이 있다.
- 특별한 전문지식과 기술이 요구된다.
- 입원 기준을 설정하는 일이 어렵다.

5) 아동·청소년과의 의사소통

진단된 병명이나 예후에 대하여 아동·청소년에게 알릴 것인가의 여부는 부모와 의사, 돌봄 제공자가 함께 결정하는 것이 좋다. 치료의 변경이나 중단 또는 치료 장소를 결정해야 하는 경우 여러 가지 정보를 주고 가족이 결정하도록 지지해 준다. 대부분의 아동은 가정에서 죽기를 원하며, 임종에 임박한 아동이 느끼는 불안은 적절한 정보가 없고, 걱정을 함께 나눌 기회가 부족할 때 격리감이나 두려움으로 나타나므로 좀 더 솔직하게 진단을 알려서 걱정을 함께 나눌 기회를 주어야 한다. 그러나 이러한 접근은 아동·청소년이 질문해 올 때 가능할 것이며, 가족의 요구나 자원, 가족의 대처능력을 고려하여 신중하게 선택되어야 할 것이다. 아동·청소년에게 질병을 치료하기 위해 가능한 모든 것을 시행하고 있으며 증상이 완화될 수 있다는 희망을 갖도록 노력한다.

아동·청소년과의 대화 시 솔직하게 말하게 하는 방법

- 자유롭게 말한다.
- 어른이 실수나 어리석은 행동을 하여 아동이 고쳐 주게 한다.
- 그림이나 인형을 사용한다.
- "이런 때 무슨 일이 일어날까?"라고 질문한다.
- 어른보다 더 확인을 필요로 한다.
- 설명할 때 추상적인 표현은 피한다.
- 감정의 변화가 크며 강하게 느낀다.
- 자기중심적이다.

출처: 한국호스피스협회(2013).

죽음을 앞둔 아동·청소년과의 의사소통 원칙

- 아동·청소년과 죽음에 대해 사실적으로 말하도록 한다.
- 아동·청소년이 자유롭게 이야기하도록 허용해 주고, 자신의 생각과 느낌, 질문사항을 자연스럽게 표현하도록 격려한다.
- 아동·청소년이 진정 걱정하고 있는 것이 무엇인지 파악한다(통증, 신체손상, 외로움).

- 비언어적 방법을 사용한다(연극, 미술, 음악, 시나 춤과 같은 표현 치료 방법).
- 대화의 기본 원칙에 신경을 쓰면서, 아동·청소년이 대화에서 주도권을 갖도록 최대한 배려한다.
- 아동·청소년은 자신의 경험의 한계 내에서 죽음에 대해 이야기할 능력이 있으므로 이미 알고 있는 사실이 무엇인지 알아보아야 한다. 즉, 자신에게 죽음이 어떤 의미인지 알아보도록 한다. 이때 비언어적 대화법을 활용할 수 있다.
- 돌봄 제공자는 죽음 개념에 대한 아동의 인지능력 사정자료를 기초로 부모가 자녀에게 죽음에 대한 정보를 주도록 돕는다.
- 아동·청소년이 무엇을 알고 싶어 하는지를 파악한다. 아동·청소년이 알고 싶어 하는 정보나 과정에 대해 체계적인 질문을 한다.
- 정보는 조그마한 단위로 묶어서 전달해야 하며, 아동·청소년의 수준에 맞게, 가능한 한 아동·청소년의 언어를 최대한 사용해서 전달해야 한다. 구체적으로 명확하게 죽음의 개념에 대해 말해 주도록 하며, 한 번에 모든 것을 다 이야기하려고 하지 않는다.
- 아동·청소년의 반응과 감정에는 세심하게 반응하지만, 아동·청소년으로부터 즉각적이고 분명한 응답을 원하기보다는 훌륭한 경청자와 관찰자가 되도록 한다.
- 아동·청소년의 장래 문제에 대해 다음 기회에 언제라도 토의할 수 있다는 사실을 알려 주면서 대화를 마무리 짓도록 한다.
- 설명한 내용을 아동·청소년이 제대로 이해했는지 수시로 확인한다.

출처: 김분한(2013).

6) 부모의 돌봄

아동·청소년 호스피스 팀원들은 아동·청소년이 생명을 위협하는 질환으로 투병하다가 더 이상 적극적인 치료가 효과가 없어서 앞으로 잔여 수명이 얼마 남지 않았다고 생각되는 경우, 아동·청소년의 부모, 아동·청소년의 형제자매가 아동·청소년과 함께 충만된 삶을 살 수 있도록 돕고, 이와 아울러 죽음 준비를 잘할 수 있도록 구체적으로 돕는다(Grollman, 2008).

(1) 부모가 경험하는 정서와 돕는 방법

모든 인간은 누군가 자신을 있는 그대로 수용해 주고 품어 줄 때 자신이 존중되고 사랑받는다는 것을 느끼게 되어 힘이 나게 된다. 특히 자신의 감정을 표현하고 가슴

속에 들어 있는 다양한 부정적 감정을 표현해 내도록 돕는 일은 매우 중요하며, 자신에게 고유한 방식으로 감정을 받아들이고 표현하는 것이 필요하다. 자녀가 말기 상황에 처했다는 것을 알게 된 부모는 다양한 정서와 기대감을 체험하게 되며, 이를 누군가에게 이야기하고 싶은 강한 욕구를 갖게 된다. 이러한 힘든 상황 속에 있을 때에는 너무나 혼란스러워 잠시 누군가의 도움이 필요할 수 있다.

부모는 자주 자신이 느끼는 부정적 감정을 자녀에게 보여도 되는지에 대해 궁금해한다. 부모가 자녀에게 자신의 감정을 있는 그대로 드러내는 것은 부적절하며 자녀에게 심리적인 부담을 준다. 그러나 자녀는 솔직하게 어느 정도 감정을 드러내는 부모를 통해 '사람은 감정을 가지고 있고 그 감정을 표현하고, 그것에 대해 이야기하는 것이 적절한 것'임을 배울 수 있다. 부모가 자신의 부정적 감정을 표현하고 이야기함으로써 자녀는 즐거운 시간도 다시 돌아올 것이라는 기대를 가질 수 있다. 자녀는 또한 사랑이란 좋을 때만 같이 하는 것이 아니라, 함께 힘든 시간을 견디어 내고, 그 힘든 시간 동안 서로에게 위안을 주는 것임을 배울 수 있게 된다.

(2) 자녀의 죽음 준비

자녀가 이 세상에서 태어나서 사는 동안 부모의 절대적인 돌봄을 필요로 해 왔듯이, 죽는 과정에서도 부모의 안내를 통해 이 세상을 마무리하고 새로운 세상으로 떠나갈 수가 있는 것이 부모의 절대적인 돌봄이다. 자녀가 죽음의 과정에 진입되어 있거나 혹은 진입할 것이 비교적 확실한 경우에는 가능한 한 존엄성을 유지하고 평안한 상태에서 죽음을 맞이하도록 돕기 위해 가족이 함께할 수 있는 공간을 선택하도록 독려하고, 만약에 심정지가 왔을 때에도 심폐소생술을 하지 않겠다는 것을 미리 결정해 놓도록 도움을 제공한다. 부모로서 이러한 결정을 내리는 일은 가장 힘든 일일 수가 있다. 따라서 충분히 지지하면서 서서히 숙고해 갈 수 있도록 도움을 주어야 하며, 부부간에 충분한 대화를 거치도록 도와야 한다. 무의미한 연명치료의 중단의 범주에 대한 부분은 각 대상자에 따라 다를 수 있으므로 개별화된 접근을 통해 충분한 상담을 거쳐 최종적인 결정에 이르도록 도움을 주어야 한다.

7) 아동 · 청소년 호스피스의 팀 접근

아동 · 청소년 호스피스도 성인 호스피스와 마찬가지로 다학제 간 팀 접근을 통해 다양한 방식을 돌봄을 제공하게 되지만, 아동 · 청소년 호스피스의 특성상 대상자나 그 형제자매가 아동 · 청소년의 발달기에 있기 때문에 발달단계에 적합한 돌봄을 제공할 수 있는 전문인, 그리고 이러한 돌봄의 주체가 부모이기 때문에 부모를 상담하는 전문인이 요구된다.

아동 · 청소년의 삶 전문가는 대상자와 그 형제자매를 대상으로 발달단계별 특성을 고려하여 놀이요법, 음악요법, 미술요법, 동작요법, 독서요법 및 애완동물요법을 통해 정보제공, 정서적 지지, 즐거움 제공 및 내면 치유를 돕게 된다.

가족상담사는 위기상황에 처한 가족 구성원 중 특히 부모에 초점을 맞추어 필요한 정보제공과 상담을 제공함으로써 부모에게 힘을 실어 주고 현실을 새롭게 재구성하도록 돕는 일을 하게 된다. 이와 같이 가족이 하나의 팀으로 응집력과 결속력을 가지고 위기상황에 대처해 나아가게 될 때 대상자의 형제자매는 이러한 경험 속에서 사랑이 무엇인지 배우게 되고, 가족의 기능이 무엇인지를 실제적으로 체험함으로써 이러한 경험을 긍정적으로 자신의 삶에 통합하게 되어 정서적으로 성숙하는 계기가 될 것이다.

아픈 자녀의 상태가 말기 상황으로 이행될 때, 부모는 슬픔, 무력감, 분노, 후회, 죄책감, 수치심, 불안과 두려움 등의 다양한 부정적 감정에 휩싸이게 된다. 이러한 때에 가족상담사는 부모가 경험하는 다양한 부정적 감정을 수용해 주고, 강점을 찾아 극대화할 수 있게 격려함을 통해 내면의 힘을 찾아 어려운 여정 소거에서도 용기를 갖고 자녀를 돌보며, 자녀에게 죽음이 임박했을 때 아동 · 청소년이 존엄성을 유지한 채로 죽음을 맞이할 수 있도록 돕는다. 또한 이러한 과정에서 가장 서로에게 힘이 되어 줄 수 있는 부부간의 친밀도를 높이고, 호혜관계를 통해 부담감을 공유함으로써 위기상황에 잘 대응하도록 돕는다. 이러한 정서적 지원과 사회적 지지자원의 극대화는 결국 부모의 대응능력을 고취시키게 되어 의사결정을 지혜롭게 잘할 수 있게 되며, 아울러 아픈 아동 · 청소년과 그 형제자매를 돌보는 일을 잘 해낼 수 있게 된다(문영임 외, 2004).

📚 참고문헌

김분한(2013). 호스피스 총론. 포널스출판사.

문영임, 박호란, 구현영, 김효신(2004). Effects of behavioral modification on body image, eepression and body fat in obese Korean elementary school children. 연세대학교 의과대학, 45(1), 61-67

가톨릭대학교 호스피스 교육연구소(2006). 호스피스 완화간호. 군자출판사.

국립암정보센터(2022). 말기환자의 호스피스 돌봄.

한국호스피스협회(2013). 호스피스 총론. 호스피스협회 출판부.

Grollman, E. A. (2008). 아이와 함께 나누는 죽음에 관한 이야기. (정경숙, 신종섭 공역). 이너북스.

Pattison, E. M. (1974). Help in the dying process. In S. Ariets (Ed.), *American handbook of psychiatry*. Basic Books.

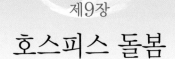

제9장
호스피스 돌봄

인간은 자신의 죽어 감과 죽음을 선택할 수 있는 실존적 자유를 지니고 있다. 물론 자신의 선택에 대해서 책임을 온전히 받아들여야 하는 실존적 의무도 있다. 죽음이 임박한 인생의 단계에서 또렷한 의식과 판단력을 지니고 있다면, 자신이 원하는 좋은 죽음을 위해서 선택하고 결정해야 할 여러 가지 사항들이 존재한다. 인생의 말기 단계에서 결정해야 할 주요한 사항을 제시하면 다음과 같다(권석만, 2019).

- 질병에서 회복하거나 생명을 연장하기 위한 수술이나 치료를 최대한 받을 것인가? 아니면 치료를 포기하고 남은 삶을 최대한 편안하고 의미 있게 보낼 것인가?
- 자신의 질병 치료나 죽음에 대한 대처에 더 집중할 것인가? 아니면 가족, 자녀 그리고 친구들을 배려하는 데 더 많은 관심을 기울일 것인가?
- 관계가 나쁜 중요한 사람들(가족, 친구 등)과 화해를 시도할 것인가? 아니면 그러한 관계를 방치한 채로 세상을 떠날 것인가?
- 인생의 마지막 순간을 어디에서 맞을 것인가? 병원에서 죽을 것인가? 아니면 집 또는 호스피스 등 다른 곳에서 죽을 것인가?
- 임종을 혼자만의 조용한 공간에서 맞이할 것인가? 아니면 가족이나 지인에게 둘러싸인 상태로 맞이할 것인가?

- 죽음이 다가올 때까지 기다릴 것인가? 아니면 죽음을 향해 먼저 나아갈 것인가?
- 생명의 위기가 찾아오면 연명치료를 할 것인가? 아니면 연명치료를 거부할 것인가?
- 자신의 시신 처리나 장례를 자녀와 가족에게 맡길 것인가? 아니면 자신이 원하는 방식을 유언으로 남길 것인가? 재산상속을 포함하여 유언에 어떤 내용을 포함시킬 것인가? 장기 기증을 할 것인가? 장례 절차는 어떻게 할 것인가?

이러한 물음에 대해서 자신의 소망뿐만 아니라 가족관계를 포함한 여러 가지 상황적 요인을 고려하여 신중하게 결정해야 한다. 의식이 혼미해지거나 판단력에 장애가 있는 경우에는 배우자나 자녀가 이러한 물음에 대해 결정을 해야 한다. 따라서 건강할 때 또는 의식이 있을 때 자신의 의사와 소망을 분명하게 미리 밝혀 놓는 것이 가족 간 갈등을 줄일 수 있게 된다.

인간은 남은 삶을 잘 마무리함으로써 삶을 완성할 권리가 있다. 사랑하는 가족과 친구들에게 자신의 정신적 유산을 남기고 죽는 순간까지 인간의 존엄성을 지키며 삶의 마지막을 맞이할 권리가 있는 것이다.

죽음학의 발전에 기여한 미국의 카스텐바움(Kastenbaum, 2004)은 『우리의 길 삶과 죽음의 마지막 여정(On Our Way: The Final Passage through Life and Death)』을 통해 좋은 죽음의 다섯 가지 특성을 다음과 같이 제시하였다.

- 통증을 비롯한 고통스러운 경험이 최소화되는 죽음
- 죽음의 수용을 통해서 죽음을 거룩한 영적 경험으로 받아들이는 죽음
- 심리적·영적인 여행의 목적을 성취하는 죽음
- 마지막 순간까지 좋은 삶을 유지하는 죽음
- 죽어가는 사람과 가족, 친구들이 상호 긍정적인 감정을 경험하는 죽음

호스피스 돌봄은 이러한 좋은 죽음을 위해 호스피스 대상자에게 호스피스 전문가가 돌봄서비스를 제공하는 것이다.

1. 호스피스 돌봄의 실제

호스피스 돌봄의 궁극적인 목적은 호스피스 대상자의 삶의 질을 증진시키는 것이다. 호스피스 대상자는 신체적인 고통과 삶에 대한 자율성 상실에 대한 심리적 불안, 가족 및 타인과의 사회적 관계의 변화로 인한 사회적 문제, 삶과 죽음의 의미에 대한 영적 고뇌 등 전인적인 어려움을 겪게 된다. 호스피스 전문가는 호스피스 대상자와 가족의 고통을 전인적으로 이해하고 그들의 삶의 질을 향상시킬 수 있도록 도와야 한다(가톨릭대학교 간호대학 호스피스연구소, 2022). 이에 따른 호스피스 돌봄에는 대표적으로 신체적 돌봄과 심리적 돌봄, 사회적 돌봄, 영적 돌봄 등이 있다.

1) 신체적 돌봄

호스피스 대상자를 가장 힘들게 하는 것은 질병으로 인한 통증, 즉 신체적 고통이다. 호스피스 대상자에게 있어 통증을 조절하는 것은 다른 중재보다 우선시되어야 한다. 인간의 신체와 정신은 따로 구분할 수 없고 상호 밀접한 영향이 있어서 신체적 고통에 따라 심리적·사회적 고통이 심화될 수 있기 때문이다. 따라서 통증 등의 신체적 증상에 대한 적극적이고 적절한 대응이 필요하다.

통증 등 신체적 증상의 완화에는 신체적·심리적·사회적·영적 측면을 모두 고려하여 포괄적으로 접근할 필요가 있다. 대상자의 개별적인 상황에 적합한 약물적 치료, 비약물적 치료, 중재 및 수술적 치료, 보조적 치료 등을 고려하여 제공한다. 필요하면 마약성 진통제와 항우울제, 항경련제 등 진통 보조제를 적극적으로 적용하는 것이 도움이 된다.

마약성 진통제를 사용하는 것에 대한 오해가 없도록 대상자와 가족에게 다음과 같은 교육을 실시한다. 안전하고 적절한 증상 조절 방법을 제공할 수 있도록 가족을 교육하고 지원한다(국립암센터, 중앙호스피스센터, 2021).

- 통증을 참아서 이득이 되는 것이 없다는 점
- 현재 사용되고 있는 약이 효과가 없는 경우 다른 여러 가지 방법이 있을 수 있다는 점

- 암성 통증을 위하여 사용하는 경우에 중독이 되는 경우는 거의 없다는 점
- 속효성 진통제의 사용법
- 마약성 진통제의 부작용에 대한 설명 및 대처 방안 등

통증 외에도 예측 가능한 신체적 증상으로는 목소리가 갈라짐, 얼굴 근육의 떨림, 눈이 촉촉해짐, 두통, 현기증, 목과 흉부의 강직, 깊은 한숨, 식욕 상실, 배설장애, 수면 변화, 감각 둔화, 성욕 변화 등이 있다. 다양한 증상별로 호스피스팀과 의논하여 상황에 적절하게 대처할 필요가 있다.

호스피스 대상자가 많이 호소하는 증상에는 입마름증이 있다. 흔한 원인은 약물이므로 복용 중인 약을 검토하고 물이나 부드러운 음료 등을 자주 마시게 한다. 레몬주스는 타액을 감소시키므로 피하고, 얼음이나 얼음 사탕, 과일 주스 얼린 것, 비타민 C 정제 등으로 입을 촉촉하게 하는 것이 도움이 된다. 환경이 건조할 경우에는 가습기를 사용한다.

호흡곤란을 호소하는 대상자에게는 안심시키면서 복식호흡이나 깊은 호흡을 하고 진동을 이용해 가래 등을 제거해 준다. 창문을 열고 신선한 공기를 쏘이도록 하고, 방 안 분위기를 온화하게 유지하며 심리적인 안정을 취하도록 돕는다.

2) 심리적 돌봄

호스피스 대상자에게 나타나는 심리적인 문제는 상실감, 두려움, 불안, 절망감과 무력감, 우울, 슬픔 등 다양하게 나타난다. 이러한 심리적 문제에 대한 중재 방안과 죽음의 반응 단계별로 필요한 심리적 돌봄에 대해 살펴보고자 한다. 심리적 돌봄에 앞서 돌봄 제공자는 죽음을 기피하려는 마음으로부터 해방되어 호스피스 대상자와 긍정적인 관계를 맺을 필요가 있다. 대상자를 수용하고 주의 깊게 경청하며, 개인의 독특성을 인정하고 존중해 주는 마음가짐이 필요하다.

첫째, 상실감이다. 상실은 이전에 존재했던 어떤 것에 대한 박탈이나 결핍을 경험하는 것이다. 죽음에 직면한다는 것은 대상자나 가족에게 가장 어려운 상실의 경험이다. 상실은 갑작스러운 것일 수도 있고, 점진적으로 나타날 수도 있다. 어떤 사람은 평화롭게 받아들일 수도 있지만, 어떤 이들은 불안과 두려움을 느낄 수 있다. 돌

봄 제공자는 가능하면 대상자의 감정에 초점을 맞추고 대상자의 말에 귀를 기울이는 것이 중요하다. 자신의 삶을 음미할 수 있도록 돕고 개인과 가족의 삶의 방식 안에서 삶의 이유를 찾도록 격려하고 지지해 주어야 한다. 돌봄 제공자는 가능하면 대상자와 가족의 입장에서 죽음을 바라볼 수 있어야 한다. 상실에서 회복되는 기간은 보통 1년 정도이지만 그 이상 지속될 경우에는 전문가의 도움을 받도록 한다.

둘째, 두려움이다. 죽음에 대한 두려움은 삶의 의미와 연관된다. 이는 고통, 외로움, 불쾌한 경험, 가족과 사회에 짐이 될 수 있음, 임무를 다하지 못함, 미지 세계 및 삶에 대한 두려움, 개인적인 소멸, 사후 심판에 대한 두려움 등으로 다양하다. 대상자가 바라는 것은 죽는 일이 두렵다는 것을 누군가가 알아주고, 이 두려움에 혼자 있는 것이 아니라는 것을 알게 해 주는 사람이 필요하다는 것이다. 따라서 대상자가 자신이 보살핌을 받고 있다는 것을 알 수 있도록 함께 있어 주는 것이 좋다. 인생의 의미를 찾아 사후세계에 대한 희망을 가질 수 있도록 도우며 함께 있어 준다. 또한 죽음에 대해 생각하고 이해할 수 있도록 돕는다. 이때 돌봄 제공자는 마음속 깊이 긍정적인 자세와 따뜻한 마음, 안정적인 유머 감각 등이 필요하다(노유자 외, 2018).

셋째, 불안이다. 죽음에 직면한 사람은 어느 정도 불안을 경험할 수 있음을 이해하고 불안에 대해 표현하도록 격려한다. 불안을 감소시키기 위해서는 부드러운 마사지, 음악요법, 향기요법, 미술요법 등이 이완에 도움이 될 수 있다. 또한 가족 지지를 강화하고 스트레스와 불안을 감소시키는 신체적 활동을 위주로 제공한다. 대상자의 신체 증상에 관심을 기울이고 불안이 감소될 때까지 함께 있어 주면서 좋은 청취자가 되어 주는 것이다. 중증 불안을 보이는 경우에는 주위 환경의 자극을 감소시키고 집중력이 요구되지 않는 가벼운 신체활동을 계획한다. 불안이 심할 때에는 원인을 묻거나 행위에 대한 설명을 요구하거나 행동을 지시하지 않도록 주의한다. 필요시에는 안정제를 투여할 수 있다.

넷째, 무력감이다. 무력감은 자신과 환경을 통제할 능력이 저하된 상태이므로 자신의 조절능력을 향상시킬 필요가 있다. 사생활을 보호하고 의존적인 부분은 수용하면서 개인적인 자유와 자기 돌봄을 격려해 준다. 스스로 할 수 있는 작은 일들을 찾아 성공적으로 해낼 때 무력감이 줄어들 수 있다. 스스로 무력감을 확인하여 변화시킬 수 있는 상황과 변화시킬 수 없는 상황을 구별하도록 돕는다. 또한 대상자가 자신에 대한 현실적인 목표를 세우도록 도우며, 개인적 가치를 존중해 준다.

다섯째, 슬픔이다. 슬픔은 상실에 대한 정상적인 과정이다. 슬픔은 사람마다 다르게 표현될 수 있으며, 애도는 상실에 대한 문화적 · 사회적 반응으로 슬픔의 증상들을 포함한다. 슬픔을 겪고 있는 대상자에게는 휴식과 이완이 필요하며, 안전감과 믿음, 희망, 좋은 영양 상태를 유지하는 것도 도움이 된다. 슬픔은 억누르지 않도록 표현할 기회를 주는 것이 좋다. 돌봄 제공자는 대상자와 감정적으로 함께 있어 주고, 적극적으로 경청하며 격려와 섬세함을 보여 준다. 감정적으로 함께 있어 주는 것은 안도감과 감정표현의 기회가 될 수 있다. 대상자나 가족이 가질 수 있는 감정 및 슬픔에 대하여 이야기하도록 돕고 슬픔과 좌절, 불안 등의 감정이 정상적인 것임을 알려 준다.

심리적 돌봄에 있어서 유의할 사항으로는 자신의 감정을 숨기지 않도록 지지하고, 우울할 때는 기운을 내라고 강요하지 않는 것이다. 공포와 불안, 우울 등의 감정에 대해서는 자책하지 않도록 대화를 통해 격려해 줄 필요가 있다. 한편, 먹지도 마시지도 않고 일상생활에 흥미가 없으며, 땀이 나고 자주 불안하거나 자살하고 싶은 생각이 들 때는 전문의 등과 상의한다. 대상자가 겪는 복잡하고 다양한 심리적 반응을 폭넓게 이해하고 평안한 죽음을 맞이할 수 있도록 돕는 것이 중요하다.

절망 상태에 있는 대상자에게 가장 중요한 것은 희망을 고취시키는 것이다. 희망은 죽어 가는 과정 속에서도 의미 있는 삶을 살다가 편안한 죽음을 맞이하게 하는 중요한 심리적 자원이다. 삶에서 희망보다 더 본질적인 것은 없다. 그러나 희망을 대상자로 하여금 치유에 대한 욕망이나 사는 기간을 연장하려는 것으로 이해해서는 안 된다. 죽음의 과정에서 절망 상태로 고립이나 소외되지 않도록 감정적인 자원을 북돋워 주는 것이다. 희망은 무기력한 느낌을 감소시키고 자존감을 증가시켜 주기 때문이다.

희망을 고취시키기 위해서 돌봄 제공자는 다음과 같은 도움을 제공한다(가톨릭대학교 간호대학 호스피스연구소, 2022).

- 실제적이고 받아들일 수 있는 단기적이며 현실적인 목표를 세울 수 있게 도와준다.
- 원하는 목적을 성취할 수 있도록 이용 가능한 지역사회 내 자원을 확인해 준다.
- 작은 성공을 인정해 주고 같이 기뻐해 주며 계속 노력하도록 격려한다.
- 내적 대처 자원이 고갈될 때 외적 지지체계로 확대시켜 준다.
- 대상자가 선택 가능한 방법을 모색하도록 돕는다.

3) 사회적 돌봄

호스피스에서 사회적 돌봄을 제공하기 위해서는 호스피스 대상자의 사회적 요구를 파악할 필요가 있다. 호스피스 대상자에게 필요한 사회적 요구를 정리하면 다음과 같다(노유자 외, 2018).

- 질병과 관련된 자신의 느낌을 누군가에게 이야기하길 원한다.
- 누군가 자신의 곁에 있어 주기를 원한다.
- 자신의 이야기를 비판적으로 들어줄 누군가를 필요로 한다.
- 사랑하는 가족들의 관심과 돌봄을 받길 원한다.
- 자신의 역할을 대신해 줄 누군가를 필요로 한다.
- 누군가 자신을 칭찬해 주고 용기를 내라고 응원해 주길 원한다.
- 경제적인 도움을 더 많이 받길 원한다.
- 자신이 죽더라도 가족은 경제적으로 어렵지 않길 바란다.
- 자신이 홀로 죽음을 맞이하거나 외롭지 않기를 바란다.
- 대인관계에서 타인으로부터 존중받기를 원한다.
- 친숙한 환경에서 사랑하는 가족에게 둘러싸여 임종을 맞이하길 원한다.
- 따뜻한 포옹과 스킨십으로 친근한 이들의 지지를 받길 원한다.
- 자신이 속한 단체나 공동체에 계속 소속되길 원한다.
- 스스로 말하지 않아도 지역사회에서 나를 챙겨 주고 찾아와 주길 원한다.
- 자신이 태어난 고향이나 어린 시절 추억이 담긴 장소와 사람들을 만나기를 원한다.
- 자신의 문화와 생활관습을 존중받기를 원한다.

이러한 사회적 요구에 따른 사회적 돌봄을 제공하기 위해서는 그들이 겪는 외로움, 무력감, 무망감 등의 사회적 어려움에 대한 돌봄이 각각 제공될 필요가 있다. 먼저 외로움에 대해서는 대상자를 혼자 남겨 두지 않는 것이 가장 중요하다. 최소한의 시간과 노력을 들여서라도 최후까지 사회적인 역할을 할 수 있도록 도울 필요가 있으며, 친구와 가족, 이웃이나 단체, 지역사회를 통하여 사회적 관계를 유지해 나갈 수 있도록 연계를 제공할 필요가 있다.

무력감에 대해서는 대상자가 가진 최소한의 에너지를 발휘할 수 있도록 적극적인 격려와 심리적 지지가 중요하다. 가능하면 스스로 자신의 환경을 변화시키고 조절할 수 있도록 돕는다. 자기조절이 가능해지면 무엇인가를 할 수 있다는 자신감을 경험할 수 있어 무력감을 극복하는 데 도움이 된다.

무망감은 '희망 없음'을 의미하는 것으로, 자신의 삶과 생명에 관한 감정이다. 미래에 성취되어야 할 불확실한 기대를 하지 않는 것이기 때문에 인간 존재의 의미와 목적을 부여하는 것이 필요하다. 무조건 생명을 연장하거나 치유를 바라는 것만이 희망이 아니라, 타인과의 사회적 관계를 유지하는 것 자체를 희망의 목표로 삼는 것이 좋다. 노유자 등(2018)은 호스피스 대상자에게 희망을 불어넣기 위한 근원적 방법을 다음과 같이 제안하였다.

- 가족과 친구를 사랑하기
- 영성 및 믿음 갖기
- 의미 있었던 사건과 즐거움을 회상하기
- 타인에 의해 확인되는 자신만의 가치 찾기
- 개인이 가진 긍정적인 속성이 드러나도록 돕기(용기, 결단력, 차분한 성격 등)
- 현재의 처지와 고통에 새로운 영적 의미를 부여하는 영적 활동하기
- 단기간의 미래에 주의를 집중하고 노력하기
- 타인에 중점을 둔 긍정적인 목적으로 활동하기
- 평온을 희망하기: 내면 평화, 외적 휴식 유지하기

그 외에도 돌봄 제공자는 대상자의 가치와 신념에 따라 지역사회의 관습과 문화적 영향을 고려하여 돌봄을 제공할 필요가 있다. 돌봄 제공자는 자신의 선입견과 편견으로 대상자를 바라보지 않도록 주의하여야 한다. 대상자가 가지는 문화적 특징과 가치를 존중하면서 융통성을 가지고 수용과 공감적 태도를 보이는 것이 중요하다.

4) 영적 돌봄

영적 돌봄이란 개인이나 공동체의 온전함, 건강, 자신 및 타인 그리고 신과의 유대감을 달성하기 위하여 몸과 마음, 영혼을 통합하는 능력을 촉진하는 것을 말한다. 영적 돌봄은 인간 삶의 깊은 경험들에 대해 이해하고 그들의 삶의 의미와 희망, 새

로운 이해를 찾도록 하는 것이다. 영적 돌봄을 구현하기 위해서는 그들의 영적 문제에 대해 경청하고, 영적 고통을 인지하며, 영적 힘의 원천을 지지해 줄 수 있어야 한다(노유자 외, 2018).

영적 돌봄은 기도와 명상 등과 같이 자기돌봄의 형태에 속하는 것으로 심리적인 안정과 더불어 신체적ㆍ사회적 차원에서도 긍정적인 결과를 보여 준다. 많은 연구에서 명상을 통해 스트레스 완화와 삶의 질 향상에 도움이 된다는 결과를 발표하고 있다. 따라서 이러한 영적 돌봄을 제공할 수 있는 종교 및 철학에 대한 이해가 필요하다.

영적 돌봄은 종교적인 것과 동일하게 간주하지 않으며, 절대자와 나, 이웃 사이에서 깊은 관계를 근거로 삶의 의미를 찾고 가치를 파악하여 돌봄을 제공한다. 영적 돌봄의 방법은 다음과 같은 것들이 있다(노유자 외, 2018).

- 개인적으로 영적ㆍ종교적 믿음에 영향을 받고 있는 고통에 대해 자신의 신념과 철학을 갖고 있음을 받아들인다.
- 죽음은 예상치 못한 쇼크와 감정적 반응을 일으킬 수 있으므로 가족과 지인들을 이해하고 지지하며 그들의 프라이버시를 존중한다.
- 삶과 죽음의 의미와 목적을 찾도록 돕는다. 고통의 의미를 이해하도록 한다.
- 호스피스 대상자에게 현실적인 단기 목표를 설정하도록 하는 것이 도움이 된다.
- 과거, 현재 또는 미래의 신념, 철학, 세계관을 표현하도록 하고, 필요시 여러 신념, 철학, 세계관에 관한 정보를 제공하여 신념체계를 회복하도록 한다. 비슷한 신념을 나눌 수 있는 종교적ㆍ영적 단체와의 연계도 도움이 될 수 있다.
- 현재의 위기에 자신의 신념이나 철학을 접목시키도록 도와준다. 지지가 되었던 과거나 현재의 신념과 철학을 확인하고 재구성하도록 격려한다.
- 생의 남은 기간 동안 대인관계가 회복될 수 있도록 중요한 사람과 의미 있는 관계를 지지하고 용서와 화해를 할 수 있도록 격려한다.
- 영적 안녕감을 높이도록 한다. 영적 표현을 하도록 격려하고 적극적인 경청. 영적 신념을 옹호한다.
- 영적인 불확실성과 고통을 호소할 경우 대상자의 종교를 고려하여 기도 등 종교의식을 실시 또는 지지한다. 명상, 기도, 예배, 독서, 성경이나 불경 읽기 등의 기회를 제공하고 함께 있어 준다.

- 대상자의 영적 요구를 알리고 영적 지도자나 단체에 의뢰한다.
- 영적 고통을 없애려고 애써 설명하거나 제도적 종교관에 맞추기보다는 그들의 말에 적극적으로 경청한다.
- 대상자와 함께 하며 스스로 사랑과 평화의 맥락 안에서 힘과 희망을 발견할 수 있도록 격려한다.
- 대상자의 상호작용을 위해 필요한 경청, 침묵, 온정, 집중, 논의 등을 활용한다.
- 대상자가 원하면 명상, 기도, 심상과 같은 내적 자원을 자극하는 영적 훈련을 유도한다. 자연과의 만남, 이완, 명상, 음악, 시, 독서활동, 의미요법 등을 수행하고 갈등 해결을 할 수 있는 기회를 제공한다.
- 마지막 여행과 작별 인사도 대상자의 영적 고통 완화에 도움을 줄 수 있다.

영적 돌봄은 호스피스 대상자가 의미 없이 죽음을 맞이하지 않도록 도와주며, 희망 없이 외롭게 죽음을 맞이하지 않도록 돌보는 것이다. 따라서 돌봄 제공자는 영적 돌봄의 중요성을 인식하고 영적 영역에 대한 이해를 바탕으로 그들의 영적 안녕을 유지할 수 있도록 돕는 것이 필요하다. 그러기 위해서는 돌봄 제공자가 자기 희망을 유지하면서 대상자의 영적 요구에 대한 통찰력을 가지고 그들을 존중하는 마음을 유지하는 것이 질 높은 돌봄을 제공하는 데 중요하다.

2. 호스피스 대체요법 치료

호스피스 · 완화의료 기관에서는 이러한 신체적 · 정서적 · 사회적인 다양한 측면의 돌봄을 위해 의사, 간호사, 사회복지사, 종교지도자, 전문치료사(미술치료사, 음악치료사, 원예치료사 등), 영양사, 약사, 자원봉사자 등이 다학제적인 팀을 이루어 환자와 보호자에게 서비스를 제공한다(한국호스피스완화의료학회, 2020). 다학제 팀은 임종 관리, 사별 관리로 환자와 가족이 임종을 준비할 수 있도록 교육과 돌봄을 제공하고, 환자의 임종 이후 지속적인 사별 관리 서비스로 사별 가족이 슬픔과 상실감을 이해하고 순응할 수 있도록 돕는다(유선희, 2014).

호스피스 · 완화의료에서는 의학적인 접근 외에 정서적 · 심리적 · 사회적 돌봄을 위해 미술치료, 음악치료, 원예치료 등의 대체요법 치료가 활용된다.

1) 미술치료

미술치료(art therapy)는 환자가 무의식적 이미지를 전달할 수 있는 도구로 사용되어 자신의 현재 상황을 재인식하고 통합할 수 있도록 돕는다. 미술치료는 환자와 보호자가 언어로 표현하기 힘든 다양한 감정과 의미 등을 표현하여 가족 간의 관계 개선 및 회복을 돕는다(박정연, 2017). 환자 작품의 이미지는 가족관계뿐만 아니라 내담자와 치료자 간의 의사소통을 증진시키는 데 도움이 될 수 있다(Malchiodi, 2008). 즉, 환자는 무의식적 내면을 미술로 표현하게 되고 이것은 환자의 다양한 사회적 관계의 의사소통에도 도움이 될 수 있다.

미술치료는 신체적 영역에서는 통증 없이 죽음을 맞이하도록 미술로 돕는 활동 및 신체적 이완을 돕는 활동이 있으며, 정신적 영역에서는 자신의 삶을 의미 있게 정리하도록 돕는 활동과 환자가 무의식적 감정을 표현하도록 미술로 돕는 활동이 있다. 사회적 영역에서는 사회적 고립감 해소를 미술로 돕는 활동과 환자와 의료진의 의사소통 향상을 돕는 활동 등이 있다(배유라, 김지은, 2020).

호스피스 · 완화의료에서 활용할 수 있는 미술치료 방법을 소개하면 다음과 같다(노유자 외, 2018).

첫째, 대상자가 원하는 그림이나 풍경 사진, 영화 포스터 등을 보여 주고 마음에 드는 것을 골라, 심상을 사용하여 대화하고 신뢰 및 친밀감을 형성할 수 있다. 이러한 과정은 정서적 환기와 통증을 완화시키는 데 효과가 있다.

둘째, 여러 이미지를 통해 현재와 과거를 오가며 나를 용서하거나 위로할 수 있는 장면을 만들어 낸다. 이 작업을 통해 여전히 자신이 삶의 주인이라는 의식을 공고히 할 수 있으며, 자신에 대한 애도를 적극적으로 표현할 수 있다.

셋째, 이야기치료를 기반으로 한 다양한 형태의 자서전 만들기를 활용한다. 회상을 통한 이야기치료와 자서전 만들기를 통해 자신의 삶을 되돌아보며 가족들과 과거 추억을 되새기며 삶의 의미를 재구성할 수 있다.

넷째, 자신의 손을 석고로 본뜨기하는 작업을 통해 '가족과의 추억 만들기'를 한다. 작품은 가족들에게 유품으로 남길 수 있고 자신의 신체를 돌보는 경험을 제공할 수 있다.

2) 음악치료

음악치료(music therapy)는 악기 연주, 음악 감상, 노래 부르기 등 음악이라는 도구를 통해 대상자가 갖는 불안정한 상태, 이상적이지 못한 행동, 부정적 감정, 그리고 원하지 않는 것을 안정되고 적합한 상태가 되도록, 감정을 표현할 수 있도록 돕는 것이다(김경미, 김현영, 2015). 음악을 통해 죽음에 대한 불안과 고통을 조절하고 표현하는 것을 자연스럽게 도와줄 수 있다.

신체적 기능의 저하로 근육 통제력이 떨어지거나 신체 운동의 범위가 감소된 호스피스 대상자들이 음악에 몰입해 몸을 움직이다 보면 자연스럽게 신체와 정신 기능이 향상될 수 있다. 또한 악기 연주를 통해 팔과 다리의 움직임의 범위를 넓히며, 손가락과 손의 동작 기능을 증진시킬 수 있고, 신체 움직임을 자극하고 훈련시킨다(양혜경, 2010). 이러한 활동은 신체의 균형을 잡아 주고, 손의 움직임과 협응력, 지구력, 힘, 균형감 그리고 호흡 기능을 강화한다(정현주, 김동민, 2010). 음악치료 프로그램의 신체활동을 통해 신체활동량을 늘리고, 상상력, 집중력과 뇌 자극 등을 증가시켜 우울증을 예방하고 치료하는 데 큰 역할을 하고 있다(김현정, 2014).

음악 선곡하기, 녹음된 음악과 실제 연주하는 음악의 감상, 자신이 좋아하던 노래 또는 익숙한 노래 부르기, 연주하기, 노래 만들기 등 다양한 방법을 활용한다. 이때 대상자가 직접 음악 프로그램을 결정하거나 필요한 음악을 선곡할 수 있도록 함으로써 조절능력을 기를 수 있다.

3) 원예치료

원예치료(horticultural therapy)는 식물, 꽃 등 자연물을 이용한 다양한 활동을 통해 사회적·심리적·정신적·신체적으로 인간에게 도움을 주는 활동을 말하며, 대상자, 치료사, 식물 등의 상호작용을 통해 특별한 목적을 달성하는 과정이다. 식물을 이용한 오감 자극은 감성을 발달시키고, 작품들을 통해 즐거움, 자신감, 안정감, 만족감, 창의력, 집중력 등 학습에도 효과가 있으며, 식물은 종류, 잎 크기, 잎의 모양, 수형, 크기와 상관없이 인체에 긍정적으로 작용한다(손관화, 2016).

호스피스 말기암환자를 대상으로 하는 원예치료 프로그램은 가족을 포함한 주변 사람과의 의사소통을 증진하고, 신체적으로 통증을 잊게 하며, 수면을 유도하여 삶의 만족감과 정서적인 안정감, 행복감을 증가시키는 데 주안점을 둔다.

원예치료는 다음과 같은 효과가 있다. 첫째, 정서적으로 안정감과 행복감을 가질수 있도록 하며, 둘째, 사회적으로 현재의 정서를 공감하며 서로 이야기를 나누는 과정에서 가족 또는 본인과 관계되는 사람들과의 소통에 도움을 주며, 셋째, 신체적으로 프로그램에 집중하는 과정에서의 몰입으로 통증과 아픔을 잠시 잊을 수 있게 하고, 넷째, 영적으로 지금의 나를 돌아볼 수 있도록 편안한 마음을 가질 수 있게 도와줌으로써 현재의 삶에 만족감을 느끼게 한다(라은희 외, 2021).

채소를 적용한 프로그램으로는 땅이나 화분을 이용하여 직접 씨앗을 뿌리고 재배하여 수확하기까지의 원예 활동을 한다. 또는 야외의 과수원에서 직접 과실수 묘목을 심고 재배하거나 화분에서 과실이 맺히는 묘목을 재배하는 등의 활동이 있다. 꽃을 적용한 프로그램으로는 꽃꽂이, 꽃 포장, 꽃 장식을 만들거나 온실에서 꽃식물을 재배하는 활동 등이 있다. 원예치료에 있어서는 위험한 가위나 집게, 칼 등을 조심해서 사용해야 하며, 선인장이나 장미와 같은 가시가 있는 식물은 주의해서 사용한다.

3. 호스피스와 의사소통

초임 호스피스 전문가라면 죽음을 앞둔 대상자에게 다가가는 것조차 두려우며 무엇을 어떻게 말해야 하는지 당황할 수 있다. 호스피스 대상자를 죽음의 순간에 이르기까지 잘 돌보기 위해서는 대상자의 상태에 따라서 그들의 말을 믿어 주며 적당한 시기에 대화를 하고 함께 있어 주는 효과적인 의사소통의 관계를 형성해야 한다.

의사소통은 여러 가지 언어, 동작, 얼굴 표정, 상징 등을 통하여 이루어지는 하나의 과정으로, 우리가 행하는 모든 것의 실제적인 경험이라고 할 수 있으며, 타인을 설득시키고 영향을 주거나 위로하고 협상하기 위해서 필요하다.

의사소통의 과정에서는 '송신자-메시지-수신자'의 관계가 형성되며, 전달되는 메시지는 여러 가지 관련 요인에 따라서 다르게 받아들여지고 해석될 수 있다. 송신자와 수신자는 신뢰, 존경, 감정이입, 불안, 공포, 고통에 처한 특별한 상황에서 메시지를 해석하게 되며, 가치와 태도, 기대에 의해서 메시지를 변경할 수 있게 된다.

의사소통에는 언어적 의사소통과 비언어적 의사소통이 있으며, 대부분이 비언어적이다. 비언어적 의사소통에는 말없이 의미 있는 시선을 주는 것, 조용한 미소, 안부를 묻기 위해 손을 흔드는 동작, 그림 그리기를 통한 의사소통 등이 포함된다.

비언어적 의사소통은 대화로 말하는 언어보다 인간이 전달하고자 하는 의미를 더욱 정확하게 내포할 수 있다. 언어적 의사소통이 표현하지 못하는 함축적 의미를 전달하는 데 많은 도움을 준다. 비언어적 의사소통의 단서는 음성, 행동, 공간, 접촉 등이 있다. 전문가는 치료적 의사소통을 촉진할 수 있도록 비언어적 의사소통을 적절히 사용하고, 대상자와 가족의 비언어적 의사소통의 의미를 잘 이해할 수 있어야 한다(가톨릭대학교 간호대학 호스피스연구소, 2022).

음성적 단서는 소리의 높낮이와 특성, 소리 내는 정도와 강도, 말하는 속도와 리듬, 웃음, 신음소리, 기침 등과 같은 비언어적인 소리를 말한다. 호스피스 대상자를 대할 때 대상자의 기침, 신음소리에 민감해야 하며, 대상자의 말에 힘이 있는지, 알아들을 수 있게 말하는지 파악해야 하며, 천천히 말할 때 인내를 가져야 한다. 호스피스 전문가는 서두르지 않고 침착한 어조로 적당한 속도와 높이의 어조를 사용해야 하며, 불필요한 웃음을 삼가는 것이 좋다.

행동적 단서는 몸의 움직임으로, 자세, 얼굴표정, 눈맞춤, 몸짓, 몸의 위치 등 모든 종류의 행동을 말한다. 얼굴의 움직임과 자세는 특히 말하는 사람의 기분을 해석하는 데에 중요한 단서가 된다. 호스피스 대상자를 처음 대할 때 먼저 얼굴표정을 살펴 대상자의 기분을 빨리 알아차리는 것이 중요하다. 호스피스 전문가는 부드러운 얼굴표정으로 대상자와 눈높이를 맞춘 위치에서 눈을 맞추고 대화한다. 팔짱을 낀다거나 불필요하게 몸을 움직이거나 고압적인 자세로 대상자를 바라보는 것은 피한다.

공간은 두 사람 간에 관계의 특성을 전달한다. 관계가 얼마나 가까운가에 따라 둘 사이의 공간이 멀어지고 가까워진다. 즉, 두 사람 사이의 친밀도에 따라 편안함을 느끼는 거리가 다르다는 것이다. 호스피스 대상자를 대할 때 대상자와 전문가 사이의 거리는 대상자가 편안하게 느끼는 정도의 너무 멀지도 가깝지도 않은 거리를 유지하는 것이 좋다. 그러나 대상자의 목소리가 낮고 작아 잘 들을 수 없으면 친밀한 거리(45cm)를 유지하는 것도 좋다.

접촉은 비언어적인 메시지 중에서 가장 개인적인 것이다. 접촉은 손을 잡는 것, 어깨 위에 손을 올려 놓는 것, 등을 토닥이는 것 등의 방법으로 적용될 수 있다. 그러나 접촉에 대한 대상자와 가족의 반응은 문화적 배경, 관계의 유형, 성별, 나이, 기대 등 다양한 요인에 의해 영향을 받는다. 따라서 대상자와 가족이 허용하는 범위 내에서 적절하게 사용된다면 접촉은 애정과 관심을 표시할 수 있다. 대상자와 가족의 문화적 배경 및 특성에 맞지 않게 사용하거나 과도하게 사용되면 오히려 부정적인 반응을 유발할 수 있어 주의해야 한다.

효과적인 의사소통을 위한 조건은 대상자의 개인적인 느낌이나 감정을 사적인 분위기에서 표현할 수 있도록 배려하고, 사생활을 존중해야 하며, 방해받지 않고 자유로우며, 정직해야 하고, 환자에게 완벽하고 정확한 정보를 제공하는 것이다. 정직하지 않을 경우에는 신뢰 형성에 방해를 받게 되며, 개방된 의사소통이 이루어지지 않는다. 돌봄 제공자는 치료적이고 효과적인 의사소통 기술을 통해 대상자와의 다양한 대인관계, 지지체제, 가족 구성원 간의 스트레스를 사정하고 가족과 호스피스 팀 간의 의사소통을 촉진해야 한다.

호스피스 대상자는 종종 꿈을 많이 꾸게 되고, 자신이 죽음에 접근하는 것 같은 상상적인 체험을 한다. 가성혼수 혹은 무의식 상태에서는 유기체적 죽음(organic death)으로 가는 상징적 이미지를 경험한다. 상징적 이미지는 영혼의 고유한 언어이며, 내적 감정과 인식을 타인에게 전달하려고 하는 인간의 표현이다(노유자 외, 1994).

꿈은 현세에서 다른 차원으로 가는 통로로서 죽음의 주관적인 경험을 상징하기도 한다. 대상자가 꿈을 이야기하면서 자신이 죽을 것을 미리 알고 언제 죽을지도 미리 알고 있다는 것을 말하기도 한다. 이러한 인식은 상상의 이미지를 통해서 무의식 상태에서 끌어올린 의식에서 나오게 된다. 따라서 돌봄 제공자는 죽음과 임종에 대해, 이야기하기 원하는 대상자와 가족에게 정직하고 진실하게 반응해야 한다. 또한 자신의 고통스러운 감정과 대상자의 정화(catharsis)를 받아들일 수 있는 능력이 있어야 한다.

호스피스 돌봄 제공자의 바람직한 의사소통을 위해서는 다음과 같은 지침이 필요하다(노유자 외, 1994).

첫째, 임종자의 현재 상태를 정확히 이해해야 한다.

둘째, 자신의 관점(가정하고 있는 것과 예상하고 있는 것, 직접적인 경험), 편견, 신념, 자신의 부정, 분노, 두려움, 투사와 같은 심리적인 방어기제를 사용하고 있는가를 확인해야 한다.

셋째, 임종자를 대할 때 자신에게 솔직해야 한다.

넷째, 죽음과 죽어 감에 대한 자신의 느낌을 이해하도록 노력해야 한다. 자신의 분노나 부정은 임종자와 관계를 맺을 때에 돌보는 능력을 감소시킬 수 있다. 그러나 돌봄 제공자의 적응과 개인적 성장이 이루어질 때까지 돌봄의 관계(caring relationships)를 연기할 수는 없으므로 자신의 분노나 불편함을 이해해야 한다.

다섯째, 특별히 해 주는 것이 없어도 기꺼이 함께 있어 준다. 대부분은 '긍정적'인 무엇인가를 해 주지 않으면 효과적이 아니라고 생각하지만, 죽어 가는 사람과 함께 있는 것은 '무엇인가를 하는 것'보다 더 중요하다. 이는 대상자가 원할 때 돌봄 제공자를 이용할 수 있게 하는 것이며, 고통을 없애 주려고 노력하기보다는 돌보고 지지해 주고 있기 때문에 임종자로 하여금 고통을 겪을 수 있는 능력을 더 많이 갖게 하는 것이다.

여섯째, 자신의 에너지 수준을 인식하고 피로와 소진을 피한다. 먹지도 자지도 않고, 오랫동안 휴식을 취하지 않으면 임종자를 돌보는 능력이 감소하게 되므로 자신의 한계를 알 필요가 있으며, 친구와 가족의 권유를 받아들이도록 한다.

일곱째, 죽음에 대한 자신의 철학을 대상자에게 강요하지 말고, 그들 나름대로 죽음을 수용할 수 있는 능력을 강화시켜 준다. 이것은 자신의 관점을 표현할 수 없다는 것이 아니라, 단지 자신이 '적합한 것'으로 여기는 관점을 임종자에게 강요하지 말라는 것을 의미한다.

여덟째, 자신의 슬픔을 보이지 말고 죽어 가는 사람이 경험하는 슬픔과 고통을 이해하도록 노력한다.

이처럼 호스피스 돌봄 제공자는 계속적으로 대상자와 함께 있어 주는 것이 필요하다. 그 관계가 개인적이든 전문적이든 간에 긴장 해소와 질적인 만남을 위해 할 수 있는 최대한의 노력을 기울여야 할 것이다.

퀴블러 로스(Kübler-Ross, 1975)는 말기환자로 하여금 자신의 상태가 위중함을 알게 하고 무엇이 중요한 문제인지를 터놓고 이야기하며, 죽음에 대해서 이야기 할 수 있도록 도와주어야 한다고 하였다. 이는 호스피스 대상자를 돌보는 것이 일방적인 관계가 아니고 상호관계이기 때문이다. 돌봄 제공자의 민감하면서도 따뜻하고 성실하며 서두르지 않고 정직하고 개방적인 의사소통을 통하여 호스피스 대상자로 하여금 일회적인 친교라는 느낌을 갖지 않도록 하고, 대상자의 권위와 존엄성을 인정해 주는 것이 호스피스 제공자의 바람직한 의사소통의 태도라고 하겠다.

의사소통이 성공적이 되기 위해서는 다양한 요소가 성공적으로 상호작용해야 한다. 성공적인 의사소통은 매우 어렵고 많은 노력을 필요로 한다. 의사소통하는 개인은 서로 성격이나 가치관이 다를 수 있고 변화 가능한 존재이기 때문에, 상대방에 대한 배려와 융통성이 있어야 한다.

4. 의사소통 기법과 돌봄 제공자의 자질

1) 호스피스에서의 의사소통 기법

돌봄 제공자는 호스피스 대상자가 생각과 감정을 표현할 수 있도록 도와주어야 한다. 대상자와의 신뢰관계를 토대로 의사소통이 이루어질 때 치료 관계가 형성될 수 있다. 호스피스 돌봄에서 돌봄 제공자는 인간관계에 필요한 의사소통 기술을 학습하고 익히는 것이 필요하다. 인간관계에 필요한 의사소통 기법은 다음과 같다.

(1) 적극적인 경청

의사소통에서 가장 어려운 부분이기도 한 경청은 시간과 노력이 필요하다. 적극적 경청을 하기 위해서는 개방적이고 수용적인 태도로 경청하고, 대상자를 판단하지 말고 주의와 관심을 가지고 적극적으로 들어야 한다. 대상자가 표현하는 것이 상식에 어긋나거나 어리석게 보일지라도 충분히 귀를 기울여야 한다. 대상자의 말에는 충분한 이유가 있다는 것을 이해해야 한다. 언어적인 경청뿐만 아니라 비언어적인 표현에도 마음과 눈과 귀를 사용하여 경청하고 관심을 기울여야 한다. 때로는 대화를 강요하기보다는 대상자가 이야기할 준비가 될 때까지 기다려 줄 필요가 있다.

(2) 말없이 들어 주기

사려 깊은 침묵은 자신과 상대방에게 생각을 정리할 시간을 주며 대상자의 감정을 언어화하도록 도울 수 있고, 진지한 경청만으로도 지지할 수 있다. 잘 듣기 위하여 말하는 의미가 무엇인지 숙고하며, 말 자체보다도 그가 전달하고자 하는 생각과 느낌을 들으려고 노력해야 한다. 대상자는 무망감이나 절망감 등으로 대화를 꺼리거나 의사소통에 어려움을 가지고 있을 수 있기 때문에, 조용히 들어 주는 것만으로도 편안해한다.

(3) 함께 있어 주기

대상자와 조건 없이 함께 있어 주는 것은 중요하며, 곁에 얼마간 함께 있겠다고 이야기하거나 잠시 앉아 있어 준다. 대상자와 함께 있으면 어떤 이야기든 하도록 기회를 만들 수 있다. 옆에 앉아 있어 주는 것과 눈높이를 맞추어 함께 있다는 느낌만으로도 신뢰감을 형성할 수 있다.

(4) 수용하기

어떠한 이야기를 하든 무비판적으로 있는 그대로 수용해야 하며, 인격적으로 존중하고 수용하고 있음을 표시하도록 한다. 수용은 '예' '음' '그래서요'와 같이 짧은 문구로 표현하는 반응이다. 대상자에게 시선을 맞추거나 고개를 끄덕이며 들어 주는 것이다. 대상자를 존중하는 마음으로 관심을 기울이고 있다는 것을 표현하면 된다.

(5) 표현하도록 격려하기

대상자가 표현한 주요한 생각을 같은 말이나 다른 말로 되풀이해서 말하며 느끼고 생각한 것을 표현할 수 있도록 격려한다. 자신의 감정을 자유롭게 말할 수 있다고 느끼면 대상자는 충동을 조절할 수 있다.

(6) 반영하기

대상자가 이야기한 내용 중 느낌이나 질문, 생각 등 중요한 단어들을 돌려 주어 다시 생각하고 자신이 결정하도록 한다. 대상자가 표현하는 감정이나 생각, 태도를 참신한 다른 말로 부연해 주는 것이다. 이에 대상자는 자신의 말과 행동에 대해 집중하고 있으며, 자신을 있는 그대로 이해해 준다는 느낌을 받게 된다. 이때 대상자의 관점이 중요하며, 자신의 의견을 제시하고 결정할 권리가 있다고 말해 준다. 반영에서 중요한 것은 대상자가 표현하는 말과 행동 저변에 있는 기저를 이해하고 제대로 포착하여 반영하는 것이다. 자신이 정확하게 이해하지 못하는 감정을 돌봄 제공자가 그 의미를 반영해 줌으로써 안정된 감정 상태를 경험하게 된다.

(7) 명료화하기

대상자의 생각이 무엇인지 명확하지 않을 때 명료화하기 위하여 "다시 한번 말씀해 주시겠어요?"라고 질문할 수 있다. 대상자의 이야기를 잘 이해하지 못했거나, 대상자의 모호한 표현을 확실하게 알도록 해 주는 것이다. 이때 대상자의 감정을 밀어붙이지 않고 비판적인 인상을 주지 않도록 주의해야 한다.

(8) 요약하기

요약은 대상자의 여러 생각이나 감정을 하나로 묶어 정리하는 것이다. 대상자가 이야기한 전체적인 내용을 요약해 줌으로써 서로가 같은 생각을 하고 있음을 알리고 상호 이해했는지도 확인한다. 요약은 대상자가 미처 의식하지 못했던 것을 알게 해 주고, 생각과 감정을 탐색할 수 있는 계기를 마련해 줄 수도 있다. 가능하면 핵심을 요약하고 주기적으로 요약해 준다. 그러나 초기의 섣부른 요약은 대상자의 표현을 방해할 수 있으므로 주의가 필요하다.

2) 호스피스 돌봄 제공자의 자질

돌봄 제공자는 말기 상태에 있는 대상자를 죽음의 순간에 이르기까지 잘 돌보기 위해서 효율적인 의사소통 기술을 익혀서 질병과 고통에 잘 대처하도록 돕는 역할을 해야 한다. 대상자에 대한 이해를 바탕으로 생각, 느낌, 경험에 초점을 맞추어 소통해야 한다. 호스피스 돌봄에서 치료적 관계를 위한 돌봄 제공자의 자질(특성)을 살펴보면 다음과 같다(노유자 외, 2018).

(1) 자기인식

도움을 주고자 하는 사람은 "나는 누구인가?"라는 질문에 대답을 해야 한다. 대상자의 여러 가지 욕구, 즉 생물학적·심리적·사회문화적 욕구를 돌보는 돌봄 제공자는 폭넓은 범위에서 인간의 경험을 볼 수 있어야 한다. 또한 돌봄 제공자는 대상자의 불안 혹은 슬픔 등을 다루는 것을 배워야 한다. 돌봄 제공자는 자신의 느낌과 행동, 반응을 시험해 볼 수 있어야 하며, 자신을 확실히 이해하고 수용함으로써 대상자의 독특성을 인식할 수 있어야 한다. 자신에 대한 인식은 돌봄 제공자가 인간관계에 솔직할 수 있으며, 자신의 욕구를 만족시키기 위하여 대상자를 부당하게 혹은 비윤리적으로 이용하는 것을 막아 준다.

(2) 가치관의 명료화

돌봄 제공자는 "나에게 중요한 것이 무엇인가?"라는 질문에 답을 할 수 있어야 한다. 가치체계는 사람이 일상생활을 하면서 내려야 하는 결정과 행하게 되는 행동에 대한 하나의 기준을 제공한다. 가치관의 확인은 의사결정을 하는 과정에 있어서 어떤 것에 가치를 두며 어떤 것을 우선적으로 하는지를 조사하고 탐구하고 결정함으로써 가능하다. 돌봄 제공자가 자신의 가치관을 확인함으로써 대상자와의 인간관계에서 잘못된 가치를 다른 사람에게 투사하는 것을 막아 준다.

(3) 감정에 대한 탐색

다른 사람을 돕기 위해서는 객관적이어야 하며, 자신의 느낌에는 초연해야 한다. 그러나 바람직한 것은 돌봄 제공자가 자신의 느낌을 표현하고 이를 인식하며 또 대상자를 돌볼 때 자신의 느낌을 조절할 수 있어야 한다.

돌봄 제공자가 대상자에게 도움을 줄 때 많은 감정을 경험하게 된다. 예를 들면, 대상자의 상태가 좋아지면 돌봄 제공자도 기분이 좋아질 수 있다. 반면, 대상자의 상태가 나빠지면 실망할 수도 있다. 혹은 대상자가 자신의 도움을 거절했을 때 상심할 수도 있다. 대상자가 지나치게 요구하거나 자신을 조종하려고 할 때, 분노를 느낄 수도 있다. 대상자가 자신에게 강하게 의존하려 할 때는 자신에게 힘이 있음을 느낄 수도 있다.

(4) 역할 모델

일반적으로 타인에게 도움을 주는 사람은 그 사람에게 많은 영향을 준다. 돌봄 제공자도 대상자에게 역할 모델이 될 수 있다. 사회적으로 적응적인 행동이나 비적응적인 행동에 있어서 역할 모델이 되어 주는 사람이 영향을 미친다. 따라서 돌봄 제공자는 적응적이고 성장을 가져오는 행동의 모델이 되어야 한다.

(5) 이타주의

효율적인 조력자는 사람들에게 관심을 가지고 인본주의적인 깊은 사랑에 의해 남을 도우려고 하지만 자신이 하는 일에서 어느 정도 개인적인 만족이나 충족을 얻으려고 하는 것은 사실이다. 이타주의는 타인의 안녕에 관심을 가지는 것이다. 이타주의적인 사람은 충분한 보상이나 인정을 기대해서는 안 되지만, 자기희생을 해야 한다는 것을 뜻하는 것은 아니다. 개인적인 욕구가 적절하게 충족된다면 충분히 치료적일 수 있다.

(6) 윤리의식과 책임감

사람과 사회에 대해 개인이 가지고 있는 믿음을 행동하는 데 있어 하나의 의식적인 지침이 된다. 책임감 있는 윤리적 선택은 책임감, 위험, 책무, 정당성 등을 포함한다. 윤리의식과 관련되어 돌봄 제공자는 자신의 행동에 대한 책임을 져야 한다. 이것은 돌봄 제공자가 자신의 한계 및 강점을 알고 또 이에 대한 책임을 지는 것을 의미한다.

이처럼 돌봄 제공자는 책임감과 원만한 성품을 갖추어야 하며, 대상자에 대한 관심과 모호한 것에 대한 인내심과 감수성, 그리고 이해력과 의사소통 능력을 갖출 필요가 있다. 코리(corey, 1986)는 '치유적인 인간'으로서 상담자가 갖추어야 할 자질에 대해 다음과 같이 설명하고 있다. 이는 치료적 관계에서 돌봄 제공자에게도 필요한 자질이다.

- 자신의 삶에 대한 정체성이 뚜렷하다.

- 자기를 존중하며 안정감을 가지고 있다.

- 강한 사람이 될 수 있고, 자신의 힘을 인식하고 수용할 줄 안다.

- 변화에 개방적이고 자아를 유지하며 모험을 주저하지 않는다.

- 자신과 타인을 객관적으로 인식한다.

- 불확실성에 대한 인내력이 강하다.

- 상대방을 있는 그대로 수용할 수 있다.

- 활력이 있으며 생활 지향적이다.

- 진솔하며 일관성이 있다.

- 사랑을 주고받을 수 있다.

- '지금 그리고 여기'에 산다.

- 실수를 기꺼이 인정한다.

- 자신의 일을 사랑하며 창조적 과제에 몰입한다.

- 타인의 복지에 관심을 가지며 자신을 기꺼이 드러낸다.

- 비합리적인 신념에 기꺼이 도전한다.

참고문헌

가톨릭대학교 간호대학 호스피스연구소(2022). 호스피스 완화돌봄. 현문사.

국립암센터, 중앙호스피스센터(2021). 호스피스 전문기관 서비스 제공 안내(6판). 국립암센터, 중앙호스피스센터.

권석만(2019). 삶을 위한 죽음의 심리학: 죽음을 바라보는 인간의 마음. 학지사.

김경미, 김현영(2015). 국내 노인 대상 우울 중재프로그램에 대한 체계적 고찰. 디지털융복합연구, 13(12), 391-400.

김현정(2014). 노인 우울중재를 위한 국악치료프로그램 개발. 인문과학연구 41, 441-463.

노유자, 김춘길, 안성희, 정복례, 최성은, 최윤선(2018). 호스피스·완화의료, 의미 있는 삶의 완성. 현문사.

노유자, 한성숙, 안성희, 김춘길(1994). 호스피스와 죽음. 현문사.

라은희, 윤숙영, 최병진(2021). 호스피스 말기암 환자를 대상으로 한 원예치료 회상 소재 및 주제 분석. 지식융합연구, 4(1), 27-49.

박정연(2017). 호스피스를 중심으로 한 미술치료의 의미와 역할. 통합심신치유연구, 4(1),

1-21.

배유라, 김지은(2020). 호스피스 완화의료 미술치료의 현황 및 인식 연구: 다학제 팀원중심으로. 미술치료연구, 27(6), 1325-1342.

손관화(2016). 아름다움 생활공간을 위한 분식물디자인. 중앙생활사.

양혜경(2010). 음악치료프로그램이 뇌졸중노인의 우을증 감소와 자아존중감 증진에 미치는 효과성 연구. 노인복지연구, 49, 127-143.

유선희(2014). 호스피스 완화의료-한국 호스피스 완화의료의 현황과 발전 방향, 전북대학교 대학원 석사학위논문.

정현주, 김동민(2010). 음악심리치료. 학지사.

Corey, G. (1986). *Theory and practice of counseling and psychotherapy* (3rd ed.). Brooks/Coe.

Kastenbaum, R. (2004). *On our way: The final passage through life and death*. University of California Press.

Kübler-Ross, E. (1975). *Death: The final stage of groth*. Prentice-Hall, Inc.

Malchiodi, C. A. (2008). 미술치료. (최재영, 김진연 공역). 조형교육. (원전은 2007년에 출판).

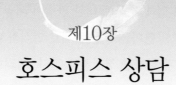

제10장

호스피스 상담

호스피스·완화의료 분야의 특성상 원조를 제공하는 전문가와 자원봉사자 모두가 상담 기술을 능숙하게 사용할 줄 알아야 한다. 이와 관련하여 상담의 원리, 효과적인 관계 성립을 위한 핵심 요소, 대인 기술 및 상담 기술에 관해 살펴보고, 임종을 맞이하고 있는 사람과 사별을 경험한 사람들을 상담하는 데 있어 중요한 사안들을 주의 깊게 살펴보고자 한다.

상담 기술을 사용하여 신뢰를 구축하는 것은 물리적 치료, 증상 관리, 사별을 경험하는 가족에게 제공되는 지원 등 모든 관계의 목적을 향상시킨다.

1. 호스피스 상담의 개념

1) 호스피스 상담의 개념

상담이라는 단어는 다양한 의미를 지닌다. 상담은 어느 한 사람이 타인에게 도움을 제공하는 것이 관계의 초점이 되는 상황을 두루 일컫는 용어로 사용된다. 상담의 핵심은 도움을 제공하는 방법에 있다. 상담은 도움을 제공하는 사람이 다른 사람에게 목적성을 지닌 경청과 대화를 하는 것을 의미한다(강영우 외, 2015). 즉, 상담이란 돌봄을 제공하는 사람이 타인의 의사결정 과정이나 현재 처한 곤경에 대한 대처방안을 탐색하는 과정을 돕고, 역량을 강화하는 과정을 의미한다. 호스피스 상담의 목적은 어떤 사람이 질병으로 인해 자신에 대한 관점이 왜곡되어 있을 때 스스로를 가치 있으며 존중받을 만하고 자원이 풍부한 존재로 인식하도록 돕는 것이다.

인간이라면 누구나 죽음과 사별을 경험하게 된다. 이러한 순간에 일어날 수 있는 문제를 이해할 수 있게 돕고, 문제 해결이 아닌 대상자와 가족의 고통을 나눌 수 있도록 도울 수 있는 말기 돌봄과 사별을 위한 상담이 필요하다. 호스피스 대상자를 돕기 위한 상담 기술들을 활용하여 문제 해결보다는 대상자와 가족의 고통을 나눌 수 있도록 전환기의 가족상담, 생명을 위협하는 질병을 가진 대상자와 상담, 임종을 앞둔 대상자의 가족상담, 사별 후 가족상담 등을 포함할 수 있다(김분한, 2013).

이러한 상담은 문제 해결, 적극적 경청과 정서적 지원을 포함한다. 호스피스 팀원들은 자신의 역할에 대해 생각해 보고 실제적인 목표를 설정하여 상담 기술을 적용할 필요가 있다.

2) 호스피스 상담의 특징

그동안 죽음의 과정에 대한 연구들은 임종 기간의 신체적인 변화에 대한 연구보다는 말기환자가 죽음의 선고를 받고 자신의 죽음을 현실로 받아들이기까지의 심리적 · 정서적 과정에 관한 연구가 주를 이루고 있다(이이정, 2004). 퀴블러-로스(Kubler-Ross, 1969)는 최초로 말기환자가 죽음에 이르는 과정을 임상적으로 연구하면서 말기환자의 죽음에 대한 이해를 촉구하였으며, 죽음의 공포를 어떻게 완화시킬 것인가에 대한 문제를 고찰함으로써 죽음이 임박한 사람에게 더 좋은 보살핌을 제공해야 한다고 주장했다.

죽음은 그것을 경험하는 개인이나 관련된 가족, 친구 등에게 견디기 힘든 일이다. 특히 노년기에 겪게 되는 다양한 질병으로 인해 쇠약해진 노인에게 있어 죽음은 힘든 고비가 될 수 있다.

노인의 상당수가 만성적인 질병을 앓고 있으며, 생명에 심각한 위험을 주는 상황에 처해 있는 경우가 많다. 우리나라의 경우 암이나 뇌혈관 계통의 질병으로 인한 사망자 수가 노년기에 현격하게 늘어나는 것은 이 시기 노인에 대한 욕구 파악과 돌봄이 절실하게 요구되고 있다는 것을 시사한다.

　말기 단계에 도달한 환자는 일반적으로 통증으로부터의 자유, 고독으로부터의 자유, 에너지의 보존, 자아존중감 유지 등의 욕구를 가지고 있고, 이러한 것들은 말기환자가 여생을 만족스럽게 사는 능력에 영향을 미친다(정순둘 외, 2020). 에버솔과 헤스(Ebersole & Hess, 1990)는 말기환자들이 가지고 있는 욕구들을 살펴 이를 위계적인 체계로 구성한 바 있다. 이들에 따르면, 말기환자는 첫째 단계에서 신체적 징후 제거, 에너지 보존, 통증으로부터의 자유, 둘째 단계에서는 감추어진 공포를 말할 기회 얻기, 자신을 돌보고 있는 사람 신뢰하기, 진실을 듣고 있다고 느끼기, 안전해지기, 셋째 단계에서는 이야기하기, 자신의 이야기를 이해받고 경청받기, 사랑받고 사랑을 서로 나누기, 임종 시에 돌보는 사람과 함께 있기, 넷째 단계에서는 직면하여 존중받기, 독립성 유지하기, 삶의 일부분이 끝나고 있음을 정상적인 사람처럼 느끼기, 개인적 정체감 유지하기, 다섯째 단계에서는 피할 수 없는 미래를 감수하기, 죽음에서 의미 깨닫기 등의 욕구를 갖게 된다.

　호스피스 상담자는 말기 대상자의 욕구를 고려하면서 신중하게 그들에게 반응해야 한다. 말기 대상자에 대한 상담 원칙은 다음과 같다(가시와키 테즈오, 1994).

- 대상자의 상태에 신중한 태도를 보이고, "큰 병이 아니다."라는 말을 하지 말라.
- 현재 대상자가 중태임을 인정해 준다.
- 모든 경우에 존재하는 가능성에 대한 희망도 동시에 주어야 한다.
- 대상자의 성격과 삶의 주제를 파악한다. 신체적으로 몹시 약해져 있는 상태이거나 다른 사람의 도움을 얻고 남은 생을 살아야 하는 경우 부정적이거나 충격적인 접근을 삼간다.
- 대상자의 심리적 상황을 파악하면서 대상자가 서서히 질병의 정도를 알도록 하도록 하고, 도중에 대상자가 놀라거나 불안해하면 그 정도에서 일단 통보하는 것을 중지한다.
- 가족에게는 처음부터 알린다.

　호스피스 상담자는 말기 대상자를 살피는 데 있어 다음의 원칙들을 신중히 고려해야 하며, 또한 대상자의 가족에게도 설명할 필요가 있다. 말기이거나 임종의 순간이 다가왔음을 아는 대상자에 대한 보살핌의 원칙은 다음과 같다(김수지 외, 1997).

- 대상자를 멀리하지 말라. 대상자가 가장 심리적인 위로를 필요로 할 때가 바로 이때다. 위로하고 격려하며 지지하여 준다.
- 대상자가 고독감을 갖지 않도록 가족, 친지, 친구의 문병을 독려한다.
- 대상자가 자기의 슬픈 마음을 표현하여 충분한 애도 시간을 갖도록 한다.
- 대상자의 자존심에 손상이 가지 않도록 하며 체면과 위신을 세워 준다.
- 대상자의 통증 호소에 적극 반응하라. 손을 잡아 주거나 간호사에게 연락을 취하는 것도 좋다.
- 대상자가 자기 삶의 의의를 발견하도록 도와준다.
- 말기 대상자에게서 일어나는 어느 정도의 퇴행은 받아 준다.

그러나 대상자 본인에게 질병의 상황에 대한 사실을 통고하는 것이 바람직하지 않은 경우도 있다. 대상자에 따라 죽음에 직면하거나 현실을 받아들이고 싶어 하지 않는 경우가 있다. 이런 경우는 크게 다음의 여섯 가지 양상을 보인다(한국호스피스협회, 2013).

- **과도희망형**: 자신의 질병 상태를 과도하게 희망적으로 보는 경우. 예컨대, 향후 3년 생존율이 5%인데 이를 안 환자가 자기는 꼭 그 5% 안에 든다고 굳게 믿음
- **과거집착형**: 자기 과거 인생에서의 전성시대에 관한 이야기를 나누기를 좋아하고 질병에 대한 말은 의도적으로 피하는 경우
- **모정집착형**: 근본적인 질병에 관한 것은 거론하지 않고, 신변의 사소한 일들에 대해 집착하거나 문제를 호소하는 경우. 예컨대, 상담자가 적극 반응해 주면 만족스러워하면서 상담자를 어머니로 보는 경우
- **호통형**: 자신의 중한 질병을 가벼운 것이라고 보는 경우. 예컨대, 간암환자가 가지는 간염인데 왜들 법석이냐고 오히려 주위 사람에게 호통을 침
- **무관심형**: 자신의 질병의 경우에 대해 무관심하며, 죽음에 대한 언급에도 일체 반응을 하지 않는 경우
- **부인형**: 자신을 결코 죽지 않을 것이며, 자신의 질병이 호전되지는 않을지라도 죽거나 더 심해지지는 않을 것이라고 믿는 경우

 이러한 대상자들은 질병의 상황에 대한 진실을 알기를 거부하기 때문에 굳이 알릴 필요가 없다. 그때그때 마음의 평화를 도와주고 호소하는 통증과 증상에 즉시 반응해 주면서 심리적인 안정을 유지하도록 해 준다.

 호스피스 상담자는 말기 대상자를 대할 때 다음의 사항을 고려해야 한다(한국호스피스, 2003).

- 대상자를 정직하게 대해야 한다. 그러나 '죽어 가고 있다' '마지막이다' 등의 표현은 삼가고 삶에 대한 희망을 제공하도록 한다.
- 대상자의 질병 상태에 대해 신중히 반응하고 그들이 호소하는 통증과 심리적 고통에 진지하게 반응한다.
- 대상자 옆에 앉아 눈을 맞추고 대상자의 이야기를 자주 그리고 신중하게 듣도록 한다.
- 대상자의 심경이 현재까지 어떻게 변했는가, 기대와 실망이 무엇인가를 살핀다.
- 애도과정을 거칠 때에는 필요한 단계를 충분히 거칠 수 있도록 돕는다.
- 가족과의 용서와 화해 및 충분한 만남을 갖도록 한다.
- 원하는 경우 유서나, 가족, 친구에게 남길 편지를 쓰도록 한다.

2. 호스피스 상담의 과정

 호스피스 대상자와 사별을 경험하는 가족을 돌보는 사람은 매일 직면하는 상황에 유연하게 반응하기 위하여 전문가적 기술을 지니고 있어야 한다. 때로는 상담 전문가의 부가적인 기술이 요구되는 상황이 발생하기도 하는데, 이들은 심리학 및 사회기능 이론을 학습하고 감독하의 실습 등을 포함한 일정 기간의 훈련과정을 마친 고도로 숙련된 전문가여야 한다. 상담 전문가는 내담자와의 일대일 관계뿐만 아니라 가족 및 집단 내에서 작업하는 환경에도 훈련되어 있다. 호스피스 돌봄에서 상담 전문가는 복잡한 관계의 문제나 사회적 필요를 가진 사람들에게 초점을 두고 대상자나 가족과 직접적으로 일할 수 있다(임승희 외, 2011). 상담 전문가는 호스피스 팀원에게도 많은 것을 제공할 수 있다. 이들은 호스피스 팀원들이 기본적인 기술을 개발할 수 있도록 돕거나 훈련과 경험으로부터 나오는 지지와 통찰을 제공할 수 있다.

1) 상담의 원리

상담사를 비롯해 돌봄을 제공하는 전문가의 포괄적인 역할로 제공되는 상담에서는 다음의 원리들이 반드시 고려되어야 한다(성숙진, 2000).

- 상담은 공식적인 윤리강령에 의거하여 실행되어야 한다. 여기에는 비밀유지를 비롯한 다양한 논점이 포함된다.
- 상담은 구체적인 목표를 가지고 초점화되어야 한다.
- 상담은 환자가 현재 직면하는 상황에 대하여 점진적으로 통제력을 회복하도록 원조하면서 환자의 자율성을 향해 나아가야 한다.
- 상담은 시간 제한적이다. 호스피스 돌봄에서는 질병의 경과가 환자와의 접촉에 한계를 부여한다. 하지만 사별을 겪은 사람들과 작업할 경우에는 명확한 접촉 기간을 설정해야 한다.
- 상담은 일방적인 관계이다. 도움을 제공하는 사람의 개인적인 경험은 목적성을 지닐 때에만 공유되어야 한다. 사람들은 독특하기에 전문가가 자신의 경험을 이야기하는 것이 환자에게 거부감을 일으키거나 환자 스스로를 전문가의 잣대로 판단하게 할 수 있다.
- 상담은 내담자의 변화를 위한 노력에 대하여 명확한 동의를 표현해야 한다. 이를 실천하는 것은 내담자가 가장 원하는 변화를 유도할 수 없는 경우에 어렵게 여겨질 수 있다. 예를 들어, 우리는 환자의 임종을 막을 수 없으며, 사망한 사람에게 생명을 부여할 수 없다. 그러나 우리는 사람들의 인식 변화를 가져올 수 있다.
- 상담은 기술의 습득과 실행이 기대되는 학문적인 환경에 기반을 둘 수 있어야 한다. 필요한 교육과 훈련의 기회가 상담 작업에 포함되어야 한다.
- 상담은 반드시 슈퍼비전하에 제공되어야 한다. 점차적으로 죽음과 사별을 경험한 사람들과 작업하는 전문가들에 의해 슈퍼비전의 가치가 인정받고 있다. 일부 가족은 상담 전문가에게 혼란스럽거나 깊은 감정을 일으킨다. 이때 슈퍼비전은 상황에 대해 논의하고 숙고할 수 있도록 도울 수 있다.

2) 상담관계

위기상황이나 힘든 시기에 무엇이 도움이 되는지에 대한 질문에 대부분의 사람은 비판이나 판단이 아니라 경청과 이해를 받으며 자기 자신으로 수용되는 것이라고 대답할 것이다. 이 접근은 칼 로저스(Carl Rogers)에 의해 시작된 비지시적 또는 내담자 중심 상담 기법의 핵심이다. 이 유형의 상담은 역량을 강화하는 관계가 형성되었을 때 인간이 성장하고 자아를 실현한다는 믿음에 근간을 둔다(Rogers, 1951).

비지시적인 상담의 세 가지 기본 요소는 인간의 이러한 태도를 반영한다. 첫 번째 요소는 타인을 존중하고 무비판적으로 수용하는 능력이다. 두 번째 요소는 타인이 경험하는 느낌에 압도당하지 않으면서 그 느낌을 정확하게 지각하는 공감능력이다. 타인이 느끼는 감정의 세계에 들어가서 그 이해를 전달하는 능력을 공감적 경청이라고 한다. 세 번째는 진솔성이라고 불리는 자기 자신이 되는 능력이다. 이것은 각 개인이 자기 자신을 수용하고 한계를 인식하며 자신의 경험이 자신의 반응양상에 어떠한 영향을 미치는지를 이해하는 것을 포함한다. 이 세 가지 요소의 조합은 신뢰와 안정감을 발전시켜 어려운 감정을 공유하고 새로운 관점을 얻을 수 있도록 한다(임승희 외, 2011).

① 존중

존중의 목적은 각 개인이 가치 있고 독특하며 소중하다는 믿음을 전달하는 데 있다. 타인에 대한 존중을 다음과 같은 방법으로 전달할 수 있다.

- 이름과 역할을 밝히며 상담자 자신을 소개하기
- 환자가 무엇이라고 불리고 싶은지 알아보기(환자가 자신의 이름으로 불리길 원한다고 가정해서는 안 된다)
- 이름 기억하기
- 이용 가능한 시간에 대하여 언급하기
- 온전하게 주의 기울이기
- 경청하기
- 말을 하는 도중에 방해하거나 끼어들지 않기
- 성급한 결론을 내리거나 비판적이지 않기
- 상담자의 가정을 확인하기
- 상담자가 최선의 것을 안다고 가정하기보다 내담자가 스스로 결정을 내릴 수 있도록 돕기

② 공감

공감은 다른 사람의 현실을 정확하게 느끼고 올바르게 인식하여 그 이해를 섬세

하게 전달할 수 있는 포괄적인 능력을 말한다. 로저스는 다음과 같이 공감적 경청에 대해 정의한다.

> 공감적 경청이란 타인의 인식 세계에 들어가 온전하게 그 세계에 적응하는 것을 의미한다. 이는 개인이 경험하는 두려움, 분노, 애정, 혼란 등 그 감정이 무엇이든지 간에 개인 안에서 흐르듯 변화하는 의미들에 대하여 시시때때로 민감해지는 것을 포괄한다. 공감적 경청은 판단을 내리지 않으면서 조심히 타인의 삶 속에 들어가 일시적으로 그 상의 일부가 되는 것을 의미하기도 한다. 이는 다음과 같이 표현될 수 있다. "저는 당신과 함께 있어요. 지금까지 당신이 말한 것과 표현한 것에 대하여 주의 깊게 경청하고 있었습니다. 그리고 제가 명확하게 이해하고 있는지를 살펴보고 있습니다."(Rogers, 1975)

공감은 전문가가 객관성을 상실한 채 내담자가 그들 자신과 그들의 세계에 대해 갖는 오해마저도 공유하는 것을 의미하지 않는다. 많은 사람은 세상을 적대적으로 인식하는 동시에 자신을 무력한 존재로 바라본다. 만약 상담자가 그들의 왜곡된 관점으로 그들을 무력한 존재로 바라본다면 사실상 우리는 쓸모없는 존재가 되어 버리는 것이다. 호스피스 상담자는 공감을 다음과 같은 방법으로 전달할 수 있다.

- 타인에게 전달받은 감정을 재반영하기
- 타인의 행동을 거울 반사하기. 예컨대, 상대방이 미소를 지을 때 똑같이 상대방을 향해 미소 지어 주기(꾸며 낸 것이 아니라 무의식적으로)

③ 진솔성

진솔성의 목적은 관계 속에서 상담자 자신이 되는 것이며, 이로써 상대에 대한 진실한 관심과 함께 상담자가 신뢰할 만한 존재임을 전달하는 것이다. 진실한 자기가 되는 것은 자신과 스스로의 한계에 대해서 인식하고 있다는 의미이다. 이는 의사, 사회복지사, 간호사로서의 역할을 내려놓는다는 것이 아니라 오히려 주어진 역할 속에서 진정한 자기가 되는 것을 의미한다. 상담자는 다음과 같은 방법으로 진솔성을 전달할 수 있다.

- 자연스럽게 반응하기
- 자신이 아닌 다른 사람인 척하지 않기
- 상담자의 신념, 감정에 대해서 적절하게 이야기하기
- 자발적으로 행동하기
- 자신의 행동과 표현이 자신의 말과 일치되도록 하기
- 방어적이지 않기

타인에 대한 이 세 가지 기본적인 태도들의 조합은 어려운 감정마저도 나눌 수 있을 만큼의 신뢰적인 관계를 발전시킬 수 있게 한다. 하지만 이 태도들은 그 자체로 충분치 않다. 환자나 보호자가 이해되고 있다는 느낌을 받을 수 있도록 이 태도들은 반드시 전달되어야만 한다. 여기에는 원조관계의 핵심 기술인 효과적인 대화 기술이 포함된다.

3) 원조 전략의 연속 체계

원조를 다양한 반응 방식의 연속 체계로 보는 것은 유용하다([그림 10-1] 참조). 이 연속 체계의 한쪽 끝은 전문가가 좀 더 통제력을 가지고 사람들을 원조하는 방식을 나타낸다. 직접적인 행동을 취하거나 조언, 정보, 확신을 제공하는 등의 전략들은 주로 전문가가 갖고 있는 전문적인 지식이 건강 서비스의 일반적인 윤리 정신에 합치될 때 사용된다. 이 연속 범위의 반대편 끝에 위치한 전략들은 대상자가 더 많은 통제권을 가지고 있으면서 전문가가 역량을 강화하는 역할을 담당할 때 사용된다 (한국호스피스협회, 2013). 여기에는 상담, 친구 되기가 포함된다. 이 용어들의 의미는 이름이 명시하고 있는 그대로이다. 우리가 기억해야 할 것은 환자에게 확신을 주면서 관련 정보를 함께 제공하지 않는 경우에는 성공 가능성이 매우 낮다는 것이다. 환자는 의사가 그저 머리를 쓰다듬으며 "걱정 마세요."라고 말할 때 안심하지 못한다.

여기서 '친구 되기'라는 단어는 더 특별한 의미로 사용된다. 상담자는 이 용어를 대상자의 감정적·사회적·실용적 필요에 부합하려는 목적을 지닌 돌봄의 한 유형으로 사용한다. 상담과 비교할 때, 친구 되기는 더 상호적이고 공유적인 요소를 지니고 있으며 개방적이고 더 포괄적이다. 이 유형의 돌봄은 비록 시간 제한적이기는

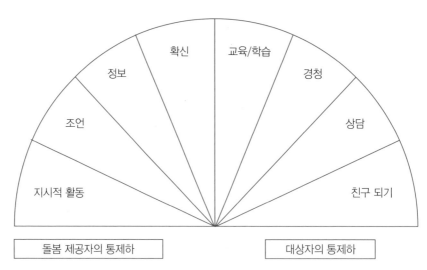

[그림 10-1] 원조 전략의 연속 체계

출처: 임승희 등(2011)을 참고하여 재구성함.

하지만 일부는 상당 기간 동안 지속되기도 한다. 일부 사별 지지 집단은 이러한 종류의 도움을 제공하고 있다.

호스피스 돌봄에서 이 전략들은 환자의 요구, 도움을 제공하는 사람들의 기술과 역할의 범주에 따라 각기 다른 시기에 제공된다. 예를 들어, 전문가가 직접 친구 역할을 하는 경우는 매우 드물지만, 환자 지지 집단, 좋은 이웃 모임 등에 관한 정보를 제공할 수는 있다. 상담자가 한두 개의 전략에만 집중되어 있는 경우에는 돌봄을 제공하는 전문가로서 완전히 효력을 발휘할 수 없다. 예를 들어, 상담자가 뛰어난 경청자임에도 불구하고 지역사회 내에서 사용 가능한 자원들에 대한 지식을 제공할 준비가 되어 있지 않다면 대상자나 가족이 실질적인 도움에 접근하는 것을 막을 수 있다. 상담자는 재정적 원조를 요청하는 방법을 안내하거나 대상자가 가정에서 휠체어를 사용할 수 있도록 주거 리모델링을 도울 수 있으며, 아동에게 원조를 제공하기 위하여 학교와 연계할 수 있어야 한다.

대상자의 필요를 평가하는 능력은 모든 원조 전략의 기본이며, 효과적인 대인관계 기술이 뒷받침될 때라야 대상자의 필요에 대한 평가가 가능하다. 경청, 탐색, 명료화, 반응과 같은 의사소통 기술은 공동의 핵심 기술이며 때로는 기초적 상담 기술로 명명되기도 한다.

4) 호스피스 돌봄에서의 상담

호스피스 돌봄의 경험에 비추어 보면, 대부분의 대상자와 가족이 자격을 갖춘 상담사에게 공식적인 상담을 받으려고 하는 일은 드물다. 하지만 여전히 많은 사람이 전문적인 돌봄 제공자들과 자신의 상황에 대해 이야기를 나누기를 원한다. 즉, 호스피스 돌봄에서의 상담은 비상담적인 활동 등이 강조되는 관계의 양상에서 이루어진다고 볼 수 있다. 결과적으로 대부분의 호스피스 전문가는 주요한 상담 기술들을 사용하고 있음에도 불구하고 비교적 적은 수의 전문가만이 스스로를 '상담사'로 인식하고 있는 실정이다. 이런 종류의 상담은 보다 일상적인 상황에서 일어나기 때문에 정식 상담에서의 정무와 같이 따로 시간을 잡거나 회기의 길이와 횟수를 협상하고 병동에서의 사생활을 보장하는 것이 어렵다(임승희 외, 2011).

호스피스 돌봄 제공자는 돌봄을 통해 삶에서 엄청난 변화를 겪고 있는 사람들을 만나게 된다. 이들은 자신의 소망과 두려움뿐만 아니라 병을 가지고 있다는 것이 어떠한 느낌이며, 이에 대하여 어떻게 생각하고 있는지, 그리고 과연 어떠한 상황에 봉착하게 되는지에 대하여 할 말이 너무도 많다. 캐나다 사회학자 아서 프랭크(Arthur Frank)는 심장병과 암을 앓았던 자신의 생생한 경험담을 통해 위독한 질병으로 인한 생리적 현상(그는 이를 질병의 대화라고 한다)뿐만 아니라 그 질병을 가지고 사는 경험(그는 이를 질병 경험의 대화라 한다) 역시 논의의 가치를 지닌다고 설명한다.

> 질병의 경험(illness)은 질병(disease)을 가지고 살아가는 경험을 의미한다. 질병의 대화(disease talk)가 신체 상태에 대한 척도라면, 질병 경험의 대화(illness talk)는 쇠약해져 가는 신체에서 비롯되는 공포감과 좌절감에 관한 대화이다. 질병의 경험은 의학적인 속성을 넘어선 이후부터 시작되는데, 이는 자신의 신체에 일어나는 현상들이 단순히 측정 가능한 속성들로만 구성된 것이 아님을 깨닫는 시기를 의미한다. 내 몸 안에서 일어나는 일은 내 인생의 일부분이다. 내 삶은 체온과 혈액순환으로 구성되어 있지만, 희망과 실망, 기쁨과 슬픔 등 측정할 수 없는 요소들로 이루어져 있기도 하다. 질병 경험의 대화는 객관화된 신체의 언급이 아닌, 내가 경험하는 나의 신체에 집중하는 것이다. 우리는 질병의 대화를 통해 측정이 가능한 특정 부분들의 진행과정을 관찰한다. 하지만 질병 경험의 대화는 그들이 건강한 상태에

서 "내 몸이 왜 이러지? 내게 무슨 일이 일어나고 있는 거지?"라고 질문하게 하는 이야기들이다. '무언가에'가 아닌 '내게' 일어나고 있는 일에 대한 대화인 것이다 (Frank, 1991).

프랭크는 단지 소수의 건강관리 전문가들만이 질병 경험의 대화에 참여하기를 원한다는 것을 알게 되었다. 그는 건강관리 전문가가 질병의 경험에 대해 이야기하는 것을 전문적인 활동의 범주에서 벗어난 것이라 보는 질타 섞인 시선으로 인해 이러한 현상이 일어난다고 보았다. 하지만 무엇보다 가장 큰 이유는 전문적인 돌봄을 제공하는 사람들이 질병 경험의 대화가 너무나도 어렵고 난처하다는 핑계로 이 대화를 회피하는 것이다. 이로 인하여 환자는 침묵에 잠기게 된다. 프랭크는 다음과 같이 말한다.

> 그 누구도 자신에게 기꺼이 시간을 내주며 말을 꺼내도록 도와주는 것을 달가워 하지 않을 것이라고 생각하는 사람은 말을 하지 않음으로써 자신을 보호한다. 하지 만 보통 무언가를 즉시 단어로 표현하는 것이 어려울 때가 가장 스스로를 표현해야 하는 시기이다. 문제는 자기표현을 위해서 필요한 단어들을 찾을 수 있도록 도와줄 사람을 찾는 것이다(Frank, 1991).

질병의 경험에 대한 대화는 대상자와 돌봄 제공자가 심각한 질병의 영향을 이해 하는 데 도움을 준다. 이를 통해 고립된 감정을 제거하고 두려움과 불안감을 줄일 수 있게 된다. 즉, 건강관리 전문가는 환자와 가족이 그들의 경험을 나누며 '그들의 이야기'를 할 수 있도록 도움을 줄 수 있어야 한다. 대상자에게 역량을 강화하는 경청은 상담에 있어 핵심적인 역할을 담당한다.

다음은 전문가가 환자에게 반응하고 환자의 걱정을 공유하도록 돕는 상담 기술과 관련된 일반적인 사례이다(임승희 외, 2011).

사례 --

간호사인 M은 자궁암에 걸린 젊은 여성인 S의 메스꺼움과 구토 증상을 완화시키는 주사를 놓기 위해 병실을 찾았다. S는 자녀들이 간호사가 엄마에게 무엇을 하는지 볼 수 있도록 문을 열어 놓은 채 침대에 누워 있었다. 정적이 흐르는 가운데 S가 갑자기 두려움에 찬 목소리로 물었다. "얼마나 남았죠?" M은 S가 '얼마나 더 이 주사를 맞아야 하나요?'라고 묻는 것이라고 추측할 수 있었지만, '내가 죽기까지 얼마나 남았나요?'라고 말하는 것이라고 느꼈다. M은 모르는 척하며 이 질문을 비껴 나갈 수 있었지만, 대신 S의 슬픔을 공감하면서 고통의 감정에 대하여 이야기하는 것은 괜찮다고 진심어린 걱정을 전달했다. M은 슬프고 무력한 감정을 느끼며 병실을 나섰다. 하지만 동료들과 자신이 느낀 감정에 대해 이야기하고 환자의 질문에 대한 자신의 대답을 숙고하면서 스스로가 적절하게 반응했다는 확신을 갖게 되었다. S는 M이 자신을 진정으로 걱정하고 있으며, 자신의 이야기에 경청할 준비가 되어 있다는 것을 깨달았다. S는 고립된 감정을 덜 느끼고 자신의 상황이 조금은 더 통제 가능하다고 느끼게 되었다.

　이 사례에서 M간호사는 '상담'을 하였다기보다는 상담 기술을 사용하거나 상담 형식으로 작업하였다. M은 대상자에게 필요한 것이 현재 일어나고 있는 일을 탐색하고 감정을 표현할 수 있도록 격려하는 관계라는 것을 인식하며 S대상자가 고민을 털어 놓는 그 순간에 적극적으로 반응하였다.

　표면적으로 상담과 상담 기술 사용 간의 명확한 차이를 구별하는 것은 힘들다. 이 사례에서 M은 일정한 시간 동안 S와 상담 환경에서 이야기를 나눌 수 있었다. 제3자의 관점에서 보면, M이 S의 신체적 필요를 돌보아 준 것을 제외하고는 훈련된 상담사와 M의 역할 차이를 말하기란 쉽지 않다. 가장 중요한 차이는 M과 S의 상담이 진행되고 있음을 인식하지 못했다는 점이다. M은 돌봄 전문가로서 지지를 제공했을 뿐이다.

　상담과 상담 기술 사용의 차이는 실무자의 훈련 정도와 이해도 역할의 초점, 대상자의 이해도에 달려 있다. 전문가가 대상자에게 돌봄을 제공하는 원조 방식에 있어서 기술력 있고 자신감을 갖는 경우에는 대상자와 가족에게 굉장한 이득일 것이다. 한편, 다양한 역할 사이의 잠재된 갈등과 전문가 역량의 한계를 이해하지 못하는 데에는 위험이 자리 잡고 있다.

　호스피스에서 전문가가 상담 양식을 사용하여 일하는 것은 적절한 돌봄을 제공하는 하나의 방법이다.

(1) 호스피스 돌봄 상담의 목적

호스피스 돌봄은 대상자와 가족의 심리적 · 사회적 · 영적 고통을 줄이고 삶의 질을 향상시키기 위한 돌봄 서비스를 제공하는 것이다. 돌봄 상담의 목적은 다음과 같다(한국호스피스간호사회, 2006).

- 분노, 죄책감, 슬픔 등과 같은 불편한 감정을 표현하기에 안전을 느끼는 환경 만들기
- 비심판적이 되고, 환자 및 그들과 가까운 관계의 사람들을 수용하기
- 돌봄 제공자가 아는 것과 알지 못하는 것 그리고 질병의 경과에 대해 정직하고, 이를 알아내기 위해 준비가 되기
- 이전부터 일어났고, 또한 지금도 일어나고 있는 것이 매우 두렵고 혼란스러우며 때로는 견디기 어려운 것이라는 점에 대한 돌봄 제공자의 슬픔을 공유하기

호스피스 돌봄 제공자는 다음과 같은 것에 의해 방해를 받을 수 있다.

- 응답을 하기에 너무 바쁘다는 것을 은연중에 나타내는 것
- 표면을 넘어서서 더 깊이 들어갈 준비가 되지 않았음을 전달하는 것
- 돌봄 제공자의 한계를 넘어선 상황에 도움을 줄 다른 누군가를 고려하는 데 개방되어 있지 않은 것에 대한 무력감을 느끼는 것
- 대상자나 그 가족이 나누기를 원하는 감정을 경험하는 것에 준비되어 있지 않은 것
- 돌봄 제공자가 도달할 수 없는 것에 대해 인식하지 못하거나 실제 가진 지식보다 더 많이 알고 있는 척하며 진실하지 못한 것
- 대상자가 표현하고자 노력하는 문제에 대해 듣기보다는 섣불리 결론에 도달하는 것과 같이 상황을 간과하는 것
- 돌봄 제공자 스스로에 대한 영향을 인식하지 못하는 것

(2) 호스피스 돌봄 상담의 특정한 이슈

호스피스 돌봄 상담에 있어서 주의해야 할 특정한 이슈는 비밀유지와 전이가 있다(한국호스피스협회, 2013).

① 비밀유지

비밀을 유지한다는 것이 무엇인지 모든 사람이 그 의미를 안다고 가정하긴 쉽지만, 종종 사람들은 이에 대해 매우 다른 관점을 가지고 있다. 예를 들어, 호스피스 팀은 가족과 관련된 개인적 정보를 가족을 다루는 좀 더 포괄적인 팀의 구성원들에게 밝히지 않겠냐고 결정할 수 있다. 이 잠재적인 갈등의 영역을 위해서는 여러 전문 분야에 걸친 팀들 사이의 논의뿐 아니라 병원 호스피스, 지역사회 기반 팀들의 정기적인 논의가 필요하다.

일대일의 비밀을 제공하는 것은 위험하다. 대상자가 이에 의해 압도될 수 있을 뿐만 아니라 중대한 의사결정을 내려야 할 때 중요한 정보들을 입수하는 것이 불가능할 수도 있다. 팀 내에서 비밀이 유지되는 것을 확실히 하는 것이 최선이다. 다음과 같은 방법으로 말할 수 있다. "당신이 이야기하는 모든 것을 제가 저희 팀과 나눌 필요도, 받아 적을 필요도 없어요. 하지만 제가 할 수 있는 것보다 조금 더 많은 도움을 줄 수 있는 다른 팀원과 몇 가지를 나눌 필요는 있어요." 우리의 경험에 비추어 보면 대부분의 대상자와 돌봄 제공자들은 이 점을 인정한다. 하지만 사생활과 비밀의 존중을 위해 항상 노력해야 하고, 이것은 지속적으로 평가되어야 할 주제이다. 이러한 존중은 그 대상자에 대해 돌봄 제공자가 기술한 문서에도 나타나야 한다. 누구나 자신이 어떻게 기술되었는지를 볼 수 있는 권리가 있다. 그들이 자신에 대한 문서를 보고 싶다고 요청할 수도 있다.

② 전이

전이는 정신과적 돌봄과 관련되는 것으로 여겨지기 때문에 호스피스 돌봄과 관련된 사람들에게는 일반적으로 훈련된 개념이 아니다. 그렇기 때문에 전이의 개념이 잘 알려지지 않았을 수도 있다.

전이는 부모 또는 다른 의미 있는 존재들의 특성으로 치료자를 잘못 인식하는 특정한 사람들의 경향을 설명하기 위해 프로이트(Freud)가 처음으로 사용한 개념이다. 아동이 세상을 보는 관점에 그 아동이 가족을 바라보는 관점이 반영된다는 것을 생각하면 전이는 전혀 놀라운 일이 아니다. 개개인의 가족은 '정상'이다. 말하자면, 다른 가족들을 비교할 때 자신의 가족이 기준이 된다. 한 아동이 가진 '아버지'에 대한 관점은 특정한 아버지의 행동을 반영하는 것이고, '어머니'에 대한 관점은 역

234 장 호스피스 상담

시 특정한 어머니의 행동을 반영하는 것이다. 이러한 관점은 이후의 인생에서 쉽게 재현될 수 있는데, 이는 자신의 어린 시절을 어쩔 수 없이 다시 상기할 때 나타난다. 특히 질환이나 사별이 우리의 대처능력에 대한 자신감을 손상시키거나 타인에게 의존하도록 강압하는 경우에 더욱 그러하다. 이러한 상황에서 부모에게 지속적으로 학대를 당하거나 배신당한 사람은 모든 권위에 대해 불신하거나 호스피스 전문가를 부당하게 의심할 수 있다. 이러한 행동들에 의해서 돌봄 제공 전문가가 곤란해하거나 당혹스러워하는 것은 당연하다. 이러한 '어려운' 대상자들이 다른 시간에 다른 관계에서 이러한 감정을 다루기 위해 노력하고 있다는 것을 생각해 보아야 한다.

3. 호스피스 상담의 기법

상담 기술은 부분적으로 개인이 태어나면서부터 쌓아 온 모든 의사소통 기술을 좀 더 목적성 있게 사용하는 것이다. 어떻게 대화를 개선시킬 수 있는가에 대해 생각해 보는 것은 대개 매우 불편하게 느껴질 수도 있다. 그것은 '잘못되어 가고 있다.' 거나 혹시나 실수를 범했을지도 모른다는 걱정을 불러일으킬 수 있기 때문이다. 기술을 개선한다는 것은 우리가 타인과 함께할 때 나타나는 무의식적인 방법들에 대해서 인식하는 것을 의미한다(임승희 외, 2011). 따라서 너무 단순 작업을 한다고 느끼거나 타인과의 상호작용 속에서 자의식이 강하다고 느끼는 기간을 거치는 것은 별로 놀라운 일이 아니다. 하지만 이러한 자의식의 감정은 새로운 기술들이 내면화되고 자신감과 기술 모두가 크게 향상되면 사라질 수 있다. 단순히 상담 기술에 관한 책을 읽는 것만으로 상담 능력을 개선시킬 수는 없다. 따라서 상담자는 반드시 기술을 실행하고 연습해야 한다. 그 상담 기술은 대안이 아닌 훈련을 돕는 의미로서 사용되어야 한다.

1) 적극적 경청

경청은 모든 원조 관계의 기초이다. 경청은 일상에서 일어나는 의사소통의 일부이기 때문에 종종 이것을 연습하거나 개선할 필요 없는 기술로 가정하곤 한다. 하지만 일상에서의 의사소통은 오해로 가득 차 있으며, 서로를 이해하는 데 실패하곤 한다. "내가 말한 건 그런 뜻이 아니었어." 또는 "내가 말한 뜻을 너는 이해하지 못했어." 등의 말을 하는 것을 아주 쉽게 들을 수 있고, 자신이 정확하게 말을 전달했는지에 대해서 걱정해 본 경험은 누구나 가지고 있다(성숙진, 2000).

　의사소통 능력은 상담에 매우 필수적인 요소이다. 의사소통은 언어적일 수도 비언어적일 수도 있고, 생각이나 기분에 초점이 맞추어질 수도 있다. 상대방이 어떤 말을 하려고 하는지를 이해하기 위해서는 단어뿐 아니라 그 외의 것들에 대해서 주의를 기울여야 하고, 이를 위해서는 상대방에게 주의를 기울여야 한다. 이것은 수동적이지 않고 적극적인 과정이며, 이때 모든 감각이 동원된다. 말로 표현되어 나온 것들과 억양을 귀를 통해 듣고, 단어에 포함되어 있는 의도를 마음을 통해 듣는다. 대상자의 행동, 거동, 몸짓 등에서 전해져 오는 것들을 눈을 통해 듣고, 자신이 이해하고자 하는 인간으로서의 그 사람에 대해 마음을 통해 듣는 것을 의미한다(이범수, 2000). 이러한 방식으로 경청을 하는 것은 대상자로 하여금 상담자가 그곳에 그들과 함께 있음을 느끼게 하고 그들이 존중받고 있음을 느끼게 한다. 타인으로부터 주의를 받는 것은 인간이 태어나면서 갖는 첫 욕구이다. 프랭크가 언급했듯이 관심주의에 대한 삶의 끝이 다가오는 순간에 더욱 격렬하게 발생한다. 에릭슨(Erikson, 1964)은 무심함 또는 부정적인 주의가 아동에게 미치는 영향을 설명하였다.

　　사람들은 친숙한 얼굴을 인식하는 법을 익히는 것과 거의 동시에 친숙하지 않은 낯선 무응답, 외면, 찡그리는 얼굴들을 의식하는 법을 학습하게 된다. 그리고 그러한 사람들의 외면에 대하여 자기 자신에게 그 원인이 있다고 귀인하는 설명할 수 없는 경향성을 지니기 시작한다(Erikson, 1964).

　사람들은 연약해져 있을 때 타인의 태도를 예민하게 인식하게 된다. 그리고 얼굴은 외면하는 마음의 신호라고 판단한다. 대상자와 이야기를 할 때 컴퓨터 화면에서 눈을 떼지 않거나 사별을 겪은 사람들과 대면하는 것을 피하기 위해서 길 건너의 사람에게로 시선을 돌리는 것은 보통 무관심 혹은 거절의 신호로 해석된다.

(1) 적극적 경청을 방해하는 요인

돌봄 제공자가 사람들에게 온전한 주의를 기울이는 것을 방해하는 많은 요인이 있는데, 바쁜 병동 안에서는 특히 그렇다. 대상자의 경청을 방해하는 것이 무엇인지 고려하는 것은 중요하다(이근홍, 2021).

① 외부 요인에 의한 주의산만

소음, 다른 환자에 대한 인식, 마감이 임박한 업무, 동료들이 갖는 기대 등과 같은 외부 요인에 의해서 주의가 흐트러질 수 있다. 다른 환자를 돕기 위해 가야 하는 것, 회의에 들어가야 하는 상황 등은 우리의 집중을 방해할 수 있다. 대상자의 가정에서 만나는 경우에는 옆방에서 아동이 놀고 있다거나 텔레비전이 켜져 있는 상황이 발생한다. 이러한 상황에서 외부 요인에 의한 주의산만을 가려내는 데 최선을 다해야 한다. 만약(가정 방문) 의도가 예민한 주제를 끌어낸다거나, 고통스러울 수 있는 정보를 전달해야 하는 것이라면 충분한 시간을 내고, 조용한 방으로 옮겨 가고, 여건이 따라 주는 한 개인적인 시간을 최대한 마련하는 것을 통해 잠재적인 방해 요소들을 최소화할 수 있다.

② 내부 요인에 의한 주의산만

개인 내적인 요인에 의해서도 주의가 산만해질 수 있다. 다른 사람들이 말하는 것에 대하여 섣불리 가정하거나 추측을 하는 성향으로 인해 경청능력이 저하되기도 한다. 일상의 상호작용에서 말하는 사람이 무엇을 말하고 있는지에 대해 생각하고, 거기에 어떻게 응답할 것인지를 준비하기 위해 막상 그 사람이 하는 말에 주의를 두지 않기도 한다. 마음을 통해서 듣는 것과는 달리 귀를 통해서 듣는 것, 즉 선택적으로 듣거나 이미 이전에도 들어온 것들은 결론짓기가 쉬울 수 있다. 이러한 상황은 긴장, 압박을 느끼는 등 말하는 것보다 생각하는 것이 훨씬 빠르다는 사실을 피할 수 없을 때 더 잘 나타난다. 이러한 상황에서는 말하는 사람을 가로막아 중단하고자 하는 유혹이 매우 크다. 하지만 대상자의 대화가 초점을 잃거나 너무 세부적인 사항에만 초점이 맞춰질 때에만 말을 중단시켜야 한다.

말기환자 또는 사별을 경험한 사람과의 대화에 참여하는 것은 예민하고 섬세하게 응답할 수 있는 자신의 능력에 대하여 강한 불안이나 무력감을 불러일으킬 수 있

3. 호스피스 상담의 기법

다. 많은 사람이 전문직으로서 건강관리 분야에 관심을 갖는 것은 다른 사람이 좀
더 나은 기분을 갖도록 도와주고 싶기 때문이다. 상담자가 받는 훈련은 보통 상황을
개선시키기 위해 무엇을 할 수 있는가에 대한 것이지만, 사실 민감하게 반응하는 경
청이 그 역할을 하는 데에 충분하다는 것을 믿기는 어려울 수 있다. 앞서 언급하였
듯이, 적극적인 경청은 상담자로 하여금 무엇을 '하게' 하는 것이 아니라 무엇이 '되
게' 하는 것이고, 이것은 자신에게 매우 불편하게 느껴질 수 있다.

말기환자나 사별을 경험한 사람과 이야기를 하는 것은 상담자 자신의 매우 아팠
던 기억들을 끌어낼 수 있으며, 죽음과 직면할 때 발현되는 불안감을 경험할 수 있
다. 사랑하는 사람의 안녕에 대해 불안함을 느끼는 것과 만약 자신이 죽는다면 사랑
하는 가족과 친구들이 어떤 느낌을 경험할지 상상해 보는 것은 일반적인 반응이다
(김분한, 2013). 따라서 대상자가 하는 말을 내면 깊숙이 받아들이지 않으려고 하거
나 자신에게 고통스러운 대화 주제를 피하려고 한다.

경청능력은 또한 자신이 속해 있는 삶의 배경과 문화에 영향을 받는다. 개인의 삶
의 경험은 들은 것들에서 어떤 것을 걸러 내고 어떤 것을 받아들일지를 결정하는 필
터(여과기)를 만들어 낸다. 자기 자신과 너무나 다르다고 느껴지는 사람, 또는 대처
하는 모습이 상담자의 방식과 상반되는 사람에게는 공감하고 수용하는 것이 매우
어려울 수 있다. 가치, 체계, 인종, 문화, 성, 교육, 사용하는 언어 또는 사회적 계급
의 배경이 다른 사람이 하는 이야기를 경청하는 것은 쉽지 않을 수 있다. 반대로, 자
신과 비슷하다거나 또는 가치 체계, 삶의 방식 등을 공유하는 경우에도 그들이 진정
으로 전달하고자 하는 것을 듣는 데 방해가 될 수도 있다.

누구나 이별의 상실을 경험해 봤을 것이다. 상실에 대한 상담자의 반응과 응답은
큰 상실과 변화를 직면한 다른 사람들에게 반응하는 방식에 영향을 준다. 그러므로
상담자의 태도와 편견이 타인에게 반응할 때 어떠한 영향을 미치는가에 대해 이해
하기 위해서 개인이 지니고 있는 필터와 스스로가 겪었던 이별의 상실이 자신에게
미친 영향에 대해 인식하는 것은 매우 중요하다(김미자, 2006). 이러한 인식을 가진
다면 상담자가 가질 수 있는 가정·추측을 점검해 볼 수 있고, 동료들과 자신의 반응
에 대해 나눌 수 있으며, 또한 언제 슈퍼비전을 받아야 할 필요가 있는지 알아낼 수
있다.

주의산만은 신체 언어로 표현될 수 있다. 개방된 자세, 내담자와 비슷한 높이에

앉기, 부드러운 눈맞춤을 유지하는 것은 기꺼이 경청하고 하는 자세를 전달한다. 팔짱을 끼고 있는 것, (특히 상대방이 침대에 누워 있는 경우) 다리를 꼬거나 서 있는 것은 대화에 참여하는 것을 내켜하지 않음을 보여 준다. 얼굴 표정 역시 중요하다. 어느 젊은 상담자는 그가 전해야 하는 정보에 대해 절망을 느낄수록 더욱 경직된 미소가 얼굴에 나타나는 것을 느꼈다고 고백했다. 인생의 초기에 그녀는 감정을 감추기 위해서 미소를 짓는 법을 배웠다. 그는 무엇이 환자와 친인척들이 불안과 두려움을 표현하지 못하도록 하는 자기방어의 벽을 만들게 했는지 알아보아야 할 필요성을 깨달았다.

사실에 집중하는 것과 전체적인 이야기가 무엇인지 기억하도록 노력하는 것 역시 적극적인 경청 방법 중의 하나이다. 대화의 끝 무렵에 한두 가지 메모를 적는 것은 물론 도움이 되겠지만, 상대방이 말을 하는 중에 모든 것을 받아 적는 것은 상대방이 진심으로 하고 싶은 말이 무엇인지 파악하는 것을 어렵게 할 것이고, 말하는 사람이 자신을 모두 드러내지 않도록 만들 수도 있다. 만약 상담자가 무엇을 듣고 있는지보다는 사실에만 관심이 있다고 대상자가 느끼게 된다면 개방과 진실에 기반을 둔 관계의 형성이 어려울 것이다.

2) 비언어적 정보 듣기

종종 대상자는 일치하지 않는 정보를 보내곤 한다. 그들의 행동이 언어로 전달하는 것과는 다르게 나타날 수 있다. 예를 들어, 어떤 대상자가 "당신을 불편하게 만드는 것이 있나요?"라는 질문에 대답할 때, 머리는 흔들면서 주먹을 꽉 쥐며 "아니요, 전 좋아요."라고 한다면, 언어로 표현된 부정을 의심해 보는 것이 옳다.

적극적 경청과 상대방을 이해하기 위해 노력하는 것은 평상시에 경험하는 대화와는 다소 다르다. 이는 상대방이 이야기를 할 때 온전한 주의를 기울이는 동시에 상담자의 반응을 인식하는 기술을 요구하는 예술이다. 이는 물리적인 작업과 비슷한 에너지를 요구하는 작업이지만, 기꺼이 듣고자 하는 마음가짐과 태도는 모든 원조 관계의 열쇠이다(박재간 외, 2011).

상담자는 단순히 듣는 것뿐만 아니라 반응하는 방법으로도 내담자에 대한 지지와 그의 말을 진심으로 이해하고자 한다는 것을 증명해 보일 수 있다.

3) 격려

대상자에게 여전히 듣고 있음을 재인식시키고 격려하는 것이 필요할 수 있다. 부드러운 눈맞춤을 유지하는 것, 끄덕임, 미소, "흐음… 음….''과 같은 격려의 소리, 또는 "조금 더 말해 보세요.''와 같이 이야기하는 것을 모두 온정과 관심을 표현한다.

4) 수용적 반응

수용적 반응은 타인에 대한 존중을 전달해 주고 신뢰관계를 구축하는 것을 도와준다. 또한 상담자가 판단하거나 비판하지 않고 있다는 것을 전달한다. 예를 들어, 사별을 겪은 사람이 "더 이상 일에 집중할 수가 없어요.''라고 말한다면, 이 상황에서의 수용적 반응은 "무언가 중대한 일이 일어났을 때에는 집중하기가 어려워요.''라고 말하는 것이다. 반대로 반응을 수용하지 못하는 응답은 "지금 이 시간에 당신은 냉정함을 찾아야 해요.''라고 말하는 것이다(이근홍, 2021).

5) 반영과 공감

대상자의 말을 재반영하는 것은 그들 스스로가 자신의 필요를 확인할 수 있도록 돕는다. 간단한 단계의 반영 및 공감은 대상자가 말한 것에 대해서 약간은 불확실해하는 의문조로 반복하는 것이다(임승희 외, 2011). 예를 들어, 젊은 주부가 "난 남편이 이것을 듣는 것을 원치 않아요. 나는 그가 포기할 것을 알아요.''라고 말한다면, 그저 "당신은 남편이 포기할 거라고 생각하나요?'' 또는 "포기요?''라고 말할 수 있다.

조금 더 반영적인 방법은 들은 이야기를 다른 말로 다시 표현하는 것이다. 즉, 상담자의 말로 바꾸어서 다시 말하는 것을 의미한다. 예를 들어, "당신은 ~라고 말하는 것처럼 보이네요.'' 혹은 "그것은 만약에 ~라고 이야기하는 것처럼 들리네요.'' 등의 표현을 사용할 수 있다. 이러한 표현들을 구체적으로 적용해 보면, "당신은 만약 남편이 이 말을 듣게 되면 모든 것을 포기하게 될까 봐 우리가 당신의 남편에게 알리지 않았으면 한다고 말하는 것처럼 들리네요.''라고 말할 수 있다. 또 다른 예로는, 만약 대상자가 "나는 여전히 고통 속에 있어요. 그리고 나는 누구의 조언을 받아들여야 할지 모르겠어요."라고 말한다면 "상담자는 여러 가지 일들이 당신의 통제 밖에 있고, 그렇기 때문에 이 순간에 누구에게 도움을 청해야 할지 모른다고 하는 것처럼 들리네요."라고 바꾸어서 말할 수 있다.

앞의 젊은 주부의 예에서 상담자가 그녀의 말과 감정에 대해 이해한 내용을 전달하는 것은 그녀로 하여금 상담자가 그녀의 걱정거리에 대해서 정말로 민감하게 반응하고 있다는 것을 느끼도록 도와줄 것이다. 상담자는 그것이 어떤 감정인가를 직접적으로 그 감정의 이름으로 표현하거나 어조, 몸 언어 등으로 전달할 수 있다. 예를 들어, "만약 상담자가 이에 대하여 이야기한다면 당신의 남편이 살고 싶어 하지 않을 것 같아서 그것을 두려워하는 것처럼 들리네요."라고 말할 수 있다. 다른 예를 들자면, 대상자가 상담자에게 "그 의사는 매일 들러요. 하지만 저는 그가 무엇이 문제인지 말해 주기 전에는 왜 그렇게 자주 들러야 하는지 모르겠어요. 내 아내에게는 이야기하는 것 같기는 해요. 아내는 의사와 함께 밖으로 나가요. 지난 몇 번은 나에게 곧바로 오지 않았어요. 나는 아내가 아래층에서 우는 것을 들었어요."라고 말한다. 공감·반영의 반응으로는 "당신은 그 의사가 당신이 당연히 알아야만 하는 것을 당신의 아내에게만 이야기하는 것에 대해서 불안해하는 것처럼 들리네요."라고 말할 수 있다.

감정의 이름을 대는 것은 공감을 표현하고 무엇이 대상자를 고통스럽게 하는지에 대해 우리가 진정으로 이해하고 있음을 느낄 수 있도록 해준다. 이는 또한 대상자가 자신의 감정에 대해 이야기할 수 있음을 암묵적으로 동의하는 것이다. 감정을 명시하는 것은 부드럽고 모호한 어조로 응답하여 우리가 가정이나 추측을 하고 있다는 오해를 전달하는 것이 아니라 그들의 세상에 대해서 좀 더 배우고자 준비가 되었음을 보여 줄 수 있다. 상담자가 공감적으로 응답했음을 확실히 보여 주는 것은 "당신은 느끼기를~ 왜냐하면…" 또는 "당신은 ~때에 이러한 것들을 느끼는 것처럼 들리네요." 등의 표현을 사용했을 때이다. 이때 사용된 특정한 단어가 중요한 것이 아니라 여기에서는 공감적 이해의 의사소통의 틀을 보여 주는 것이다.

반복, 다른 문장으로 바꾸어 표현하기, 공감적 응답은 모두 상담자가 경청하고 있으며 이해하기 위해 노력하고 있음을 보여 준다. 단어 속에 있는 감정의 정확한 반영은 사람들이 이후에 나올 반응에 대해 탐색하도록 도와준다. 상담자는 대상자가 무엇을 생각하고 느끼는지를 발견하도록 해야 하며, 이를 위해서 질문을 사용할 수 있다.

6) 직접적 질문과 간접적 질문

질문 방식은 두 가지 종류가 있다. 직접적 질문은 구체적인 답변을 이끌어 내고 사실적인 답변이 필요할 때 아주 좋은 방법이다. 예를 들어, "당신은 움직일 때 고통스럽나요?" 또는 "오늘 아침에 약을 먹었나요?"와 같은 질문이다. 직접적인 질문의 초점은 분명하고 대화 선택의 폭을 줄인다. 이러한 종류의 질문은 대상자가 요구되지 않은 정보를 드러내도록 고무하지 않는다.

반대로, 간접적 질문은 대상자가 원하는 대로 대답할 수 있도록 한다. 그리고 대상자가 더 많이 이야기할 수 있도록 한다. 앞서 예로 들었던 젊은 주부에게 "당신 남편의 질병에 대해 어떻게 이해하고 있나요?"라고 물어볼 수 있다. '왜'로 시작되는 질문은 조사하고 탐문하는 것처럼 들릴 수 있기 때문에 신중하게 사용해야 한다. 이러한 질문들은 사람이 더 말할 수 있게 하고 대화를 개방시키기 때문에 개방형 질문이라고 불린다. 개방형 질문의 예시는 다음과 같다(이범수, 2000).

- 가장 최악의 상징은 무엇인가요?
- 이러한 감정을 예전에도 느꼈었나요?
- 이전에는 어떻게 관리했나요?
- 이러한 순간에 가장 도움을 주는 것은 무엇인가요?
- 도움을 주는 다른 것들은 무엇이 있나요?

7) 재검토

재검토는 지금까지 들었던 이야기, 탐색한 정서, 그리고 동의한 행동들에 대해서 다시 살펴보고 요약하는 것을 도와준다. 재검토하기는 양측이 동의하고 있음을 확실히 하고 대화를 끝마칠 때 유용하다. 전에 나누었던 이야기들을 다시 요약해 보는 것이다. "당신 남편의 암이 전이되었다는 것을 전이되었다는 것을 전해 들었을 때 남편의 반응에 대한 당신의 두려움에 대해 이야기를 나누었어요. 그는 매우 우울해 있었고, 당신은 그가 당신과 아이들로부터 멀어져 버린 것은 아닌지 걱정을 하고 있습니다. 당신은 불안을 느끼면서도 남편에게 일어난 일에 대해서 그 자신이 어떻게 생각하고 있는지를 우리가 함께 알아보는 것이 괜찮을 것이라고 느끼고, 우리가 남편에게 질병에 관해 이야기할 때 당신이 함께 있는 것이 좋을 것이라고 생각하고 있어요. 나는 의사에게 이야기를 하고 추후에 당신과 약속을 잡으려고 합니다. 이것에 대해서 어떻게 생각하십니까?"

이는 상호작용을 하는 도중, 특히 매우 복잡한 상황이 묘사되었거나 또는 말하는 사람이 한 주제에서 다른 주제로 급히 전환하는 경우에 사용하면 유용할 수 있다. 간단한 요약은 정보의 흐름을 늦출 수 있고, 내담자의 주요한 걱정거리가 무엇인가에 대해 상담자가 마음속으로 추측하고 가정하고 있는 것에 대해서 살펴볼 수 있도록 한다. 예를 다시 살펴보면, "내가 잘 이해하고 있는지 한번 살펴봅시다. 당신의 남편이 매우 우울한 시간을 보내고 있고, 당신이 걱정을 하는 것은 그가 포기하고 당신과 가족으로부터 멀어져 버릴까 하는 거예요. 동시에 당신은 그가 자신에게 어떠한 일이 벌어지고 있는지를 걱정하고 있는 것에 대해 알고 있고, 그가 가진 질병에 대한 정보를 비밀로 하는 것은 당신과 그가 자신에게 어떠한 영향을 미칠 거라 느끼고 있어요."라고 요약할 수 있다(박재간 외, 2011).

8) 침묵

사람이 고통스러운 감정과 직면할 때 침묵의 시간을 갖는 것은 일반적이다. 침묵이 일어나도록 하는 것은 대상자가 침묵을 통해 자신이 말한 것을 다시 한번 생각해 보거나, 당시에 느껴지는 감정과 접촉하고 있음을 보여 주기 때문에 중요하다(서혜경 외, 2017). 침묵은 말을 하는 사람이 느끼는 것보다 듣는 사람에게 훨씬 더 길게 느껴지기 때문에 그 침묵의 시간을 어떠한 응답으로 빨리 깨고자 하는 유혹이 매우 크다. 우리가 존재하는 것 하나만으로도 대상자가 강력한 감정에 마주할 때 안정된 감정을 느끼도록 도울 수 있다. 너무 빨리 침묵 속에 끼어드는 것은 대상자의 환기를 흐트러뜨릴 수 있다. 침묵 중에도 얼굴의 표현이나 몸짓을 경청하는 것은 언제 침묵을 깨야 하는가를 지각하도록 도와주기 때문에 매우 중요하다. 너무나 오랫동안 지속되는 침묵은 불편해질 수 있다. 침묵을 깨는 좋은 방법 중의 하나는 모호한 어조로 말하는 것이다. "나는 지금 당신이 어떤 생각을 하는지 궁금해요."

9) 접촉

어떤 때에는 접촉을 하는 것 이외에는 별달리 적당한 말이 없거나 또는 사용할 만한 단어가 부적합하다고 느껴지는 경우가 있다. 그저 손을 잡아 주거나 어깨에 손을 올리는 것 등은 이러한 상황에서 강력한 지지를 보여 줄 수 있다. 그렇지만 상담자가 전달하고자 하는 의도를 정확히 전달하고 있는지를 확실히 하기 위해 대상자와 접촉하는 방식에 있어 신중을 기해야 한다. 사람은 각각 다른 방법으로 반응하며, 어떤 사람은 접촉하는 것을 싫어하기도 한다. 다른 사람의 등, 손, 팔 등을 만지는 것은 무릎을 만지거나 안아 주는 것보다는 모호하고, 중립적이고 덜 위협적이다. 한 상담자는 자신이 무력감을 견뎌 낼 수 없기 때문에 사람들과 접촉한다는 것을 인식했다. 그녀는 대상자의 감정적인 고통을 없애도록 노력했다. 그가 하고 있는 것은 그 자신의 필요에 기인한다는 것을 인식하게 되었고, 내담자의 고통을 공유하고 있음을 전달하기 위한 방법으로 접촉을 사용하기 위해 그 빈도를 줄이되 좀 더 세심하게 접촉하게 되었다.

10) 도전

가끔 대상자가 어느 한 사건에 대해 다른 감정을 가지고 있음을 알게 되기도 한다. 이는 대상자의 비언어적 행동과 언어적 표현의 부조화 또는 불일치를 통해 전달되곤 한다. 도전적 반응의 예로, "매우 힘든 사건과 슬픔을 표현하고 있는데도 불구하고 당신이 미소를 짓고 있는 것을 발견했어요."라고 말하는 것이다. 도전적 반응은 깊은 단계에서 내담자의 반응과 감정을 탐색해 보도록 한다. "당신은 계속해서 남편이 당신을 위해 모든 것을 해 주었고 당신은 스스로를 위해 아무것도 할 수 없다고 말하고 있어요. 하지만 내가 경험한 바로는 당신은 지적이고 유능해요. 실제로 당신은 당신이 느끼는 것보다 더 희망적일 수 있다고 생각하지 않나요?"는 하나의 예가 된다.

11) '세 번째 귀'로 듣기

대상자는 종종 말로 표현하기 힘든 불안을 경험한다. 이런 경우, 늘 숨겨진 질문과 불안에 대해 예민해야 한다. 공감을 말로 표현되지 않은 것들에 대해 듣는 것과 그것이 함축하고 있는 의미를 상담자가 어떻게 추측하고 있는가를 재반영하는 것 역시 포함한다. 이는 대상자로 하여금 더 깊은 단계에서 생각과 감정을 탐색할 수 있게 한다.

12) 상담 기술 점검표

상담에서 대상자들이 가장 고맙게 생각하는 것 중의 하나는 상담자가 그들을 진정으로 이해하고자 하는 느낌이다. 중심 요소인 존중, 진솔성, 공감을 표현하기만 한다면 상담자가 다소 잘못한 부분이 있더라도 대상자는 상담자를 관대히 대할 것이다. 상담자가 참여하고 경청하는 방법은 대상자로 하여금 상담자를 신뢰하고 개방할 수 있도록 하며, 상담자로 하여금 그들의 세계에 들어갈 수 있도록 한다. 상호작용의 질을 점검하기 위해서 다음의 질문들을 스스로 해 보는 것이 유익할 것이다 (임승희 외, 2011).

- 내가 전달하는 것은 무엇인가?
- 지금 이 대상자는 내가 여기에 온전히 존재함을 경험하고 있는가?
- 나의 비언어적 행동들이 이를 강화하는가?
- 나는 무엇에 의해 온전한 주의를 기울이는 것을 방해받는가?
  (소음, 시간의 압박, 배고픔, 피곤함 등이 있는가?)
- 이렇게 나의 주의를 산만하게 하는 요소들에 대해 어떻게 할 수 있는가?
- 나는 간접적 질문을 사용하고 있는가?
- 나의 가정, 추측에 대해 점검하고 있는가?
- 내가 이해한 것들을 어떻게 전달하고 있는가?
- 내가 들은 것들에 대해 어떻게 반응하고 있는가?

노인 대상 상담 기법

노인 상담은 노인의 개인적 측면이나 혹은 노인과 관련된 다양한 내용을 포함하고 있다. 노인은 그 특성이 다른 발달단계를 지나고 있는 사람들과는 다른 만큼, 상담의 특성 역시 다르다. 또한 같은 상담 기법을 사용하더라도 노인상담에서는 내담자의 연령, 신체적 특성, 학력, 지적 능력, 정서 상태, 언어의 적합성 정도 등 다양한 상황을 좀 더 세심히 살피고 이를 적용해야 한다. 특히 '정(情)'과 '관계'에 중점을 둔 우리나라의 정서적 특성을 상담의 장에 잘 활용할 경우 노인과의 치료적 동맹, 즉 라포가 보다 잘 형성된다. 유능한 상담자의 모델, 방법, 기술을 배우는 것은 가족, 친구 모임, 일터를 포함한 삶의 모든 사회적 환경에서 자신과 다른 사람과의 상호작용에 있어 더 효과적이 되도록 한다. 유능한 상담자가 되기 위해서는 일정한 기술과 기법이 필요하다. 즉, 기초적 또는 고급 의사소통 기술, 내담자와 함께 일하는 관계를 세워 나가는 능력, 내담자가 문제의 상황을 인식하고 탐색하며, 미개발된 기회를 인식하고 성찰하고, 문제를 해결하며, 목표를 개발하는 기회를 설정하고, 이러한 목표를 설정하기 위한 행동계획을 개발하고, 그 계획을 적용하며 이러한 전체 진행과정을 계획적으로 평가하는 기술이 필요하다. 이러한 기술은 단순히 돕는 기술 차원이 아니라 보다 나은 삶을 위한 내담자의 노력과 함께 하는 상담자의 창조적이며 인간적인 방법들을 담고 있다. 이러한 기술을 습득하는 유일한 방법은 연습하고 자주 사용해서 자연스럽게 몸에 베이도록 경험으로 배우는 것이다(서혜경 외, 2017).

① 맞추기와 이끌기

맞추기는 긍정적 피드백과 연결된다. 즉, 대상자가 겉으로 보여 주는 감정에 적절한 대응을 해 주는 것이다. 이끌기는 상담을 보다 한 단계 깊이 들어가기 위한 과정으로 대상자가 자신을 드러내는 데 미숙하거나 새로운 시도를 제안하기 어려워할 때 상담자가 상담을 심화하는 차원에서 하는 기법이다.

② 자기노출

상담자가 대상자를 안심시키고 자신의 관련 경험을 노출시켜 대상자와의 관계를 더 공고하게 하고자 하기 위한 것으로, 실제 내담자는 자신의 경험이 상담자의 경험에 비해 너무나 작고 초라한 사건이 되어 버려 더 이상 자신의 감정을 드러내거나, 상담받을 의지를 유지하기 어렵게 된다. 오히려 대상자보다는 상담자의 경험이 상담의 주요 내용이 되기 쉽다. 자기 노출 정도는 다를지라도 상담자의 자기 노출은 자제하는 것이 좋다.

③ 피드백

피드백은 솔직하고 분명하게 이루어지는 것이 좋다. 긍정적인 피드백도 있고, 부정적인 피드백도 있지만, 이 두 가지 모두 개인을 성장시키고 자신이 알지 못하는 새로운 면모를 보게 하기 때문에 상담 상황에서는 적절히 필요한 요소들이다.

④ 직면

갈등 상황에서 대상자와 가족에게 직접적으로 문제의 핵심과 저항의 내용을 지적해 주는 것을 말한다. 직면을 시도할 때는 노인과 가족의 심리적 부담감을 감안해야 하며, 무엇보다 내담자와 가족이 직면하는 상담자의 호의적인 의도를 파악하고 있어야 한다.

⑤ 회상기법

개인적으로 의미 있는 과거 경험을 생각하거나 그 경험을 현실의 문제와 연결시키는 것으로서 말로 진술하는 구술방법, 글로 적어 내려가는 서술방법, 혹은 혼자서 관계를 되돌아보는 명상방법을 사용한다.

⑥ 조각기법

가족이 실제로 가상의 위치와 자세를 형성해 봄으로써 가족 간의 관계를 경험하는 비언어적 방법을 동원하는 치료방식으로서 주로 가족치료에서 사용된다. 여기서 노인은 조각가가 되어 가족들에게 자세를 취하게 된다. 이때 가족은 노인 내담자가 의도하는 방식대로 가족 간의 관계를 보는 형태에 따라 하나의 모양을 이루며 위치하게 된다.

⑦ 문장완성기법

주로 개인·집단 상담 전에 노인에 대한 사전 정보를 획득하기 위하여 사용한다. 이 기법은 노인의 가치관과 고민 및 해결방식, 여성관, 남성관, 가족관계, 노인 자신도 의식하고 있지 못한 자아상에 대해 간접적인 정보를 제공한다.

⑧ 심리극 기법

연극적 방법을 통해서 인격의 구조, 대인관계, 갈등 및 정신적 문제들을 탐색하며, 집단치료의 의미도 내포하고 있다. 독백, 역할 바꾸기, 거울기법, 마술 상점, 빈 의자 기법, 등 보이기, 의사소통 훈련, 죽음의 장면, 심판의 장면 등 다양한 기법이 각각 개별 기법으로 상담 상황에서 사용될 수 있다.

아동을 대상으로 한 상담에서는 아동의 발달특성을 고려하여 다음과 같이 언어적 기법과 비언어적 기법을 사용할 수 있다(문영임 외, 2004).

(1) 언어적 기법

① 제3자 기법

제3자에 대해서 말하는 것처럼 느낌을 표현하도록 하는 것

② 촉진적 반응

주의 깊게 듣고 환자의 느낌과 진술 내용을 그에게 다시 반영하는 것

예 " ～ 때문에 너는 ～을 느끼는구나."

③ 이야기하기

의식적인 억제나 두려움을 느끼지 않게 하면서, 아동의 사고 영역을 면밀히 조사하기 위해 아동의 언어를 이용하는 것

④ 독서요법

치료적·지지적 과정에서 책을 사용하며, 목표는 남이 읽어 주거나 스스로 읽는 친숙한 행위를 통하여 아동의 느낌이나 관심사들을 표현하도록 돕는 것

⑤ 세 가지 소원 말하기

아동이 자신의 소원 중 세 가지를 말하도록 하고, 이를 중심으로 대화하는 것

⑥ 등급 척도

1점에서 10점 중 가장 기분이 좋을 때를 10점으로 하는 경우

예 "오늘은 몇 점에 해당하니?"

⑦ 단어연상 게임

단어를 두고 행동으로 상대방이 알아맞히게 하는 게임

⑧ 공란에 기입하기

각 문장을 읽으면서 떠오르는 생각을 공란에 작성하는 것

예 "부모에 대해서 가장 좋아하는/싫어하는 점은 (   )이다."

(2) 비언어적 기법

① 쓰기
- 일지 및 일기 쓰기
- 말로 하기 힘든 느낌이나 생각을 글로 쓰기
- 우송되지 않을 편지 쓰기

② 그림: 집단화나 가족의 그림 그리기
- 각 개인의 크기(중요성, 힘, 권위를 나타냄)
- 인물이 그려진 순서(중요성에 있어서의 우선순위를 나타냄)
- 가족과의 관계에서 아동의 위치(위치 또는 결속에 대한 느낌을 나타냄)
- 제외된 가족(친근감이 없거나 배제하고 싶은 마음을 나타냄)
- 삭제, 명암, 평행선의 음영(특정 부분에 양가감정, 염려, 불안을 나타냄)

4. 호스피스 상담자의 역할

1) 호스피스 상담자의 역할

곧 죽음을 맞이해야 할 호스피스 환자는 질병의 증상에 대한 치료보다는 인간의 삶에 초점이 집중되어 증상의 완화가 목적이 된다. 호스피스의 주요 목적은 증상의 완화로 환자가 가능한 범위 내에서 평화롭고 가치 있는 여생을 살아갈 수 있도록 돕는 것이다. 따라서 호스피스 상담은 죽음을 잘 맞도록 돕는 활동이기보다는 죽을 때까지 잘 살도록 돕는 것이다. 이런 관점에서 호스피스 상담자는 다음과 같은 역할을 수행한다(임승희 외, 2011).

첫째, 호스피스 대상자에게 진실을 알림으로써 지난 생을 정리하고 남은 생을 보

다 유용하게 살 수 있도록 한다. 실제로 삶과 죽음에 맞서야 한다면 정보는 필수적이다. 하지만 질병에 대한 정보를 전달하는 데 실패할 때가 많다. 때로는 환자가 회피를 극복의 유형으로 채택하기 때문일 수도 있지만, 종종 대상자가 아닌 흐름을 막는 의사나 가족이 그 원인일 때도 있다. 의사는 진실이 어떠한 방법으로든 대상자의 삶을 파괴시킬 것이라는 두려움에 정보를 전달하지 못한다. 대상자의 가족 또한 이러한 두려움 때문에 의사와 공모하거나 의사에게 압력을 행사하여 대상자를 고통으로부터 보호하고자 한다. 하지만 이러한 '모르는 게 행복하다.'라는 생각은 진단 사실을 은폐하도록 하고, 이는 자기 삶의 마지막을 의미 있게 보낼 수 있는 기회를 박탈할 수도 있다. 누구나 자신의 삶에 영향을 미치는 것에 관한 진실을 알 권리가 있다. 대상자의 관점에서 이것은 굉장히 혼란스러울 수 있다. 대부분의 대상자는 의사가 일관적이지 않은 답변을 주거나 질문에 대답하지 않을 때 병의 상태를 알아차릴 만큼 아주 현명하다. 의사가 질문받는 것을 두려워한다는 사실을 대상자가 알아차렸다면, 그 대상자는 그것이 무엇이든지 뭔가 잘못되었고, 매우 무서운 일이라는 사실을 추론하게 될 것이다. 대상자를 안심시키는 것과 별개로 의사의 침묵은 두려움의 요소가 된다. 거짓말을 한 의사는 팀 전원이 같은 거짓말을 하도록 노력하겠지만 빠른 시일이든, 그 이후이든 대상자는 자신이 얻은 답변이 일치하지 않고 누군가가 거짓말을 했다는 사실을 깨닫게 된다.

때로는 대상자가 오해를 하거나 주어진 정보를 이해하지 못하는 경우도 있다. 대상자가 매우 불안하다거나 그가 받아들일 수 있는 것 이상의 정보가 주어진다면 그런 일들이 일어날 수 있다. 의사는 대상자가 이해하지 못하는 용어를 사용하기도 한다. 누구도 한 번에 하나 이상의 것을 받아들이지 못하고, 게다가 불안하고 두려우면 다른 사람들의 말을 이해하는 것을 더욱 어려워한다. 그러므로 유입된 거대한 정보를 이해하는 데 시간이 걸릴 것이다.

둘째, 남아 있는 삶의 기간 동안 질병으로 인하여 오는 고통스러운 증상을 완화시키며, 질적 돌봄을 향상시키고, 대상자와 가족에게 신체적 · 정서적 안정을 최대한으로 유지시키는 데 있다. 생명을 위협하는 질병이 진단되면 모든 대상자는 적어도 그들이 위험에 노출되어 있는 한, 한 명 이상의 전문가의 지속적인 지지를 받아야 한다. 암환자의 경우 질병의 모든 과정에 이것이 필요하다.

셋째, 임종자를 돌보는 데 끝까지 지지하고 포기하지 않는다는 것을 인식시킴으로써 평화로운 죽음을 유도한다. 사람들에게 충분한 시간이 주어지지 않는 불시의 사망이나 짧은 시간 내에 일어나는 복합적인 상실은 정신력이 강한 사람의 힘과 탄력성마저도 쉽게 앗아 간다. 사망이 예견되는 상황에서도 질병의 최종 단계는 매우 중요하다. 크나큰 고통과 회복 불가능한 아픔이 묻어 있는 기억은 우리의 마음을 지속적으로 쓰라리게 한다. 반대로 평화로운 임종은 괴로운 과정과는 달리 더 쉽게 수용된다.

넷째, 병원 돌봄과 더불어 대상자의 가정 돌봄을 담당함으로써 가족을 정서적 · 심리적으로 지지하고 대상자와 가족에게 지속적인 돌봄을 제공한다. 돌봄의 제공자인 다학문적 팀이 대상자가 있는 가정으로 방문하여 의료적 치료와 함께 완화적 측면으로서 안위와 고통 경감, 통증 관리 등의 전인적 돌봄과 유관기관의 긴밀한 협조를 바탕으로 복지적인 내용을 포함한 포괄적 돌봄으로 상담자가 가족에게 지속적인 지지와 돌봄으로 사별 후 가족의 슬픔을 잘 이겨 낼 수 있도록 국가의 제도적 뒷받침이 필요하다.

대부분의 대상자는 병원의 환경보다는 가족이 함께하는 집에서 더 안정감을 느낀다. 호스피스 전문가는 가족을 방문할 때 보통 스스로 모든 것을 하게 된다. 의료진은 동료들과의 의논 없이 결정을 내려야 하고, 즉각적인 지원이 없으며, 병원과 비교하여 의료진이 환자를 가까이에서 지켜볼 기회가 적다. 따라서 의료팀의 구성원들이 자주 만나고 서로를 지지하는 것에 더욱 힘써야 한다. 치료 업무는 스스로 결정 내리는 것을 자신감 있게 즐기며 가족의 불안을 인내하고 감소시킬 수 있는 특별한 사람을 필요로 한다.

다섯째, 돌봄 제공자를 팀의 한 구성원으로 인정하고 지원자를 모집하고 교육한다. 호스피스 대상자가 겪는 고통은 신체적 · 정서적 · 사회적 · 영적인 측면에서 기인하는 것이므로 전인적 고통이라고 하는데, 이의 해소를 위해 대상자의 신체적 문제뿐만 아니라 신체적 · 정서적 · 사회적 · 영적인 상태를 이해하고 적절한 도움을 주는 전인적인 돌봄(total care)이 필요하다. 호스피스는 단순히 의료적인 문제가 아니라 사회적 문제로 읽혀야 하므로, 다양한 요구가 있고, 이 요구들은 각각의 전문 영역을 필요로 하는 요구들이다. 따라서 이 요구를 효과적으로 적절하게 제공하고 호스피스 활동을 원활하게 하기 위해서는 다학문적 팀 접근, 즉 호스피스 전문 구성원들에 의한 호스피스 활동이 필수적이라 하겠다.

따라서 호스피스 자원의 효율성을 높이기 위하여 돌봄 제공자의 팀으로 호스피스 전문가(의사, 간호사, 사회복지사)와, 치료사(물리치료사, 언어치료사), 종교지도자, 영양사, 법조인, 자원봉사자, 대상자 및 가족 등에게 소정의 특수교육이 이수되도록 해야 하고, 각 팀원 간에는 상호 교류가 있으며 호스피스 대상자와도 교류가 있어야 한다.

여섯째, 사별 가족 돌봄 계획을 제공한다. 가족의 죽음으로 인해 즉각적인 영향을 받는 사별 가족을 돌봐야 한다. 사별 돌봄은 죽음 전부터 충격 단계에 있는 대상자와 가족을 돌본 사람들을 위해 제공되어야 한다. 그러나 만약 충격 단계에서 도움이 필요한데, 친구나 가족 혹은 의료 팀이 사별 가족을 돌보는 것을 자신의 역할로 여기지 않아 사별 가족을 돌볼 수 없다면 충격 단계 전에 상담사를 소개해 주는 것이 필요할 수도 있다. 그러나 사별 가족 중 소수만이 사별 상담이 필요할 것이고, 상담이 필요한 경우에 대해서는 체계적인 사정을 바탕으로 상담이 필요한지에 대한 결정을 내려야 한다.

사별 후 유가족의 위험도를 사정하고, 대상자가 사망한 지 1개월 이내에 사별에 대한 첫 사정이 수행된다. 이때는 수면, 식욕, 활동, 정서적 어려움의 인지능력과 지지체계의 여부가 있는지, 회피 단계를 성공적으로 벗어났는지, 앞으로 특별한 도움이 더욱 필요한지 등을 파악하고 특별한 일이 없는 한 장례식에 참석하기, 유가족에게 의미 있는 기념일을 기억하여 우편물 보내기, 고인을 추모하는 시간 갖기, 정기적인 모임으로 지지집단 형성하기, 가족 내의 죽음에 대한 감정을 자유롭게 표현하기 등의 돌봄 계획이 무엇보다 필요하다.

2) 호스피스 상담자의 자질과 윤리

호스피스 상담에서 최선의 특성을 다 갖춘 사람은 드물지만, 치료적 인간이 되려고 끊임없이 노력하는 것이 중요하다. 성장을 위해서 상담자가 추구해야 할 특성에 대해서 살펴보도록 한다(강영우 외, 2015).

(1) 상담자가 지녀야 할 성향

① 자아정체감

상담자는 자신이 현재 누구인지 어떤 사람이 될 수 있는지, 자신이 원하는 것이 무엇인지 무엇이 본질적인 것인지 알고 있어야 한다.

② 자기존중감

상담자는 자기 가치관과 힘으로 타인에게 도움과 사랑을 줄 수 있고, 자신의 힘을 인정하고 수용할 줄 알아야 한다.

③ 개방성

상담자에게는 자신이 가지고 있는 것에 만족할 수 없을 때 모험을 할 수 있는 의지와 힘이 필요하다. 변화를 결정하고 되고자 하는 사람이 되기 위해 노력할 줄 아는 사람이어야 한다.

④ 보편성의 선택

누구나 삶을 형성하기 위한 선택을 한다. 자신과 주변 상황에 대해 초기에 결정한 것을 인식하고 있다. 상담자는 필요하다면 기꺼이 고칠 수 있기 때문에 초기 결정의 희생자가 아니다. 또한 활기 있고 생명지향적 선택을 하며, 단순히 존재하는 데 안주하지 않고 충만하게 생활할 줄 알아야 한다.

⑤ 기본 성품

상담자는 진실하고, 성실하고, 정직해야 한다. 가면, 방어, 헛된 역할 허울 속에 숨지 않아야 한다.

⑥ 실수의 수용

누구나 실수를 할 수 있다. 상담자는 자신의 과오를 가볍게 넘겨 버리지는 않지만, 그 과오 때문에 괴로워하지도 않아야 한다.

⑦ 유머감각

유머를 아는 사람은 생활을 관조할 줄 안다. 자신의 약점과 모순에 대해서도 웃을 줄 알아야 한다.

⑧ 현재를 사는 사람

과거에 집착하지도 않고 미래에 매달리지도 않아야 한다.

⑨ 문화 영향을 인식하는 사람

문화가 어떻게 영향을 미치는지 알고 있으며, 여러 문화의 가치관을 존중해야 한다.

⑩ 타인의 복지에 대한 관심

이러한 관심은 존경, 잘 되기를 바라는 마음, 신뢰, 타인의 가치를 인정하는 것 등에서 나온다.

⑪ 효과적인 대인관계 기술

상담자는 자신의 세계를 잃지 않고 타인의 세계에 들어갈 수 있으며, 타인과 협조적 관계를 형성하기 위해 노력해야 한다. 자신을 완벽한 사람으로 보이려고 하지 않으며, 다른 사람의 입장을 수용하고 공동 목표를 향해 함께 노력한다.

⑫ 열정

상담자는 갈망하는 것을 추구하는 용기가 있고, 자신의 삶과 일에 열정적이어야 한다.

⑬ 경계선 유지

대상자와는 현재에 있으려고 하지만 여가 시간에는 대상자의 문제를 가져오지 않아야 한다.

(2) 상담자의 윤리

상담을 하다보면 윤리적 딜레마에 빠질 가능성도 적지 않다. 상담자는 윤리적 딜레마를 다루고 고민하는 절차를 배워야 한다. 대부분의 윤리적 문제는 복잡하며 단순한 해결책은 없다는 것을 기억해야 한다. 전문적이고 윤리적 책임감을 발전시키는 것은 끝이 없는 일이며, 새로운 문제가 지속적으로 제기된다. 긍정지향적 윤리를 지키기 위해 주기적 검토를 해야 하며, 변화에 대한 개방성이 필요하다.

① 이중관계 유지의 금지

친한 친구나 인척, 동료 상담자, 사제 관계 등 이미 사회적인 관계를 형성하고 있는 경우 이들에 대한 상담은 하지 않는 것이 원칙이다. 또한 대상자와 사회적 관계를 형성하거나 친구로 사귀거나 가족을 상담하는 등 다른 관계로 발전시키는 것도 이중관계로 대하는 것이라 할 수 있다.

② 대상자와 성관련 행위의 금지

대상자에게 성적 접촉을 요구하거나 내담자의 성적인 요구를 받아주는 것 등은 금지되어 있다. 일반적으로 적절한 신체 접촉의 경우에도 이것이 누구의 욕구가 충족되는 것인지에 대한 분명한 인식이 있어야 한다. 일반적으로 적절한 신체 접촉은 부모로부터 받는 사랑에 대한 결핍을 겪었던, 사회적으로 혹은 정서적으로 성숙하지 못한 대상자를 상담할 때, 슬픔이나 외상 경험을 겪고 있는 사람에 대한 위기 상담을 할 때, 정서적으로 지지해 줄 때, 인사를 할 때나 상담을 끝낼 때 이루어지는 것들이다.

③ 대상자의 권리에 대한 공지 의무

상담자 윤리강령에 따르면, 대상자에게는 내담자-상담자의 관계를 맺고, 지속하는 것에 대한 공식적인 선택을 하는 데에 필요한 자료를 제시받을 권리가 있다. 상담자가 대상자에게 공지해야 할 내용은 상담의 일반적인 목표, 대상자에 대한 상담자의 책임능력, 비밀보장에 대한 한계와 기대, 관계를 규정할 법적·윤리적 기준, 치료의 자격과 배경, 상담과정의 대략적 기간, 관련된 위험 배경, 관련된 위험, 그리고 대상자의 사례가 상담자의 동료나 감독자와 토의될 가능성 등이다.

④ 비밀유지의 의무

일반적으로 대상자의 동의 없이 그 가족이나 친구에게 상담내용을 나누지 않는

다. 또한 상담관계에서 얻어진 정보는 내담자의 동의가 있을 때 상담 목적을 위해서
만 다른 사람과 논의할 수 있다. 비밀유지는 생산적인 대상자와 상담자 관계에서 신
뢰감을 형성하는 데 매우 중요하며, 법적 · 윤리적 문제가 된다. 그러나 비밀유지가
대상자나 타인에게 심각한 해를 끼칠 때에는 비밀을 유지해서는 안 된다.

3) 호스피스 자원봉사자의 역할

(1) 호스피스 자원봉사자의 의미

호스피스 자원봉사자(hospice volunteer)는 호스피스 자원봉사자 교육과정을 이수
하고, 전문 의료진과 협력하여 임종 전후 과정에 있는 환자와 그 가족에게 신체적 ·
심리적 · 사회적 · 영적 측면의 다양한 서비스를 무급으로 제공하는 자로 정의한다
(박정연, 2017).

호스피스 자원봉사자는 일반 자원봉사와 달리 봉사대상이 다양한 문제를 가지고
있는 말기암환자와 그 가족이기 때문에 반드시 호스피스 교육을 통해 전문기술을
습득해야 하는 특수한 자원봉사자에 속한다. 국내에서는 2015년 7월부터 완화의료
도우미 제도가 시행되면서 이론교육 20시간과 실습교육 20시간을 포함한 총 40시
간의 교육과정을 이수해야만 전국에 소재한 호스피스 관련 의료기관에서 종사할
수 있다(한국호스피스협회, 2013).

호스피스 기관에 종사하는 자원봉사자는 유급봉사자와 무급봉사자가 있다. 유급
봉사자는 요양보호사 자격자 또는 경력이 있는 사람 중에서 완화의료도우미 교육
을 수료한 이들로 일정 금액을 받는 봉사자를 말한다. 반면, 무급봉사자는 완화의료
도우미 교육을 수료했지만, 급여를 받지 않는 순수 호스피스 자원봉사자를 의미한
다. 호스피스 자원봉사자는 환자가 요구하는 것을 들어 주는 것뿐만 아니라 목욕,
마사지, 가래와 구토 등의 분비물 처리, 검사실 동행하기, 부축하기 등의 신체적 돌
봄 서비스를 제공한다.

또한 대화를 통해 대상자 가족의 마음을 공감해 주며, 가족을 대신하여 대상자에
게 정서적 지지, 책 읽어주기, 기도와 성가 불러 주기, 대화 나누기 등을 제공해 주
기도 한다. 대상자의 임종 시에는 가족이 당황하지 않도록 임종 준비 안내와 사후
처리에 필요한 도움도 제공한다(김미정, 2012). 그리고 호스피스는 말기대상자의 가

족이 사별로 인한 슬픔과 고통에서 회복될 수 있도록 제공하는 지지와 돌봄을 포함한다. 따라서 호스피스 자원봉사자란 말기환자와 그 가족을 대상으로 신체적 고통은 물론 심리적, 사회적, 영적으로 고통이 완화될 수 있도록 전문 의료행위 외의 총체적 돌봄을 제공하는 봉사자라고 할 수 있다(강정숙, 2020).

(2) 호스피스 자원봉사자의 기능

- 대상자와 가족을 병원 혹은 집으로 방문한다.
- 대상자와 가족을 지지하고 안심시키며, 영적 분위기를 조성하고 인간적인 관심을 갖는다.
- 대상자가 용기를 갖도록 격려하며, 환자의 가치와 주체성을 포함하여 정서적 지지를 제공하고, 여러 기회를 부여한다.
- 대상자에게 좋은 글 등을 읽어 주고, 전화도 받아 주고, 조용히 앉아 있기도 한다.
- 레크리에이션이나 사회적 활동을 하는 데 보조해 준다.
- 대상자와 가족의 삶의 질 향상 프로그램에 참여하여 도움을 준다.
- 가족이 휴식 시간을 갖도록 주선하며 대신 가족의 역할을 해결해 준다.
- 대상자 방문이나 관공서 등 일이 있을 때 교통수단을 해결해 준다.
- 환자 주변을 정리 정돈해 주고 사무 처리도 돕는다.
- 장례식에 참석하고 사별 돌봄을 돕는다.
- 호스피스 코디네이터의 업무 지시에 따라 서비스를 제공하고 봉사가 끝난 후 일지에 기록하고, 특이사항을 보고한다.

(3) 호스피스 자원봉사자의 역할

호스피스 자원봉사자는 호스피스 대상자와 가족을 돕는 역할을 한다. 대상자의 고통을 덜어 주고, 여생을 편안한 분위기에서 인간의 존엄성을 유지하면서 삶의 완성에 이르도록 함께 해 주며, 오랫동안 대상자 돌봄으로 지친 가족의 심리적 · 육체적 문제들을 함께 의논하고 도와주는 일을 한다. 또한 호스피스에 종사하는 전문가의 과중한 업무를 덜어 줌으로써 서비스를 보다 능률적 · 효과적으로 할 수 있도록 지원하며, 호스피스 사업의 발전을 위해 필요한 재정적 지원활동, 홍보 및 지역사회 연계 등 다양한 역할을 한다(원주희, 1999).

호스피스 자원봉사자의 세부적인 역할은 다음과 같다.

첫째, 영적 돌봄으로, 필요시 종교지도자의 방문과 상담을 주선해 주고, 대상자와 가족의 상태에 맞는 기도를 할 수 있으며, 종교예식에 함께 참여할 수 있다.

둘째, 정신적 돌봄으로, 대상자의 가치와 주체성을 포괄하여 남아 있는 삶의 기간을 희망을 갖고 인간으로서 존엄성을 유지하며 자신의 삶을 통합할 수 있도록 하는 데 옆에 있어 주고, 이야기를 들어 주고, 친구가 되어 주고, 기념일을 축하해 주는 등 관심과 애정을 표현하는 일들을 할 수 있다.

셋째, 신체적 돌봄으로, 환자가 신체적으로 편안한 안위를 누릴 수 있도록 호스피스팀의 지시를 받은 내용들을 제공해 줄 수 있다. 통증 조절을 위한 마사지, 얼음찜질, 손톱 및 발톱 깎아 주기, 머리를 감기거나 손질하기, 목욕, 양치, 면도, 옷 갈아입히는 등 개인위생을 도와주는 일을 할 수 있다. 또한 산책, 운동, 시트 갈아 주기, 주변 정리하기, 식사 시중 들어 주기를 할 수 있다.

넷째, 사회적 돌봄으로, 대상자와 가족을 위한 사회적 활동을 보조해 준다. 즉, 은행 업무, 외래 방문이나 상점에 가야 할 일들을 도울 수 있으며, 병원 연락 업무를 맡을 수 있다. 장기기증과 유언서 작성을 도울 수 있으며, 장례식에 참여하거나 추후 유가족 관리팀으로 참여할 수 있다. 무엇보다도 지친 가족을 쉴 수 있도록 하는 배려와 지지의 일이 중요하다.

(4) 호스피스 자원봉사자 교육의 목적

- 호스피스 전문가와 협력하여 각자 다양한 재능으로 봉사활동을 함으로써 대상자와 가족이 기쁨을 누릴 수 있도록 도와주기 위함이다.
- 호스피스 활동의 목표를 달성할 수 있도록 전문요원을 양성하여 인적자원을 활용하기 위함이다.
- 대상자와 가족에 대한 봉사활동의 질을 향상시키기 위함이다.
- 호스피스에서 수행하고 있는 가정방문, 가족 지지, 사별 가족 돌봄 등의 자원봉사를 통해 건전한 사회 발전에 이바지하기 위함이다.
- 자원봉사자 스스로가 인생의 관점에서 만날 수 있는 죽음에 대한 이해를 높이고 보람 있는 삶을 영위하기 위함이다.

(5) 모집 및 선발 절차

- 호스피스 교육(내부 규정에 따른 교육시간 이상) 수료
- 자원봉사 신청서 접수
- 서류심사
- 1차 면접
- 예비 기간(내부 규정에 따른 시간)
- 2차 면접 후 최종 선발

(6) 제외 대상

- 1년 내에 의미 있는 가족상을 당해 상실 경험이 있는 자
- 현재 장기적인 치료를 받고 있는 자
- 특정 종교의 선교 목적으로 봉사활동을 하고자 하는 자
- 죽음에 대한 호기심으로 흥미를 느끼는 자

참고문헌

가시와키 데즈오(1994). 말기 환자를 위한 호스피스. 오상출판사

강영우, 권영숙, 고수진 외(2015). 호스피스 총론. 한국호스피스협회 출판부.

강정숙(2020). 호스피스 자원봉사자의 자기성찰과 탈중심화가 외상 후 성장에 미치는 영향: 삶의 의미의 매개효과. 서울한영대학교 대학원 박사학위논문.

김미자(2006). 짧은 만남 긴 이별 영원한 만남. 새순출판사.

김미정(2012). 호스피스 자원봉사자의 사회적 지지가 소진(Burnout)에 미치는 영향—영적안녕과 죽음불안의 매개효과를 중심으로—. 명지대학교 대학원 박사학위논문.

김수지, 오송자, 최화숙(1997). 호스피스—사랑의 돌봄. 수문사.

김분한(2013). 호스피스 총론. 포널스출판사.

문영임, 황애란, 최화숙, 박호란, 문도호, 김신정, 강경아(2004). 아동호스피스. 군자출판사.

박재간, 손흥숙, 박정희, 이호선, 최정윤, 백상창, 정문자, 손화희, 박충선, 이성희(2011). 노인상담론. 공동체.

박정연(2017). 호스피스 자원봉사자의 경험. 대전대학교 대학원 박사학위논문.

서영준(2012). 사랑과 돌봄의 학문 호스피스학. 동문사.

서혜경, 정순둘, 최광현(2017). 노인상담. 학지사.

성숙진(2000). 상담의 필수기술. 나남출판사.

원주희(1999). 호스피스 자원봉사자의 역할, 엠마오 사랑병원 호스피스 단기교육 교재.

이근홍(2021). 노인복지론. 지식공동체.

이범수(2000). 유족의 사별 슬픔 상담과 치료. 해조음.

이이정(2004). 노인학습자를 위한 죽음준비교육 프로그램 개발연구. 연세대학교 대학원 박
　사학위논문.

임승희, 신성만, 고수진 공역(2011). 호스피스 상담: 말기 돌봄과 사별을 위한 상담. 시그마프
　레스.

정순둘, 김혜경, 박화옥, 김범중, 곽민영, 양옥남(2020). 노인복지학. 공동체.

한국호스피스(2003). 편안한 임종. 호스피스 안내. 한국호스피스·완화의료학회, 한국의학원.

한국호스피스 간호사회(2006). 호스피스완화돌봄 학습가이드. 수문사

한국카톨릭호스피스협회(2005). 호스피스의 이해. 현문사.

한국호스피스협회(2013). 호스피스 총론. 호스피스협회 출판부.

Ebersole, P., & Hess, P. (1990). Toward healthy aging: Human needs & nursing response
　(3rd ed.). C. V. Mosby Co.

Erikson, E. H. (1964). *Insight and responsibility*. Norton.

Frank, A. W. (1991). *At the will of the body: Reflections on Illness*. Houghton Miflin.

Kubler-Ross, E. (1969). *On death and dying*. A Touchstone Book.

Rogers, C. (1951). *Client-centred therapy*. Houghton-Mifflin.

제11장
사별 가족 돌봄

    죽음으로 인한 사랑하는 사람과의 이별은 남은 가족에게 큰 충격을 안겨 준다. 남은 가족은 실제적으로는 있어야 할 한 사람이 그 자리에 없는 빈자리를 느끼며 살아가야 하고, 정서적으로는 상실로 인해 오는 비탄의 감정들을 감내해 내야 한다. 때로는 누군가에게 마음을 내려놓고 사별로 인한 고통을 털어놓고 세상을 떠난 가족에 대하여 이야기 나누고 싶지만, 마땅히 그들의 말에 귀를 기울여 줄 사람을 찾기 쉽지 않다. 호스피스에서 사별 가족 돌봄을 제공하는 목적은 그들의 슬픔이 치유될 수 있도록 돕고자 하는 데 있다. 일반적으로 상을 당한 사람이 내면적으로 느끼는 정서를 슬픔이라 하고 이를 사회적으로 표현하는 것을 애도라 하며, 사별이라는 용어는 이 둘을 다 포함하는 의미를 가진다. 슬픔의 치유는 세상을 떠난 가족과 그의 죽음에 대해 충분히 애도할 때 일어나게 되므로 자원봉사자를 포함하는 호스피스 전문가가 사별 가족 돌봄을 통한 도움을 제공하는 것이 사별 가족에게 도움이 될 것이다.

1. 사별 가족의 특징

1) 사별에 대한 이해

죽음을 통해 사랑하는 사람을 잃는 것은 심오하고 고통스러운 경험이다. 그러나 불행하게도 이러한 경험은 성인기 인생의 과정 동안 보편적이고 거의 피할 수 없는 것이다. 상실에는 자신이 인지하게 된 일종의 변화가 내포되어 있는데, 변화를 인지했다는 사실은 대부분의 사건이나 경험들 속에는 욕망, 희망, 목표 성취의 장애가 관련되어 있다(노유자 외, 1994). 즉, 사람 또는 사물 등의 그것 자체가 사라졌기 때문이라기보다는 오히려 어떤 욕구나 성과를 더 이상 달성할 수 없기 때문에 상실을 깨닫게 되는 것이다.

상실은 영아기에 엄마와의 첫 번째 일시적 분리를 시작으로 죽음에서 끝나는 생애 전반을 거쳐 반복적으로 일어나는 기본적이고 보편적인 인간의 경험이다. 가장 심각한 상실은 중요한 사람의 상실이다. 죽음에 의한 상실의 사람이 친구나 사랑했던 사람의 생애 마지막에 경험하는 영구적이며 완벽한 상실이다. 죽은 사람 뒤에 남아 있는 사람은 애도의 과정에 들어가게 되는데, 이 또한 임종과정처럼 고통스러운 과정이다.

슬픔과정은 상실에 대한 자연적인 반응으로서 상실에 대한 현실감을 인정, 수용, 애도, 통합하는 것을 포함한다.

사별과 관련된 용어를 구체적으로 살펴보면 다음과 같다(한국호스피스협회, 2013).

- **임종**(dying): 죽어 가는 과정으로서 사회적인 것이라 할 수 있다.
- **죽음**(death): 많은 사람이 생리적 존재의 끝이라고 표현하는 반면, 어떤 사람은 영적 존재의 시작이라 표현한다.
- **상실**(loss): 암시된 또는 표출된 목표 성취 가능성을 감소시키는 개인의 상태상의 어떤 변화로서의 대상, 사람, 소유, 개인이 가치 있게 생각하는 사상 등의 박탈을 뜻한다.
- **슬픔**(grief): 상실에 의해 초래되는 개개인의 총체적(신체적, 심리적, 사회적) 반응이다.

- **애도(mourning):** 사별에 대한 개인의 생각과 느낌을 표현하는 것으로 문화적·사회적 배경에 의해 영향을 받는 것이다.
- **사별(nereavement):** 죽음을 통하여 누군가 가까운 사람의 상실을 갖는 상태이다.
- **친밀함:** 가까운 상태를 유지하고자 하는 강력한 성향, 시간이 흐르면서 대상이 바뀌게 된다.
- **급성 슬픔:** 죽음을 알자마자 즉시 발생하는 슬픔으로, 속이 뒤집힘을 느끼고, 기절할 수도 있으며 호흡과 심박동이 불규칙하게 된다.

2) 사별의 유형

사별은 배우자 사별, 자녀 사별, 부모 사별로 유형을 나눌 수 있다(Parkes, Relf, & Couldrick, 2011).

(1) 배우자 사별

전통적인 사회에서 가족은 부부관계보다는 부자관계에 초점이 맞춰져 있었다. 그러나 부부단위의 가족활동과 사회활동 참여의 중요성, 생활주기의 변화 등으로 인해 부부관계의 중요성이 점차 크게 부각되었다 이러한 사회적 변화 속에서 배우자와의 사별은 심리적·육체적·사회적으로는 충격을 주는 심각한 사건이다.

배우자 상실은 견디기 어려운 사건으로서 통제할 수 없는 외로움과 우울을 초래하며, 심각한 스트레스의 원인이 된다. 우리나라의 상처한 여성들은 경제적 어려움, 슬픔과 고독, 자녀양육을 그들이 당면한 큰 문제로 인식하였다. 결혼생활에 자신의 존재 조건과 정체감을 두었던 여성에게 있어서 남편의 죽음은 곧 자신의 죽음을 의미한다. 그렇기 때문에 사회적으로는 급속한 사회적 신분 변화를 경험하게 된다고 설명하는 것이다.

슬픔에 젖은 사별여성은 대부분의 시간을 집안에서 지내며, 가족이나 친지들도 만나지 않는다. 그들은 아무도 자신을 위로할 수 없고, 자신의 슬픔을 해결할 수 없다고 생각한다. 그러므로 상처한 여성은 심리적으로 혼란과 대인기피증의 증상을 보이게 된다. 배우자와 사별한 후의 슬픔에 영향을 미치는 요인은 크게 죽음을 둘러싼 상황, 성별, 지지체계, 성격, 배우자와의 관계 등을 들 수 있다. 죽음 당시의 상황에서 가장 큰 영향을 주는 것은 고인의 투병 기간이다. 성별에 의한 차이는 여성의 경우에는 경제적 상태, 자녀, 남편(고인)과의 관계성보다는 '정', 시가와의 관계성에 크게 영향을 받는 것으로 보이며, 남성의 경우에는 슬픔을 표현할 수 없는 문화적 배경, 자기중심적 사고 등으로 인해 어려움을 겪는 것으로 나타났다.

(2) 자녀 사별

보편적으로 사람들은 연령에 따른 죽음을 예상하게 된다. 즉, 할아버지, 할머니가 돌아가시고, 그 다음에 부모님이 돌아가실 것이라 예상한다. 물론 이러한 상실에서도 고통과 슬픔이 따른다. 하지만 이러한 죽음은 자연적인 현상이기 때문에 자녀의 죽음에 비해서는 덜 힘들 수가 있다. 부모에게 있어서 사랑하는 자녀를 잃는다는 사실은 통제할 수 없는 큰 슬픔과 아픔을 동반하는 고통스러운 경험이다. 어떻게도 할 수 없는 절망의 시간들을 치러 내야 하는 힘든 과정이며, 부모 개인의 삶뿐만 아니라 가족의 삶에도 지대한 영향을 미치게 된다.

"부모는 죽으면 땅에 묻고, 자식은 죽으면 가슴에 묻는다."라는 속담이 말해 주듯이, 자녀의 죽음보다 더 어려운 일은 이 세상에 없다. 자녀의 죽음은 부모의 삶에 평생 영향을 미치는 엄청난 사건이 되며, 이 자녀와 가까웠던 사람들의 삶에도 큰 영향을 주게 된다. 상실을 경험한 아버지나 어머니는 배우자, 자녀, 친척, 친구 및 직장 동료들과의 관계 자체에 변화가 생기게 되고, 이를 다시 설정하게 되는 경우가 많다.

특히 우리 사회에서는 자녀의 죽음을 겉으로 드러내 놓고 슬퍼하지 못해 왔다. 또한 의사소통이 간접적이며, 중요한 주제일수록 서로 직선적으로 언어화하는 것을 기피하는 유교적 문화의 영향으로 죽음과 같은 중요한 문제를 개방적으로 언급하기가 힘들게 되고, 그로 인해 적절한 도움을 제공받기가 어려운 것이 사실이다.

자녀와 사별한 후에 슬픔에 영향을 주는 요인은 죽은 자녀와의 관계의 성질, 죽음을 둘러싼 상황, 지지체계, 성격, 과거의 상실 경험과 대처방식, 죽은 자녀의 성격과 자녀 수, 문화적 배경(슬픔 표현 방식), 종교적 영적 배경, 가족의 응집력과 의사소통 양상, 어머니와 아버지의 차이 등이다.

(3) 부모 사별

부모의 죽음은 어린 자녀가 직면하게 되는 가장 큰 상실이다. 부모는 신체적 · 정서적으로 자녀를 돌보고 지지하며, 자녀가 성장하고 성숙할 수 있도록 안정된 가정

환경을 제공해 주는 보호자다. 그러므로 어린 시절에 부모를 상실하는 일은 아동의 삶에 가장 큰 변화를 초래하게 되는 것이라 할 수 있다. 아동의 자아기능이 성숙하여 죽음이 '다시 돌아오지 못하는 것'임을 이해할 수 있는 경우 슬퍼할 수 있다. 그러나 이러한 애도를 할 수 있는 능력은 3.5~4세에 형성되는 것으로 알려져 있다. 아동의 애도의 핵심은 분리에 대한 정서반응으로서, 이런 분리불안은 아주 어려서부터 발생되며, 죽음에 대한 현실감이 생기기 이전에 형성된다.

아동의 애도반응에 영향을 주는 요인은 죽음에 대한 의식, 죽은 부모와 자녀의 관계, 남은 부모의 자녀를 양육하는 능력, 가족의 크기 · 구조 · 대처방식 · 지지정도 · 의사소통 패턴 및 일상생활의 변화 정도 및 다른 스트레스, 가족 밖의 사람들의 지지 자원의 수와 지지 정도, 자녀의 연령 · 성 · 자아상 · 죽음에 대한 이해 정도이다. 아동의 애도과정에서 반드시 이루어야 할 과업은 상실의 현실 수용하기, 상실의 고통이나 정서적 측면 경험하기, 죽은 부모가 없는 환경에 적응하기, 자신의 삶 속에 고인을 다시 재배치하고 고인을 기리는 방법을 새롭게 발견하기 등이다.

3) 사별의 과정

사별의 과정은 다음과 같이 네 단계로 나눌 수 있다(강영우 외, 2015). 고인의 죽음을 예견하는 단계부터 고인이 세상을 떠난 초기 단계, 깊은 우울단계인 중간 단계를 지나 새로운 삶으로 적응해가는 마지막 적응 단계로 나누어 볼 수 있다. 그러나 이러한 단계는 개인에 따라 정도와 기간이 다르며, 반드시 순서대로 오지도 않는다. 보통 사별 후 6개월에서 2년째 되는 시기에 감정적 고통이 치유되기 시작한다. 그렇지만 이는 사람에 따라 다르게 나타난다. 그러나 사랑하는 가족을 잃은 사람이 가지는 고통의 내용은 보편적이라 할 수 있다.

첫째, 사별로 인한 슬픔은 상실의 예상부터 시작된다. 실제 죽음에 앞서 슬픔의 과정을 겪는다. 이러한 슬픔은 갑작스러운 죽음의 결과에 대응하기 위한 일종의 안전장치라 할 수 있다. 실제 사별 후 슬픔 반응을 완화시킬 수 있고 관련되는 신체적 · 정신적 · 사회적으로 병적 상태를 줄이는 역할을 하기도 한다. 그러나 예상보다 더 연장되는 말기과정의 죽음에서는 문제가 될 수도 있다.

둘째, 사별의 초기 단계는 충격과 멍한 상태, 부정, 무감각함, 불신, 부당함 등의 반응이 상호 복합적으로 나타나는 급성 슬픔의 기간이다. 이는 몇 주에서 오래는 몇 개월까지 지속될 수 있다. 이때는 자신과 외부적 사건을 차단함으로써 상실에서 비롯되는 여러 감정을 회피하려고 한다. 이에 사랑하는 사람의 죽음을 부정하여 자신의 삶도 유한하다는 것을 인정하지 않으려고 한다.

셋째, 중간 단계는 고통에 직면하는 단계이다. 절망과 우울의 시기로서 대체로 수개월간 지속되며, 외면적으로는 문제가 없어 보이나 내면은 고통스러운 시기이다. 이 단계에서는 오히려 상실을 크게 인식하고 인생이 달라졌음을 인식하며, 실질적인 고통에 시달리는 시기이기도 하다. 이 시기에는 고인이 없다는 것을 배워야 하며, 고인과의 결속을 푸는 과정이 나타난다.

넷째, 적응 단계는 고인이 없는 생활에 재적응하고 사별의 슬픔에서 회복하는 단계로서 사별 후 대략 24~36개월 이상의 기간을 말한다. 이 단계는 고통이 점차 감소되고, 새로운 역할에 대처할 수 있는 능력이 증가되며, 정상적인 삶으로 회복될 때까지의 기간이다. 애도과정의 끝이며 성장의 출발점이고, 정상생활로서의 변환의 시기이기도 하다. 사별 이전의 상태로 돌아가기 위하여, 혹은 새로운 삶을 형성하기 위하여 새로운 관계나 행위에 에너지를 투자하고 삶을 재조명하는 과정에서 에너지의 분출과 기쁨을 경험한다.

4) 사별 전후 관리

사별 전에는 예상되는 임종 준비, 유언, 장례식 절차, 묘지 선정, 장기기증, 화해, 미해결된 문제의 처리, 재산 정리, 임종 후 일들에 대해 떠나는 자와 가족이 함께 허심탄회하게 이야기할 수 있도록 돕는 것이 중요하다. 임종 시 나타날 현상에 대해 가족에게 미리 설명하고, 장례식 절차 등에 대해 의논하고, 필요 시 종교적인 도움을 준다. 또한, 마지막으로 환자가 보고 싶어 하는 사람들을 만날 수 있도록 주선해 주며, 임종 시 현장에서 가족을 지지해 준다.

슬픔과정에는 어떤 정확한 시간의 틀이란 없으며, 어느 정도의 시간이 필요한지는 개개인에 따라 다르다. 중요한 것은 이 모든 과정을 다 치러 낼 수 있도록 충분한 시간을 허용하는 일이다. 만약 슬픔과정을 서두르게 되면 각각의 단계마다 배워야 할 내용들을 놓치게 되며, 슬픔의 치유과정이 지연된다.

호스피스에서의 사별관리는 대개 사별 후 12개월까지 하게 된다. 유가족이 심한 죄책감 없이 정상적인 사별과정을 경험하기 위해서는 환자가 살아 있는 동안 최선을 다해 사랑하며 돌보는 것이 필수적이다. 그러므로 환자가 살아 있는 동안 호스피스팀은 환자를 위해 가족이 할 수 있는 일은 가급적 스스로 할 수 있도록 가족을 지원함으로써 사별의 해로운 효과를 예방하며, 예비적인 슬픔을 나타내는 가족을 상담해 줌으로써 가족이 환자의 죽음에 잘 적응할 수 있도록 이끌게 된다. 사별관리에 포함되는 내용은 다음과 같다(한국가톨릭호스피스협회, 2005).

- **위험사정**: 대상자의 죽음을 전후하여 주 돌봄 제공자를 대상으로 사별 후의 위험 정도를 사정한다.
- **초기사정**: 사별 후 1개월 무렵에 유가족이 회피 단계를 성공적으로 벗어났는지, 앞으로 특별한 도움이 더욱 필요한지 등에 대해 사정한다. 사정에 다뤄야 할 영역은 수면, 식욕, 활동, 정서적 어려움의 인지능력과 지지체계의 여부가 있는지, 회피 단계를 성공적으로 벗어났는지, 앞으로 특별한 도움이 더욱 필요한지 등에 대한 것들이다.
- **장례식 참석**: 특별한 일이 없는 한 참석하여 함께 울고 함께 슬퍼해 준다. 필요하면 사망진단서를 떼는 등의 실제적으로 도움이 되는 일을 해 주기도 한다.
- **우편물**: 정상적인 경우 사별 후 3, 6, 9개월에 사별과정을 겪어 나가는 데 도움이 되는 우편물을 보낸다.
- **추모 모임**: 사별 가족이 많은 기관에서는 정기적으로, 적은 기관에서는 부정기적으로 유가족과 고인을 돌보았던 호스피스 종사자들이 모여서 고인을 추모하는 시간을 가진다. 이 시간에는 고인에 대해 함께 이야기한다.
- **지지 집단**: 유가족이 정기적으로 모여서 자신들의 슬픔과 사랑하는 가족이 떠난 후의 역할 변화 등에 대해 이야기를 나눌 수 있도록 마련되며, 대개 4주에 한번 정도 모이게 된다.
- **개별 상담**: 대개는 대상자가 병리적 반응을 보이는 등 전문적인 도움이 필요한 경우에 행해진다.
- **전문가에게 의뢰**: 필요하다고 생각되는 경우에 (정신건강의학과) 의사, 심리상담사 등의 전문가에게 의뢰하여 적절한 도움을 받을 수 있도록 연결해 준다.

사별 후 12개월이 지나고 비정상적인 사별의 징후가 보이지 않으면 유가족 관리 프로그램을 종결하게 된다. 그러나 어떤 유가족은 13개월이 지난 후에도 호스피스와 관련을 맺고 싶어 한다. 이들에게는 후원회 등을 조직하여 소식지를 발간·홍보

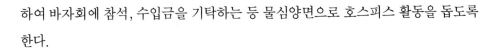

하여 바자회에 참석, 수입금을 기탁하는 등 물심양면으로 호스피스 활동을 돕도록
한다.

2. 사별 가족 돌봄

1) 사별 가족 돌봄의 목적

사별 가족에 대한 돌봄은 불치병을 진단받은 후 사별 이전 상실에 대한 예상을 할
수 있는 시간과 지지를 제공하여 사별에 좀 더 잘 대처할 수 있도록 하고, 사별로 인
한 충격을 약화시키기 위한 위로와 지지가 무엇보다도 필요하다. 또한 각 개인에게
맞는 적절한 방식의 애도과정을 거치도록 도움을 주고 신체적 · 정서적 · 인지적 ·
사회적 · 영적 슬픔을 잘 이겨 내도록 하며, 부적응 행동을 파악하여 이를 적절한 행
동으로 전환되도록 하고, 일상생활과 사회생활에 적응할 수 있도록 하는 데 목적이
있다. 아울러 고인이 없는 현실을 받아들이고, 현실을 재구성하여 새롭게 삶을 시작
할 수 있도록 도움을 주는 데 있다(서영준, 2012). 따라서 사별 가족 돌봄의 궁극적인
목적은, 첫째, 슬픔의 과정을 쉽게 해 주고, 둘째, 슬픔의 과정을 통하여 성장을 촉
진하고, 셋째, 사별의 부정적 결과를 예방 또는 최소화하는 것이다.

2) 사별 가족의 슬픔

사별 가족의 슬픔에 영향을 미치는 요인은 다음과 같다(City of Hope & Ameriacan
Association of Colleagges, 2012).

- 고인과의 관계: 고인과의 관계가 가까웠고 친밀하였다면, 그렇지 않았던 경우보다 훨씬 더
  큰 슬픔을 느끼게 된다.
- 대상자에게 도움을 줄 수 있는 능력: 위로와 도움을 줄 수 있는 친구나 이웃이 많고, 유가
  족이 이들의 도움을 받아들이는 경우는 사별 후 재적응하는 기간이 단축된다.
- 사별한 대상자 개인의 성격

- 고인의 생전 성격
- 죽음의 성질: 예측된 죽임일 경우와 갑작스러운 죽음의 경우에는 슬픔을 나타내는 반응 양상이 다르다.
- 종교적 · 문화적 배경
- 동시에 나타나는 다른 위기나 스트레스 정도
- 이전의 죽음에 대한 경험
- 사별한 사람의 사회적인 기대
- 장례식: 장례식은 유가족의 슬픔을 표현할 수 있는 공인된 예식이다.
- 환자를 간호할 기회 여부 및 임종 장소: 가정에서나 가족 앞에서 임종했는지, 병원이나 기관에서 임종을 맞이했느냐에 따라 다를 수 있다.
- 낙인: 임종 대상자를 더욱 고립시키고 임종과정의 외로움을 심화시킨다.
- 낮은 사회경제적 수준

슬픔은 매우 고통스럽고 저항할 수 없는 것처럼 보이기 때문에 사람들을 두렵게 한다. 자신의 감정이 정상적인지 또는 슬픔의 감정을 바르게 표현하고 있는지 걱정하는 이들이 많다. 사랑하는 이를 잃은 대부분의 사람이 다음과 같은 경험을 하게 된다(City of Hope & Ameriacan Association of Colleagges, 2012).

슬픔에 대한 정상적인 반응

- 목이 조이고 가슴이 무겁다.
- 속이 텅 빈 것 같고 식욕이 없다.
- 때로 죄의식을 느끼기도 하고, 다른 사람에게 분노를 느끼기도 한다.
- 고인의 사망이 사실 같지 않고, 실제로 일어난 것 같지 않다.
- 고인이 문으로 들어올 것 같고, 실제로 얘기를 하는 것처럼 느껴진다.
- 고인의 일생에 강하게 집착한다.
- 고인의 버릇이나 특유의 표정을 지어 본다.
- 고인 생존 시 있었던 일 또는 일어나지 말았어야 했던 일로 화를 내거나 죄의식을 느낀다.
- 자신을 남겨 두고 혼자 떠난 고인에게 강렬한 분노를 느낀다.
- 고인을 잃은 상실감을 표현하지 않는 것이 주위 사람들을 위하는 일이라고 느낀다.
- 고인에 대한 죽음에 대한 일들을 생각해 자꾸 얘기하고자 한다.

- 사소한 일에도 감정이 변하는 것을 느낀다.
- 느닷없이 운다.
- 질서 없이 서성대고 쉽게 잊어버리며, 집안일을 시작했다가 끝내지 못한다.
- 잠을 이루지 못하고 고인에 대한 꿈을 자주 꾼다.

인생에서 중요한 사람과의 이별은 누구에게나 슬픔과 절망을 가져다주며, 누구나 애도의 과정을 겪게 되는데, 슬픔의 병리적 양상을 살펴보면 다음과 같다.

슬픔의 병리적 양상

- 좌절로 인해 휴식을 취하지 못한 긴장으로 인한 감정의 차단
- 긴장, 초조, 심한 죄의식, 처벌의 요구, 불면증, 때로 자살에 몰두하는 우울
- 만성적 무감동, 압도적이거나 혼란되는 감정으로 지연된 우울 반응
- 과잉 행동, 상실감 결여, 무모하고 어리석은 행동의 과장된 형태
- 죽음에 대한 공황 발작의 특징으로 공포, 불안 상태

이와 같은 증상들은 슬픔을 통해 나타나게 된다. 슬픔의 해소를 위해 알코올이나 약물에 의존하게 되어 중독으로 이행되기도 한다. 이러한 경우에는 정신건강의학과 치료가 필요할 수도 있다.

가족 사별로 인한 슬픔을 제대로 극복하지 못할 경우 남은 가족의 삶에 영향을 미칠 수 있기 때문에 사별 후 슬픔 치유에 대한 대처는 무엇보다도 중요하다. 사별과 상실의 슬픔은 단순히 시간이 흐른다고 해서 해결되는 것이 아니기 때문에 다음과 같은 치유가 필요하다.

슬픔치유를 위한 12가지 자유

- 자신의 슬픔은 고유한 것임을 깨달을 자유
- 슬픔에 대해 이야기할 자유
- 수많은 감정이 느껴지리라 기대할 자유
- 무감각함을 허용할 자유
- 자신의 신체적·정서적 한계에 대해 관용할 자유

- 슬픔의 충격이나 기억에 집착함을 표현할 자유
- 지지체계를 개발할 자유
- 의례적 행위를 이용할 자유
- 영혼에 집착할 자유
- 의미를 찾는 일을 허용할 자유
- 자신의 기억을 소중히 간직할 자유
- 자신의 슬픔과 치유로 향한 움직임을 가질 자유

3) 사별 가족 돌봄

사별과 슬픔과정을 하나의 자연적 치유과정으로서 이해하는 것은 사정과 중재를 위한 기초를 제공한다. 그러나 대부분의 사람은 슬퍼하는 사람의 주변에 가는 것을 어려워하는데, 그것이 불편함과 무기력함을 발생케 하기 때문이다(한국호스피스 간호학회, 2006).

사별 가족 돌봄 제공자의 자질

- 사별 가족 돌봄을 제공하기에 더욱 적합한 돌봄 제공자의 개인적인 자질
  - 덜 행동지향적이고 덜 업무지향적인 사람
- 사별 돌봄 제공에 최상일 수 있는 이상적인 조건
  - 의사소통 기술과 감정이입
  - 슬픔과 상실에 대한 개인적 지식과 이해
  - 감수성과 열정
  - 개인적 성품(예: 사람들과 함께 있어 주는 능력)
  - 개인적 한계점에 대한 지각

사별 가족이란 죽음을 통해 가족 구성원 중에서 누군가 의미 있는 사람을 상실한 상태에 있는 가족을 말한다(Cooley, 1992). 사별 가족은 사별이라는 사건을 겪으면서, 사별 이후 삶에 성공적으로 적응하고 대처해 나갈 수 있는 도움이 필요하다. 사별 가족을 돕는 방법은 다음과 같다.

① 경청과 지지

• 슬픔에 흔히 수반되는 강한 감정들을 표현하도록 격려한다.
• 사별한 사람에 대한 돌봄은 세심한 돌봄과 감정 이입적 교환을 요구한다.
• 말, 눈물, 감정 그리고 침묵의 공유는 이런 교환의 일부이다.

② 사별 가족에 대한 사정

• 위험사정: 돌봄 제공자는 호스피스 환자를 돌보는 동안에 사별 후 사별 가족의 위험도를 사정할 수 있다.
• 초기사정: 사별 후 1개월 정도 후에 사별에 대한 첫 사정이 수행된다.

③ 가족원 상담

• 상실은 가족의 평형 상태를 깨게 된다.
• 가족 내에서 죽음에 대한 감정이 자유롭게 표현되는 것이 허락되지 않는다면, 여러 가지 역기능적인 방법으로 표현될 수 있다.

④ 슬픔과정에 대한 정보 제공

• 슬픔과정의 정상적인 양상, 기간과 강도 등
• 우울과 무감각을 경험하는 사람은 자신이 미쳐 가고 있다고 생각할 수도 있다.
• 그러한 것들이 슬픔의 정상적인 표현들임을 확신시켜야 한다.

⑤ 지역사회 자원 제공

• 사별한 사람의 주변 상황에 대한 통찰력을 갖는 것이 필요하다.
• 그들이 가진 자원들이 무엇인지 아는 것이 유익하다. (예: 자조집단, 상호지지 집단 등 사별 가족모임 프로그램, 사별 토의 집단, 간호사, 사회복지사, 사별 후 관리에 종사하는 종교인 등)

⑥ 편지 및 카드 발송

• 사별과정을 극복해 가는 데 도움이 되는 자료를 발송한다.
• 사별 가족에 의미 있는 기념일을 기억하여 카드를 보낸다.

⑦ 의뢰

• 문제가 더 복잡한 경우 다른 전문가에게 의뢰를 해 준다.

사별 가족 돌봄을 위해 돌봄 제공자가 지켜야 할 지침은 다음과 같다.

- 슬픔의 단계를 이해한다.
- 조용히 간단한 신체적 접촉을 이용한다.
- 경청 또 경청하여 원하는 이야기를 하도록 허용한다.
- 슬픔과정에는 예정표가 없다.
- 인내심을 갖고 가능한 한 오래 함께 있어 준다.
- 진심으로 이해하고 관심을 갖으며 함께한다.
- 편지, 방문, 전화 등 사려 깊게 접근한다.
- 감정이나 갈등 등을 있는 그대로 수용한다.
- 사별 가족 모임에 참여하도록 도와준다.
- 실질적인 도움거리를 찾는다.
- "시간이 가면 잊게 된다." "신(절대자)의 뜻이다."라는 말은 절대 하지 않는다.

4) 사별 가족 돌봄을 위한 자원봉사자의 역할

사별 가족에 대한 돌봄은 호스피스 전문가뿐만 아니라 자원봉사자의 도움이 절실히 필요하다. 사별 가족 돌봄을 위한 자원봉사자의 역할은 다음과 같다(박정연, 2017).

① 빈소 방문 및 장례식 참여
대상자가 사망하기 전부터 연결된 사별 가족이라면 자원봉사자의 방문은 더욱 사별 가족에게 위로가 될 수 있다. 처음 방문일지라도 본인이 호스피스 기관으로부터 온 것을 밝히고 인사한다면 좋은 관계를 맺는 데 크게 도움이 된다. 먼저 많은 말을 하기보다는 비언어적이고 따뜻한 의사소통을 통해 서로의 마음을 교환하는 것이 필요하다. 손을 잡아 주거나, 사별 가족이 무엇인가를 이야기하고 싶을 때는 조용히 들어주고, 어떤 경우에도 사별 가족보다 많은 말을 하는 것은 삼가는 것이 좋다.

② 어린 자녀에 대한 배려
가족이 슬픔에 잠겨 있고 장례 절차로 인해 어린 자녀에 대해 소홀해질 수 있다.

흔히 어린 자녀는 장례 절차 등에 의해 쉽게 제외될 수 있는데, 무조건 제외시키기보다는 아동의 발달단계에 따른 죽음의식을 고려하여 아동의 의사를 존중하여 아동이 어느 정도 장례 절차에 참여하여야 하는지 결정하는 것이 좋다. 아동에게도 고인과 이별할 수 있는 기회를 꼭 갖도록 하여야 한다. 사별 아동을 돕는 일은 쉬운 일은 아니나 어린 자녀에 대한 고려와 돌봄도 자원봉사자에 의해 제기되어야 한다.

③ 첫 번째 방문

사별한 후 1개월 정도 지난 후 전화 접촉을 통해 그동안 어떻게 지냈는지 안부를 물어보고, 방문 의사를 이야기하면 반응은 두 가지로 나타날 수 있다. "바쁘신데, 저 잘 지내고 있는데, 안 오셔도 돼요."라고 하거나, 고인이 떠날 때 고맙게 해 준 것에 대한 의무감 때문에 방문을 허용하는 경우가 있다. 사별 가족의 첫 번째 저항과 거절이 있을지라도 사별 가족과 진지한 이야기를 시작해 보면 내부적으로 외로움을 깊게 느끼며, 하고 싶은 말들이 깊은 가슴 가득한 것을 알 수 있다.

④ 편안한 친구가 되어 주기

실제 사별 가족은 대화를 나눌 상대가 별로 없다. 특히 고인에 대해서 이야기하기를 대부분 꺼린다. 그런 면에서, 호스피스 봉사자는 특별한 의미를 갖는다. 봉사자를 만나면 아무 거리낌이나 편견 없이 편하게 고인과 관련된 이야기를 나눌 수 있기 때문이다. 그러므로 자원봉사자는 사별 가족에게 새로운 좋은 친구가 될 수 있다.

⑤ 중립적 입장, 비심판적 태도와 비밀보장

사별가족은 특정 가족에 대하여 비심판적 태도를 가질 수 있고, 마음 깊숙한 비밀스러운 이야기를 봉사자 앞에서 표현할 수 있다. 이런 경우, 자원봉사자는 같이 비판하거나 판단하지 말고 조용히 들어 주고, 마음에 상처가 있다면 따뜻하게 감싸 주는 것이 중요하다. 만약 중요한 사항(예: 고인이 비밀로 하고 싶은 일)이 있다면 담당자와 의논하고 함부로 이야기하지 않는다.

⑥ 정상적 · 비정상적 애도의 반응 체크

사별 가족을 잘 관찰하는 것이 중요하다. 대부분의 경우 정상적인 애도반응을 보이는 경우가 많이 있으나, 간혹 어려움을 호소하기도 한다. 슬픔이 신체화 증상으로 나타나서 신체적 고통을 호소하기도 하며, 우울이 심하여 외출을 삼가고 오랫동안 집안에만 있고, 밤에는 수면장애로 괴로워할 수 있다. 그런 어려움을 호소한다면 기관 담당자와 의논하여 사별 가족을 잘 설득하여 정신의학과 의사에게 의뢰하는 것이 필요하다.

⑦ 여가활동 장려

무리하지 않는 범위 내에서 산책, 수영, 쇼핑, 외출, 등 가벼운 활동을 하도록 격려한다. 만약 사별 가족이 혼자 할 수 없다면 하루 날을 정해서 함께하는 시간을 갖는 것도 좋다. 산책하거나 차를 마시며 대화를 나눌 수도 있다.

⑧ 실제적 도움 제공

사별 가족이 혼자 있는 경우라면 반찬 만들기나 집안 청소 등을 도울 수 있다. 이런 경우 식욕이 없어 혼자 제때 식사를 하지 않으므로, 신체적 쇠약함과 피로감이 사별에 대한 슬픔을 가중시킬 수 있으므로 제때에 식사를 하도록 실제적으로 돕고 격려한다. 만약 경제적으로 아주 어렵다면 기관 담당자와 의논하여 경제적으로 도울 수 있는 길을 모색할 수 있다.

⑨ 수용적 자세

사별 가족과 정기적으로 만나다 보면 똑같은 이야기를 되풀이하는 경우가 있다. 비록 여러 번 들어서 모두 아는 내용일지라도 진지한 태도로 경청하는 것이 필요하다. 또한 사별 가족이 매번 울지라도 우는 것을 지지하지 않는 것이 좋다.

⑩ 가족 내에서 상실의 슬픔을 나누도록 격려

날마다 함께 사는 가까운 가족일지라도 고인에 대한 언급을 꺼리며 슬픔을 서로 나누지 않는 경우가 많다. 자원봉사자의 판단 시 유가족에게 영향을 미치는 가족 문제가 사별과 관련하여 심각하다거나 가족의 협조와 도움이 필요하다면, 가족원을 만나 대화해 볼 수도 있다. 자원봉사자가 어려움을 느낀다면, 기관 담당자와 의논하여 가족 모임을 효과적으로 가져 가족관계를 증진시키고, 원활한 가족 간의 의사소통을 촉진할 수 있다.

⑪ 지지모임이나 자조모임 참여 권유

개인의 성격에 따라서 사회적 모임에 나가는 것을 좋아하기도 하지만, 대부분 사별 가족은 여러 사람이 모이는 자리를 꺼리는 경우가 많다. 그러나 같은 처지에 있는 사람들이 함께 모여 서로의 삶을 나누는 것은 국내외적으로 사용되는 상당히 효과 있는 방법이다. 만약 잘 아는 이런 모임이 있다면 소개해 주고, 참여 여부는 본인이 결정하도록 한다.

⑫ 일주기를 기억하기

사별 가족이 일주기를 잘 보내는 것은 중요하며, 일주기가 되어 오면 사별 가족은 고인에 관련된 생각들을 더 많이 할 수 있다. 봉사자는 일주기를 기억하고 만나 그동안의 변화된 생활과 어떻게 자신의 새로운 생활에 적응해 왔는지, 만족도는 어떤지에 대해 나눌 수 있어야 한다.

⑬ 종결

슬픔의 과정을 겪어 나가는 데 필요한 시간은 사람에 따라 다르다. 가능하다면 일주기가 지난 13개월 후 종결을 생각해 볼 수 있다. 그러나 사별 가족의 상태와 요구도에 따라 계속 될 수 있다. 그 동안의 사별 가족과의 만남과정에 대한 사정 후 기관담당자와 함께 의논을 하는 것이 필요하며, 급작스러운 종결보다는 서서히 사별 가족의 상황에 따라 진행하는 것이 좋다.

3. 슬픔과정에 따른 사별 가족 돌봄

슬픔과정에는 어떤 정확한 시간의 틀이란 없다. 어느 정도의 시간이 필요한지는 개인에 따라 다르다. 중요한 것은 이 모든 과정을 다 치러낼 수 있도록 충분한 시간을 허용하는 것이다. 만약 슬픔과정을 서두르게 된다면 각각의 단계마다 배워야 할 내용들을 놓치게 되며, 슬픔의 치유과정이 지연될 수 있다. 사별 후 슬픔과정에 따른 사별 가족 돌봄의 단계는 다음과 같다(한국호스피스, 2003).

1) 회피 단계

사별의 초기 단계인 회피 단계는 사별에 대한 충격으로 쇼크를 받아 슬프기보다는 멍한 상태로, 쇼크로 인해 실신하거나 숨쉬기 어렵고, 비명을 지르는 증상 등을 경험하는데, 이 시기는 급성 슬픔의 기간이다. 급성 슬픔을 경험할 때에는 에너지 결핍과 피로감 및 호흡곤란을 느끼게 된다. 또한 허전함, 목과 가슴이 답답한 것을 경험한다. 그리고 때로는 소음에도 극히 민감하여 심장이 뛰는 것을 느끼게 되며, 또한 속이 메스꺼워지는 것을 경험하기도 하고, 잠을 못 이룰 수도 있다. 어떤 사람은 과다하게 수면을 취하기도 하고, 빈번히 두통을 느끼기도 하고, 불안과 긴장이 따른다. 따라서 이 시기에 속해 있는 사별 가족을 보호해야 할 필요가 있으며, 함께 하며 지켜 주어야 한다.

- 죽음이라는 현실을 마음속 깊이 수용하도록 한다.
- 개인적인 고인에 대한 추모를 통해 충분히 슬픔을 표현할 수 있도록 돕는다(예: 임종, 장례식, 49재, 100일, 기일 등)
- 심리적(비현실감, 집중력 저하, 무감각, 멍한 상태, 무기력), 신체적(구강건조, 자주 한숨 쉬는 것, 몸이 떨리는 것, 쉽게 놀라는 것, 구역질, 수면장애 식욕부진) 이상반응은 일시적인 현상이기 때문에 시간이 지남에 따라 사라질 것이며, 쇼크에 의한 정상적인 반응임을 알려 주고 지지한다.
- 혼자가 아님을 느끼게 한다.
- 주위에 항상 누군가 지지할 사람이 있도록 (신체적, 정서적으로) 배려한다.
- 고인에게 과도하게 집착하는 경우 이를 수용해 주는 태도가 필요하다.
- 지속적으로 고인의 죽음과 관련된 이야기를 할 때 이를 경청한다.
- 신이나 자기 자신, 가족, 의료진에게 원망과 분노가 일어나며 죄의식을 표출할 때 이를 잘 수용하고 지지한다.
- 집안의 일상적인 일들이 제대로 관리될 수 있도록 도움을 준다.
- 건강관리를 위해 직장과 일상생활을 줄이고, 건강증진과 충분한 휴식을 취할 수 있도록 돕는다.

2) 직면 단계

　　사별 초기의 각종 애도 행사가 끝나고 나면 주변의 친지나 친구들도 자신의 삶으로 돌아가 가족만 남게 되는 시기로 사별 가족의 상실은 더 크게 인식되고 고통을 느끼기 시작한다. 고인을 그리워하거나 고인에게 몰두하게 되며, 고인이나 타인에 대해 죄의식을 느낄 수 있다. 고인과 함께 할 꿈이나 계획의 포기로 절망감을 느끼거나 과중해진 가사 및 재정 문제를 포함한 불확실한 미래에 불안을 경험할 수도 있다. 이 시기에는 절망감, 그리움, 낙심 등의 생길 수 있기 때문에 경험하면서 슬픔의 고통을 치러내야 하는 과업이 주어진다.

- 현실을 있는 그대로 인정하고 상실이 고통스러운 것임을 받아들이며, 슬픔의 과정을 잘 치러낼 수 있도록 돕는다.
- 고인을 마음에서 떠나보내는 일은 매우 어렵고, 많은 시간을 요하는 일임을 인식하도록 돕는다.
- 죽음과 죽음에 관련된 사건들을 세세하게 지속적으로 이야기할 수 있는 분위기를 조성하고, 수용적인 태도로 주의 깊게 경청하면서 격려한다.
- 울고 싶을 만큼 울도록 허용한다.
- 내면의 좌절과 혼란으로 인해 감정 조절이 잘 되지 않으며, 급격한 감정을 느낄 수 있다. 이에 민감하게 반응할 수 있으나 자연스럽고 일시적인 현상이라는 것을 알 수 있게 돕는다.
- 고인이나 자기 자신에 대한 고통스러운 느낌들(공허감, 분노, 불안, 무력감, 슬픔, 외로움 등)을 탐색하여 이를 언어로 표현할 수 있도록 돕는다.
- 죄책감과 수치심을 느낄 수 있으므로 이에 대해 모두 이야기할 수 있는 분위기를 조성한다.
- 다양한 신체 증상(가슴이 답답함, 식욕 및 수면습관 변화)이 나타나는 경우, 이러한 현상이 자연스러운 반응임을 알려 준다.
- 건강관리가 필수적이므로 규칙적인 운동, 균형 있는 식사, 충분한 수면을 하도록 안내한다.
- 불안 증상을 보일 경우에 이를 충분히 수용해 주고, 증상이 지속되는 경우에는 의료진의 도움을 구한다.
- 고인의 죽음으로 인해 가족관계에서 갈등과 문제가 생길 수 있는 시기로, 가족 구성원 나름의 방식으로 어려움을 이겨 나가고 있음을 알린다.
- 가족이 서로 자신의 감정을 표현하고 나눌 수 있도록 돕는다.

- 상실을 경험하면서 다른 사람들과 달라졌다고 느끼게 된다. 어느 누구도 자신을 이해해 줄 수 있는 사람이 없을 것이라는 생각이 들 수 있으므로, 같은 경험을 한 사람들의 모임을 찾는 것이 좋다.
- 고인의 물건들 중 기념이 될 만한 것들을 정리하도록 한다.
- 가장 우울을 경험하기 쉬운 기간이므로 행동 변화를 유심하게 관찰해야 하며, 혹시 자살에 대해 이야기를 하는 경우 주의 깊게 파악하여 중재해야 한다.
- 자신에게 특별한 대접을 하는 것이 필요함을 알려 준다(맛있는 음식, 꽃, 향수, 미술관 방문 등).
- 일상적인 일과를 만들어 계속 유지하도록 돕는다.
- 자신의 삶을 가능하면 단순화하도록 격려한다.
- 이전 삶을 떠나보내고, 미래의 삶을 선택해야 할 시기임을 알린다.

3) 조정 단계

적응 성숙 단계인 조정 단계는 점차 고통이 감소되고, 새로운 역할에 대처할 수 있는 능력을 증가시켜 정상적인 삶으로 회복시키는 단계까지의 기간을 말한다. 고인과 관련된 생각에서 벗어나 미래에 관심을 가지며, 새로운 관계를 형성하고 사회적 상호작용을 하는 등의 편안한 삶을 추구하며 안녕 상태를 찾는다.

- 신체 증상이 감소하고, 식습관이나 수면습관이 예전 상태로 회복된다.
- 고인이 없는 삶을 인정하고, 자신의 역할 상실을 받아들인 후 다른 방법으로 충족하도록 돕는다.
- 고인에 대한 정서적 집착, 공허감, 슬픔의 강도나 간격이 예전처럼 강하거나 자주 발생하지 않음을 깨닫게 되는 시기이다. 이로 인해 죄책감과 고인에 대한 두려움을 이야기할 때 충분히 이를 수용해 주고, 자연스러운 반응임을 깨닫게 돕는다.
- 다시 내면세계에서 힘이 생긴다고 이야기할 때 슬픔이 끝나 가고 있는 신호임을 알리고 격려한다.
- 고인의 죽음과 관련된 고통스러운 상념들을 떠나보내고, 고인이 기쁘고 건강했을 때 누렸던 행복한 때의 기억들로 그 자리를 다시 채울 때임을 알린다.
- 오랜 기간 동안의 슬픔과정으로 몸이 많이 쇠약해져 있을 수 있으므로 규칙적인 운동, 균형 있는 식사를 하도록 교육한다.

- 슬픔으로 인해 보류한 중요한 일들을 스스로 결정하도록 격려한다.
- 다른 사람들을 만나 사회적 관계를 시작하도록 격려한다.
- 새로운 흥미나 취미 혹은 스포츠 활동을 하도록 격려하여 자신의 잠재력을 찾도록 돕는다.
- 자기 자신에게 집중하는 훈련을 해 본다.
- 고인이 없는 새로운 현재 상태에 적응하기 시작한다.
- 가치관, 철학, 신념 등이 위협을 받아 삶의 방향이 흔들릴 수 있으므로 삶의 의미를 재창조할 수 있도록 돕는다.
- 영적인 것에 대한 관심이 증대될 수 있으므로, 영적 도움을 많이 받을 수 있음을 알려 적절한 자원에 연결한다.
- 고인과 함께 나누었던 감정들을 정리하고 다른 사람과의 관계를 시작한다.
- 고인이 없는 삶을 재구성하게 되고, 새롭게 시작하고, 새로운 마음이 생기는 것을 느끼게 된다.
- 다른 사람의 삶에 대한 관심이 증대되는 때이므로, 적절하게 사회화할 수 있도록 격려한다.
- 슬픔과정을 치러냄을 통해 영적으로 성숙하였음을 확신시킨다.
- 새롭게 세운 목표들을 집중적으로 실행할 단계로, 하고 싶은 일을 선택하여 실천해 볼 수 있도록 격려한다.

사별한 지 수년이 지난 사별 가족일지라도 아직 슬픔을 가지고 있는 경우라면 계속해서 격려해 주고, 함께 곁에 있으면서 경청해야 한다. 또한 사별한 사람의 슬픔을 함께하면서 그들이 언제나 필요로 할 때 면담을 요청할 수 있도록 신뢰감을 형성해 나가야 한다.

슬픔과정에 있는 사별 가족을 돕는 일은 책임 이상의 것이다. 상실의 고통과 아픔을 지닌 사람을 돕는 일은 분명히 특권이고 영광일 뿐 아니라 성장의 기회이다.

참고문헌

강영우, 권영숙, 고수진 외(2015). 호스피스 총론. 한국호스피스협회 출판부.
노유자, 한성숙, 안성희, 김춘길(1995). 호스피스와 죽음. 현문사.
류종훈(2004). 노인 건강생활과 호스피스케어. 학문사.
박정연(2017). 호스피스 자원봉사자의 경험. 대전대학교 대학원 박사학위논문.

서영준(2012). 사랑과 돌봄의 학문 호스피스학. 동문사.

한국호스피스(2003). 편안한 임종-호스피스 안내. 한국호스피스 · 완화의료학회, 한국의학원.

한국호스피스 간호사회(2006). 호스피스완화돌봄 학습가이드. 수문사.

한국카톨릭호스피스협회(2005). 호스피스의 이해. 현문사.

한국호스피스협회(2013). 호스피스 총론. 호스피스협회 출판부.

City of Hope & Ameriacan Association of Colleagges. (2012). 노인호스피스 · 완화돌봄 교육자 매뉴얼(*ELNNEC-Geriatric Training Program*). (김현숙, 유수정, 감분한, 정복례, 홍영선, 정연 외 공역). 군자출판사.

Cooley. M. E. (1992) Bereavement care: A role for nursing. *Cancer Nursing, 15*(2). 125-129.

Parkes, C. M., Relf, M., & Couldrick, A. (2011). 호스피스 상담: 말기 돌봄과 사별을 위한 상담. (임승희, 신성만, 고수진 공역). 시그마프레스.

제12장
웰다잉 프로그램

죽음이란 본인에게는 두려움의 대상이며, 남겨진 가족에게는 이별의 아픔을 남긴다. 따라서 죽음을 맞는 당사자나 가족이 죽음을 온전히 수용하기 쉽지 않다. 이를 극복하기 위해 웰다잉 교육을 통한 죽음에 대한 확고한 이해가 필요하다.

죽음준비교육에서 다루고 있는 주제들로는 죽음에 대한 사회적 전망, 죽어 가는 과정, 죽음에 대한 개인적 태도, 비탄, 사별에 대한 종교적·문화적 견해, 장례의식, 자살, 안락사, 의학윤리, 법적 문제, 죽음에 대한 아동의 의식, 에이즈, 전쟁, 사형제도, 낙태, 영양, 건강, 케어, 흡연 등 생활양식의 선택 문제 등이 있다(Durlak, 1994).

그동안 국내에서 개발된 죽음준비교육 프로그램으로는 서혜경(1992)을 비롯하여 고승덕, 김은주와 김영규(1999), 이기숙(2001), 이이정(2004), 임찬란과 이기숙(2006), 박지은(2009), 송양민과 유경(2011)의 프로그램이 있으며, 선행 연구자별 죽음준비교육 사례를 살펴보면 〈표 12−1〉과 같다.

〈표 12-1〉 **죽음준비교육 프로그램**

연구자	프로그램 내용
서혜경(1992) 「한미 노인의 죽음에 대한 태도」	• 노년기에 대한 포괄적인 이해, 노인에 대한 편견 및 오해 극복 방법, 노화 관련 이론 • 죽음의 개념 및 정의, 죽음에 대한 소개 • 죽음 관련 태도 및 관련 요인, 죽음에 대한 태도에 미치는 영향 요인 • 생명의 연장과 포기 • 임종 간호 및 유서, 장기기증, 법과 죽음 • 장례에 대한 이해를 위한 강좌 및 시청각 교육 등 • 슬픔과 애도, 슬픔의 극복 및 적응
고승덕 외(1999) 「노인의 죽음준비교육이 죽음의 불안에 미치는 요인분석 연구」	• 노인의 특성과 죽음에 대한 태도 • 노년기의 특성과 적응 과업: 사별 경험 나누기 • 죽음을 맞이하기 위한 방법 소개 및 여생의 계획 • 시청각 교육(생로병사의 비밀)

안황란(1999)
「노인의 죽음에 대한 태도에 영향을 미치는 요인과 죽음준비교육 프로그램 개발」
	• 개인 대상
	  - 신체적 · 생리적 준비
	  - 정신적 준비
	  - 사회적 준비(유언장 작성, 장례에 관한 결정)
	• 가족 대상
	  - 가족 간호와 간호법
	  - 정신약물요법

이기숙(2001) 「중노년기 가족대상의 죽음준비교육 프로그램 개발을 위한 예비적 고찰」	• 친근한 사람의 죽음에 대한 충격과 슬픔 대처 • 의학적 · 법률적 측면 • 사망 선택 유언
이이정(2004) 「노인 학습자를 위한 죽음준비교육 프로그램 개발 연구」	• 사별과 상실 극복 • 죽음 의미 탐색 • 평화로운 죽음을 맞이하기 위해
임찬란 외(2006) 「노인대상 죽음교육 프로그램」	• 죽음에 대한 이해 및 죽음관 정립 • 죽음불안의 완화 및 죽음 수용 • 삶의 정리 및 죽음 대처 능력 향상 • 남은 가족에 대한 배려: 미래 계획
박지은(2009) 「죽음준비교육이 노인의 죽음에 대한 정서, 인지, 행동에 미치는 효과」	• 나 알기 • 죽음 알기 • 인생 알기 • 나눔 알기

송양민 외(2011) 「죽음준비교육이 노인의 죽음불안과 생활 만족도, 심리적 안녕감에 미치는 효과 연구」	• 죽음에 대한 부정적 인식 개선 • 죽음에 대한 간접 체험과 실질적 정보 제공 • 남은 삶에 대한 의지 강화

출처: 최은주(2015).

1. 웰다잉 프로그램 사례

웰다잉 프로그램은 죽음과 죽음 준비에 대해 사전 지식을 습득하고 다양한 가상적 체험을 하게 되며 죽음을 막연한 두려움이나 부정적인 대상으로 생각하기보다 삶에 대해 새로운 의미와 죽음에 대한 가치관을 정립하는 데 도움을 준다.

최은주(2015)는 웰다잉 교육 프로그램 참여자의 삶의 만족도와 여가태도가 긍정적인 향상을 나타냈으며, 노인을 대상으로 한 죽음준비교육 프로그램은 치료적 접근의 여가교육으로서 죽음을 긍정적으로 이해하고 남은 인생을 설계함에 있어서 여가의 가치와 중요성을 인식하고, 적극적으로 여가를 활용하여 삶의 질을 향상시키는 효과를 밝혔다. 최은주(2015)가 제시한 웰다잉 프로그램은 〈표 12-2〉와 같다.

〈표 12-2〉 웰다잉 프로그램 I

회기	소제	내용
1	마음 열기	• 자기소개 • 친밀감 형성과 관계 형성하기(레크리에이션) • 죽음준비교육 프로그램 소개 • 죽음준비교육의 필요성과 기대효과와 회기별 내용 설명
2	죽음 알기	• 죽음에 대한 철학적 · 의학적 · 심리학적 · 종교적 이해 • 죽음에 이르는 과정의 심리 이해 • 임사 체험자의 사례 • 죽음과 관련된 감정 나누기 • 기억에 남는 죽음의 경험과 느낌 나누기
3	회고하는 삶	• 나의 인생을 그래프로 그려 보기 • 나의 생애 연대기 만들기 • 과거를 통한 감정 파악하기 • 자서전 쓰는 의미와 효과 • 사진으로 쓰는 자서전 꾸며 보기

4	준비하는 삶 1	• 안락사와 존엄사 의미 • 무의미한 생명 연장 거부에 따른 자기 결정권 • 사전의료의향서 작성하기 • 장기기증 및 시신 기증
5	준비하는 삶 2	• 장례 문화와 절차 • 장례 방법 • 나의 장례 계획 세우기 • 사별과 상실 극복 • 호스피스의 이해와 현실
6	정리하는 삶	• 사망과 관련된 법적 절차 • 상속과 유언에 관한 법적 효력과 사례 분석 • 유산으로 남기고 싶은 것: 죽기 전에 마무리해야 할 일 나누기 • 유언장 작성법
7	비우는 삶	• 용서와 화해의 중요성 • 용서와 화해의 대상과 방법 적기 • 용서와 화해의 경험 나누기 • 감사할 일 나누기 • 상실과 사별에 대한 경험 나누기 • 가족에게 보내는 러브레터
8	나누는 삶	• 삶의 우선순위 • 남은 삶에 대한 설계와 각오 • 프로그램 과정에서의 소감 나누기

출처: 최은주(2015).

죽음준비는 필요하다. 이 죽음준비학교 교육프로그램을 통해서 죽음의 실체와 편안히 죽음을 맞을 수 있는 방법을 알아보고, 마지막 순간을 품위 있는 죽음으로 마무리하고 싶은 욕망을 실현하며, 자신을 사랑하는 방법은 생명존중임을 자각하고 죽음준비의 일환으로 자녀에게 전하는 마지막 이야기와 나눔 실천, 인생그래프를 이용한 노년의 자아성찰로 삶의 소중함을 인지하는 것을 목표로 한다.

〈표 12-3〉 웰다잉 프로그램 Ⅱ

구분	내용
1강	죽음준비가 필요할까요?
2강	죽는다는 것은 무엇을 말하는 걸까요?
3강	편안한 죽음을 맞이할 수 있는 방법이 있을까요?

4강	마지막 순간까지 품위 있는 죽음을 맞이할 수 있는 방법
5강	생명존중! 나를 사랑하는 삶을 위한 교육
6강	자녀에게 전하는 마지막 이야기
7강	현재 장례문화 둘러보기
8강	마지막 순간에도 나눔을 실천할 수 있는 방법
9강	노년기 삶의 자아성찰(인생그래프)
10강	나의 다짐 '버킷리스트'

죽음준비교육은 유아부터 노년층까지 전 연령층을 대상으로 시행되어야 하는 만큼 연령대별 인간의 발달단계에 맞는 프로그램을 구축하고, 초·중·고등학교에서는 정규과목으로 채택하여 삶과 죽음을 올바로 인식할 수 있도록 제도적 보완이 이루어져야 한다. 죽음준비교육 대상자의 수요 조사와 전문가의 의견을 반영한 교육 프로그램 개발과 죽음교육 전문가 양성과 죽음에 대한 사회적 인식의 변화를 위한 사회적 노력과 개인의 적극적 관심과 개입이 뒷받침되어야 죽음준비교육의 목적을 이룰 수 있다(이혜경, 2017).

〈표 12-4〉 웰다잉 프로그램 III

회기	제목	주제	방법
1	오리엔테이션	강사 및 참가자 소개	사전검사
		규칙 세우기(이것만은 지켜 주세요)	선서, 시트지
2	웰다잉이란?	좋은 죽음의 사례	PPT 강의
		웰다잉이란 무엇인가?	PPT 강의
3	용서와 화해 1 (그때 그 사람과 사건)	내 생애, 가장 아름다웠던 때	회상요법
		응어리(恨) 다루기	미술치료
4	용서와 화해 2 (미해결 과제 다루기)	한 번은 만나야 할 그 사람	게슈탈트치료
		빈 의자에 초대하기	
5	법, 제대로 알고 정리하기	인간의 존엄성과 죽음	PPT 강의
		장례문화와 상례 절차	PPT 강의
6	이제 나홀로 가야 해	내가 꿈꾸는 장례식(묘비명 쓰기)	시트지, 노트
		유언장 작성하기	시트지, 노트
7	나의 소망나무 만들기	나의 버킷리스트	시청각자료
		나의 나무 심기	원예치료

8	생명체험학교 나들이	장수테마전시관 견학하기	견학, 외부 활동
		죽음(입관) 경험하기	
9	파이팅! 불꽃처럼 살아가기	사전의료의향서 작성하기	시트지, 노트
		호스피스 · 완화치료에 대해서	PPT 강의
10	'지금 여기' 현재의 나 돌보기	소중한 내 모습 만나기	장수사진 찍기
		종결 및 전체 마무리	사후검사

출처: 이혜경(2017).

장미숙(2017)은 웰다잉 프로그램 제공 후 죽음불안에 대한 효과검정에서 유의하였으며, 죽음으로 인한 자신의 현재와 사후 모습, 경제적 부담감, 죽음에 대한 두려움, 갑작스러운 죽음으로 인한 여러 가지 문제에 대한 의식 등의 죽음 불안과 죽음에 대한 공포에 따른 감정 완화 등의 죽음 수용, 죽음 준비도가 향상되는 중재 효과가 있는 것으로 밝혔다.

〈표 12-5〉 웰다잉 프로그램 Ⅳ

주차	주제	내용
1	프로그램 소개	교육 안내, 웰다잉 프로그램 개요
2	웰다잉의 이해	웰다잉의 의미, 웰다잉 인식의 필요성
3	죽음현상	죽음 인식하기, 죽음 문화 이해하기
4	죽음의 이해	죽음의 철학적 이해, 죽음의 종교적 이해
5	웰다잉과 건강	만성질환 예방, 건강한 삶을 위한 습관
6	좋은 죽음	좋은 죽음의 요건과 죽음의 질 이해하기
7	존엄한 죽음	연명의료결정 제도와 호스피스 · 완화의료
8	소중한 삶	자살과 예방과 장기기증
9	후회 없는 삶	죽을 때 후회하는 것, 버킷리스트
10	임사체험	사별 상실의 치유, 죽음인식을 통한 자기성찰
11	준비된 죽음	유언 상속과 상례 · 장례 문화
12	수료식	교육소감 발표, 웰다잉 실천 선언, 수료식

출처: 장미숙(2017).

2. 유언장과 묘비명 작성하기

1) 유언장 작성하기

호스피스 말기 대상자 상태로 들어가기 전에 꼭 해야 할 중요한 일 가운데 한 가지가 바로 유언장을 쓰는 일이다. 유언장은 가족에게 남기는 것으로 호스피스 상황에서도 쓸 수 있지만, 가능한 한 건강할 때 작성해 두는 것이 좋다. 주기적으로 유언장의 내용을 점검하고, 필요할 때 보충하거나 바꾸는 것도 필요하다.

유언장을 쓸 때는 지나치게 감정적으로 작성하기보다는 남은 가족에게 필요한 정보를 빠뜨리지 않고 전하는 것이 중요하다. 또한 가족이 유언장의 소재를 알 수 있게 반드시 그 보관 장소를 알려 주는 것이 좋다.

유언장을 작성할 때 가장 유의할 점은 유언장의 법적 효력이다. 유언장은 사후(死後)를 예상하여 생전에 의사표시를 기록한 내용으로 작성자가 사망 후에 효력이 발생하는 문서이다. 유언장의 가장 핵심적인 기능은 사망 시에 유산이 고인의 의사에 따라 유족에게 분배되도록 하는 것이다. 「민법」상 자필증서에 의한 유언은 위조·변조의 위험이 많아 유언자 본인이 직접 서명하고 날인해야 효력을 지니도록 엄격한 제한을 두고 있다. 「민법」제106조에 따라 내용, 날짜, 주소, 성명, 날인의 다섯 가지 필수요건이 충족되어야 한다. 자필증서는 개인이 직접 자필로 써야 하며, 대필하거나 워드로 작성하는 것은 무효이다. 날인은 인장 혹은 도장을 찍는 것을 말하며, 타인이 찍어도 되지만 반드시 인감도장일 필요는 없다. 엄지손가락 등으로 하는 지장도 가능하다.

(1) 유언장 종류

- 자필증서
- 녹음
- 공증증서
- 비밀증서
- 구술증서

(2) 유언장 내용

- 유언자
- 주민등록번호
- 주소(동, 호수까지 포함)
- 전화
- 유언내용

- 시신처리, 장례 방법, 추모 방법에 대한 바람
- 재산 및 물건 처리 방법
- 기타 남기고 싶은 말
- 작성일자
- 유언자 성명: 날인

(3) 유언장 작성 시 유의 사항

① 반드시 기재해야 하는 사항

- 전문(유서 내용): 내용을 수정 시에는 자필서명 후 날인
- 작성일(예: ○○○○년 ○○월 ○○일 형식)
- 주소
- 성명
- 날인(도장)

② 무효인 경우

- 도장이나 지장 대신 사인인 경우
- 유언자가 구술해 타인이 대필한 유언
- 프린터로 출력한 유언장
- 복사기로 복사한 유언장
- 일부라도 다른 사람이 작성한 유언장

(4) 유언장 작성해 보기

유언장

1. 오늘 내가 이 세상을 떠난다면?

2. 가족에게 하고 싶은 말

3. 내가 가지고 있는 소유물에 관하여

4. 내가 하던 일에 관하여

5. 내 자신에 대하여

1) 장례

2) 남아 있는 이들에게 하고 싶은 말

※ 위의 내용은 내가 죽은 다음에 효력이 발생한다.

○○○○. ○○. ○○. 서명: ○○○ (인)

2) 묘비명 작성하기

묘비명(墓碑銘)은 죽은 사람을 기리는 짧은 문구로, 묘비(비석)에 새겨진 문구를 가리킨다. 일부 묘비명은 사망 전에 자기 자신이 직접 쓰기도 하며, 그 외에는 매장을 책임지는 사람들에 의해 선택된다. 대부분의 묘비명은 가문, 경력, 죽은 이의 간략한 기록일 수 있다. 여기에는 종종 '경애하는 아버지'와 같은 사랑이나 존경의 표현이 들어간다. 저명인사의 묘비명은 가문의 기원, 경력, 선행에 대해 점차 장문의 글을 쓰는 경향도 있다.

유명인들의 묘비명

- 이병철 삼성그룹회장: "자기보다 현명한 인재를 모으고자 노력했던 사나이 여기 잠들다."
- 프랑스 소설가 모파상: "나는 모든 것을 갖고자 했지만 갖지 못했다."
- 중광 걸레스님: "괜히 왔다 간다."
- 버나드 쇼: "오래 버티고 살다 보면 이렇게 될 줄 알았다."
- 어니스트 헤밍웨이: "일어나지 못해서 미안하오."
- 이순신 장군: "필생즉사 필사즉생"
- 제임스 딘: "제임스 B. 딘 1931-1955"
- 천상병 시인: " 나 하늘로 돌아가리라, 아름다운 이 세상 소풍 끝내는 날 가서 아름다웠다고 말하리라."
- 조병화 시인: "어머니 심부름으로 이 세상 왔다가 이제 어머니 심부름 다 마치고 어머니께 돌아갑니다."

☞ 묘비명 작성하기
"오늘이 내 인생의 마지막 날이라면 어떤 것을 남길 것인가?"

나의 묘비명

참고문헌

이혜경(2017). 웰다잉 준비교육 프로그램의 개발과 효과. 목포대학교 대학원 박사학위논문.

장미숙(2017). 웰다잉 프로그램이 중 · 장년층의 죽음태도에 미치는 효과. 대구한의대학교 대학원 박사학위논문.

최은주(2015). 웰다잉을 위한 죽음준비교육이 여가태도와 삶의 질에 미치는 영향. 사회과학연구, 7.

Durlak, C. M., Rose, E., & Bursuck, W. D. (1994). Preparing high school students with learning disabilities for the transition to postsecondary education teaching the skills.

호스피스 · 완화의료 및
임종과정에 있는
환자의 연명의료결정에 관한 법률

호스피스 · 완화의료 및 임종과정에 있는 환자의 연명의료결정에 관한 법률
(약칭: 연명의료결정법)
[시행 2022. 3. 22.] [법률 제18627호, 2021. 12. 21., 일부개정]

보건복지부(생명윤리정책과 – 연명의료결정제도), 044-202-2615

보건복지부(질병정책과–호스피스 완화의료), 044-202-2517

제1장 총칙

제1조(목적) 이 법은 호스피스 · 완화의료와 임종과정에 있는 환자의 연명의료와 연명의료중단등결정 및 그 이행에 필요한 사항을 규정함으로써 환자의 최선의 이익을 보장하고 자기결정을 존중하여 인간으로서의 존엄과 가치를 보호하는 것을 목적으로 한다.

제2조(정의) 이 법에서 사용하는 용어의 뜻은 다음과 같다. 〈개정 2018. 3. 27.〉

1. "임종과정"이란 회생의 가능성이 없고, 치료에도 불구하고 회복되지 아니하며, 급속도로 증상이 악화되어 사망에 임박한 상태를 말한다.

2. "임종과정에 있는 환자"란 제16조에 따라 담당의사와 해당 분야의 전문의 1명으로부터 임종과정에 있다는 의학적 판단을 받은 자를 말한다.

3. "말기환자(末期患者)"란 적극적인 치료에도 불구하고 근원적인 회복의 가능성이 없고 점차 증상이 악화되어 보건복지부령으로 정하는 절차와 기준에 따라 담당의사와 해당 분야의 전문의 1명으로부터 수개월 이내에 사망할 것으로 예상되는 진단을 받은 환자를 말한다.

   가. 삭제 〈2018. 3. 27.〉

   나. 삭제 〈2018. 3. 27.〉

   다. 삭제 〈2018. 3. 27.〉

   라. 삭제 〈2018. 3. 27.〉

   마. 삭제 〈2018. 3. 27.〉

4. "연명의료"란 임종과정에 있는 환자에게 하는 심폐소생술, 혈액 투석, 항암제 투여, 인공호흡기 착용 및 그 밖에 대통령령으로 정하는 의학적 시술로서 치료효과 없이 임종과정의 기간만을 연장하는 것을 말한다.

5. "연명의료중단등결정"이란 임종과정에 있는 환자에 대한 연명의료를 시행하지 아니하거나 중단하기로 하는 결정을 말한다.

6. "호스피스 · 완화의료"(이하 "호스피스"라 한다)란 다음 각 목의 어느 하나에 해당하는 질환으로 말기환자로 진단을 받은 환자 또는 임종과정에 있는 환자(이하 "호스피스대상환자"라 한다)와 그 가족에게 통증과 증상의 완화 등을 포함한 신체적, 심리사회적, 영적 영역에 대한 종합

적인 평가와 치료를 목적으로 하는 의료를 말한다.

　가. 암

　나. 후천성면역결핍증

　다. 만성 폐쇄성 호흡기질환

　라. 만성 간경화

　마. 그 밖에 보건복지부령으로 정하는 질환

7. "담당의사"란 「의료법」에 따른 의사로서 말기환자 또는 임종과정에 있는 환자(이하 "말기환자 등"이라 한다)를 직접 진료하는 의사를 말한다.

8. "연명의료계획서"란 말기환자등의 의사에 따라 담당의사가 환자에 대한 연명의료중단등결정 및 호스피스에 관한 사항을 계획하여 문서(전자문서를 포함한다)로 작성한 것을 말한다.

9. "사전연명의료의향서"란 19세 이상인 사람이 자신의 연명의료중단등결정 및 호스피스에 관한 의사를 직접 문서(전자문서를 포함한다)로 작성한 것을 말한다.

제3조(기본 원칙) ① 호스피스와 연명의료 및 연명의료중단등결정에 관한 모든 행위는 환자의 인간으로서의 존엄과 가치를 침해하여서는 아니 된다.

② 모든 환자는 최선의 치료를 받으며, 자신이 앓고 있는 상병(傷病)의 상태와 예후 및 향후 본인에게 시행될 의료행위에 대하여 분명히 알고 스스로 결정할 권리가 있다.

③ 「의료법」에 따른 의료인(이하 "의료인"이라 한다)은 환자에게 최선의 치료를 제공하고, 호스피스와 연명의료 및 연명의료중단등결정에 관하여 정확하고 자세하게 설명하며, 그에 따른 환자의 결정을 존중하여야 한다.

제4조(다른 법률과의 관계) 이 법은 호스피스와 연명의료, 연명의료중단등결정 및 그 이행에 관하여 다른 법률에 우선하여 적용한다.

제5조(국가 및 지방자치단체의 책무) ① 국가와 지방자치단체는 환자의 인간으로서의 존엄과 가치를 보호하는 사회적·문화적 토대를 구축하기 위하여 노력하여야 한다.

② 국가와 지방자치단체는 환자의 최선의 이익을 보장하기 위하여 호스피스 이용의 기반 조성에 필요한 시책을 우선적으로 마련하여야 한다.

제6조(호스피스의 날 지정) ① 삶과 죽음의 의미와 가치를 널리 알리고 범국민적 공감대를 형성하며 호스피스를 적극적으로 이용하고 연명의료에 관한 환자의 의사를 존중하는 사회 분위기를 조성하기 위하여 매년 10월 둘째 주 토요일을 "호스피스의 날"로 한다.

② 국가와 지방자치단체는 호스피스의 날의 취지에 부합하는 행사와 교육·홍보를 실시하도록 노력하여야 한다.

제7조(종합계획의 시행·수립) ① 보건복지부장관은 호스피스와 연명의료 및 연명의료중단등결정의 제도적 확립을 위하여 관계 중앙행정기관의 장과 협의하고, 제8조에 따른 국가호스피스연명의료위원회의 심의를 거쳐 호스피스와 연명의료 및 연명의료중단등결정에 관한 종합계획(이하

"종합계획"이라 한다)을 5년마다 수립·추진하여야 한다. 〈개정 2020. 4. 7.〉

② 종합계획에는 다음 각 호의 사항이 포함되어야 한다.

1. 호스피스와 연명의료 및 연명의료중단등결정의 제도적 확립을 위한 추진방향 및 기반조성

2. 호스피스와 연명의료 및 연명의료중단등결정 관련 정보제공 및 교육의 시행·지원

3. 제14조에 따른 의료기관윤리위원회의 설치·운영에 필요한 지원

4. 말기환자등과 그 가족의 삶의 질 향상을 위한 교육프로그램 및 지침의 개발·보급

5. 제25조에 따른 호스피스 전문기관의 육성 및 전문 인력의 양성

6. 다양한 호스피스 사업의 개발

7. 호스피스와 연명의료 및 연명의료중단등결정에 관한 조사·연구에 관한 사항

8. 그 밖에 호스피스와 연명의료 및 연명의료중단등결정의 제도적 확립을 위하여 필요한 사항

③ 보건복지부장관은 종합계획을 수립할 때 생명윤리 및 안전에 관하여 사회적으로 심각한 영향을 미칠 수 있는 사항에 대하여는 미리 「생명윤리 및 안전에 관한 법률」 제7조에 따른 국가생명윤리심의위원회와 협의하여야 한다.

④ 보건복지부장관은 종합계획에 따라 매년 시행계획을 수립·시행하고 그 추진실적을 평가하여야 한다.

⑤ 보건복지부장관은 종합계획을 수립하거나 주요 사항을 변경한 경우 지체 없이 국회에 보고하여야 한다.

제8조(국가호스피스연명의료위원회) ① 보건복지부는 종합계획 및 시행계획을 심의하기 위하여 보건복지부장관 소속으로 국가호스피스연명의료위원회(이하 "위원회"라 한다)를 둔다.

② 위원회는 위원장을 포함한 15인 이내의 위원으로 구성한다.

③ 위원장은 보건복지부차관이 된다.

④ 위원은 말기환자 진료, 호스피스 및 임종과정에 관한 학식과 경험이 풍부한 다양한 분야의 전문가들 중에서 보건복지부장관이 임명 또는 위촉한다.

⑤ 그 밖에 위원회의 조직 및 운영에 필요한 사항은 대통령령으로 정한다.

제2장 연명의료중단등결정의 관리체계

제9조(국립연명의료관리기관) ① 보건복지부장관은 연명의료, 연명의료중단등결정 및 그 이행에 관한 사항을 적정하게 관리하기 위하여 국립연명의료관리기관(이하 "관리기관"이라 한다)을 둔다.

② 관리기관의 업무는 다음 각 호와 같다.

1. 제10조에 따라 등록된 연명의료계획서 및 제12조에 따라 등록된 사전연명의료의향서에 대한 데이터베이스의 구축 및 관리

2. 제11조에 따른 사전연명의료의향서 등록기관에 대한 관리 및 지도·감독

3. 제17조제2항에 따른 연명의료계획서 및 사전연명의료의향서 확인 조회 요청에 대한 회답

4. 연명의료, 연명의료중단등결정 및 그 이행의 현황에 대한 조사·연구, 정보수집 및 관련 통계의 산출

5. 그 밖에 연명의료, 연명의료중단등결정 및 그 이행과 관련하여 대통령령으로 정하는 업무

③ 관리기관의 운영 등에 필요한 사항은 대통령령으로 정한다.

제10조(연명의료계획서의 작성·등록 등) ① 담당의사는 말기환자등에게 연명의료중단등결정, 연명의료계획서 및 호스피스에 관한 정보를 제공할 수 있다.

② 말기환자등은 의료기관(「의료법」 제3조에 따른 의료기관 중 의원·한의원·병원·한방병원·요양병원 및 종합병원을 말한다. 이하 같다)에서 담당의사에게 연명의료계획서의 작성을 요청할 수 있다.

③ 제2항에 따른 요청을 받은 담당의사는 해당 환자에게 연명의료계획서를 작성하기 전에 다음 각 호의 사항에 관하여 설명하고, 환자로부터 내용을 이해하였음을 확인받아야 한다. 이 경우 해당 환자가 미성년자인 때에는 환자 및 그 법정대리인에게 설명하고 확인을 받아야 한다.

1. 환자의 질병 상태와 치료방법에 관한 사항

2. 연명의료의 시행방법 및 연명의료중단등결정에 관한 사항

3. 호스피스의 선택 및 이용에 관한 사항

4. 연명의료계획서의 작성·등록·보관 및 통보에 관한 사항

5. 연명의료계획서의 변경·철회 및 그에 따른 조치에 관한 사항

6. 그 밖에 보건복지부령으로 정하는 사항

④ 연명의료계획서는 다음 각 호의 사항을 포함하여야 한다.

1. 환자의 연명의료중단등결정 및 호스피스의 이용에 관한 사항

2. 제3항 각 호의 설명을 이해하였다는 환자의 서명, 기명날인, 녹취, 그 밖에 이에 준하는 대통령령으로 정하는 방법으로의 확인

3. 담당의사의 서명 날인

4. 작성 연월일

5. 그 밖에 보건복지부령으로 정하는 사항

⑤ 환자는 연명의료계획서의 변경 또는 철회를 언제든지 요청할 수 있다. 이 경우 담당의사는 이를 반영한다.

⑥ 의료기관의 장은 작성된 연명의료계획서를 등록·보관하여야 하며, 연명의료계획서가 등록·변경 또는 철회된 경우 그 결과를 관리기관의 장에게 통보하여야 한다.

⑦ 연명의료계획서의 서식 및 연명의료계획서의 작성·등록·통보 등에 필요한 사항은 보건복지부령으로 정한다.

제11조(사전연명의료의향서 등록기관) ① 보건복지부장관은 대통령령으로 정하는 시설·인력 등 요건을 갖춘 다음 각 호의 기관 중에서 사전연명의료의향서 등록기관(이하 "등록기관"이라 한다)을

지정할 수 있다. 〈개정 2021. 12. 21.〉

    1. 「지역보건법」 제2조에 따른 지역보건의료기관

    2. 의료기관

    3. 사전연명의료의향서에 관한 사업을 수행하는 비영리법인 또는 비영리단체(「비영리민간단체 지원법」 제4조에 따라 등록된 비영리민간단체를 말한다)

    4. 「공공기관의 운영에 관한 법률」 제4조에 따른 공공기관

    5. 「노인복지법」 제36조제1항제1호에 따른 노인복지관

② 등록기관의 업무는 다음 각 호와 같다.

    1. 사전연명의료의향서 등록에 관한 업무

    2. 사전연명의료의향서에 관한 설명 및 작성 지원

    3. 사전연명의료의향서에 관한 상담, 정보제공 및 홍보

    4. 관리기관에 대한 사전연명의료의향서의 등록·변경·철회 등의 결과 통보

    5. 그 밖에 사전연명의료의향서에 관하여 보건복지부령으로 정하는 업무

③ 등록기관의 장은 제2항에 따른 업무 수행의 결과를 기록·보관하고, 관리기관의 장에게 보고하여야 한다.

④ 국가와 지방자치단체는 등록기관의 운영 및 업무 수행에 필요한 행정적·재정적 지원을 할 수 있다.

⑤ 등록기관의 장은 등록기관의 업무를 폐업 또는 1개월 이상 휴업하거나 운영을 재개하는 경우 보건복지부장관에게 신고하여야 한다.

⑥ 등록기관의 장은 등록기관의 업무를 폐업 또는 1개월 이상 휴업하는 경우 보건복지부령으로 정하는 바에 따라 관련 기록을 관리기관의 장에게 이관하여야 한다. 다만, 휴업하려는 등록기관의 장이 휴업 예정일 전일까지 관리기관의 장의 허가를 받은 경우에는 관련 기록을 직접 보관할 수 있다.

⑦ 등록기관의 지정 절차, 업무 수행 결과 기록·보관 및 보고, 폐업 등의 신고절차에 관하여 필요한 사항은 보건복지부령으로 정한다.

제12조(사전연명의료의향서의 작성·등록 등) ① 사전연명의료의향서를 작성하고자 하는 사람(이하 "작성자"라 한다)은 이 조에 따라서 직접 작성하여야 한다.

② 등록기관은 작성자에게 그 작성 전에 다음 각 호의 사항을 충분히 설명하고, 작성자로부터 내용을 이해하였음을 확인받아야 한다.

    1. 연명의료의 시행방법 및 연명의료중단등결정에 대한 사항

    2. 호스피스의 선택 및 이용에 관한 사항

    3. 사전연명의료의향서의 효력 및 효력 상실에 관한 사항

    4. 사전연명의료의향서의 작성·등록·보관 및 통보에 관한 사항

    5. 사전연명의료의향서의 변경 · 철회 및 그에 따른 조치에 관한 사항

    6. 그 밖에 보건복지부령으로 정하는 사항

③ 사전연명의료의향서는 다음 각 호의 사항을 포함하여야 한다. 〈개정 2018. 3. 27.〉

    1. 연명의료중단등결정

    2. 호스피스의 이용

    3. 작성 연월일

    4. 그 밖에 보건복지부령으로 정하는 사항

④ 등록기관의 장은 사전연명의료의향서를 제출받을 때 본인의 작성 여부를 확인한 후 작성된 사전연명의료의향서를 등록 · 보관하여야 한다.

⑤ 등록기관의 장은 제4항에 따른 등록 결과를 관리기관의 장에게 통보하여야 한다.

⑥ 사전연명의료의향서를 작성한 사람은 언제든지 그 의사를 변경하거나 철회할 수 있다. 이 경우 등록기관의 장은 지체 없이 사전연명의료의향서를 변경하거나 등록을 말소하여야 한다.

⑦ 등록기관의 장은 제6항에 따라 사전연명의료의향서가 변경 또는 철회된 경우 그 결과를 관리기관의 장에게 통보하여야 한다.

⑧ 사전연명의료의향서는 다음 각 호의 어느 하나에 해당하는 경우 그 효력이 없다. 다만, 제4호의 경우에는 그 때부터 효력을 잃는다.

    1. 본인이 직접 작성하지 아니한 경우

    2. 본인의 자발적 의사에 따라 작성되지 아니한 경우

    3. 제2항 각 호의 사항에 관한 설명이 제공되지 아니하거나 작성자의 확인을 받지 아니한 경우

    4. 사전연명의료의향서 작성 · 등록 후에 연명의료계획서가 다시 작성된 경우

⑨ 사전연명의료의향서의 서식 및 사전연명의료의향서의 작성 · 등록 · 보관 · 통보 등에 필요한 사항은 보건복지부령으로 정한다.

제13조(등록기관의 지정 취소) ① 보건복지부장관은 등록기관이 다음 각 호의 어느 하나에 해당하는 경우 그 지정을 취소할 수 있다. 다만, 제1호에 해당하는 경우에는 그 지정을 취소하여야 한다.

    1. 거짓이나 그 밖의 부정한 방법으로 지정을 받은 경우

    2. 제11조제1항에 따른 지정기준에 미달하는 경우

    3. 제11조제2항 각 호의 업무를 정당한 사유 없이 이행하지 아니한 경우

    4. 정당한 사유 없이 제34조제3항에 따른 명령 · 조사에 응하지 아니한 자

② 제1항에 따라 지정이 취소된 등록기관은 지정이 취소된 날부터 2년 이내에 등록기관으로 지정받을 수 없다.

③ 등록기관의 장은 제1항에 따라 지정이 취소된 경우 대통령령으로 정하는 바에 따라 보관하고 있는 기록을 관리기관의 장에게 이관하여야 한다.

제14조(의료기관윤리위원회의 설치 및 운영 등) ① 연명의료중단등결정 및 그 이행에 관한 업무를 수

행하려는 의료기관은 보건복지부령으로 정하는 바에 따라 해당 의료기관에 의료기관윤리위원회(이하 "윤리위원회"라 한다)를 설치하고 이를 보건복지부장관에게 등록하여야 한다.

② 윤리위원회는 다음 각 호의 활동을 수행한다.

    1. 연명의료중단등결정 및 그 이행에 관하여 임종과정에 있는 환자와 그 환자가족 또는 의료인이 요청한 사항에 관한 심의

    2. 제19조제3항에 따른 담당의사의 교체에 관한 심의

    3. 환자와 환자가족에 대한 연명의료중단등결정 관련 상담

    4. 해당 의료기관의 의료인에 대한 의료윤리교육

    5. 그 밖에 보건복지부령으로 정하는 사항

③ 윤리위원회의 위원은 위원장 1명을 포함하여 5명 이상으로 구성하되, 해당 의료기관에 종사하는 사람으로만 구성할 수 없으며, 의료인이 아닌 사람으로서 종교계 · 법조계 · 윤리학계 · 시민단체 등의 추천을 받은 사람 2명 이상을 포함하여야 한다.

④ 윤리위원회 위원은 해당 의료기관의 장이 위촉하고, 위원장은 위원 중에서 호선한다.

⑤ 제1항에도 불구하고 보건복지부령으로 정하는 바에 따라 다른 의료기관의 윤리위원회 또는 제6항에 따른 공용윤리위원회와 제2항 각 호의 업무의 수행을 위탁하기로 협약을 맺은 의료기관은 윤리위원회를 설치한 것으로 본다.

⑥ 보건복지부장관은 의료기관이 제2항 각 호의 업무의 수행을 위탁할 수 있도록 공용윤리위원회를 지정할 수 있다.

⑦ 그 밖에 윤리위원회 및 공용윤리위원회의 구성 및 운영 등에 필요한 사항은 보건복지부령으로 정한다.

제3장 연명의료중단등결정의 이행

제15조(연명의료중단등결정 이행의 대상) 담당의사는 임종과정에 있는 환자가 다음 각 호의 어느 하나에 해당하는 경우에만 연명의료중단등결정을 이행할 수 있다.

    1. 제17조에 따라 연명의료계획서, 사전연명의료의향서 또는 환자가족의 진술을 통하여 환자의 의사로 보는 의사가 연명의료중단등결정을 원하는 것이고, 임종과정에 있는 환자의 의사에도 반하지 아니하는 경우

    2. 제18조에 따라 연명의료중단등결정이 있는 것으로 보는 경우

제16조(환자가 임종과정에 있는지 여부에 대한 판단) ① 담당의사는 환자에 대한 연명의료중단등결정을 이행하기 전에 해당 환자가 임종과정에 있는지 여부를 해당 분야의 전문의 1명과 함께 판단하고 그 결과를 보건복지부령으로 정하는 바에 따라 기록(전자문서로 된 기록을 포함한다)하여야 한다. 〈개정 2018. 3. 27.〉

② 제1항에도 불구하고 제25조에 따른 호스피스 전문기관에서 호스피스를 이용하는 말기환자가

임종과정에 있는지 여부에 대한 판단은 담당의사의 판단으로 갈음할 수 있다. 〈신설 2018. 3. 27.〉

제17조(환자의 의사 확인) ① 연명의료중단등결정을 원하는 환자의 의사는 다음 각 호의 어느 하나의 방법으로 확인한다.

1. 의료기관에서 작성된 연명의료계획서가 있는 경우 이를 환자의 의사로 본다.

2. 담당의사가 사전연명의료의향서의 내용을 환자에게 확인하는 경우 이를 환자의 의사로 본다. 담당의사 및 해당 분야의 전문의 1명이 다음 각 목을 모두 확인한 경우에도 같다.

    가. 환자가 사전연명의료의향서의 내용을 확인하기에 충분한 의사능력이 없다는 의학적 판단
    나. 사전연명의료의향서가 제2조제4호의 범위에서 제12조에 따라 작성되었다는 사실

3. 제1호 또는 제2호에 해당하지 아니하고 19세 이상의 환자가 의사를 표현할 수 없는 의학적 상태인 경우 환자의 연명의료중단등결정에 관한 의사로 보기에 충분한 기간 동안 일관하여 표시된 연명의료중단등에 관한 의사에 대하여 환자가족(19세 이상인 자로서 다음 각 목의 어느 하나에 해당하는 사람을 말한다) 2명 이상의 일치하는 진술(환자가족이 1명인 경우에는 그 1명의 진술을 말한다)이 있으면 담당의사와 해당 분야의 전문의 1명의 확인을 거쳐 이를 환자의 의사로 본다. 다만, 그 진술과 배치되는 내용의 다른 환자가족의 진술 또는 보건복지부령으로 정하는 객관적인 증거가 있는 경우에는 그러하지 아니하다.

    가. 배우자
    나. 직계비속
    다. 직계존속
    라. 가목부터 다목까지에 해당하는 사람이 없는 경우 형제자매

② 담당의사는 제1항제1호 및 제2호에 따른 연명의료계획서 또는 사전연명의료의향서 확인을 위하여 관리기관에 등록 조회를 요청할 수 있다.

③ 제1항제2호나 제3호에 따라 환자의 의사를 확인한 담당의사 및 해당 분야의 전문의는 보건복지부령으로 정하는 바에 따라 확인 결과를 기록(전자문서로 된 기록을 포함한다)하여야 한다. 〈개정 2018. 3. 27.〉

제18조(환자의 의사를 확인할 수 없는 경우의 연명의료중단등결정) ① 제17조에 해당하지 아니하여 환자의 의사를 확인할 수 없고 환자가 의사표현을 할 수 없는 의학적 상태인 경우 다음 각 호의 어느 하나에 해당할 때에는 해당 환자를 위한 연명의료중단등결정이 있는 것으로 본다. 다만, 담당의사 또는 해당 분야 전문의 1명이 환자가 연명의료중단등결정을 원하지 아니하였다는 사실을 확인한 경우는 제외한다. 〈개정 2018. 12. 11.〉

1. 미성년자인 환자의 법정대리인(친권자에 한정한다)이 연명의료중단등결정의 의사표시를 하고 담당의사와 해당 분야 전문의 1명이 확인한 경우

2. 환자가족 중 다음 각 목에 해당하는 사람(19세 이상인 사람에 한정하며, 행방불명자 등 대통령

령으로 정하는 사유에 해당하는 사람은 제외한다) 전원의 합의로 연명의료중단등결정의 의사표시를 하고 담당의사와 해당 분야 전문의 1명이 확인한 경우

가. 배우자

나. 1촌 이내의 직계 존속·비속

다. 가목 및 나목에 해당하는 사람이 없는 경우 2촌 이내의 직계 존속·비속

라. 가목부터 다목까지에 해당하는 사람이 없는 경우 형제자매

② 제1항제1호·제2호에 따라 연명의료중단등결정을 확인한 담당의사 및 해당 분야의 전문의는 보건복지부령으로 정하는 바에 따라 확인 결과를 기록(전자문서로 된 기록을 포함한다)하여야 한다. 〈개정 2018. 3. 27.〉

제19조(연명의료중단등결정의 이행 등) ① 담당의사는 제15조 각 호의 어느 하나에 해당하는 환자에 대하여 즉시 연명의료중단등결정을 이행하여야 한다.

② 연명의료중단등결정 이행 시 통증 완화를 위한 의료행위와 영양분 공급, 물 공급, 산소의 단순 공급은 시행하지 아니하거나 중단되어서는 아니 된다.

③ 담당의사가 연명의료중단등결정의 이행을 거부할 때에는 해당 의료기관의 장은 윤리위원회의 심의를 거쳐 담당의사를 교체하여야 한다. 이 경우 의료기관의 장은 연명의료중단등결정의 이행 거부를 이유로 담당의사에게 해고나 그 밖에 불리한 처우를 하여서는 아니 된다.

④ 담당의사는 연명의료중단등결정을 이행하는 경우 그 과정 및 결과를 기록(전자문서로 된 기록을 포함한다)하여야 한다. 〈개정 2018. 3. 27.〉

⑤ 의료기관의 장은 제1항에 따라 연명의료중단등결정을 이행하는 경우 그 결과를 지체 없이 보건복지부령으로 정하는 바에 따라 관리기관의 장에게 통보하여야 한다.

제20조(기록의 보존) 의료기관의 장은 연명의료중단등결정 및 그 이행에 관한 다음 각 호의 기록을 연명의료중단등결정 이행 후 10년 동안 보존하여야 한다.

1. 제10조에 따라 작성된 연명의료계획서

2. 제16조에 따라 기록된 임종과정에 있는 환자 여부에 대한 담당의사와 해당 분야 전문의 1명의 판단 결과

3. 제17조제1항제1호 및 제2호에 따른 연명의료계획서 또는 사전연명의료의향서에 대한 담당의사 및 해당 분야 전문의의 확인 결과

4. 제17조제1항제3호에 따른 환자가족의 진술에 대한 자료·문서 및 그에 대한 담당의사와 해당 분야 전문의의 확인 결과

5. 제18조제1항제1호·제2호에 따른 의사표시에 대한 자료·문서 및 그에 대한 담당의사와 해당 분야 전문의의 확인 결과

6. 제19조제4항에 따라 기록된 연명의료중단등결정 이행의 결과

7. 그 밖에 연명의료중단등결정 및 그 이행에 관한 중요한 기록으로서 대통령령으로 정하는 사항

제4장 호스피스 · 완화의료

제21조(호스피스사업) ① 보건복지부장관은 호스피스를 위하여 다음 각 호의 사업을 실시하여야 한다.

1. 말기환자등의 적정한 통증관리 등 증상 조절을 위한 지침 개발 및 보급

2. 입원형, 자문형, 가정형 호스피스의 설치 및 운영, 그 밖에 다양한 호스피스 유형의 정책개발 및 보급

3. 호스피스의 발전을 위한 연구 · 개발 사업

4. 제25조에 따른 호스피스 전문기관의 육성 및 호스피스 전문 인력의 양성

5. 말기환자등과 그 가족을 위한 호스피스 교육프로그램의 개발 및 보급

6. 호스피스 이용 환자의 경제적 부담능력 등을 고려한 의료비 지원사업

7. 말기환자, 호스피스의 현황과 관리실태에 관한 자료를 지속적이고 체계적으로 수집 · 분석하여 통계를 산출하기 위한 등록 · 관리 · 조사 사업(이하 "등록통계사업"이라 한다)

8. 호스피스에 관한 홍보

9. 그 밖에 보건복지부장관이 필요하다고 인정하는 사업

② 보건복지부장관은 제1항 각 호에 따른 사업을 대통령령으로 정하는 바에 따라 관계 전문기관 및 단체에 위탁할 수 있다.

제22조(자료제공의 협조 등) 보건복지부장관은 제21조제1항제7호에 따른 등록통계사업에 필요한 경우 관계 기관 또는 단체에 자료의 제출이나 의견의 진술 등을 요구할 수 있다. 이 경우 자료의 제출 등을 요구받은 자는 정당한 사유가 없으면 이에 따라야 한다.

제23조(중앙호스피스센터의 지정 등) ① 보건복지부장관은 다음 각 호의 업무를 수행하게 하기 위하여 보건복지부령으로 정하는 기준을 충족하는 「의료법」 제3조제2항제3호마목에 따른 종합병원(이하 "종합병원"이라 한다)을 중앙호스피스센터(이하 "중앙센터"라 한다)로 지정할 수 있다. 이 경우 국공립 의료기관을 우선하여 지정한다. 〈개정 2018. 3. 27.〉

1. 말기환자의 현황 및 진단 · 치료 · 관리 등에 관한 연구

2. 호스피스사업에 대한 정보 · 통계의 수집 · 분석 및 제공

3. 호스피스사업 계획의 작성

4. 호스피스에 관한 신기술의 개발 및 보급

5. 호스피스대상환자에 대한 호스피스 제공

6. 호스피스사업 결과의 평가 및 활용

7. 그 밖에 말기환자 관리에 필요한 사업으로서 보건복지부령으로 정하는 사업

② 보건복지부장관은 중앙센터가 제1항 각 호의 사업을 하지 아니하거나 잘못 수행한 경우에는 시정을 명할 수 있다.

③ 보건복지부장관은 중앙센터가 다음 각 호의 어느 하나에 해당하는 경우에는 그 지정을 취소할 수 있다.

1. 제1항에 따른 지정 기준에 미달한 경우

2. 제1항 각 호의 사업을 하지 아니하거나 잘못 수행한 경우

3. 제2항에 따른 시정명령을 따르지 아니한 경우

④ 제1항 및 제3항에 따른 중앙센터 지정 및 지정취소의 기준 · 방법 · 절차 및 운영에 관하여 필요한 사항은 보건복지부령으로 정한다.

제24조(권역별호스피스센터의 지정 등) ① 보건복지부장관은 다음 각 호의 업무를 수행하게 하기 위하여 보건복지부령으로 정하는 기준을 충족하는 종합병원을 권역별호스피스센터(이하 "권역별센터"라 한다)로 지정할 수 있다. 이 경우 국공립 의료기관을 우선하여 지정한다. 〈개정 2018. 3. 27.〉

1. 말기환자의 현황 및 진단 · 치료 · 관리 등에 관한 연구

2. 해당 권역의 호스피스사업의 지원

3. 해당 권역의 호스피스 전문기관들에 관한 의료 지원 및 평가

4. 호스피스대상환자의 호스피스 제공

5. 해당 권역의 호스피스사업에 관련된 교육 · 훈련 및 지원 업무

6. 해당 권역의 호스피스에 관한 홍보

7. 말기환자 등록통계자료의 수집 · 분석 및 제공

8. 그 밖에 말기환자 관리에 필요한 사업으로서 보건복지부령으로 정하는 사업

② 보건복지부장관은 권역별센터가 제1항 각 호의 사업을 하지 아니하거나 잘못 수행한 경우에는 시정을 명할 수 있다.

③ 보건복지부장관은 권역별센터가 다음 각 호의 어느 하나에 해당하는 경우에는 그 지정을 취소할 수 있다.

1. 제1항에 따른 지정 기준에 미달한 경우

2. 제1항 각 호의 사업을 하지 아니하거나 잘못 수행한 경우

3. 제2항에 따른 시정명령을 따르지 아니한 경우

④ 제1항 및 제3항에 따른 권역별센터 지정 및 지정취소의 기준 · 방법 · 절차 및 운영에 관하여 필요한 사항은 보건복지부령으로 정한다.

제25조(호스피스 전문기관의 지정 등) ① 보건복지부장관은 호스피스대상환자를 대상으로 호스피스 전문기관을 설치 · 운영하려는 의료기관 중 보건복지부령으로 정하는 시설 · 인력 · 장비 등의 기준을 충족하는 의료기관을 입원형, 자문형, 가정형으로 구분하여 호스피스 전문기관으로 지정할 수 있다. 〈개정 2018. 3. 27.〉

② 제1항에 따라 지정을 받으려는 의료기관은 보건복지부령으로 정하는 바에 따라 보건복지부장관에게 신청하여야 한다.

③ 보건복지부장관은 제1항에 따라 지정받은 호스피스 전문기관(이하 "호스피스 전문기관"이라 한다)에 대하여 제29조에 따른 평가결과를 반영하여 호스피스사업에 드는 비용의 전부 또는

일부를 차등 지원할 수 있다.

④ 제1항 및 제2항에서 규정한 사항 외에 호스피스 전문기관의 지정에 필요한 사항은 보건복지부령으로 정한다.

제26조(변경·폐업 등 신고) ① 호스피스 전문기관의 장은 보건복지부령으로 정하는 인력·시설·장비 등 중요한 사항을 변경하려는 경우 보건복지부장관에게 그 변경사항을 신고하여야 한다.

② 호스피스 전문기관의 장은 호스피스사업을 폐업 또는 휴업하려는 경우 보건복지부장관에게 미리 신고하여야 한다.

③ 제1항 및 제2항에 따른 신고의 절차 등에 필요한 사항은 보건복지부령으로 정한다.

제27조(의료인의 설명의무) ① 호스피스 전문기관의 의료인은 호스피스대상환자나 그 가족 등에게 호스피스의 선택과 이용 절차에 관하여 설명하여야 한다. 〈개정 2018. 3. 27.〉

② 호스피스 전문기관의 의사 또는 한의사는 호스피스를 시행하기 전에 치료 방침을 호스피스대상환자나 그 가족에게 설명하여야 하며, 호스피스대상환자나 그 가족이 질병의 상태에 대하여 알고자 할 때에는 이를 설명하여야 한다. 〈개정 2018. 3. 27.〉

제28조(호스피스의 신청) ① 호스피스대상환자가 호스피스 전문기관에서 호스피스를 이용하려는 경우에는 호스피스 이용동의서(전자문서로 된 동의서를 포함한다)와 의사가 발급하는 호스피스대상환자임을 나타내는 의사소견서(전자문서로 된 소견서를 포함한다)를 첨부하여 호스피스 전문기관에 신청하여야 한다. 〈개정 2018. 3. 27.〉

② 호스피스대상환자가 의사결정능력이 없을 때에는 미리 지정한 지정대리인이 신청할 수 있고 지정대리인이 없을 때에는 제17조제1항제3호 각 목의 순서대로 신청할 수 있다. 〈개정 2018. 3. 27.〉

③ 호스피스대상환자는 언제든지 직접 또는 대리인을 통하여 호스피스의 신청을 철회할 수 있다. 〈개정 2018. 3. 27.〉

④ 호스피스의 신청 및 철회 등에 필요한 사항은 보건복지부령으로 정한다.

제29조(호스피스 전문기관의 평가) ① 보건복지부장관은 호스피스의 질을 향상시키기 위하여 호스피스 전문기관에 대하여 다음 각 호의 사항을 평가할 수 있다.

    1. 시설·인력 및 장비 등의 질과 수준

    2. 호스피스 질 관리 현황

    3. 그 밖에 보건복지부령으로 정하는 사항

② 호스피스 전문기관의 평가 시기·범위·방법·절차 등에 필요한 사항은 보건복지부령으로 정한다.

③ 보건복지부장관은 제1항에 따른 평가결과를 보건복지부령으로 정하는 바에 따라 공개할 수 있으며, 지원 및 감독에 반영할 수 있다.

④ 보건복지부장관은 제1항에 따른 평가업무를 대통령령으로 정하는 바에 따라 관계 전문기관

또는 단체에 위탁할 수 있다.

제30조(호스피스 전문기관의 지정 취소 등) ① 보건복지부장관은 호스피스 전문기관이 다음 각 호의 어느 하나에 해당하는 경우 그 지정을 취소하거나, 6개월 이내의 기간을 정하여 호스피스 업무의 정지를 명할 수 있다. 다만, 제1호에 해당하는 경우에는 그 지정을 취소하여야 한다.

1. 거짓이나 그 밖의 부정한 방법으로 지정을 받은 경우

2. 제25조제1항에 따른 지정 기준에 미달한 경우

3. 정당한 사유 없이 제29조에 따른 평가를 거부한 경우

② 제1항에 따른 호스피스 전문기관 지정 취소의 기준·방법·절차 및 운영에 필요한 사항은 보건복지부령으로 정한다.

③ 제1항에 따라 지정이 취소된 호스피스 전문기관은 지정이 취소된 날부터 2년 이내에는 호스피스 전문기관으로 지정받을 수 없다.

제5장 보칙

제31조(민감정보 및 고유식별정보의 처리) 관리기관, 등록기관, 의료기관, 중앙센터, 권역별센터, 호스피스 전문기관, 담당의사 및 해당 분야 전문의는 이 법에서 정한 연명의료의 결정 및 호스피스에 관한 사무를 수행하기 위하여 불가피한 경우 「개인정보 보호법」 제23조에 따른 건강에 관한 정보 및 같은 법 제24조에 따른 고유식별정보가 포함된 자료를 처리할 수 있다. 〈개정 2018. 3. 27.〉

[제목개정 2018. 3. 27.]

제32조(정보 유출 금지) 관리기관, 등록기관, 의료기관, 중앙센터, 권역별센터 및 호스피스 전문기관에 종사하거나 종사하였던 사람은 연명의료중단등결정 및 그 이행 또는 호스피스 업무상 알게 된 정보를 유출하여서는 아니 된다. 〈개정 2018. 3. 27.〉

제33조(기록 열람 등) ① 환자가족(이 조에서는 연령을 제한하지 아니한다)은 보건복지부령으로 정하는 바에 따라 관리기관의 장 또는 해당 의료기관의 장에게 환자의 연명의료중단등결정 또는 그 이행에 관한 기록의 열람을 요청할 수 있으며, 이 경우 요청을 받은 자는 정당한 사유가 없으면 사본을 교부하거나 그 내용을 확인할 수 있도록 하여야 한다.

② 제1항에 따른 기록 열람의 범위와 절차 및 열람 거부 등에 관하여 필요한 사항은 보건복지부령으로 정한다.

제34조(보고·조사 등) ① 보건복지부장관 또는 관리기관의 장은 연명의료중단등결정의 이행 또는 호스피스 등과 관련하여 필요하다고 인정하는 경우 등록기관 또는 의료기관의 장 및 그 종사자에게 그 업무에 관하여 필요한 명령을 하거나, 보고 또는 관련 서류의 제출을 명할 수 있다.

② 보건복지부장관 또는 관리기관의 장은 제1항에 따른 관련 서류 등을 관계 공무원에게 조사하게 할 수 있다. 이 경우 조사를 담당하는 관계 공무원은 그 권한을 표시하는 증표를 지니고 이를 내보여야 한다.

③ 등록기관 또는 의료기관의 장 및 그 종사자는 제1항 및 제2항에 따른 명령·조사에 정당한 사유가 없으면 응하여야 한다.

제35조(청문) 보건복지부장관은 다음 각 호의 어느 하나에 해당하는 처분을 하고자 하는 경우에는 청문을 하여야 한다.

1. 제13조에 따른 등록기관의 지정 취소

2. 제30조에 따른 호스피스 전문기관의 지정 취소

제36조(유사명칭의 사용금지) 이 법에 따른 관리기관, 등록기관, 중앙센터, 권역별센터 또는 호스피스 전문기관이 아니면 국립연명의료관리기관, 사전연명의료의향서 등록기관, 중앙호스피스센터, 권역별호스피스센터, 호스피스 전문기관 또는 이와 유사한 명칭을 사용하지 못한다. 〈개정 2018. 3. 27.〉

제37조(보험 등의 불이익 금지) 이 법에 따른 연명의료중단등결정 및 그 이행으로 사망한 사람과 보험금수령인 또는 연금수급자를 보험금 또는 연금급여 지급 시 불리하게 대우하여서는 아니 된다.

제38조(연명의료 결정 등 비용의 부담) 제10조에 따른 연명의료계획서 작성, 제16조에 따른 임종과정에 있는 환자인지 여부에 대한 판단 및 제28조에 따른 호스피스의 신청을 위한 의사소견서 발급 및 호스피스의 이용 등에 따른 비용은 「국민건강보험법」에서 정하는 바에 따른다. 다만, 「국민건강보험법」에서 규정하지 아니한 비용은 보건복지부령으로 정하는 바에 따른다.

제6장 벌칙

제39조(벌칙) 다음 각 호의 어느 하나에 해당하는 자는 3년 이하의 징역 또는 3천만원 이하의 벌금에 처한다.

1. 삭제 〈2018. 3. 27.〉

2. 제20조 각 호에 따른 기록을 허위로 기록한 자

3. 제32조를 위반하여 정보를 유출한 자

제40조(벌칙) ① 다음 각 호의 어느 하나에 해당하는 자는 1년 이하의 징역 또는 1천만원 이하의 벌금에 처한다. 〈개정 2018. 3. 27.〉

1. 제11조제1항을 위반하여 보건복지부장관으로부터 지정받지 아니하고 사전연명의료의향서의 등록에 관한 업무를 한 자

2. 임종과정에 있는 환자에 대하여 제17조에 따른 환자의 의사 또는 제18조에 따른 연명의료 중단등결정에 반하여 연명의료를 시행하지 아니하거나 중단한 자

② 제20조 각 호에 따른 기록을 보존하지 아니한 자는 300만원 이하의 벌금에 처한다.

제41조(자격정지의 병과) 이 법을 위반한 자를 유기징역에 처할 경우에는 7년 이하의 자격정지를 병과할 수 있다.

제42조(양벌규정) 법인의 대표자나 법인 또는 개인의 대리인, 사용인, 그 밖의 종업원이 그 법인 또

는 개인의 업무에 관하여 제39조 또는 제40조의 어느 하나에 해당하는 위반행위를 하면 그 행위자를 벌하는 외에 그 법인 또는 개인에게도 해당 조문의 벌금형을 과(科)한다. 다만, 법인 또는 개인이 그 위반행위를 방지하기 위하여 해당 업무에 관하여 상당한 주의와 감독을 게을리하지 아니한 경우에는 그러하지 아니하다.

제43조(과태료) ① 다음 각 호의 어느 하나에 해당하는 자에게는 500만원 이하의 과태료를 부과한다.

    1. 제14조제1항을 위반하여 윤리위원회를 설치하지 아니한 자

    2. 제19조제5항을 위반하여 연명의료중단등결정의 이행 결과를 관리기관의 장에게 알리지 아니한 자

② 다음 각 호의 어느 하나에 해당하는 자에게는 300만원 이하의 과태료를 부과한다.

    1. 제11조제3항을 위반하여 업무 수행 결과를 기록 · 보관 또는 보고하지 아니한 자

    2. 제34조제3항에 따른 명령에 정당한 사유 없이 응하지 아니한 자

③ 다음 각 호의 어느 하나에 해당하는 자에게는 200만원 이하의 과태료를 부과한다. 〈개정 2018. 3. 27.〉

    1. 제11조제5항 및 제26조를 위반하여 폐업 또는 휴업 등의 변경 사항을 신고하지 아니한 자

    2. 제11조제6항 및 제13조제3항에 따른 기록이관 의무를 하지 아니한 자

    3. 제36조를 위반하여 국립연명의료관리기관, 사전연명의료의향서 등록기관, 중앙호스피스센터, 권역별호스피스센터, 호스피스 전문기관 또는 이와 유사한 명칭을 사용한 자

④ 제1항부터 제3항까지의 규정에 따른 과태료는 대통령령으로 정하는 바에 따라 보건복지부장관이 부과 · 징수한다.

부칙 〈제18627호, 2021. 12. 21.〉

이 법은 공포 후 3개월이 경과한 날부터 시행한다.

호스피스 · 완화의료 및 임종과정에 있는 환자의 연명의료결정에 관한 법률 시행령
(약칭: 연명의료결정법 시행령)
[시행 2022. 3. 8.] [대통령령 제32528호, 2022. 3. 8., 타법개정]

보건복지부(질병정책과-호스피스 완화의료), 044-202-2517
보건복지부(생명윤리정책과-연명의료결정제도), 044-202-2615

제1조(목적) 이 영은 「호스피스 · 완화의료 및 임종과정에 있는 환자의 연명의료결정에 관한 법률」에서 위임된 사항과 그 시행에 필요한 사항을 규정함을 목적으로 한다.

제2조(연명의료) 「호스피스 · 완화의료 및 임종과정에 있는 환자의 연명의료결정에 관한 법률」(이하 "법"이라 한다) 제2조제4호에서 "대통령령으로 정하는 의학적 시술"이란 다음 각 호의 시술을 말한다.

1. 체외생명유지술(ECLS)

2. 수혈

3. 혈압상승제 투여

4. 그 밖에 담당의사가 환자의 최선의 이익을 보장하기 위해 시행하지 않거나 중단할 필요가 있다고 의학적으로 판단하는 시술

[본조신설 2019. 3. 26.]

[종전 제2조는 제3조로 이동 〈2019. 3. 26.〉]

제3조(국가호스피스연명의료위원회) ① 법 제8조제1항에 따른 국가호스피스연명의료위원회(이하 "위원회"라 한다) 위촉 위원의 임기는 3년으로 하며, 한 차례만 연임할 수 있다. 다만, 위원의 해촉(解囑) 등으로 인하여 새로 위촉된 위원의 임기는 전임 위원 임기의 남은 기간으로 한다. 〈개정 2019. 3. 26.〉

② 보건복지부장관은 위원회의 위원이 다음 각 호의 어느 하나에 해당하는 경우에는 해당 위원을 해임하거나 해촉할 수 있다.

1. 정신 장애로 인하여 직무를 수행할 수 없게 된 경우

2. 직무와 관련된 비위 사실이 있는 경우

3. 직무태만, 품위손상이나 그 밖의 사유로 위원으로 적합하지 아니하다고 인정되는 경우

4. 위원 스스로 직무를 수행하는 것이 곤란하다고 의사를 밝히는 경우

③ 위원회의 위원장(이하 이 조에서 "위원장"이라 한다)은 위원회를 대표하며, 위원회의 업무를 총괄한다.

④ 위원장이 부득이한 사유로 직무를 수행할 수 없을 때에는 위원장이 지명하는 위원이 그 직무

를 대행한다.

⑤ 위원회의 회의는 보건복지부장관이나 위원 3분의 1 이상이 요구할 때 또는 위원장이 필요하다고 인정할 때에 소집하고, 위원장이 그 의장이 된다.

⑥ 위원회의 회의는 재적위원 과반수의 출석으로 개의(開議)하고 출석 위원 과반수의 찬성으로 의결한다.

⑦ 위원회의 사무를 처리하기 위하여 위원회에 간사 1명을 두며, 간사는 보건복지부 소속 공무원 중에서 보건복지부장관이 지명한다.

⑧ 위원회의 회의에 참석한 위촉 위원에게는 예산의 범위에서 수당·여비와 그 밖에 필요한 경비를 지급할 수 있다

[제2조에서 이동, 종전 제3조는 제4조로 이동 〈2019. 3. 26.〉]

제4조(전문위원회) ① 위원회는 위원회의 심의사항을 전문적으로 검토하기 위하여 필요한 경우 분야별 전문위원회를 둘 수 있다.

② 분야별 전문위원회는 위원장 1명을 포함하여 10명 이내의 위원으로 성별을 고려하여 구성한다.

③ 분야별 전문위원회의 위원장 및 위원은 보건복지부장관이 임명하거나 위촉한다.

[제3조에서 이동, 종전 제4조는 제5조로 이동 〈2019. 3. 26.〉]

제5조(운영세칙) 이 영에서 규정한 사항 외에 위원회와 분야별 전문위원회의 구성 및 운영 등에 필요한 사항은 보건복지부장관이 정한다.

[제4조에서 이동, 종전 제5조는 제6조로 이동 〈2019. 3. 26.〉]

제6조(국립연명의료관리기관) ① 법 제9조제1항에 따른 국립연명의료관리기관(이하 "관리기관"이라 한다)의 장은 보건복지부장관이 임명하거나 위촉한다.

② 관리기관의 장은 관리기관의 효율적 운영을 위하여 필요하다고 인정하는 경우에는 보건복지부장관이 정하는 바에 따라 연명의료, 연명의료중단등결정 및 그 이행과 관련된 분야의 전문가로 구성되는 운영위원회를 둘 수 있다.

③ 관리기관의 장은 소관 업무를 수행하기 위하여 필요하다고 인정하는 경우에는 관계 중앙행정기관의 장, 지방자치단체의 장, 「공공기관의 운영에 관한 법률」 제4조에 따른 공공기관의 장 및 보건의료 관련 기관·법인·단체·전문가에게 자료 또는 의견의 제출을 요청할 수 있다.

④ 관리기관의 장은 보건복지부장관이 정하는 바에 따라 사업운영계획, 사업추진실적, 재정운용계획 및 재정집행내역 등을 보건복지부장관에게 보고하여야 한다.

⑤ 법 제9조제2항제5호에서 "대통령령으로 정하는 업무"란 다음 각 호의 업무를 말한다.

1. 법 제9조제2항제1호부터 제4호까지의 업무수행에 필요한 정보처리시스템의 구축·운영

2. 연명의료, 연명의료중단등결정 및 그 이행과 관련하여 의료기관 개설자, 의료인 또는 의료기관 종사자에 대한 교육 및 정보제공

3. 그 밖에 제1호 및 제2호에 준하는 업무로서 연명의료, 연명의료중단등결정 및 그 이행과 관

런하여 보건복지부장관이 특히 필요하다고 인정하는 업무

[제5조에서 이동, 종전 제6조는 제7조로 이동 〈2019. 3. 26.〉]

제7조(연명의료계획서의 작성) 법 제10조제4항제2호에서 "대통령령으로 정하는 방법"이란 녹화(錄畵)를 말한다.

[제6조에서 이동, 종전 제7조는 제8조로 이동 〈2019. 3. 26.〉]

제8조(사전연명의료의향서 등록기관의 지정 요건) ① 법 제11조제1항에 따른 사전연명의료의향서 등록기관(이하 "등록기관"이라 한다)의 지정 요건은 다음 각 호와 같다.

1. 소관 업무를 독립적으로 수행할 수 있는 사무실 및 상담실을 갖출 것
2. 소관 업무의 수행에 필요한 온라인 업무처리시스템을 갖출 것
3. 소관 업무를 전문적으로 수행할 수 있는 1개 이상의 전담부서와 2명 이상의 인력을 갖출 것

② 제1항에 따른 지정기준의 세부 내용 및 운영 등에 필요한 사항은 보건복지부장관이 정하여 고시한다.

[제7조에서 이동, 종전 제8조는 제9조로 이동 〈2019. 3. 26.〉]

제9조(기록의 이관) ① 등록기관의 장은 법 제13조제3항에 따라 보관하고 있는 기록을 관리기관의 장에게 이관할 때에는 등록기관의 지정이 취소된 날부터 30일 이내에 이관하여야 한다.

② 등록기관의 장은 법 제13조제3항에 따라 보관하고 있는 기록을 관리기관의 장에게 이관할 때에는 보관하고 있는 기록의 전체 목록을 작성하여 함께 제출하여야 한다.

③ 제1항 및 제2항에서 규정한 사항 외에 등록기관의 장이 보관하고 있는 기록의 이관을 위한 절차 및 방법 등에 필요한 세부 사항은 보건복지부장관이 정하여 고시한다.

[제8조에서 이동, 종전 제9조는 제10조로 이동 〈2019. 3. 26.〉]

제10조(환자의 의사를 확인할 수 없는 경우의 연명의료중단등결정) ① 법 제18조제1항제2호에서 "행방불명자 등 대통령령으로 정하는 사유에 해당하는 사람"이란 다음 각 호의 어느 하나에 해당하는 사람을 말한다. 〈개정 2019. 3. 26.〉

1. 경찰관서에 행방불명 사실이 신고된 날부터 1년 이상 경과한 사람
2. 실종선고를 받은 사람
3. 의식불명 또는 이에 준하는 사유로 자신의 의사를 표명할 수 없는 의학적 상태에 있는 사람으로서 해당 의학적 상태에 대하여 전문의 1명 이상의 진단·확인을 받은 사람

② 환자가족이 법 제18조제1항제2호에 따라 연명의료중단등결정의 의사표시를 하는 경우 그 가족 중에 제1항 각 호의 어느 하나에 해당하는 사람이 있는 경우에는 해당 사실을 증명할 수 있는 서류를 담당의사에게 제출하여야 한다.

[제9조에서 이동, 종전 제10조는 제11조로 이동 〈2019. 3. 26.〉]

제11조(연명의료중단등결정 관련 기록의 보존) 법 제20조제7호에서 "대통령령으로 정하는 사항"이란 법 제14조제2항제1호 또는 제2호에 따른 의료기관윤리위원회의 심의에 관련된 기록을 말한다.

[제10조에서 이동, 종전 제11조는 제12조로 이동 〈2019. 3. 26.〉]

제12조(호스피스 · 완화의료 사업의 위탁) ① 보건복지부장관은 법 제21조제2항에 따라 같은 조 제1항에 따른 사업을 다음 각 호의 어느 하나에 해당하는 전문기관 또는 단체에 위탁할 수 있다.

　　1. 법 제23조제1항 각 호 외의 부분 전단에 따른 중앙호스피스센터(이하 "중앙센터"라 한다)

　　2. 법 제24조제1항 각 호 외의 부분 전단에 따른 권역별호스피스센터(이하 "권역별센터"라 한다)

　　3. 「공공기관의 운영에 관한 법률」 제4조에 따른 공공기관 중 그 설립 목적이 보건의료와 관련되는 공공기관

　　4. 위탁업무 수행에 필요한 조직 · 인력 및 전문성 등을 갖춘 기관 · 단체로서 보건복지부장관이 정하여 고시하는 기관 또는 단체

② 보건복지부장관은 법 제21조제2항에 따라 위탁하려는 경우에는 그 위탁 기준 · 절차 및 방법 등에 관한 사항을 미리 공고하여야 한다.

③ 보건복지부장관은 법 제21조제2항에 따라 위탁한 경우에는 그 위탁 내용 및 수탁자 등에 관한 사항을 관보에 고시하고, 보건복지부의 인터넷 홈페이지에 게재하여야 한다.

④ 법 제21조제2항에 따라 위탁받은 전문기관 및 단체는 사업운영계획, 사업운영실적, 재정운영계획 및 재정운영실적 등을 보건복지부장관에게 보고하여야 한다.

⑤ 제2항부터 제4항까지의 규정에 따른 위탁 기준 등의 공고, 위탁 내용 등의 고시 및 위탁업무의 보고 등에 필요한 세부 사항은 보건복지부장관이 정하여 고시한다.

[제11조에서 이동, 종전 제12조는 제13조로 이동 〈2019. 3. 26.〉]

제13조(호스피스 전문기관 평가업무 위탁) ① 보건복지부장관은 법 제29조제4항에 따라 법 제25조제1항에 따라 지정받은 호스피스 전문기관(이하 "호스피스 전문기관"이라 한다)의 평가업무를 다음 각 호의 어느 하나에 해당하는 전문기관 또는 단체에 위탁할 수 있다. 〈개정 2018. 2. 2.〉

　　1. 중앙센터

　　2. 「공공기관의 운영에 관한 법률」 제4조에 따른 공공기관 중 그 설립 목적이 보건의료와 관련되는 공공기관

　　3. 위탁업무 수행에 필요한 조직 · 인력 및 전문성 등을 갖춘 기관 · 단체로서 보건복지부장관이 정하여 고시하는 기관 또는 단체

② 보건복지부장관은 법 제29조제4항에 따라 호스피스 전문기관 평가업무를 위탁하는 경우 그 위탁 기준 등의 공고, 위탁 내용 등의 고시 및 위탁업무의 보고 등에 관하여는 제12조제2항부터 제5항까지의 규정을 준용한다. 〈개정 2019. 3. 26.〉

[제12조에서 이동, 종전 제13조는 제14조로 이동 〈2019. 3. 26.〉]

제14조(민감정보 및 고유식별정보의 처리) ① 보건복지부장관(제12조제1항 및 제13조제1항에 따라 보건복지부장관의 업무를 위탁받은 자를 포함한다), 중앙센터의 장(제3호의 사무만 해당한다), 권역별센터의 장(제5호의 사무만 해당한다) 또는 호스피스 전문기관(제6호의2의 사무만 해당한다)

은 다음 각 호의 사무를 수행하기 위하여 불가피한 경우 「개인정보 보호법」 제23조에 따른 건강에 관한 정보, 같은 법 시행령 제19조에 따른 주민등록번호, 여권번호 또는 외국인등록번호가 포함된 자료를 처리할 수 있다. 〈개정 2018. 2. 2., 2019. 3. 26.〉

1. 법 제21조제1항에 따른 호스피스·완화의료를 위한 사업의 실시에 관한 사무

2. 중앙센터의 지정에 관한 사무

3. 법 제23조제1항제1호·제2호·제5호 및 제6호에 따른 사무

4. 권역별센터의 지정에 관한 사무

5. 법 제24조제1항제1호·제4호 및 제7호에 따른 사무

6. 법 제25조제1항 및 제26조제1항에 따른 호스피스 전문기관의 지정·변경에 관한 사무

6의2. 법 제28조에 따른 호스피스·완화의료 이용의 신청 및 철회에 관한 사무

7. 법 제29조에 따른 호스피스 전문기관의 평가에 관한 사무

② 담당의사 또는 해당 분야의 전문의(제2호부터 제4호까지의 사무만 해당한다)는 다음 각 호의 사무를 수행하기 위하여 불가피한 경우 「개인정보 보호법」 제23조에 따른 건강에 관한 정보, 같은 법 시행령 제19조에 따른 주민등록번호, 여권번호 또는 외국인등록번호가 포함된 자료를 처리할 수 있다. 〈신설 2018. 2. 2.〉

1. 법 제10조에 따른 연명의료계획서의 작성·변경·철회에 관한 사무

2. 법 제16조에 따른 환자가 임종과정에 있는지 여부에 대한 판단결과의 기록에 관한 사무

3. 법 제17조에 따른 연명의료중단등결정에 관한 환자의 의사 확인, 관리기관에 대한 등록조회 및 환자의사 확인결과의 기록에 관한 사무

4. 법 제18조에 따른 연명의료중단등결정에 관한 의사표시의 확인 사무 및 그 확인 결과의 기록에 관한 사무

5. 법 제19조에 따른 연명의료중단등결정의 이행 등에 관한 사무

[제13조에서 이동, 종전 제14조는 제15조로 이동 〈2019. 3. 26.〉]

제14조의2(규제의 재검토) 보건복지부장관은 제8조에 따른 사전연명의료의향서 등록기관의 지정 요건에 대하여 2022년 1월 1일을 기준으로 5년마다(매 5년이 되는 해의 1월 1일 전까지를 말한다) 그 타당성을 검토하여 개선 등의 조치를 해야 한다.

[본조신설 2022. 3. 8.]

제15조(과태료) 법 제43조제1항부터 제3항까지의 규정에 따른 과태료 부과기준은 별표와 같다.

[제14조에서 이동 〈2019. 3. 26.〉]

부칙 〈제32528호, 2022. 3. 8.〉 (규제 재검토기한 설정 해제 등을 위한 91개 법령의 일부개정에 관한 대통령령)

이 영은 공포한 날부터 시행한다.

호스피스 · 완화의료 및 임종과정에 있는 환자의 연명의료결정에 관한 법률 시행규칙
(약칭: 연명의료결정법 시행규칙)
[시행 2022. 4. 14.] [보건복지부령 제880호, 2022. 4. 14., 일부개정]

보건복지부(질병정책과-호스피스 완화의료), 044-202-2517

보건복지부(생명윤리정책과-연명의료결정제도), 044-202-2615

제1조(목적) 이 규칙은 「호스피스 · 완화의료 및 임종과정에 있는 환자의 연명의료결정에 관한 법률」 및 같은 법 시행령에서 위임된 사항과 그 시행에 필요한 사항을 규정함을 목적으로 한다.

제2조(말기환자의 진단 기준) 「호스피스 · 완화의료 및 임종과정에 있는 환자의 연명의료결정에 관한 법률」(이하 "법"이라 한다) 제2조제3호에 따라 담당의사와 해당 분야 전문의 1명이 말기환자 여부를 진단하는 경우에는 다음 각 호의 기준을 종합적으로 고려하여야 한다.

1. 임상적 증상
2. 다른 질병 또는 질환의 존재 여부
3. 약물 투여 또는 시술 등에 따른 개선 정도
4. 종전의 진료 경과
5. 다른 진료 방법의 가능 여부
6. 그 밖에 제1호부터 제5호까지의 규정에 준하는 것으로서 말기환자의 진단을 위하여 보건복지부장관이 특히 필요하다고 인정하는 기준

제2조의2(호스피스 대상 질환) 법 제2조제6호마목에서 "보건복지부령으로 정하는 질환"이란 별표 1의 질환을 말한다.

[본조신설 2022. 4. 14.]

제3조(연명의료계획서) ① 법 제10조제1항에 따른 연명의료계획서는 별지 제1호서식과 같다.

② 법 제10조제3항제6호에서 "보건복지부령으로 정하는 사항"이란 법 제14조제1항에 따른 의료기관윤리위원회의 이용에 관한 사항을 말한다.

③ 법 제10조제4항제5호에서 "보건복지부령으로 정하는 사항"이란 다음 각 호의 사항을 말한다. 〈개정 2018. 2. 2., 2019. 3. 26.〉

1. 환자의 성명 및 주민등록번호
2. 환자가 말기환자 또는 임종과정에 있는 환자인지 여부
3. 연명의료계획서의 열람허용 여부
4. 담당의사의 소속 의료기관 및 면허번호

④ 담당의사는 법 제10조제1항부터 제4항까지의 규정에 따라 연명의료계획서를 작성하거나 같

은 조 제5항에 따라 연명의료계획서의 변경 또는 철회 요청을 받은 경우에는 지체 없이 소속 의료기관의 장에게 보고하여야 한다.

⑤ 법 제10조제6항에 따라 의료기관의 장이 법 제9조제1항에 따른 국립연명의료관리기관(이하 "관리기관"이라 한다)의 장에게 연명의료계획서의 등록·변경 또는 철회 결과를 통보하는 경우에는 「호스피스·완화의료 및 임종과정에 있는 환자의 연명의료결정에 관한 법률 시행령」 (이하 "영"이라 한다) 제6조제5항제1호에 따른 정보처리시스템을 통하여 할 수 있다. 〈개정 2019. 3. 26.〉

제4조(등록기관의 지정 절차) ① 법 제11조제1항에 따라 사전연명의료의향서 등록기관(이하 "등록기관"이라 한다)의 지정을 받으려는 자는 별지 제2호서식의 사전연명의료의향서 등록기관 지정(변경)신청서(전자문서로 된 신청서를 포함한다)에 다음 각 호의 서류(전자문서를 포함한다)를 첨부하여 보건복지부장관에게 제출하여야 한다. 〈개정 2019. 3. 26.〉

1. 법 제11조제1항 각 호에 해당하는 기관임을 증명하는 서류

2. 영 제8조제1항 각 호에 따른 지정 요건에 적합함을 증명하는 서류

3. 사업운영계획서

② 보건복지부장관은 제1항에 따른 지정 신청의 검토를 위하여 필요하다고 인정하는 경우에는 현지 확인을 할 수 있고, 관계 중앙행정기관 또는 지방자치단체의 장에게 자료 또는 의견의 제출 등을 요청할 수 있다.

③ 보건복지부장관은 법 제11조제1항에 따라 등록기관을 지정한 경우에는 별지 제3호서식의 사전연명의료의향서 등록기관 지정서를 발급하여야 하고, 보건복지부 인터넷 홈페이지에 그 지정 사실을 게재하여야 한다.

④ 법 제11조제1항에 따라 등록기관으로 지정받은 자가 다음 각 호의 어느 하나에 해당하는 사항을 변경하려는 경우에는 별지 제2호서식의 사전연명의료의향서 등록기관 지정(변경)신청서(전자문서로 된 신청서를 포함한다)에 변경사항을 확인할 수 있는 서류(전자문서를 포함한다)를 첨부하여 보건복지부장관에게 제출하여야 한다. 〈개정 2019. 3. 26.〉

1. 등록기관의 명칭

2. 등록기관의 소재지

3. 등록기관의 대표자

4. 영 제8조제1항 각 호에 따른 등록기관의 지정 요건

⑤ 제1항부터 제4항까지에서 규정한 사항 외에 등록기관의 지정절차 및 지정방법 등에 필요한 세부 사항은 보건복지부장관이 정하여 고시한다.

제5조(등록기관의 업무) ① 법 제11조제2항제5호에서 "보건복지부령으로 정하는 업무"란 사전연명의료의향서의 보존 및 관리에 관한 업무를 말한다.

② 등록기관은 법 제11조제3항에 따라 관리기관의 장에게 업무 수행의 결과를 보고하는 경우에

는 영 제6조제5항제1호에 따른 정보처리시스템을 통하여 보고할 수 있다. 〈개정 2019. 3. 26.〉

제6조(등록기관의 폐업 등 신고) ① 법 제11조제5항에 따라 등록기관의 장이 폐업, 휴업 또는 운영 재개를 하려는 경우에는 폐업, 휴업 또는 운영 재개 예정일 10일 전까지 별지 제4호서식의 사전연명의료의향서 등록기관 폐업(휴업, 운영 재개) 신고서(전자문서로 된 신고서를 포함한다)에 다음 각 호의 구분에 따른 서류(전자문서를 포함한다)를 첨부하여 보건복지부장관에게 제출하여야 한다. 〈개정 2019. 3. 26.〉

　　1. 폐업 또는 휴업: 법 제11조제6항 본문에 따른 관련 기록의 이관에 관한 조치계획서

　　2. 운영 재개: 영 제8조제1항 각 호에 따른 지정 요건에 적합함을 증명하는 서류

② 보건복지부장관은 법 제11조제5항에 따라 등록기관의 폐업 또는 휴업 신고를 받은 경우에는 제1항제1호에 따른 조치계획서에 따라 관련 기록이 이관되었는지 여부를 확인·점검하여야 한다.

제7조(등록기관의 기록 이관) ① 법 제11조제6항 본문에 따라 등록기관의 장이 관리기관의 장에게 이관하여야 하는 관련 기록은 사전연명의료의향서의 등록·변경 또는 철회와 관련된 모든 기록을 말한다.

② 법 제11조제6항 본문에 따라 등록기관의 장이 관리기관의 장에게 관련 기록을 이관하는 경우에는 휴업 또는 폐업 예정일 3일 전까지 이관하여야 한다.

③ 법 제11조제6항 단서에 따라 관련 기록의 직접 보관에 대한 허가를 받으려는 자는 별지 제5호서식의 관련 기록 직접 보관 허가신청서(전자문서로 된 신청서를 포함한다)에 다음 각 호의 서류(전자문서를 포함한다)를 첨부하여 관리기관의 장에게 제출하여야 한다.

　　1. 관련 기록에 대한 전체 목록

　　2. 관련 기록에 대한 보관계획서

④ 관리기관의 장은 제3항에 따른 허가 신청에 대하여 허가 여부를 결정한 경우에는 신청인에게 서면(전자문서를 포함한다)으로 그 결과를 알려야 한다.

⑤ 제1항부터 제4항까지에서 규정한 사항 외에 관련 기록의 이관 또는 직접 보관 허가 신청의 절차 및 방법 등에 필요한 세부 사항은 보건복지부장관이 정하여 고시한다.

제8조(사전연명의료의향서) ① 법 제12조제1항에 따른 사전연명의료의향서는 별지 제6호서식과 같다.

② 법 제12조제2항제6호에서 "보건복지부령으로 정하는 사항"이란 법 제11조제6항 및 제13조제3항에 따른 기록의 이관에 관한 사항을 말한다.

③ 법 제12조제3항제4호에서 "보건복지부령으로 정하는 사항"이란 다음 각 호의 사항을 말한다.

　　1. 작성자의 성명 및 주민등록번호

　　2. 작성자가 법 제12조제2항 각 호의 사항에 대한 설명을 이해하였다는 확인

　　3. 사전연명의료의향서의 열람허용 여부

　　4. 등록기관 및 상담자에 관한 사항

④ 법 제12조제5항 및 제7항에 따라 등록기관의 장이 관리기관의 장에게 사전연명의료의향서의 등록·변경 또는 철회 결과를 통보하는 경우에는 영 제6조제5항제1호에 따른 정보처리시스템을 통하여 할 수 있다. 〈개정 2019. 3. 26.〉

제9조(의료기관윤리위원회의 등록 및 업무) ① 법 제14조제1항에 따른 의료기관윤리위원회(이하 "윤리위원회"라 한다)를 설치한 의료기관의 장은 해당 윤리위원회를 설치한 날부터 10일 이내에 보건복지부장관에게 등록하여야 한다.

② 제1항에 따라 윤리위원회를 등록하려는 의료기관은 별지 제7호서식의 의료기관윤리위원회 등록신청서(전자문서로 된 신청서를 포함한다)에 다음 각 호의 서류(전자문서를 포함한다)를 첨부하여 보건복지부장관에게 제출하여야 한다.

1. 윤리위원회의 위원에 관한 서류
2. 윤리위원회의 운영계획에 관한 서류

③ 법 제14조제2항제5호에서 "보건복지부령으로 정하는 사항"이란 다음 각 호의 사항을 말한다.

1. 연명의료중단등결정 및 그 이행에 관한 통계 분석
2. 연명의료중단등결정 및 그 이행에 관한 평가 및 개선방안 마련
3. 그 밖에 연명의료중단등결정과 그 이행의 적절한 운영을 위하여 보건복지부장관이 특히 필요하다고 인정하는 사항

④ 제1항에도 불구하고 법 제14조제5항에 따라 윤리위원회 업무의 수행에 대한 위탁 협약을 맺은 의료기관은 별지 제7호서식의 의료기관윤리위원회 등록신청서(전자문서로 된 신청서를 포함한다)에 위탁 협약서(전자문서를 포함한다)를 첨부하여 보건복지부장관에게 제출하여야 한다. 이 경우 해당 위탁 협약서에는 다음 각 호의 사항이 포함되어야 한다.

1. 위탁 내용
2. 위탁 기간
3. 위탁 비용
4. 위탁에 따른 권리·의무 등에 관한 사항
5. 위탁의 종료·해지 등에 관한 사항
6. 그 밖에 윤리위원회의 업무 성격을 고려하여 보건복지부장관이 특히 필요하다고 인정하는 사항

제10조(윤리위원회) ① 윤리위원회는 위원장 1명을 포함하여 5명 이상 20명 이하의 위원으로 구성한다.

② 윤리위원회 위원의 임기는 2년으로 한다.

③ 윤리위원회는 재적위원 과반수의 출석으로 개의(開議)하고, 출석위원 과반수의 찬성으로 의결한다. 다만, 법 제14조제2항제1호 및 제2호에 따른 심의 안건은 재적위원 과반수의 찬성으로 의결한다.

④ 의료기관의 장은 윤리위원회의 효율적 업무 수행을 위하여 필요하다고 인정하는 경우에는 윤리위원회를 지원하는 전담기구 또는 전담인력을 둘 수 있다.

⑤ 제1항부터 제4항까지에서 규정한 사항 외에 윤리위원회의 구성 및 운영 등에 필요한 세부 사항은 보건복지부장관이 정한다.

제11조(공용윤리위원회) ① 보건복지부장관은 법 제14조제6항에 따라 윤리위원회 중에서 공용윤리위원회를 지정할 수 있다. 이 경우 해당 윤리위원회의 위원 구성, 운영 실태 및 업무 성과 등을 종합적으로 고려하여야 한다.

② 보건복지부장관은 법 제14조제6항에 따라 공용윤리위원회를 지정한 경우에는 별지 제8호서식의 공용윤리위원회 지정서를 발급하여야 한다.

③ 공용윤리위원회의 위원장은 소관 업무의 추진을 위하여 필요하다고 인정하는 경우에는 보건의료 관계 기관·단체·전문가 등에게 자료 또는 의견의 제출 등을 요청할 수 있다.

④ 공용윤리위원회의 위원장은 매년 업무추진현황 및 운영실적 등을 다음 해 1월 31일까지 보건복지부장관에게 보고하여야 한다.

⑤ 제1항부터 제4항까지에서 규정한 사항 외에 공용윤리위원회의 구성 및 운영 등에 필요한 세부 사항은 보건복지부장관이 정한다.

제12조(임종과정에 대한 판단 및 기록) 법 제16조에 따라 환자가 임종과정에 있는지 여부를 판단한 담당의사는 별지 제9호서식에 따라 그 판단 결과를 기록하여야 한다.

제13조(환자의 의사 확인) ① 법 제17조제1항제3호 각 목 외의 부분 본문에 따라 담당의사와 해당 분야의 전문의가 환자의 의사를 확인하는 경우에는 「가족관계의 등록 등에 관한 법률」 제15조제1항제1호에 따른 가족관계증명서(이하 "가족관계증명서"라 한다) 등 해당 환자의 가족임을 증명할 수 있는 서류를 확인해야 한다. 〈개정 2019. 3. 26.〉

② 법 제17조제3항에 따른 연명의료중단등결정에 관한 환자의사 확인 결과는 다음 각 호의 구분에 따라 기록한다.

　　1. 법 제17조제1항제2호의 경우: 별지 제10호서식에 따라 기록할 것

　　2. 법 제17조제1항제3호의 경우: 별지 제11호서식에 따라 기록할 것

③ 법 제17조제1항제3호 각 목 외의 부분 단서에서 "보건복지부령으로 정하는 객관적인 증거가 있는 경우"란 환자 본인이 직접 작성한 문서, 녹음물, 녹화물 또는 이에 준하는 기록물에서 본인이 연명의료중단등결정에 관한 의사를 직접적으로 표명하는 경우를 말한다.

제14조(환자의 의사를 확인할 수 없는 경우의 연명의료중단등결정 확인 결과 기록) ① 법 제18조제1항 각 호 외의 부분 본문에 따라 담당의사 또는 해당 분야의 전문의가 환자의 연명의료중단등결정을 확인하는 경우에는 가족관계증명서 등 해당 환자의 가족임을 증명할 수 있는 서류를 확인해야 한다. 〈개정 2019. 3. 26.〉

② 법 제18조제1항제1호 및 제2호에 따라 연명의료중단등결정을 확인한 담당의사 및 해당 분야

전문의는 별지 제12호서식에 따라 그 확인 결과를 기록하여야 한다.

제15조(연명의료중단등결정의 이행) ① 법 제19조제4항에 따라 연명의료중단등결정을 이행한 담당 의사는 별지 제13호서식에 따라 그 과정 및 결과를 기록하여야 한다.

② 의료기관의 장이 법 제19조제5항에 따라 관리기관의 장에게 연명의료중단등결정 이행 결과를 통보하는 경우에는 영 제6조제5항제1호에 따른 정보처리시스템을 통하여 할 수 있다. 〈개정 2019. 3. 26.〉

제16조(중앙호스피스센터의 지정기준) ① 법 제23조제1항 각 호 외의 부분 전단에서 "보건복지부령으로 정하는 기준"이란 다음 각 호의 기준을 말한다.

　　1. 법 제25조제1항에 따른 호스피스 전문기관(이하 "호스피스 전문기관"이라 한다)의 지정을 받을 것

　　2. 다른 병동과 물리적으로 구분되는 호스피스·완화의료(이하 "호스피스"라 한다) 병동을 갖출 것

　　3. 소관 업무 수행에 필요한 독립된 사무실·연구실 및 회의실을 갖출 것

　　4. 소관 업무 수행에 필요한 독립된 온라인정보시스템을 갖출 것

　　5. 소관 업무를 전문적으로 수행할 수 있는 1개 이상의 전담부서와 10명 이상의 전담인력을 갖출 것

② 제1항에 따른 지정기준의 세부 내용 및 운영 등에 필요한 사항은 보건복지부장관이 정하여 고시한다.

제17조(중앙호스피스센터의 지정 및 지정 취소) ① 법 제23조제1항에 따른 중앙호스피스센터(이하 "중앙센터"라 한다)의 지정을 받으려는 자는 별지 제14호서식의 중앙호스피스센터(권역별호스피스센터) 지정신청서(전자문서로 된 신청서를 포함한다)에 다음 각 호의 서류(전자문서를 포함한다)를 첨부하여 보건복지부장관에게 제출하여야 한다.

　　1. 호스피스 전문기관 지정서 사본

　　2. 제16조제1항에 따른 지정기준에 적합함을 증명하는 서류

　　3. 사업운영계획서 및 재정운용계획서

② 보건복지부장관은 제1항에 따른 지정 신청의 검토를 위하여 필요하다고 인정하는 경우에는 현지 확인을 할 수 있고, 관계 중앙행정기관 또는 지방자치단체의 장에게 자료 또는 의견의 제출 등을 요청할 수 있다.

③ 보건복지부장관은 법 제23조제1항에 따라 중앙센터를 지정한 경우에는 별지 제15호서식의 중앙호스피스센터(권역별호스피스센터) 지정서를 발급한다.

④ 보건복지부장관은 법 제23조제3항에 따라 중앙센터의 지정을 취소하려는 경우에는 그 사유를 명시하여 문서(전자문서를 포함한다)로 통지하여야 한다.

⑤ 제1항부터 제4항까지에서 규정한 사항 외에 중앙센터의 지정 또는 지정 취소의 방법 및 절차

등에 필요한 세부 사항은 보건복지부장관이 정하여 고시한다.

제18조(중앙호스피스센터의 운영) ① 중앙센터의 장은 소관 업무의 수행을 위하여 필요하다고 인정하는 경우에는 지방자치단체의 장 또는 보건의료 관계 기관·단체·전문가 등에게 자료 또는 의견의 제출 등을 요청할 수 있다.

② 중앙센터의 장은 소관 업무의 원활한 수행을 위하여 보건복지부장관이 정하는 바에 따라 법 제24조제1항에 따른 권역별호스피스센터(이하 "권역별센터"라 한다) 및 호스피스 전문기관 등과 필요한 협조체계를 구축·운영하여야 한다.

③ 중앙센터의 장은 매년 사업운영계획, 사업운영실적, 재정운용계획 및 재정집행내역 등을 보건복지부장관에게 보고하여야 한다.

④ 제1항부터 제3항까지에서 규정한 사항 외에 중앙센터의 운영에 필요한 세부 사항은 보건복지부장관이 정하여 고시한다.

제19조(권역별호스피스센터의 지정 및 운영 등) ① 법 제24조제1항 각 호 외의 부분 전단에 따른 권역별센터의 지정기준에 관하여는 제16조를 준용한다. 이 경우 제16조제1항제5호에 따른 "10명 이상의 전담인력"은 "4명 이상의 전담인력"으로 본다.

② 보건복지부장관은 법 제24조제1항에 따라 권역별센터를 지정할 경우에는 특별시·광역시·특별자치시·도·특별자치도(이하 "시·도"라 한다)별로 1개의 권역별센터를 지정한다. 다만, 해당 시·도의 의료자원 분포 및 주민 수 등을 고려하여 2개 이상의 시·도를 통합하여 1개의 권역별센터를 지정하거나 1개 시·도에 2개 이상의 권역별센터를 지정할 수 있다.

③ 권역별센터의 지정 또는 지정 취소의 절차 및 방법 등에 관하여는 제17조를 준용하고, 권역별센터의 운영에 관하여는 제18조를 준용한다.

제20조(호스피스 전문기관의 지정) ① 법 제25조제1항에 따른 호스피스 전문기관의 지정기준은 별표 2와 같다. 〈개정 2022. 4. 14.〉

② 법 제25조제2항에 따라 호스피스 전문기관으로 지정받으려는 자는 별지 제16호서식의 호스피스 전문기관 지정신청서(전자문서로 된 신청서를 포함한다)에 다음 각 호의 서류(전자문서를 포함한다)를 첨부하여 보건복지부장관에게 신청하여야 한다. 〈개정 2019. 3. 26., 2022. 4. 14.〉

1. 의료기관 개설신고증명서 또는 개설허가증 사본

2. 별표 2에 따른 지정기준에 적합함을 증명하는 서류

3. 사업운영계획서

4. 최근 6개월 간 호스피스 진료실적보고서

5. 「의료법 시행규칙」 제64조의5에 따른 의료기관 인증서 사본(인증을 받은 경우만 해당한다)

③ 보건복지부장관은 제1항에 따른 지정 신청의 검토를 위하여 필요하다고 인정하는 경우에는 현지 확인을 할 수 있고, 지방자치단체의 장에게 필요한 협조를 요청할 수 있다.

④ 보건복지부장관은 법 제25조제1항에 따라 호스피스 전문기관을 지정한 경우에는 별지 제17

호서식의 호스피스 전문기관 지정서를 발급하고 그 지정 사실을 보건복지부 인터넷 홈페이지에 게재하여야 한다.

⑤ 제1항부터 제4항까지에서 규정한 사항 외에 호스피스 전문기관의 지정절차 및 지정방법 등에 필요한 세부 사항은 보건복지부장관이 정하여 고시한다.

제21조(호스피스 전문기관의 변경 신고 등) ① 법 제26조제1항에 따라 호스피스 전문기관이 다음 각 호의 사항을 변경하려는 경우에는 별지 제18호서식의 호스피스 전문기관 변경신고서(전자문서로 된 신고서를 포함한다)에 해당 변경사항을 확인할 수 있는 서류(전자문서를 포함한다)를 첨부하여 보건복지부장관에게 제출하여야 한다. 〈개정 2022. 4. 14.〉

1. 호스피스 전문기관의 소재지

2. 호스피스 전문기관의 대표자

3. 별표 2에 따른 인력 및 시설(입원실 · 임종실 · 상담실 · 가족실 및 목욕실만 해당한다)

4. 별표 2에 따른 호스피스 병동 전체의 병상 수 또는 입원실의 병상 수

② 법 제26조제2항에 따라 호스피스 전문기관의 장이 폐업 또는 휴업하려는 경우에는 별지 제19호서식의 호스피스 전문기관 휴업 · 폐업 신고서(전자문서로 된 신고서를 포함한다)에 다음 각 호의 서류(전자문서를 포함한다)를 첨부하여 보건복지부장관에게 제출하여야 한다.

1. 호스피스 전문기관 지정서

2. 해당 호스피스 전문기관의 입원환자에 대한 조치계획서

③ 제1항 및 제2항에서 규정한 사항 외에 호스피스 전문기관의 변경 또는 폐업 · 휴업 신고의 절차 및 방법 등에 필요한 세부 사항은 보건복지부장관이 정하여 고시한다.

제22조(호스피스의 신청 및 철회) ① 법 제28조제1항에 따른 호스피스 이용동의서는 별지 제20호서식과 같다.

② 법 제28조제2항에 따라 지정대리인이 호스피스 이용을 신청하는 경우에는 대리권의 지정에 관한 증명서류를, 법 제17조제1항제3호에 따른 사람이 신청하는 경우에는 가족관계증명서 등 해당 환자의 가족임을 증명할 수 있는 서류를 호스피스 전문기관에 각각 제출해야 한다. 〈개정 2019. 3. 26.〉

③ 법 제28조제3항에 따라 호스피스대상환자가 호스피스의 신청을 철회하는 경우에는 별지 제20호의2서식의 호스피스 이용 철회서를 제출하거나 구두로 할 수 있다. 다만, 대리인을 통하여 철회하는 경우에는 별지 제20호의2서식의 호스피스 이용 철회서와 대리권을 수여하였음을 증명하는 서류를 함께 제출해야 한다. 〈개정 2019. 3. 26., 2022. 4. 14.〉

④ 제1항부터 제3항까지에서 규정한 사항 외에 호스피스 신청 및 철회의 방법 · 절차 등에 필요한 세부 사항은 보건복지부장관이 정하여 고시한다.

제23조(호스피스 전문기관의 평가) ① 법 제29조제1항에 따른 호스피스 전문기관 평가는 다음 각 호의 구분에 따라 실시한다.

1. 평가 시기: 매년 정기적으로 실시할 것. 다만, 보건복지부장관이 필요하다고 인정하는 경우에는 수시 평가를 실시할 수 있다.

2. 평가 방법: 서면조사 및 현지조사의 방법으로 실시할 것. 다만, 보건복지부장관이 필요하다고 인정하는 경우에는 설문조사 또는 온라인조사의 방법을 병행하여 실시할 수 있다.

3. 평가 일정: 평가 실시 30일 전에 미리 통보할 것. 다만, 보건복지부장관은 평가 일정의 변경이 필요한 경우에는 평가 대상 호스피스 전문기관과 협의하여 그 일정을 변경할 수 있다.

② 법 제29조제1항제3호에서 "보건복지부령으로 정하는 사항"이란 다음 각 호의 사항을 말한다.

1. 법 제25조제3항에 따라 지원받은 예산 집행의 적절성

2. 법 제27조에 따른 설명의무 이행의 적절성

3. 그 밖에 호스피스 전문기관의 업무 평가를 위하여 보건복지부장관이 특히 필요하다고 인정하는 사항

③ 보건복지부장관은 호스피스 전문기관 평가를 위하여 필요하다고 인정하는 경우에는 보건의료 관계 기관·단체·전문가 등에게 자료 또는 의견의 제출 등을 요청할 수 있다.

④ 보건복지부장관은 법 제29조제3항에 따라 호스피스 전문기관에 대한 평가결과를 공개하는 경우에는 보건복지부 인터넷 홈페이지와 보건복지부장관이 지정하는 인터넷 홈페이지에 게재하여야 한다.

제24조(호스피스 전문기관 지정 취소) ① 법 제30조제1항에 따른 호스피스 전문기관의 지정 취소 및 업무 정지의 세부 기준은 별표 3과 같다. 〈개정 2022. 4. 14.〉

② 보건복지부장관은 법 제30조제1항에 따라 호스피스 전문기관의 지정을 취소하거나 업무 정지를 명한 경우에는 보건복지부 인터넷 홈페이지와 보건복지부장관이 지정하는 인터넷 홈페이지에 그 내용을 게재하여야 한다.

③ 법 제30조제1항에 따라 지정 취소 또는 업무 정지를 받은 호스피스 전문기관은 지정 취소 또는 업무 정지를 받은 날부터 7일 이내에 호스피스 전문기관 지정서를 보건복지부장관에게 반납하여야 한다.

제25조(기록 열람 등) ① 법 제33조제1항 전단에 따라 환자가족이 연명의료중단등결정 또는 이행에 관한 기록의 열람을 요청하는 경우에는 별지 제21호서식의 기록열람 신청서(전자문서로 된 신청서를 포함한다)에 다음 각 호의 서류(전자문서를 포함한다)를 첨부하여 관리기관 또는 해당 의료기관의 장에게 제출해야 한다. 〈개정 2019. 3. 26.〉

1. 열람을 요청하는 사람의 신분증 사본

2. 가족관계증명서 등 해당 환자의 가족임을 증명할 수 있는 서류

② 법 제33조제1항 후단에 따라 관리기관 또는 해당 의료기관의 장이 기록의 열람을 거부하는 경우에는 그 거부사유를 기재한 서면(전자문서를 포함한다)으로 하여야 한다.

③ 제1항 및 제2항에서 규정한 사항 외에 환자의 연명의료중단등결정 또는 그 이행에 관한 기록

의 열람 또는 열람 거부의 절차·방법 등에 필요한 세부 사항은 보건복지부장관이 정하여 고시한다.

부칙 〈제880호, 2022. 4. 14.〉

이 규칙은 공포한 날부터 시행한다.

부록 2

호스피스 실천 관련 서식
(「연명의료결정법 시행규칙」 별지 서식)

■ 「호스피스 · 완화의료 및 임종과정에 있는 환자의 연명의료결정에 관한 법률 시행규칙」
[별지 제1호 서식] 〈개정 2019. 3. 26.〉 (앞쪽)

연명의료계획서

※ 색상이 어두운 부분은 작성하지 않으며, [ ]에는 해당되는 곳에 √표를 합니다

등록번호		※ 등록번호는 의료기관에서 부여합니다.

환자	성 명		주민등록번호	
	주 소			
	전화번호			
	환자 상태 [ ] 말기환자		[ ] 임종과정에 있는 환자	

담당의사	성 명	면허번호
	소속 의료기관	

호스피스 이용	[ ] 이용 의향이 있음	[ ] 이용 의향이 없음

담당의사 설명사항 확인	설명 사항	[ ] 환자의 질병 상태와 치료방법에 관한 사항 [ ] 연명의료의 시행방법 및 연명의료중단등결정에 관한 사항 [ ] 호스피스의 선택 및 이용에 관한 사항 [ ] 연명의료계획서의 작성 · 등록 · 보관 및 통보에 관한 사항 [ ] 연명의료계획서의 변경 · 철회 및 그에 따른 조치에 관한 사항 [ ] 의료기관윤리위원회의 이용에 관한 사항
	확인 방법	위의 사항을 설명받고 이해했음을 확인하며, 임종과정에 있다는 의학적 판단을 받은 경우 연명의료를 시행하지 않거나 중단하는 것에 동의합니다. [ ] 서명 또는 기명날인 년 월 일 성명 (서명 또는 인) [ ] 녹화 [ ] 녹취 ※ 법정대리인 년 월 일 성명 (서명 또는 인) (환자가 미성년자인 경우에만 해당합니다)

환자 사망 전 열람허용 여부	[ ] 열람 가능 [ ] 열람 거부 [ ] 그 밖의 의견

「호스피스 · 완화의료 및 임종과정에 있는 환자의 연명의료결정에 관한 법률」 제10조 및 같은 법 시행규칙 제3조에 따라 위와 같이 연명의료계획서를 작성합니다.

년   월   일

담당의사   (서명 또는 인)

(뒤쪽)

유의사항

1. 연명의료계획서란 「호스피스 · 완화의료 및 임종과정에 있는 환자의 연명의료결정에 관한 법률」 제2조제8호에 따라 말기환자 또는 임종과정에 있는 환자의 의사에 따라 담당의사가 환자에 대한 연명의료중단등결정 및 호스피스에 관한 사항을 계획하여 문서로 작성하는 것을 말합니다.

2. 환자는 연명의료계획서의 변경 또는 철회를 언제든지 요청할 수 있으며, 담당의사는 해당 환자의 요청 사항을 반영해야 합니다.

■ 호스피스 · 완화의료 및 임종과정에 있는 환자의 연명의료결정에 관한 법률 시행규칙 [별지 제2호 서식]

사전연명의료의향서 등록기관 ([ ] 지정 [ ] 변경) 신청서

※ 색상이 어두운 부분은 작성하지 않으며, [ ]에는 해당되는 곳에 √표를 합니다.

접수번호		접수일시	
신청인 (신고인)	기관 명칭		
	소재지	전화번호	
	대표자 성명	생년월일	
	담당자 성명	전화번호	

[ ] 지정을 신청하는 경우

기관 유형	[ ] 「지역보건법」 제2조에 따른 지역보건의료기관
	[ ] 의료기관
	[ ] 사전연명의료의향서에 관한 사업을 수행하는 비영리법인 또는 비영리단체
	[ ] 「공공기관의 운영에 관한 법률」 제4조에 따른 공공기관

[ ] 변경을 신고하는 경우

변경신청 내　용	변경사항	변경 전	변경 후
	기관 명칭		
	소재지		
	대표자		
	지정 요건		

「호스피스 · 완화의료 및 임종과정에 있는 환자의 연명의료결정에 관한 법률」 제11조 및 같은 법 시행규칙 제4조에 따라 위와 같이 사전연명의료의향서 등록기관 ([ ] 지정, [ ] 변경)을 ([ ] 신청, [ ] 신고)합니다.

년　　월　　일

신청인(신고인)　　　　　　　　　　(서명 또는 인)

보건복지부장관　　　귀하

| 제출서류 | 1. 지정을 신청하는 경우
　가. 「호스피스 · 완화의료 및 임종과정에 있는 환자의 연명의료결정에 관한 법률」 제11조
　　제1항 각 호에 해당하는 기관임을 증명할 수 있는 서류
　나. 「호스피스 · 완화의료 및 임종과정에 있는 환자의 연명의료결정에 관한 법률 시행령」
　　제7조제1항 각 호에 따른 지정 요건에 적합함을 증명하는 서류
　다. 사업운영계획서
2. 변경을 신고하는 경우
　가. 변경사항을 확인할 수 있는 서류 | 수수료
없음 |

■ 호스피스 · 완화의료 및 임종과정에 있는 환자의 연명의료결정에 관한 법률 시행규칙 [별지 제3호 서식]

제　　호

사전연명의료의향서 등록기관 지정서

1. 기관명 :　　　　　　　　　　(전화번호:　　　　　　　　)

2. 소재지 :

3. 대표자 :

「호스피스 · 완화의료 및 임종과정에 있는 환자의 연명의료결정에 관한 법률」제11조 및 같은 법 시행규칙 제4조에 따라 사전연명의료의향서 등록기관으로 지정합니다.

년　　월　　일

보건복지부장관　　　　　　　직인

■ 호스피스·완화의료 및 임종과정에 있는 환자의 연명의료결정에 관한 법률 시행규칙 [별지 제4호 서식]

사전연명의료의향서 등록기관 ([ ] 폐업 [ ] 휴업 [ ] 운영 재개) 신고서

※ 색상이 어두운 부분은 신고인이 작성하지 않으며, [ ]에는 해당되는 곳에 √표를 합니다.

접수번호		접수일시	
신고인	기관 명칭		
	소재지	전화번호	
	대표자 성명	생년월일	
	담당자 성명	전화번호	

[ ] 폐업을 신고하는 경우

폐업 예정일자	년 월 일
폐업사유	

[ ] 휴업을 신고하는 경우

휴업 예정기간	년 월 일부터 년 월 일까지
휴업사유	

[ ] 운영 재개를 신고하는 경우

휴업 기간	년 월 일부터 년 월 일까지
운영 재개 예정일자	년 월 일

「호스피스·완화의료 및 임종과정에 있는 환자의 연명의료결정에 관한 법률」 제11조제5항 및 같은 법 시행규칙 제6조제1항에 따라 위와 같이 사전연명의료의향서 등록기관의 ([ ] 폐업, [ ] 휴업, [ ]운영 재개)를 신고합니다.

년   월   일

신고인   (서명 또는 인)

보건복지부장관   귀하

제출서류	1. 폐업 또는 휴업: 「호스피스·완화의료 및 임종과정에 있는 환자의 연명의료결정에 관한 법률」 제11조제6항 본문에 따른 관련 기록의 이관에 관한 조치계획서 2. 운영 재개: 「호스피스·완화의료 및 임종과정에 있는 환자의 연명의료결정에 관한 법률 시행령」 제7조제1항 각 호에 따른 지정 요건에 적합함을 증명하는 서류	수수료 없음

■ 호스피스·완화의료 및 임종과정에 있는 환자의 연명의료결정에 관한 법률 시행규칙 [별지 제5호 서식]

관련 기록 직접 보관 허가 신청서

※ 색상이 어두운 부분은 신청인이 작성하지 않으며, [ ]에는 해당되는 곳에 √표시를 합니다.

접수번호			접수일시	
신청인	기관 명칭			
	소재지		전화번호	
	대표자 성명		생년월일	
	담당자 성명		전화번호	
휴업 예정기간	년 월 일부터 년 월 일까지			
직접 보관 사유				

「호스피스·완화의료 및 임종과정에 있는 환자의 연명의료결정에 관한 법률」 제11조제6항 단서 및 같은 법 시행규칙 제7조제3항에 따라 위와 같이 사전연명의료의향서 등록기관의 관련 기록을 직접 보관할 수 있도록 허가를 신청합니다.

년   월   일

신청인   (서명 또는 인)

국립연명의료관리기관장   귀하

제출서류	1. 관련 기록에 대한 전체 목록 2. 관련 기록에 대한 보관계획서	수수료 없음

■ 호스피스 · 완화의료 및 임종과정에 있는 환자의 연명의료결정에 관한 법률 시행규칙   (앞쪽)
  [별지 제6호 서식] 〈개정 2019. 3. 26.〉

사전연명의료의향서

※ 색상이 어두운 부분은 작성하지 않으며, [ ]에는 해당되는 곳에 √표시를 합니다.

등록번호		※ 등록번호는 등록기관에서 부여합니다.	
작성자	성 명		주민등록번호
	주 소		
	전화번호		
호스피스 이용	[ ] 이용 의향이 있음	[ ] 이용 의향이 없음	
사전연명의료의향서 등록기관의 설명사항 확인	설명 사항	[ ] 연명의료의 시행방법 및 연명의료중단등결정에 대한 사항 [ ] 호스피스의 선택 및 이용에 관한 사항 [ ] 사전연명의료의향서의 효력 및 효력 상실에 관한 사항 [ ] 사전연명의료의향서의 작성 · 등록 · 보관 및 통보에 관한 사항 [ ] 사전연명의료의향서의 변경 · 철회 및 그에 따른 조치에 관한 사항 [ ] 등록기관의 폐업 · 휴업 및 지정 취소에 따른 기록의 이관에 관한 사항	
	확인	위의 사항을 설명받고 이해했음을 확인합니다. 년 월 일 성명 (서명 또는 인)	
환자 사망 전 열람허용 여부	[ ] 열람 가능 [ ] 열람 거부 [ ] 그 밖의 의견		
사전연명의료의향서 등록기관 및 상담자	기관 명칭 소재지		
	상담자 성명 전화번호		

본인은 「호스피스 · 완화의료 및 임종과정에 있는 환자의 연명의료결정에 관한 법률」 제12조 및 같은 법 시행규칙
제8조에 따라 위와 같은 내용을 직접 작성했으며, 임종과정에 있다는 의학적 판단을 받은 경우 연명의료를 시행하지
않거나 중단하는 것에 동의합니다.

작성일   년   월   일

작성자   (서명 또는 인)

등록일   년   월   일

등록자

(서명 또는 인)

■ 호스피스 · 완화의료 및 임종과정에 있는 환자의 연명의료결정에 관한 법률 시행규칙 [별지 제7호 서식]

의료기관윤리위원회 등록신청서

※ 색상이 어두운 부분은 신청인이 작성하지 않습니다.

접수번호		접수일시	
신청인	의료기관 명칭	요양기관기호	
	대표자 성명	생년월일	
	소재지	전화번호	
	담당자 성명	전화번호	

「호스피스 · 완화의료 및 임종과정에 있는 환자의 연명의료결정에 관한 법률」 제14조 및 같은 법 시행규칙 제9조에 따라 위와 같이 의료기관윤리위원회의 등록을 신청합니다.

년   월   일

신청인   (서명 또는 인)

보건복지부장관 귀하

제출서류	1.「호스피스 · 완화의료 및 임종과정에 있는 환자의 연명의료결정에 관한 법률」 제14조 제1항에 따라 의료기관이 윤리위원회를 등록하려는 경우 　가. 의료기관윤리위원회의 위원에 관한 서류 　나. 의료기관윤리위원회의 운영계획에 관한 서류 2.「호스피스 · 완화의료 및 임종과정에 있는 환자의 연명의료결정에 관한 법률」 제14조 제5항에 따라 위탁 협약을 맺은 의료기관이 윤리위원회를 등록하려는 경우 　가. 위탁 협약서	수수료 없음

■ 호스피스 · 완화의료 및 임종과정에 있는 환자의 연명의료결정에 관한 법률 시행규칙 [별지 제8호 서식]

제   호

공용윤리위원회 지정서

1. 명칭:

2. 소재지:

3. 소속 의료기관:

4. 대표자:

위 기관을 「호스피스 · 완화의료 및 임종과정에 있는 환자의 연명의료결정에 관한 법률」 제14조 제6항 및 같은 법 시행규칙 제11조제2항에 따라 공용윤리위원회로 지정합니다.

년   월   일

보건복지부장관

직인

■ 호스피스 · 완화의료 및 임종과정에 있는 환자의 연명의료결정에 관한 법률 시행규칙
[별지 제9호 서식] 〈개정 2019. 3. 26.〉

임종과정에 있는 환자 판단서

※ 색상이 어두운 부분은 작성하지 않으며, [ ]에는 해당되는 곳에 √표시를 합니다.

등록번호		※ 등록번호는 의료기관에서 부여합니다.	
환자	성 명		주민등록번호
	진단명		
	[ ] 호스피스 전문기관에서 호스피스를 이용하는 말기환자임		
담당의사	성 명		면허번호
	소속 의료기관		
	판단 내용		
	판단일시		년 월 일 (서명 또는 인)
전문의	성 명	전문과목	전문의 자격 인정번호
	소속 의료기관		
	판단 내용		
	판단일시		년 월 일 (서명 또는 인)

「호스피스 · 완화의료 및 임종과정에 있는 환자의 연명의료결정에 관한 법률」 제16조 및 같은 법 시행규칙 제12조에 따라 위와 같이 환자가 임종과정에 있는지 여부에 대한 판단 결과를 기록합니다.

년   월   일

담당의사 :   (서명 또는 인)

유의사항

법 제16조제1항에 따라 담당의사는 환자에 대한 연명의료중단등결정을 이행하기 전에 해당 환자가 임종과정에 있는지 여부를 해당 분야의 전문의 1명과 함께 판단해야 합니다. 다만, 법 제16조제2항에 따라 호스피스 전문기관에서 호스피스를 이용하는 말기환자가 임종과정에 있는지 여부는 담당의사의 판단으로 갈음할 수 있습니다.

■ 호스피스 · 완화의료 및 임종과정에 있는 환자의 연명의료결정에 관한 법률 [별지 제10호 서식] 〈개정 2018. 2. 2.〉

연명의료중단등결정에 대한 환자의사 확인서(사전연명의료의향서)

※ 색상이 어두운 부분은 작성하지 않으며, [ ]에는 해당되는 곳에 √표시를 합니다.

등록번호		※ 등록번호는 의료기관에서 부여합니다.	
환자	성 명		주민등록번호

[ ] 환자가 의사능력이 있는 경우

사전연명의료의향서	[ ] 등록된 의향서 있음	
	조회일자	등록번호

위 환자에 대하여 「호스피스 · 완화의료 및 임종과정에 있는 환자의 연명의료결정에 관한 법률」 제17조에 따라 조회된 사전연명의료의향서의 내용을 환자 본인에게 확인하였습니다.

년   월   일

담당의사   성명   소속 의료기관   (서명 또는 인)

                면허번호

[ ] 환자가 의사능력이 없는 경우

사전연명의료의향서	[ ] 등록된 의향서 있음	
	조회일자	등록번호

「호스피스 · 완화의료 및 임종과정에 있는 환자의 연명의료결정에 관한 법률」 제17조에 따라 해당 환자가 사전연명의료의향서의 내용을 확인하기에 충분한 의사능력이 없다는 의학적 판단 하에 조회된 사전연명의료의향서가 같은 법 제2조제4호의 범위에서 같은 법 제12조에 따라 작성되었다는 사실을 확인하였습니다.

년   월   일

담당의사   성명   소속 의료기관   (서명 또는 인)

                면허번호

해당 분야의 전문의   성명   소속 의료기관

                    전문과목   전문의 자격 인정번호   (서명 또는 인)

■ 호스피스 · 완화의료 및 임종과정에 있는 환자의 연명의료결정에 관한 법률 시행규칙

[별지 제11호 서식] 〈개정 2019. 3. 26.〉

연명의료중단등결정에 대한 환자의사 확인서(환자가족 진술)

※ 색상이 어두운 부분은 작성하지 않으며, [ ]에는 해당되는 곳에 √표시를 합니다.

등록번호		※ 등록번호는 의료기관에서 부여합니다.	
환자	성 명		주민등록번호
환자가족	총 명	※ 19세 이상인 사람만 해당합니다.	
진술 내용	환자가족 성명	진술 내용	
	필요시 칸 추가		

위 환자의 환자가족으로서 환자가 임종과정에 있다는 의학적 판단을 받은 경우 연명의료를 시행하지 않거나 중단할 것을 원하는 등 연명의료중단등결정에 관한 의사로 보기에 충분한 기간 동안 연명의료중단등에 관한 의사를 일관하여 표시했다는 점에 대하여 위와 같이 진술합니다.

연번	환자가족 성명	환자와의 관계	주민등록번호	연락처	서명란
1					(서명 또는 인)
2					(서명 또는 인)
3					(서명 또는 인)
4	필요시 칸 추가				(서명 또는 인)

「호스피스 · 완화의료 및 임종과정에 있는 환자의 연명의료결정에 관한 법률」제17조제1항제3호에 따라 환자가족이 위와 같이 진술했음을 확인합니다.

년   월   일

담당의사   성명   소속 의료기관   (서명 또는 인)

면허번호

해당 분야의 전문의   성명   소속 의료기관

전문과목   전문의 자격 인정번호   (서명 또는 인)

유의사항

1. 19세 이상의 환자가 의사를 표현할 수 없는 의학적 상태인 경우에만 작성할 수 있습니다.
2. 환자의 연명의료중단등결정에 관한 의사로 보기에 충분한 기간 동안 일관하여 표시된 환자의 의사에 대하여 환자가족 2명 이상의 일치하는 진술(환자가족이 1명인 경우 해당 1명의 진술을 말합니다)을 해야 합니다.
3. 환자가족은 19세 이상인 사람으로서 ① 배우자, ② 직계비속, ③ 직계존속, ④ 형제자매(①~③에 해당하는 사람이 없는 경우만 해당합니다)를 말합니다.
4. 환자가족의 진술과 배치되는 내용의 다른 환자가족의 진술 또는 객관적인 증거가 있는 경우에는 작성할 수 없습니다.
5. 담당의사와 해당분야의 전문의가 환자의 의사를 확인하는 경우에는 해당 환자의 가족관계증명서 등 해당 환자의 가족임을 증명할 수 있는 서류를 확인해야 합니다.

■ 호스피스 · 완화의료 및 임종과정에 있는 환자의 연명의료결정에 관한 법률 시행규칙

[별지 제12호 서식] 〈개정 2019. 3. 26.〉

연명의료중단등결정에 대한 친권자 및 환자가족 의사 확인서

※ 색상이 어두운 부분은 작성하지 않으며, [ ]에는 해당되는 곳에 √표시를 합니다.

등록번호		※ 등록번호는 의료기관에서 부여합니다.
환자	성 명	주민등록번호

[ ] 환자가 미성년자인 경우

위 환자의 법정대리인(친권자)으로서 환자에게 연명의료를 시행하지 않거나 중단하겠다는 의사를 표시합니다.

연번	친권자 성명	환자와의 관계	주민등록번호	연락처	서명란
1					(서명 또는 인)
2					(서명 또는 인)

[ ] 환자가족 전원의 의견이 필요한 경우

위 환자의 환자가족으로서 환자에게 연명의료를 시행하지 않거나 중단하겠다는 의사를 환자가족 전원의 합의로 표시합니다.

연번	환자가족 성명	환자와의 관계	주민등록번호	연락처	서명란
1					(서명 또는 인)
2					(서명 또는 인)
3					(서명 또는 인)
4	필요시 칸 추가				(서명 또는 인)

「호스피스 · 완화의료 및 임종과정에 있는 환자의 연명의료결정에 관한 법률」제18조제1항에 따라 환자의 의사를 확인할 수 없고, 해당 환자가 의사표현을 할 수 없는 의학적 상태에 해당하여 미성년자인 환자의 법정대리인(친권자) 또는 환자가족이 위와 같은 의사표시를 했음을 확인합니다.

년 월 일

담당의사	성명	소속 의료기관	(서명 또는 인)
	면허번호		
해당 분야의 전문의	성명	소속 의료기관	
	전문과목	전문의 자격 인정번호	(서명 또는 인)

유의사항

1. 경찰관서에 행방불명 사실이 신고된 날부터 1년 이상 경과한 사람, 실종선고를 받은 사람, 의식불명 또는 이에 준하는 사유로 자신의 의사를 표명할 수 없다고 의학적으로 판단을 받은 사람은 환자가족에서 제외됩니다.
2. 담당의사 또는 해당분야의 전문의가 환자의 연명의료중단등결정을 확인하는 경우에는 해당 환자의 가족관계증명서 등 해당 환자의 가족임을 증명할 수 있는 서류를 확인해야 합니다.
3. 담당의사 또는 해당분야의 전문의 1명이 환자가 연명의료중단등결정을 원하지 않았다는 사실을 확인한 경우에는 작성할 수 없습니다.
4. 전원합의 대상인 환자가족은 19세 이상인 사람으로서 ① 배우자, ②1촌 이내의 직계 존속 · 비속, ③ 2촌 이내의 존속 · 비속(①~②에 해당하는 사람이 없는 경우), ④ 형제자매(①~③에 해당하는 사람이 없는 경우)를 말합니다.

■ 호스피스 · 완화의료 및 임종과정에 있는 환자의 연명의료결정에 관한 법률 시행규칙
　[별지 제13호 서식] 〈개정 2019. 3. 26.〉

연명의료중단등결정 이행서

※ [　]에는 해당되는 곳에 √표시를 합니다.

환자	성 명		주민등록번호	
담당의사	성 명		면허번호	
	소속 의료기관			
의료기관	의료기관 명칭		요양기관기호	
	소재지		전화번호	
이행일	년　　월　　일			
이행 내용	[　] 심폐소생술　　　　[　] 인공호흡기 착용　　[　] 혈액투석　　　　　[　] 항암제 투여 [　] 체외생명유지술　　[　] 수혈　　　　　[　] 혈압상승제 투여 [　] 그 밖의 연명의료(　　　　　　　)			
환자의 의사 확인방법	[　] 별지 제1호서식의 연명의료계획서(법 제17조제1항제1호) [　] 별지 제10호서식의 연명의료중단등결정에 대한 환자의사 확인서(사전연명의료의향서) 　　(법 제17조제1항제2호) [　] 별지 제11호서식의 연명의료중단등결정에 대한 환자의사 확인서(환자가족 진술) 　　(법 제17조제1항제3호) [　] 별지 제12호서식의 연명의료중단등결정에 대한 친권자 및 환자가족 의사 확인서(법 제18조)			

「호스피스 · 완화의료 및 임종과정에 있는 환자의 연명의료결정에 관한 법률」 제19조 및 같은 법 시행규칙 제15조에 따라 위와 같이 연명의료중단등결정 이행 과정 및 결과를 기록합니다.

년　　월　　일

담당의사　　　　　　　　(서명 또는 인)

■ 호스피스 · 완화의료 및 임종과정에 있는 환자의 연명의료결정에 관한 법률 시행규칙 [별지 제14호 서식]

[ ] 중앙호스피스센터
[ ] 권역별호스피스센터
지정신청서

※ 색상이 어두운 부분은 신청인이 작성하지 않으며, [ ]에는 해당되는 곳에 √표를 합니다

접수번호		접수일시	처리기간 30일
신청인	명 칭	의료기관 종별	요양기관기호
	주 소		전화번호
	대표자 성명		생년월일
	담당자 성명		전화번호

( ) 「호스피스 · 완화의료 및 임종과정에 있는 환자의 연명의료결정에 관한 법률」제23조 및 같은 법 시행규칙 제17조에 따라 위와 같이 중앙호스피스센터
( ) 「호스피스 · 완화의료 및 임종과정에 있는 환자의 연명의료결정에 관한 법률」제24조 및 같은 법 시행규칙 제19조에 따라 위와 같이 권역별호스피스센터

의 지정을 신청합니다.

년   월   일

신청인   (서명 또는 인)

보건복지부장관 귀하

제출서류	1. 호스피스 전문기관 지정서 사본 2. 「호스피스 · 완화의료 및 임종과정에 있는 환자의 연명의료결정에 관한 법률 시행규칙」 제16조제1항 및 제19조제1항에 따른 지정기준에 적합함을 증명하는 서류 3. 사업운영계획서 및 재정운용계획서	수수료 없음

처리 절차

신청인   처리기관: 보건복지부

■ 호스피스 · 완화의료 및 임종과정에 있는 환자의 연명의료결정에 관한 법률 시행규칙 [별지 제15호 서식]

제   호

[ ] 중앙호스피스센터
[ ] 권역별호스피스센터   **지정신청서**

1. 기관명:

2. 대표자:

3. 소재지:

위 기관을

( )「호스피스 · 완화의료 및 임종과정에 있는 환자의 연명의료결정에 관한 법률」제23조 및 같은 법 시행규칙 제17조에 따라 중앙호스피스센터

( )「호스피스 · 완화의료 및 임종과정에 있는 환자의 연명의료결정에 관한 법률」제24조 및 같은 법 시행규칙 제19조에 따라 권역별호스피스센터

로 지정합니다.

년   월   일

보건복지부장관   직인

■ 호스피스 · 완화의료 및 임종과정에 있는 환자의 연명의료결정에 관한 법률 시행규칙
  [별지 제16호 서식] 〈개정 2019. 3. 26.〉

호스피스 전문기관 지정신청서

※ 색상이 어두운 부분은 신청인이 작성하지 않으며, [ ]에는 해당되는 곳에 √표를 합니다

접수번호		접수일시	처리기간 30일
신청인	명 칭	의료기관 종별	요양기관기호
	주 소		전화번호
	대표자 성명		생년월일
	담당자 성명		전화번호
신청내용	[ ] 입원형 (병동 수: , 병상 수:) [ ] 가정형 [ ] 자문형		

「호스피스 · 완화의료 및 임종과정에 있는 환자의 연명의료결정에 관한 법률」 제25조 및 같은 법 시행규칙 제20조에 따라 위와 같이 호스피스 전문기관 지정을 신청합니다.

년   월   일

신청인   (서명 또는 인)

보건복지부장관 귀하

제출서류	1. 의료기관 개설신고증명서 또는 개설허가증 사본 2. 호스피스 전문기관 지정기준에 적합함을 증명하는 서류 3. 사업운영계획서 4. 최근 6개월 간 호스피스 실적 보고서 5. 「의료법 시행규칙」 제64조의5에 따른 의료기관 인증서 사본(인증을 받은 경우만 해당 합니다)	수수료 없음

처리 절차

신청서 작성 → 접수 → 검토 → 결재 → 지정서 발급
신청인   처리기관: 보건복지부

■ 호스피스 · 완화의료 및 임종과정에 있는 환자의 연명의료결정에 관한 법률 시행규칙 [별지 제17호 서식]

제　　　호

호스피스 전문기관 지정서

1. 기관명:

2. 대표자:

3. 소재지:

4. 지정유형:

위 기관을 「호스피스 · 완화의료 및 임종과정에 있는 환자의 연명의료결정에 관한 법률」 제25조 및 같은 법 시행규칙 제20조에 따라 호스피스 전문기관으로 지정합니다.

년　　　월　　　일

보건복지부장관

| 직인 |

■ 호스피스 · 완화의료 및 임종과정에 있는 환자의 연명의료결정에 관한 법률 시행규칙
  [별지 제18호 서식] 〈개정 2018. 2. 2.〉

호스피스 전문기관 변경신고서

※ 색상이 어두운 부분은 신고인이 작성하지 않습니다.

접수번호		접수일시		처리기간	15일
신고인 (호스피스 전문기관)	명 칭			지정번호	
	주 소			전화번호	
	대표자 성명			요양기관기호	
변경신청 내용	변경사항	변 경 전		변 경 후	
	소재지				
	대표자				
	인력 및 시설				
	호스피스 병동 전체의 병상 수				
	입원실의 병상 수				

「호스피스 · 완화의료 및 임종과정에 있는 환자의 연명의료결정에 관한 법률」제26조 및 같은 법 시행규칙 제21조에 따라 위와 같이 호스피스 전문기관의 변경사항을 신고합니다.

년   월   일

신고인 (서명 또는 인)

보건복지부장관 귀하

제출서류	변경사항을 확인할 수 있는 서류	수수료 없음

■ 호스피스 · 완화의료 및 임종과정에 있는 환자의 연명의료결정에 관한 법률 시행규칙 [별지 제19호 서식]

호스피스 전문기관 휴업 · 폐업 신고서

※ 색상이 어두운 부분은 신고인이 작성하지 않으며, [ ]에는 해당되는 곳에 √표를 합니다

접수번호			접수일시	
신고인 (호스피스 전문기관)	명 칭		지정번호	
	주 소		전화번호	
	대표자 성명		요양기관기호	

[ ] 폐업을 신고하는 경우

폐업예정일자	년 월 일
폐업사유	

[ ] 휴업을 신고하는 경우

휴업기간	년 월 일부터 년 월 일까지
휴업사유	

「호스피스 · 완화의료 및 임종과정에 있는 환자의 연명의료결정에 관한 법률」 제26조 및 같은 법 시행규칙 제21조에 따라 위와 같이 호스피스 전문기관의 ([ ] 휴업, [ ] 폐업)을 신고합니다.

년   월   일

신고인   (서명 또는 날인)

보건복지부장관 귀하

제출서류	1. 호스피스 전문기관 지정서 2. 해당 호스피스 전문기관 입원환자에 대한 조치계획서

■ 호스피스 · 완화의료 및 임종과정에 있는 환자의 연명의료결정에 관한 법률 시행규칙

[별지 제20호 서식] 〈개정 2022. 4. 14.〉

호스피스 · 완화의료 이용동의서

※ 색상이 어두운 부분은 신청인이 작성하지 않습니다.

접수번호		접수일시	
환자	성 명	주민등록번호	
	주 소		전화번호
대리인 (대리인이 신청하는 경우만 작성합니다)	성 명	주민등록번호	환자와의 관계
	주 소		전화번호

본인은 「호스피스 · 완화의료 및 임종과정에 있는 환자의 연명의료결정에 관한 법률」 제28조에 따라 한 설명을 들었으며, 본인 의사에 따라 호스피스 · 완화의료 이용에 동의합니다.

년   월   일

신청인   (서명 또는 인)

○○○○ **호스피스 전문기관**   귀하

제출서류	말기환자등임을 나타내는 의사소견서

유의사항

1. 이 동의서는 「호스피스 · 완화의료 및 임종과정에 있는 환자의 연명의료결정에 관한 법률」 제28조에 따라 호스피스 전문기관의 이용 시 작성하는 동의서이며, "연명의료중단등결정"에 대한 동의서가 아닙니다.
2. 이 동의서는 환자가 직접 작성하는 것이 원칙이며, 환자가 직접 작성할 때에는 대리인란은 작성하지 않습니다.
3. 환자가 의사결정 능력이 없을 때에는 환자가 미리 지정한 대리인이 신청할 수 있고, 지정대리인이 없을 경우에는 환자가족(19세 이상인 사람만 해당합니다) 중 배우자, 직계비속, 직계존속, 형제자매 순으로 대리하여 신청할 수 있습니다.
4. 환자는 언제든지 별지 제20호의2서식의 호스피스 이용 철회서를 제출하거나 구두로 호스피스 신청을 철회할 수 있습니다. 다만, 대리인을 통하여 철회하는 경우에는 별지 제20호의2서식의 호스피스 이용 철회서 및 대리권을 수여하였음을 증명하는 서류를 함께 제출하여야 합니다.
5. 호스피스 전문기관의 의료인은 말기환자등이나 그 가족등에게 호스피스 · 완화의료의 선택과 이용 절차에 관하여 설명하여야 하고, 호스피스를 시행하기 전에 치료 방침을 말기환자등이나 그 가족 등에게 설명하여야 하며, 말기환자등이나 그 가족이 질병의 상태에 대하여 알고자 할 때에는 이를 설명하여야 합니다.

■ 호스피스 · 완화의료 및 임종과정에 있는 환자의 연명의료결정에 관한 법률 시행규칙
  [별지 제20호의2 서식] 〈신설 2022. 4. 14.〉

호스피스 · 완화의료 이용 철회서

※ 바탕색이 어두운 칸은 신청인이 작성하지 않습니다.

접수번호		접수일시	환자 병록 번호
환자	성 명		생년월일
	주 소		전화번호
대리인 (대리인이 신청하는 경우만 작성합니다)	성 명		환자와의 관계
	주 소		전화번호
호스피스 전문기관		담당 의료인 성명	면허 종류

본인은 「호스피스 · 완화의료 및 임종과정에 있는 환자의 연명의료결정에 관한 법률」 제28조제3항 및 같은 법 시행규칙 제22조제3항에 따라 자발적인 의사로 호스피스 · 완화의료 서비스 이용을 철회합니다.

년   월   일

환 자   (서명 또는 인)

대리인   (서명 또는 인)

○○○○ **호스피스 전문기관** 귀중

유의사항

1. 이 철회서는 환자가 직접 작성하는 것이 원칙입니다. 환자가 직접 작성할 때에는 대리인란은 작성하지 않습니다.
2. 환자가 의사결정능력이 없을 때에는 「호스피스 · 완화의료 및 임종과정에 있는 환자의 연명의료결정에 관한 법률」 제28조제2항에 따라 환자가 미리 지정한 대리인이 철회하거나 환자가족(19세 이상인 사람만 해당합니다) 중 배우자, 직계비속, 직계존속, 형제자매 순으로 대리하여 철회할 수 있습니다.

■ 호스피스·완화의료 및 임종과정에 있는 환자의 연명의료결정에 관한 법률 시행규칙
[별지 제21호 서식] 〈개정 2019. 3. 26.〉

기록 열람 신청서

※ 색상이 어두운 부분은 신청인이 작성하지 않으며, [ ]에는 해당되는 곳에 √표를 합니다

접수번호		접수일시	
신청인	성 명	주민등록번호	
	주 소 (전화번호 :　　　　)		
	환자와의 관계 1. [ ] 배우자　　　2. [ ] 직계비속　　　3. [ ] 직계존속 4. [ ] 형제자매 (1,2,3에 해당하는 사람이 없는 경우에만 가능)		
대상 환자	성 명	주민등록번호	
	주 소 (전화번호 :　　　　)		
열람 신청 기록	[ ] 「호스피스·완화의료 및 임종과정에 있는 환자의 연명의료결정에 관한 법률」 제10조에 따라 작성된 　　연명의료계획서 [ ] 「호스피스·완화의료 및 임종과정에 있는 환자의 연명의료결정에 관한 법률」 제12조에 따라 작성된 　　사전연명의료의향서 [ ] 「호스피스·완화의료 및 임종과정에 있는 환자의 연명의료결정에 관한 법률」 제16조에 따라 해당 환 　　자가 임종과정에 있는지 여부를 담당의사가 해당 분야의 전문의 1명과 함께 판단한 결과 [ ] 「호스피스·완화의료 및 임종과정에 있는 환자의 연명의료결정에 관한 법률」 제17조제1항제2호에 　　따른 사전연명의료의향서에 대한 담당의사 및 해당 분야 전문의 1명의 확인 결과 [ ] 「호스피스·완화의료 및 임종과정에 있는 환자의 연명의료결정에 관한 법률」 제17조제1항제3호에 　　따른 환자가족의 진술에 대한 자료·문서 및 그에 대한 담당의사와 해당분야 전문의 1명의 확인 결과 [ ] 「호스피스·완화의료 및 임종과정에 있는 환자의 연명의료결정에 관한 법률」 제18조제1항제1호·제 　　2호에 따른 의사표시에 대한 자료·문서 및 그에 대한 담당의사와 해당 분야 전문의 1명의 확인 결과 [ ] 「호스피스·완화의료 및 임종과정에 있는 환자의 연명의료결정에 관한 법률」 제19조제4항에 따라 기 　　록된 연명의료중단등 결정 이행의 결과 [ ] 「호스피스·완화의료 및 임종과정에 있는 환자의 연명의료결정에 관한 법률 시행령」 제10조에 따른 　　의료기관윤리위원회의 심의에 관련된 기록		

「호스피스·완화의료 및 임종과정에 있는 환자의 연명의료결정에 관한 법률」 제33조 및 같은 법 시행규칙 제25조에 따라 위와 같이 연명의료중단등결정 또는 그 이행에 관한 기록의 열람을 신청합니다.

년　　월　　일

신청인　　　　　　　　　　　　　　　　　　　　(서명 또는 인)

○○○○ **의료기관의 장** 귀하
국립연명의료관리기관 장 귀하

제출서류	1. 열람을 요청하는 사람의 신분증 사본 2. 가족관계증명서 등 해당 환자의 가족임을 증명할 수 있는 서류

찾아보기

저자 소개

박선숙(Park Sun Sook)

신라대학교 사회복지학 박사
현 동명대학교 사회복지학과 교수
  건강관리국 치매관리사업 평가위원
  행정안전부 자원봉사진흥 실무위원
  지역사회보장대표협의체 위원

〈저서 및 논문〉
사회문제와 사회복지(공저, 양서원, 2014)
노인교육, 사회활동, 노인 연령규범 간의 구조적 인과관계: 연명의료의향의 조절효과를 중심
  으로(사회과학연구, 2020)
노인의 연령규범과 사회활동 및 삶의 만족도 간 관계에서 죽음준비행동의 조절효과(가족자
  원경영과 정책, 2021)

한승협(Han Seung Hyeub)

고려대학교 법학 박사
현 부산여자대학교 사회복지학과 교수
  경남복지재단 대표이사
  부산사회복지법인협회 수석부회장
  부산미래포럼 상임대표

〈저서〉
인간행동과 사회환경(공저, 태영, 2014)
노인복지론(공저, 양서원, 2015)
사회복지행정론(공저, 창지사, 2015)
사회복지정책론(공저, 창지사, 2017)

이영조(Lee Young Jo)

신라대학교 사회복지학 박사

현 신라대학교 사회복지학과 초빙교수

    부산여자대학교 사회복지학과 겸임교수

    한국인성교육개발원 전임교수

    한국창직역량개발원 전문강사

〈저서 및 논문〉

마음속 거인 만나기(지식과감성, 2018)

고령 아파트경비원의 일 경험에 관한 현상학적연구(박사학위논문, 2021)

장영화(Jang Young Hwa)

신라대학교 사회복지학 박사

현 부산과학기술대학교 사회적경제복지과 교수

    동그라미 재가복지센터장

    동그라미 심리상담센터장

〈저서〉

사회복지정책론(동문사, 2022)

사회복지개론(동창, 2022)

웰다잉을 위한

호스피스 실천론
Hospice Practice for Well-dying

2023년 3월   5일 1판 1쇄 인쇄
2023년 3월 10일 1판 1쇄 발행

지은이 • 박선숙 · 한승협 · 이영조 · 장영화
펴낸이 • 김진환
펴낸곳 • ㈜ 학지사

            04031 서울특별시 마포구 양화로 15길 20 마인드월드빌딩
대표전화 • 02-330-5114   팩스 • 02-324-2345
등록번호 • 제313-2006-000265호

홈페이지 • http://www.hakjisa.co.kr
페이스북 • https://www.facebook.com/hakjisabook

ISBN 978-89-997-2879-2 93330

정가 19,000원

출판미디어기업 **학지사**
간호보건의학출판 **학지사메디컬** www.hakjisamd.co.kr
심리검사연구소 **인싸이트** www.inpsyt.co.kr
학술논문서비스 **뉴논문** www.newnonmun.com
교육연수원 **카운피아** www.counpia.com